Sabine Penth
Joachim Conrad
Elias Harth
Hans-Christian Herrmann (Hrsg.)

Persönlichkeiten aus der Saarregion

Zeitschrift für die Geschichte der Saargegend 71 (2023)

Herausgegeben von:
Sabine Penth, Joachim Conrad, Elias Harth und
Hans-Christian Herrmann

Im Auftrag des Historischen Vereins für die Saargegend e. V.

Sabine Penth
Joachim Conrad
Elias Harth
Hans-Christian Herrmann (Hrsg.)

Persönlichkeiten aus der Saarregion

Zeitschrift für die Geschichte der Saargegend 71 (2023)

Die Deutsche Nationalbibliothek verzeichnet diese Publikation
in der Deutschen Nationalbibliographie; detaillierte bibliographische
Daten sind im Internet über www.dnb.de abrufbar

wbg Academic ist ein Imprint der Verlag Herder GmbH
© Verlag Herder GmbH, Freiburg im Breisgau 2024
Alle Rechte vorbehalten
www.herder.de

Satz und E-Book: Marie Luise Strohm-Georg, M.A.
Umschlaggestaltung: SchreiberVIS, Seeheim
Umschlagmotive: Sophie Erdmute Fürstin von Nassau-Saarbrücken, um 1765, in der
Alten Sammlung des Saarlandmuseums in Saarbrücken, Foto: Michael C. Bender //
Hörhammer als junger Mönch, Archiv der Bayerischen Kapuzinerprovinz Altötting //
Kinder der Familie Ulrich: Gustav, Therese, Berta, Friedrich und Theodor, St. Johann,
ca. 1892, Foto: Familienbesitz // Ernestine Ulrich, ca. 1884, Foto: Familienbesitz //
Wilhelm Heinrich Fürst von Nassau-Saarbrücken, um 1765, im Oraniersaal von Schloss
Erbach, Foto: Michael C. Bender // Hörhammer als Kind, Archiv der Bayerischen
Kapuzinerprovinz Altötting, Foto: Franz Grainer, München // Ausschnitt aus dem
Protokoll der Sitzung der Gemeinderäte, Stadtarchiv Saarbrücken, Bürgermeisterei
St-Johann, Nr. 1384

Printed in Germany

ISBN Print: 978-3-534-64015-7
ISBN E-Book (PDF): 978-3-534-64071-3

INHALTSÜBERSICHT

Weitere Beiträge

Miszellen

Neues aus saarländischen Archiven und Bibliotheken

Nachrufe

Prof. Dr. Frauke Stein

(9. April 1936 – 7. Juli 2023)

Am 7. Juli 2023 starb an ihrem Alterssitz in Bad Kreuznach die Saarbrücker Professorin für Vor- und Frühgeschichte Frauke Stein im Alter von 87 Jahren. In Leer/Ostfriesland geboren, verbrachte sie ihre Kindheit in Stettin; nach Ende des Zweiten Weltkrieges zog die Familie zuerst nach Bremen, dann nach Hamburg. Dort machte sie Abitur und studierte von 1955 bis 1957 Vor- und Frühgeschichte, Alte Geschichte und Klassische Archäologie und wechselte dann nach München. Hier wurde sie mit einer von Prof. Dr. Joachim Werner betreuten Arbeit über die „Adelsgräber des achten Jahrhunderts in Deutschland" 1962 zum Dr. phil. promoviert.

Prof. Dr. Frauke Stein
[Foto: Universitätsarchiv Saarbrücken]

Bis 1964 lebte sie von Werkverträgen beim Landesdenkmalamt Baden-Württemberg und bei der Römisch-Germanischen Kommission, erhielt aber auch ein Reisestipendium des Deutschen Archäologischen Instituts. Dann kam sie 1964 als Wissenschaftliche Assistentin nach Saarbrücken und arbeitete an dem von Prof. Dr. Rolf Hachmann geleiteten Institut für Vor- und Frühgeschichte der Universität des Saarlandes. Hier habilitierte sie sich 1970 mit einer Untersuchung über Bronzezeitliche Hortfunde in Süddeutschland. Schon 1973 erhielt sie ihren Ruf und unterrichtete in Saarbrücken bis zur Versetzung in den Ruhestand 2001. 1980 nahm sie eine Gastdozentur in Zürich wahr.

Frauke Stein war Mitglied der Kommission für Saarländische Landesgeschichte und seit 11. Oktober 1977 Mitglied im Historischen Verein für die Saargegend. Ihr Forschungsschwerpunkt lag in der Begegnung zwischen Romanen und Germanen, ausgehend von der Völkerwanderungszeit bis ins

Frühmittelalter. Als Mitglied des interdisziplinären Arbeitskreises zur frühmittelalterlichen Sprach- und Siedlungsgeschichte befasste sie sich besonders mit dem Saar-Mosel-Raum und erweiterte die bisherigen Erkenntnisse erheblich. Prof. Frauke Stein war korrespondierendes Mitglied des Deutschen Archäologischen Instituts und genoss mit ihrer Forschung europaweit Ansehen. Zuletzt erforschte sie das Gräberfeld von Gammertingen im Kreis Sigmaringen, worüber sie 1991 publizierte. Die Publikation der fünfbändigen „Bibliographie zur Vor- und Frühgeschichte in der Bundesrepublik Deutschland und Berlin (West)" ist ohne sie nicht denkbar.

2001 übernahm sie den Vorsitz des Vereins zur Förderung der Vor- und Frühgeschichtsforschung an der Universität des Saarlandes e. V., den sie bis 2015 leitete. Danach wurde sie zur Ehrenvorsitzenden ernannt. Noch 2003 schrieb sie einen Beitrag zur Studie „Die Bibel im Dialog". Anlässlich ihres 75. Geburtstags wurde sie mit der Festschrift „Franken und Romanen" geehrt; die Festschrift enthält Aufsätze aus 25 Jahren wissenschaftlicher Tätigkeit. An der Universität des Saarlandes besetzte Frauke Stein das Thema „Gleichstellung" und engagierte sich im Beirat für Frauenfragen und dann 1999 auch als stellvertretende Frauenbeauftragte. Auf ihren Wunsch hin wurde sie in Bad Kreuznach anonym bestattet.

Prof. Dr. Joachim Conrad,
Vorsitzender des Historischen Vereins für die Saargegend

Dieter Robert Bettinger

(28. Mai 1938 – 6. September 2023)

Dem Ottweiler Land war Dieter Robert Bettinger lebenslang verbunden; so wundert es nicht, dass er sich früh heimatkundlichen Themen zuwandte. Von 1953 bis 1960 besuchte er das Evangelische Lehrerseminar in seiner Geburtsstadt und wurde als Lehrer tätig. Schon 1955, mit siebzehn Jahren, trat er in den Historischen Verein für die Saargegend ein. 1962 war er Mitglied der Arbeitsgemeinschaft für Landeskunde im Historischen Verein und wurde im Oktober 1968 zum Geschäftsführer gewählt. 1980 übernahm er als erster die Aufgabe des Geschäftsführers der Arbeitsgemeinschaft für Saarländische Familienkunde. Über die Arbeitsgemeinschaften im Historischen Verein, besonders über die Arbeitsgemeinschaft für Landeskunde

Dieter Robert Bettinger
[Foto: Familienbesitz Bettinger, Ottweiler]

schrieb er in der Zeitschrift für die Geschichte der Saargegend (ZGS) in Bd. 37 (1989). Seit dem 13. Dezember 1980 wirkte Dieter Robert Bettinger als Leiter dieser „Arbeitsgemeinschaft für Landeskunde" im Historischen Verein für die Saargegend e. V., aus der sich 2007 der „Verein für Landeskunde im Saarland e. V." unter neuer Leitung gründete.

Nachdem er 1969 den Vorsitz im Ortsverband Ottweiler des Volksbundes Deutsche Kriegsgräberfürsorge e. V. übernommen hatte, eröffnete sich für ihn ein Arbeitsschwerpunkt, der ihn nicht mehr loslassen sollte. Er schrieb in der ZGS in drei Teilen „Beiträge zur Geschichte des Zweiten Weltkrieges im Bereich des heutigen Saarlandes" (Bd. 26–28/1978–1980), legte 1985 eine zweibändige Studie zum Einsatz der 93. Infanterie-Division im Westen vor, widmete sich dem Orscholz-Riegel (2000), edierte die Kriegs- und Soldatenchronik der Stadt Ottweiler (2005) und der Gemeinde Steinbach (2016). Der

Verfasser lernte ihn kennen, als er für das Buch „Burgen und Schlösser an der Saar" (3. Aufl. 1993) einen umfassenden Aufsatz zum Westwall schrieb. 1990 folgte eine zweibändige Monografie zum Thema und noch 2020 ein Buch zu „Bau und Zerstörung der deutschen Westbefestigungen". In der ZGS publizierte er zur Maginotlinie in Bd. 23/24 (1975/76).

Aber nicht nur Militärgeschichte war sein Gebiet. Dieter Robert Bettinger schrieb unablässig Ortsmonografien, so zu Ottweiler (1969/71, 1991/93 und 2000 ein Bildband), zu Hirzweiler (1973), zu Steinbach (1981) und zu Mainzweiler (1988). Zum Thema „Der Aufbau einer Ortschronik" verfasste er in der ZGS 25 (1977) einen Beitrag. Noch 2016 legte er mit Rolf Distler die Monografie „Kelten und Römer in unserer Heimat" vor.

Dieter Robert Bettinger engagierte sich im Kirchenkreis Ottweiler als Synodalarchivpfleger und zeichnete verantwortlich für die Ordnung etlicher Pfarrarchive. Das wertvolle Archiv der Stadtkirchengemeinde Ottweiler, dazu ein Beitrag in diesem Band, wurde besonders umhegt. 1995 war Bettinger Mitgründer des Vereins für das Stadtgeschichtliche Museum Ottweiler. Dass er 1971 Naturschutzbeauftragter der Stadt Ottweiler und 1975 Kreisbereitschaftsführer des Deutschen Roten Kreuzes wurde, ist den wenigsten bekannt.

Am 26. Januar 1998 wurde Dieter Robert Bettinger mit dem Verdienstkreuz am Bande des Verdienstordens der Bundesrepublik Deutschland geehrt; zugleich wurde er zum Ehrenvorsitzenden des Vereins für Landeskunde im Saarland ernannt. Die Saarbrücker Zeitung titelte in ihrer Neunkirchener Ausgabe vom 28. Mai 2018: „Dieter Robert Bettinger – der Unermüdliche". Das fasst sein Leben präzise zusammen.

Prof. Dr. Joachim Conrad,
Vorsitzender des Historischen Vereins für die Saargegend

„Persönlichkeiten aus der Saarregion"

Beiträge zum Schwerpunktthema

Die Grafen zu Erbach und die Fürsten von Nassau

Herrschaftliche Begegnungen in Kultur und Kunst – zugleich das Ende der letzten Regenten des Fürstentums Nassau-Saarbrücken in Aschaffenburg

Von Gisela Külper und Peter W. Sattler†

1. Hinführung

1.1 Kultureller Austausch durch verwandtschaftliche Beziehungen

Die Erbacher Schenken und Grafen waren aus den unterschiedlichsten Gründen eng mit den Kurfürsten und Pfalzgrafen bei Rhein in Heidelberg und Mannheim verbunden. Gefestigt wurde die Bindung zudem durch Georg I. Graf zu Erbach (1506–1569), der 1535 eine eheliche Verbindung mit Elisabeth Prinzessin von Pfalz-Simmern (1520–1564) einging. Bis in das letzte Drittel des 18. Jahrhunderts sind enge Beziehungen zwischen dem Haus Erbach und den pfälzischen Häusern bekannt.[1]

Mit Beginn des 17. Jahrhunderts blicken die Grafen zu Erbach verstärkt über ihre Grafschaft und die engere Nachbarschaft hinaus. Die Neuorientierung in den Norden Hessens und in den deutschen Südwesten erweiterten den geistigen Horizont beträchtlich und eröffneten zudem neue Möglichkeiten der sozialen Absicherung, aber auch der Aufstiegsmöglichkeiten des Odenwälder Adels. Damit setzte sich die Tradition der kleinen Grafschaft mit der Beziehung zu einer weiteren großen altadeligen Familie fort, deren Geschichte zum notwendigen Verständnis des Folgenden in gebotener Kürze beleuchtet werden soll.

---

1 Vgl. Gustav Simon: Die Geschichte der Dynasten und Grafen zu Erbach und ihres Landes, Frankfurt/Main 1858 (ND 1983), S. 379–388.

Vor allem wegen der neuen verwandtschaftlichen Beziehungen und der dadurch entstehenden Kontakte zum auswärtigen Militär ergaben sich mit Beginn der Neuzeit erweiterte Möglichkeiten, in den Dienst befreundeter Territorialherren zu treten. Bei all diesen Verbindungen geht es nicht um die Eröffnung militärischer Karrieren der Erbacher Grafensöhne, sondern um die „schönen" Dinge im Leben: Die Erweiterung des geistigen Horizontes schuf neue wissenschaftliche Sichtweisen. Und durch geistesgeschichtlichen Austausch ergaben sich künstlerische Perspektiven, die in der überlieferten Kultur und Kunst bis heute in vielerlei Hinsicht wahrgenommen werden können. Diese Entwicklung ist als Ergebnis eines fast 300-jährigen Erfahrungs- und Meinungsaustausches zwischen den hier vorgestellten Personen aus dem Adel Gegenstand der vorliegenden Abhandlung.

Abb. 1 (l.): Georg Wilhelm Graf zu Erbach-Erbach (1686–1757), Halbportrait, unbek. Maler aus dem 18. Jahrhundert [oder später]; Vater von Sophie Erdmute zu Erbach-Erbach, Fürstin von Nassau-Saarbrücken, befindet sich im Roten Salon von Schloss Erbach; ein Vollportrait u. a. im Chinesischen Zimmer des Schlosses zu Erbach [Foto: Michael C. Bender] u. Abb. 2 (r.): Sophie Charlotte Gräfin zu Erbach-Erbach (1697–1748), Ehefrau von Graf Georg Wilhelm und Mutter von Erdmute; französischer Maler, befindet sich im Grünen Salon von Schloss Erbach [Foto: Michael C. Bender]

Abb. 3 (l.): Sophie Erdmute Gräfin zu Erbach-Erbach, Kinderbild, 1728, Saarlandmuseum. Alte Sammlung Saarbrücken. Im Katalog, Abb. 7: Sophie Erdmute [falsche Jahreszahlen 1722/23–1795 statt 1725–1795] im Alter von drei Jahren [wieder falsch 1725 statt 1728]. Im Hintergrund sind die Odenwaldberge erkennbar u. Abb. 4 (r.): Glückwunschanzeige für Sophie Erdmute vom 12. Juni 1750 in Erbach anlässlich ihres 25. Geburtstages [Pfarrarchiv Evangelische Stadtkirche Erbach]

Dreh- und Angelpunkt der kultur- und kunsthistorischen Betrachtung ist zunächst Georg Wilhelm Graf zu Erbach-Erbach und Herr zu Breuberg aus der Reichenberger Linie (1686–1757). Er stand ab 1702 in niederländischen Diensten und verheiratete später seine musisch erzogene, hochgebildete Tochter Sophie Christine Charlotte Friederike Erdmute (1725–1795) mit Wilhelm Heinrich Fürst zu Nassau, Graf zu Saarbrücken und Saarwerden (1718–1768). Fürstin Sophie Erdmute gilt das besondere Augenmerk in diesem Beitrag. Georg Wilhelm Graf zu Erbach schuf mit seiner aus seinen Kriegszügen in den Niederlanden vielleicht schon mitgebrachten Bildersammlung den Grundstock für den 1865 von seinem Urenkel Eberhard XV. Graf zu Erbach (1818–1884) eingerichteten Oraniersaal mit dreizehn lebensgroßen Portraits in Öl der Oranien-Nassauer Persönlichkeiten im Schloss zu Erbach. Vielleicht kamen die besagten Bilder aber auch erst nach der Verheiratung der Tochter mit dem Fürsten Wilhelm Heinrich von Nassau-Saarbrücken nach Erbach.[2] Sophie Erdmute trat nach ihrer Verheiratung in den Kreis bedeutender Schriftsteller, Musiker und Philosophen ein und bewies sich in ihrer neuen Heimat als geist- und kenntnisreiche Gesprächspartnerin. Der Vater konnte mit Recht stolz auf seine einzige Tochter sein.

Sophie Erdmute, die einen Mittelpunkt dieser Adelsgeschichte bildet, durchlebte noch einige Jahre des Spätbarocks, zumindest war sie im Geiste dieser Kulturepoche am Erbacher Hof erzogen worden. Sie kam aus einem gräflichen Haus, in dem höfische Bildung großgeschrieben wurde. Sie wuchs in feingeistiger Umgebung im Odenwald auf, wo barocke Lebenshaltung noch lange Bestand hatte. Die Schwerpunkte ihrer Ausbildung lagen auf den Gebieten Musik, Theater, Festkultur, Literatur, Philosophie und Religion. Auf diese Weise gefestigt und vorbereitet, trat sie als 17-Jährige in die Ehe ein. Die Wahl ihres Vaters fiel auf Wilhelm Heinrich Fürst von Nassau-Saarbrücken. Als Kind der Zeit war ihr der fürstliche Absolutismus in einer monarchischen Herrschaftsform nicht fremd.

Durch ihr breitgefächertes Wissen erschloss sich der Fürstin in der neuen Heimat sehr bald ein gebildeter und einflussreicher Personenkreis, dessen Bekanntschaft sie auch als frühe Witwe weiter pflegte. Ihre Umsicht und Tatkraft trugen an der Seite ihres Gatten zum Wohlstand des noch jungen Fürstentums bei. Die Französische Revolution machte dem jedoch ein jähes Ende. Ihres Wirkungsfeldes beraubt, mittellos und auf der Flucht, fand sie in Aschaffenburg

---

2 Vgl. Ebda, S. 462–464; Anja Kalinowski/Edda Behringer: Schloss Erbach im Odenwald. Sammlungen und Deutsches Elfenbeinmuseum, Erbach 2020, S. 10–11; Winfried Dotzauer, Fürst Wilhelm Heinrich von Nassau-Saarbrücken, in: Richard van Dülmen/Reinhard Klimmt (Hg.): Saarländische Geschichte. Eine Anthologie, St. Ingbert 1995, S. 87–94; Christiane Rossner: Schwarze Kohle, weißer Putz. Wilhelm Heinrich von Nassau-Saarbrücken brachte besonderen Glanz und Wohlstand, in: Monumente 1 (2011), S.76–81; Christian Müller: Geschichte des Gräflichen Hauses Erbach-Erbach (= Bibliothek familienkundlicher Arbeiten Bd. 17), Neustadt an der Aisch 1955, S. 8–44. Zur Frage, wie und wann die Bildersammlung im Oraniersaal zustande kam, äußert sich Erwin Isenberg: Nassauische Portraitsammlung im Schloss Erbach, in: Siegerland, Blätter des Siegerländer Heimat- und Geschichtsvereins, Bd. 73, Heft 3-4, Siegen 1996, S. 87–94, mit Stammtafel über die genealogischen Beziehungen zwischen Nassau, Waldeck und Erbach, hier S. 87: „Nichts Genaues weiß man über die Herkunft der Bilder, ob sie aus einem geschlossenen Bestand übernommen oder einzeln zusammengetragen, vererbt auf Grund vermuteten verwandtschaftlichen Beziehung, Erbacher Vorfahren als Anerkennung oder Empfehlung gewidmet oder auch eben durch ihre eigene Initiative käuflich erworben worden sind."

ihre letzte Bleibe. Ihr Sohn, Ludwig Fürst von Nassau-Saarbrücken, und einziger männliche Nachkomme folgte ihr dorthin ins Exil. Dort starb er bald nach seiner Ankunft 1794. In Aschaffenburg verliert sich seine Spur. Drei Jahre später starb auch seine Mutter. Sie wurde, nachdem sie schon an der Saar katholisch geworden war, in der Krypta der Pfarrkirche Unsere Lieben Frau beigesetzt.[3]

Während Sophie Erdmutes angeheiratete Nassauer Linie ausstarb, überdauerten Zweige dieses alteingesessenen Hochadels nicht nur das 1806 aufgelöste Heilige Römische Reich Deutscher Nation, sondern setzen sich in den königlichen Hoheiten der Niederlande und des Herzogtums Luxemburg weiter fort. Ebenso blüht ihre geburtliche gräfliche Familie Erbach in mehreren Linien noch heute.

Die Verheiratung Sophie Erdmutes mit dem Fürsten an der Saar war wohl ausschlaggebend für die Beziehungen zwischen Erbach und den Architekten und Baumeistern Friedrich Joachim Stengel (1694–1787) und dessen Sohn Balthasar Wilhelm (1748–1824). Beide standen als Generalbaumeister bzw. Oberbaudirektor in Diensten der Fürsten von Nassau-Saarbrücken. Den engen verwandtschaftlichen Beziehungen zwischen Erbach und Nassau ist es wohl zu verdanken, dass der Plan für den Bau des barocken Glockenturms der Stadtkirche in Erbach von Friedrich Joachim Stengel inspiriert wurde. Die mit ziemlicher Sicherheit anzunehmende Verbindung des Generalbaumeisters Stengel aus dem Fürstentums Nassau-Saarbrücken mit der Grafschaft Erbach setzt sich fort durch die Anwesenheit seines Sohnes Balthasar Wilhelm, der von 1797 bis 1799 in Erbach lebte und dort zeichnete und malte.[4] – Die sogenann-

---

3 „Sophia Prinzessin von Nassau. Zu den Damen, die mit dem Hof nach Aschaffenburg gekommen waren und nach ihrem Tode in der Gruft die letzte Ruhe fanden, gehört auch die am 10. Juni 1795 im Alter von 70 Jahren dahingeschiedene verwitwete Prinzessin von Nassau, Gräfin von Saarbrücken und Saarwerden usw., geborene Gräfin von Erbach. Wo sie bestattet ist, war nicht zu ermitteln, nachdem das Grab keine Inschrift hat. Die Vermauerung, in deren frischen Verputz vielleicht der Name eingekratzt worden ist, musste längst neu verputzt werden." Vgl. Christian Giegerich: Die Gruft unter dem Chor der Muttergottespfarrkirche zu Aschaffenburg, in: Festschrift Unsere Liebe Frau, Aschaffenburg 1975, S. 222, Fußnote 41: Pfarrarchiv Unsere lieben Frau, 1795, S. 30. „Serenissima principissa vidua domina Sophia Christina Carolina Eremuth, principissa In Nassau, comitissa in Saarbrücken et Saarwerden, domina in Lahr et Mahlberg et in Wiesbaden et Idstein, nata comitissa de Erbach, vidua." Einer anderen Angabe zufolge verstarb Sophie Erdmute 1797 im Alter von 71 Jahren, ihr Sohn Ludwig 1794 im Alter von 49 Jahren.
4 Vgl. Hans-Christoph Dittscheid/Klaus Güthlein (Hg.): Die Architektenfamilie Stengel, Petersberg 2005.

ten Schönen und Bildenden Künste runden somit das Programm nachstehender Ausführungen vielseitig ab: Poesie, Malerei und Architektur.

1.2 Erste Ehegemeinschaften Erbach, Nassau, Waldeck

Die Frage muss offenbleiben, ob sich die Verbindung der Grafen zu Erbach mit dem Nassauer Adel über die ehelichen Beziehungen zum Haus Waldeck bzw. ob sich die dann eingegangenen Militärdienste in den Niederlanden primär ergeben haben. Vielleicht war es aber auch die Erkenntnis des in den Niederlanden kämpfenden Grafen Georg Wilhelm zu Erbach (1686–1757), dessen Vorfahre, der Graf Georg Albrecht I. zu Erbach (1597–1647), in erster Ehe mit Magdalena Gräfin von Nassau-Dillenburg (1595–1633) verbunden war, während seine Schwester Christine (1596–1646) im Jahr 1619 Wilhelm von Nassau-Siegen (1592–1642) ehelichte. Vielleicht brachte Georg Wilhelm schon dadurch einige Ölgemälde nach Erbach – oder eben doch erst nach der Verheiratung seiner Tochter Sophie Erdmute mit dem Fürsten Wilhelm Heinrich von Nassau-Saarbrücken. Mit Sicherheit kann hingegen gefolgert werden, dass Eberhard XV.

Abb. 5: Eberhard XV. Graf zu Erbach-Erbach (1818–1884), gemalt um 1873 von Joseph Hartmann (1812–1885), befindet sich im Roten Salon von Schloss Erbach [Foto: Dr. Anja Kalinowski]

Graf zu Erbach (1818–1884) den Speisesaal im Schloss Erbach mit den Portraits der Oranier bestückt und somit den sogenannten Oraniersaal in der Beletage geschaffen hat.[5]

---

5 Hierzu die etwas andere Meinung von Kalinowski/Behringer: Schloss Erbach (wie Anm. 2). Vgl. auch Anja Kalinowski: Zu Gast im Schloss. Zerbrechliche Schönheiten der Frankenthaler Porzellanmanufaktur, Erbach 2022.

Abb. 6: Der Oraniersaal in Schloss Erbach [Foto: Michael Leukel]

Um den aufgezeigten Beziehungen zwischen Erbach (Reichsgrafenwürde 1532) und Nassau (Reichsfürstenwürde 1688) auf dem Gebiet von Kultur und Kunst in seiner gesamten Breite näherzukommen, bedarf es territorialge-schichtlicher und genealogischer Vertiefungen, was die beiden Adelshäuser Waldeck (Reichsfürstenwürde1682) und Nassau gleichermaßen betrifft. Alle drei Nachkommen der ehelichen Eheverbindung Nassau/ Erbach nahmen sich Partner aus dem Haus Waldeck. Wesentlich intensiver als mit den Nassauern sind die ehelichen Beziehungen zwischen Erbach und Waldeck(-Pyrmont). Die erste entstand durch die Vermählung von Georg II. Graf zu Erbach (1548–1605) mit Marie von Barby verw. Gräfin von Waldeck († 1619). Die ehelichen Bande mit dem Haus Waldeck wurde durch Ludwig III. Graf zu Erbach-Erbach, genannt „der Ritter" (1579–1643) fortgesetzt; er heiratete Juliane Gräfin von Waldeck († 1622).[6]

Auch Georg Ludwig I. Graf zu Erbach (1643–1693) heiratete eine Waldeckerin, indem er sich 1664 Amalie Katharine Gräfin zu Waldeck-Eisenberg (1640–1697) zur Gemahlin nahm. Er stand als Offizier in niederländischen Diensten. Sein Bruder Georg VI./III. Graf zu Erbach (1646–1678) verehelichte sich 1671 mit Louise Anna Gräfin von Waldeck (1671–1714). Er diente im Regiment des Josias von Waldeck für die Vereinigten Niederlande und übernahm nach dessen Tod das Kommando dieses Regiments. Das war dann auch für die Söhne Georg Ludwigs I. die Veranlassung, dass sie vorzugsweise in niederländische Dienste gingen. Durch den Fürsten Georg Friedrich zu Waldeck (1620–1692), Graf zu Pyrmont[7] und Cuylenburg[8] in Holland, wurde sein Onkel, Philipp Ludwig Graf zu Erbach (1669–1720), der älteste Sohn des Grafen Georg Ludwig I., in niederländischen Diensten aktiv. Fürst Georg Friedrich zu Waldeck war damals Generalfeldmarschall im Dienst der Vereinigten Niederlande. Philipp Ludwig war wie dessen Vater mit einer Prinzessin von Waldeck verheiratet, und zwar mit Albertine Elisabeth Prinzessin zu Waldeck († 1727).[9] – Die familiäre Beziehung des Erbacher Grafenhauses zu den Waldeckern ist auch durch Ölgemälde im Schloss dokumentiert; es sind portraitiert: (1) Philipp Theodor Fürst von Waldeck (1614–1645), (2) Elisabeth Charlotte Fürstin zu Waldeck (1625–1694) und (3) Georg Friedrich Fürst von Waldeck (1620–1692).

Aus dieser vorausgegangenen Zusammenschau ergibt sich die auffallende Analyse, dass im 17. und frühen 18. Jahrhundert zahlreiche Söhne aus dem Erbacher Grafenhaus in niederländische Militärdienste gingen. Der Grund hierfür ist 1.) das verwandtschaftliche Verhältnis zum Waldecker Adel, und 2.) die

---

6   Vgl. Simon, Geschichte der Dynasten (wie Anm. 1), S. 399–404. 406–412. 414–427. Birgit Kümmel/Dieter Alfter/Emerentia van Heuven-van Nes: Emma Königin der Niederlande – Prinzessin zu Waldeck und Pyrmont 1858–1934, Petersburg 2008.
7   Erwerb dieser Grafschaft 1625.
8   Erwerb dieser Grafschaft 1639.
9   Vgl. Simon: Geschichte der Dynasten (wie Anm. 1), S. 430–436. 438–441. Die Angabe bei Simon, Stammtafel 1532–1732, bezüglich des Sterbejahres von Georg Albrecht I. ist falsch (1647), richtig 1667 bei Isenberg, Nassauische Portraitsammlung (wie Anm. 2). Stammtafel. Ebenso ist das Geburtsjahr von Magdalena von Nassau-Dillenburg falsch angegeben (1624) statt richtig 1695 bei Isenberg: Nassauische Portraitsammlung (wie Anm. 2), S. 87–94. Auch das Sterbejahr für Christine Gräfin zu Erbach ist bei Simon falsch angegeben (1586), hingegen richtig bei Isenberg mit 1646. Geburtsjahr und Sterbejahr für Wilhelm Graf von Nassau-Siegen fehlen bei Simon.

auch in anderen Grafenhäusern übliche Notwendigkeit, dass die Zweitgeborenen gezwungenermaßen die Militärlaufbahn einschlagen mussten, da ihnen die kleinen Grafschaften kein wirtschaftliches Auskommen bieten konnten. Auf diese Weise kamen etliche Erbacher Grafen in hohe militärische Stellungen. „Doch haben dabei nicht nur der Erwerb des Lebensunterhaltes, sondern vor allem auch die großen Aufstiegsmöglichkeiten zu glänzenden Stellungen, eine dem Barockzeitalter gemäße Rolle, zu Ruhm und Ehre gespielt."[10]

1.3 Die Ursprünge des Hauses Nassau

Ein Glied in der gedanklichen Kette, die sich aus der Verknüpfung Waldeck – niederländische Militärdienste – Vereinigte Niederlande ergibt, fehlt noch zum Verständnis und zur Vervollständigung des zu behandelnden Themas: Die Geschichte Nassau-Oraniens und Oranien-Nassaus. Hierzu muss etwas weiter ausgeholt und auf die Ursprünge des Hauses Nassau eingegangen werden.

Die Anfänge des Altadelsgeschlechts derer von Nassau, das europäische Bedeutung erlangt hat, reichen bis in das 11. Jahrhundert zurück. Das Haus Nassau teilte sich im 13. Jahrhundert in eine nördliche und eine südliche Hauptlinie und seit dem späten Mittelalter in zahlreiche weitere Linien. 1255 teilte sich das Haus Nassau in eine ottonische und walramsche Linie. Von der ottonischen Linie leiten sich u. a. sukzessiv die Linie Nassau-Dillenburg-Nassau-Diez und die Oranische Linie ab und münden in die heutigen Niederlande mit ihren Regenten aus dem Haus Oranien. Zur walramschen Linie gehört u. a. sukzessiv die Linie Nassau-Weilburg-Saarbrücken, die sich weiter aufgliedert in die ältere Linie Nassau-Saarbrücken (1442–1574), in die jüngere Linie Nassau-Saarbrücken (1629–1640) und in die Linie Nassau-Saarbrücken (1640–1723 bzw. 1741–1793). Aus der jüngeren Weilburger Linie geht 1806 das deutsche Herzogtum Nassau hervor, ebenso 1815 das heutige Großherzogtum Luxemburg.[11]

---

10 Vgl. Karl Ernst Demandt: Geschichte des Landes Hessen, Kassel 1980 (darin: Die Nassauer Grafschaften S. 367–435; Das Fürstentum Waldeck S. 521–530); Thorsten Haarmann: Das Haus Waldeck und Pyrmont (= Deutsche Fürstenhäuser H. 35), Werl 3. Aufl. 2018 (vormals Hermann Platte: Waldeck und Pyrmont (= Deutsche Fürstenhäuser H. 3)).

11 Vgl. Ernst Münch: Geschichte des Hauses Nassau-Oranien, 3 Bde., Aachen/Leipzig 1831–1833; Michel Richard: Das Haus Oranien-Nassau, Lausanne 1968; Demandt: Hessen (wie Anm. 10); Conrad A. Tamse (Hg.): Nassau und Oranien. Stadthalter und Könige der Niederlande, Göt-

Zur weiteren Vertiefung der Territorialgeschichte und zur Herausarbeitung der Entstehung der hier interessierenden Linie Nassau-Saarbrücken bzw. zum Verständnis des Brückenschlags zu den Oraniern, sind weitere Kenntnisse notwendig. Der historische Verlauf erfolgte zunächst über die Linie Nassau-Dillenburg, deren Geschichte durch zahlreiche Teilungen und Besitzerwandel geprägt ist. Ihre Regenten waren Reichsgrafen, seit 1654 gehörten sie dem Reichsfürstenstand an.[12]

Die Linie Nassau-Dillenburg nahm 1303 ihren Anfang. Johann I. von Nassau-Dillenburg verheiratete seinen Sohn Engelbert I. von Nassau-Dillenburg mit Johanna von Polanen aus Breda, Erbin des Grafenhauses der Polanen. Dadurch kamen 1403/04 bedeutende Besitzungen im Gebiet der heutigen Niederlande hinzu. Im Jahr 1420 vergrößerte sich die Grafschaft Nassau-Dillenburg erneut durch die Übernahme der Grafschaft Vianden im heutigen Luxemburg.

1515 erfolgte die Heirat Heinrichs III. von Nassau-Dillenburg (1483–1538) mit der Erbtochter Claude von Chalon, die das Fürstentum Oranien mit der südfranzösischen Stadt Orange einbrachte. Durch ihre Kinderlosigkeit und auch durch die Kinderlosigkeit ihres Bruders Renatus/ René fiel das Erbe Oranien an die Nassauer. Dadurch entstand der Name Nassau-Oranien. Der Erbfall trat 1530 ein. Später nannte sich die Verwandtschaft dieser Linie Fürsten von Oranien-Nassau.

Im ersten Drittel des 16. Jahrhunderts wurde die Reformation in Nassau-Dillenburg eingeführt. Das Land wurde zunächst lutherisch, dann calvinistisch. 1559 kam es zur Teilung zwischen Nassau-Dillenburg und Nassau-Oranien. Dabei behielten die Dillenburger das rechtsrheinische Gebiet, während Oranien-Nassau die linksrheinischen niederländischen Besitzungen erhielt. 1654 wurde

---

tingen/Zürich 1985; Horst Lademacher (Hg.): Oranien-Nassau, die Niederlande und das Reich. Beiträge zur Geschichte einer Dynastie, Münster 1995; Markus Schacht/Jörg Meiner (Red.): Onder den Oranje Boom (= Niederländische Kunst und Kultur im 17. und 18. Jahrhundert an deutschen Fürstenhöfen). Katalogband, München 1999. Jeroen Bastiaan van Heerde: Oranien. 500 Jahre Bildnisse einer Dynastie. Katalog, in: Portraitsammlung der Österreichischen Nationalbibliothek und der Königlich Niederländischen Botschaft, hg. von Uwe Schögel, Wien 2002, S. 27–29; Georg Schmidt von Rhein (Hg.): 200 Jahre Herzogtum Nassau (= Katalog und Handbuch zur gleichnamigen Ausstellung vom 18. März bis 30. Juni 2006), Ramstein 2006. Pierre Even: Das Haus Oranien-Nassau bis zu den Königen der Niederlande (= Deutsche Fürstenhäuser H. 30), Werl 2011; Gisela Külper: Die Geschichte Hauses Nassau und die Beziehungen zum Grafenhaus Erbach, Manuskript 2022.
12 Vgl. Tamse: Nassau und Oranien (wie Anm. 11); Even: Das Haus Oranien-Nassau (wie Anm. 11).

Nassau-Dillenburg in den Reichsfürstenstand erhoben. 1739 fiel Nassau-Dillenburg an Nassau-Diez. Dieses vereinigte seit 1742 alle Territorien der Ottonischen Linie des Hauses Nassau. Die Regenten nannten sich bereits seit 1702 Fürsten von Oranien-Nassau.[13]

1.4 Erbach, Waldeck und die Generalstaaten

In diesem Zusammenhang muss auch auf die Geschichte der Vereinigten Niederlande, der Generalstaaten, eingegangen werden, auch weil zahlreiche Männer aus dem Erbacher Grafenhaus, wie oben schon ausgeführt, über die Waldecker Beziehungen Militärdienst in den Niederlanden versahen. Die Generalstaaten waren durch verwandtschaftliche Verbindung 1477 an das Haus Habsburg gefallen und wurden 1581 von den spanischen Habsburgern unabhängig. Sie umfassten nach dem Wiener Kongress 1815 auch das später aus diesem selbstständig gewordenen Verband herausgebrochene heutige Belgien und Luxemburg.

Diese Konföderation von Provinzen wurde zumeist von einem Statthalter geführt, der traditionell aus dem Hause Oranien(-Nassau) stammte. 1747 wurde Wilhelm IV. von Oranien zum Statthalter aller Provinzen ernannt und damit das Statthalteramt erblich. 1751 folgte ihm Wilhelm V. von Oranien als Statthalter nach. Nach vorübergehender Vertreibung der Oranier im Krieg gegen Frankreich 1793/95 entstand die bis 1806 während Batavische Republik, die dann vom napoleonischen Königreich Holland abgelöst wurde. 1814/15 entstand das Vereinigte Königreich der Niederlande, Wilhelm VI. von Oranien wurde als Nachfolger von Wilhelm V. zum König der Niederlande erhoben. – In der niederländischen Nationalhymne klingt die deutsche Herkunft der ersten Regenten heute noch nach, wo es heißt „...van Duitsen bloed ...“[14] Damit ist der Bogen vom Fürstentum Nassau und zur Grafschaft Saarbrücken über die Niederlande bis hin zu den Oraniern geschlagen.

---

13 Vgl. Richard: Oranien-Nassau (wie Anm. 11); Lademacher: Oranien-Nassau (wie Anm. 11); Heerde: Oranien (wie Anm. 11), S. 27–29.
14 „Von deutschem Blut"; vgl. Richard: Oranien-Nassau (wie Anm. 11); Tamse: Nassau und Oranien (wie Anm. 11); Lademacher: Oranien-Nassau (wie Anm. 11); Heerde: Oranien (wie Anm. 11); Even: Das Haus Oranien-Nassau (wie Anm. 11).

2. Die Familie

2.1 Georg Wilhelm Graf zu Erbach-Erbach, Linie Reichenberg

Graf Georg Wilhelm zu Erbach-Erbach (1686–1757) hatte 1717 seine Militär-
laufbahn in den Niederlanden beendet und nahm seinen Wohnsitz auf Burg
Reichenberg über Reichelsheim. Nach dem Tod seines Vaters wechselte er
1728 zum Stammsitz seiner Ahnen in das Schloss zu Erbach. Er war der Stifter
der heute noch bestehenden Linie Erbach-Erbach, auch Erbauer der barocken
Erbacher Stadtkirche, und gab dem Schloss in Erbach seine heutige barocke
Fassade. 1723 vermählte er sich in Dresden mit Sophie Charlotte Gräfin von
Bothmer (1697–1748) verwitwete Gräfin Reuß zu Ober-Greiz; sie war eine
Tochter des hannoverisch-englischen Reichsrates Graf Johann Caspar von
Bothmer (1656–1732).

1753 trat Georg Wilhelm mit Leopoldine Sophie Wilhelmine, Tochter des
Wild- und Rheingrafen Karl Walrad Wilhelm zu Haun und Kyrburg, in eine
zweite Ehe ein, aus der als einziger Sohn Franz I. Graf zu Erbach-Erbach
(1754–1823) hervorging. Es ist dies jener Graf, der die Antikensammlungen
im Erbacher Schloss schuf und die Elfenbeinkunst in die ehemalige Residenzstadt brachte. Graf Franz I. war somit der Halbbruder von Erdmute Gräfin zu
Erbach-Erbach, die im Folgenden als Hauptperson dieses Beitrages gewürdigt
werden soll.

Graf Georg Wilhelm war bei seiner ersten Eheschließung in Dresden
37 Jahre alt, Gräfin Sophie Charlotte zählte 26 Jahre. In diese Ehe brachte die
junge Frau aus dem Erbteil ihrer Mutter Gisela Erdmute Freiin von Hoym die
nördlich von Dresden gelegenen herrschaftlichen Rittergüter Radeburg und
Rödern in das Haus Erbach ein. Graf Georg Wilhelm führte nun auch diese
Titel. Als ihre gemeinsame Tochter Sophie Erdmute später mit dem Fürsten
von Nassau-Saarbrücken vermählt wurde, fiel dieser Besitz, da es keinen
männlichen Erben gab, an ihre Familie.[15]

---

15 Vgl. Simon: Geschichte der Dynasten (wie Anm. 1), S. 462–464.

2.2 Sophie Erdmute Gräfin zu Erbach-Erbach, Frau zu Breuberg etc.

Noch zur Zeit von Graf Georg Wilhelm und seiner ersten Gemahlin auf dem Reichenberg kamen ihre zwei Töchter zur Welt: Am 12. Juli 1725 wurde Sophie Erdmute geboren, 1728 folgte ihre jüngere Schwester Johanna Ernestine; sie verstarb im Alter von nur drei Jahren. Ihre Beisetzung fand in der Kirche zu Reichelsheim statt, in der auch Graf Georg Wilhelm seine letzte Ruhe fand.

Die Tochter Sophie Erdmute erhielt in Erbach eine gute Erziehung und Bildung. Schwerpunkte waren Sprachen, Religion, Musik und Literatur. Schriftliche Informationen über die Jugendjahre von Sophie Erdmute liegen leider nicht vor. Die Existenz einer Hofkapelle jedoch und die musikalisch-literarischen Interessen ihres Onkels Friedrich Karl (1680–1731) lassen den Schluss zu, dass sich im gräflichen Schloss zu Erbach ein standesgemäßes kulturelles Leben entfalten konnte. Sicher ist, dass Sophie Erdmute über sehr gute Kenntnisse der französischen Sprache verfügte, die sie beispielsweise bei ihren Treffen mit Caroline Henriette Christine Philippine Luise von Hessen-Darmstadt (1721–1774), der Großen Landgräfin, gebrauchte. Sie war es auch, die später, als Sophie Erdmute zur Fürstin von Nassau-Saarbrücken avancierte, die Verbindungen mit den in Paris lebenden Literaten herstellte.[16] Musik, Sprachen und Literatur gehörten zum Bildungsgut der Erbacher Grafenfamilie. Dass beim Neubau des Schlosses Erbach auch an die Errichtung eines Musiksaales gedacht wurde und einer der Grafen, Friedrich Karl, sich als Komponist von Kammermusik bestätigte, bekräftigt dies außerdem. Über die musische Hinwendung des Grafenhauses legt noch heute die Existenz eines Theatersaals im Schloss Zeugnis ab.[17]

Friedrich Karl war ein Freund der Musik und geistlichen Dichtung und ist mit Georg Philipp Telemann (1681–1767) befreundet gewesen. Telemann war häufig in Erbach anwesend, wo eine leistungsfähige Hofkapelle musizierte. Er wurde 1712 zum städtischen Musikdirektor von Frankfurt/Main ernannt. 1720 schrieb Telemann sechs Kantaten für den Grafen auf dessen eigene Dichtun-

---

16 Vgl. Wendelin Müller-Blattau: Zarte Liebe fesselt mich. Das Liederbuch der Fürstin Sophie Erdmuthe von Nassau-Saarbrücken (= Veröffentlichungen des Instituts für Landeskunde im Saarland Bd. 39), Saarbrücken 2001, S. 11–21. Teiledition mit Nachdichtungen von Ludwig Harig, S 14. N.N.: Art. Es geht um Musik im Grafenhaus Erbach, in: Weinheimer Nachrichten vom 22. September 2017, S. 8; Külper: Die Geschichte Hauses Nassau (wie Anm. 11).
17 Vgl. Simon: Geschichte der Dynasten (wie Anm. 1), S. 436–438.

gen. In die Musikgeschichte ist Graf Friedrich Karl zu Erbach als deutscher Komponist eingegangen.

Zur Kaiserkrönung von Karl VII. (1697–1745) im Jahr 1742 wurden viele Familien des hohen Adels in Frankfurt am Main erwartet. So reiste auch Graf Georg Wilhelm von Erbach mit seiner 17-jährigen Tochter Sophie Erdmute zu den Feierlichkeiten. Dieses große Ereignis wurde als eine gute Gelegenheit angesehen, für die Tochter eine angemessene Partie zu finden. Einige der nach Frankfurt angereisten adligen Personen waren Graf Georg Wilhelm behilflich, einen geeigneten Partner für eine Vermählung mit Sophie Erdmute zu finden. So wurde sie mit dem Herzog von Weimar, dem Landgrafen von Hessen und mit Fürst Wilhelm Heinrich von Nassau-Saarbrücken bekannt gemacht. Die junge Frau aus dem Haus Erbach war bei der Wahl des künftigen Gemahls zögerlich, der Vater stellte ihr für die schnelle Entscheidung ein Ultimatum; er soll sie sogar eingesperrt haben. „Wenn es denn sein muss, so sei es der Fürst von Saarbrücken", sollen ihre Worte gewesen sein, mit denen sie sich für ihren künftigen Gemahl entschied. Ob er der Traumprinz für die junge Frau war, seine Körpergröße betrug lediglich 1,62 Meter?[18]

2.3 Sophie Erdmute Fürstin von Nassau-Saarbrücken

Bereits zwei Wochen nach dem Besuch in Frankfurt fand am 28. Februar 1742 in Erbach ihre Vermählung statt. Die Pflicht, dass möglichst schnell einem Nachfolger das Leben geschenkt werden musste, war der jungen Prinzessin bewusst. Wenige Tage nach den Hochzeitsfeierlichkeiten reiste das jungvermählte Paar nach Saarbücken ab.[19] Das dortige Schloss war allerdings noch nicht fertiggestellt, es mussten schnellstens einige Wohnräume für das Regentenpaar geschaffen werden. Auf umfangreiche Buchbestände, die die Fürstin aus ihrer Heimat mitbrachte, verweist eine Inventarliste des Saarbrücker Schlosses aus dem Jahr 1753. Dies wird vom Chronisten deshalb angeführt, um auf die

---

18 Vgl. Müller-Blattau: Zarte Liebe (wie Anm. 16), S. 14.
19 „Die Fürstenzeit ist eine zeitlich umrissene Epoche der Saarbrücker Geschichte. Sie beginnt mit dem Regierungsantritt von Fürst Wilhelm Heinrich von Nassau–Saarbrücken (1718–1768) im Jahre 1741 und endet bereits 1793 mit der Eroberung des Landes durch die französischen Revolutionstruppen, die in die Regierungszeit von Fürst Wilhelm Heinrichs und Sophie Erdmutes Sohn Ludwig (1745–1794) fällt". Vgl. Roland Mönig (Hg.): Die Bildnisse der Fürstin von Nassau-Saarbrücken (= saarland alte sammlung), Vorwort, S. 5–6, Saarbrücken o. J.

Belesenheit der neuen Schlossherrin hinzuweisen. Es wird auch von einer nicht unbeträchtlichen Mitgift berichtet, die sie aus dem Odenwald nach Saarbrücken brachte.

2.4 Der Gemahl: Wilhelm Heinrich Fürst von Nassau-Saarbrücken

Wilhelm Heinrich Fürst zu Nassau, Graf zu Saarbrücken und Saarwerden,

Herr zu Lahr, Wiesbaden und Idstein etc. wurde am 6. März 1718 in Usingen im Taunus geboren. Er kam aus familienpolitischen Gründen mit seiner Mutter Charlotte Amalie nach Saarbrücken. Auch er genoss am Hof eine gute Erziehung in Sprachen, Geschichte, Genealogie, Mathematik, Reiten und höfische Sitten. Durch seine Bildungsreisen nach Paris wurde sein späterer Lebensstil geprägt. Im Jahr 1735 hatte der junge Fürst das Fürstentum Nassau-Saarbrücken mitsamt einer darniederliegenden Wirtschaft, den entvölkerten Städten sowie mit einem maroden Herrschaftssitz geerbt. Ihm gelang es zunächst mit Ideen und Tatendrang den Verfall aufzuhalten. Als ihm 1737 von König Ludwig XV. (1710–1747) bei

Abb. 7: Wilhelm Heinrich Fürst von Nassau-Saarbrücken (1717–1768), um 1765, befindet sich im Oraniersaal von Schloss Erbach. Ein paralleles Bild befindet sich in der Alten Sammlung des Saarlandmuseums in Saarbrücken (Katalog Abb. 14) [Foto: Michael C. Bender]

dem Besuch in Versailles ein französisches Regiment übertragen wurde, stand er zeitlebens in französischen Militärdiensten. Sein eigenes Regiment hatte er während seines Aufenthaltes in Frankfurt an den Landgrafen von Hessen–Darmstadt verkauft.

1741 übernahm er die Regierungsgeschäfte in Saarbrücken. Von 1738 bis 1748 ließ er dort das neue Schloss als prachtvolle Residenz nach Vorbild des Versailler Schlosses erbauen. Der Fürstlich Nassau-Saarbrücker Generalbau-

Das
In erwünschte Erfüllung gegangene sehnlichste Verlangen des
gantzen Hochfürstl. Nassau-Saarbrückischen Landes
Als der Durchläuchtigste Fürst und Herr
HERR
Wilhelm Heinrich,
Fürst zu Nassau, Graff zu Saarbrücken und
Saarwerden, Herr zu Lahr, Wißbaden und
Idstein ꝛc.
Des Sti. HUBERTI Ordens Ritter ꝛc.
Sich mit der
Durchläuchtigsten Fürstin und Frau
F R A U
Sophia, Christina,
Charlotta Friderica
Erdmuth,
Gebohrnen Reichs-Gräfin von Erpach, und
Frauen von Breuberg ꝛc.
Christfürstlich vermählet, und nach dem unterm 28. Februarii
1742. in der Hochgräfl. Residenz Erpach vollzogenem
Hoch-Fürstlichen Beylaager
In Dero Residenz Saarbrücken mit dieser Ihrer geliebtesten Frau Ge-
mahlin Hochfürstl. Durchl. den ersten Einzug halten,

Die an diesem allgemeinen Landes Vergnügen gantz besonderen Antheil
nehmende zur Regierung Cammer und Ober-Amt zu Saarbrücken
gnädigst verordnete gesammte Dienerschafft.

gedruckt bey Johann Mengart.

direktor Friedrich Joachim Stengel, ein bedeutender Baumeister des Barock, gestaltete fortan das Bild der Stadt. Über seine Bedeutung für Erbach wird später berichtet werden.

Fürst Wilhelm Heinrich wird als ein handfester Genussmensch beschrieben. Seine Odenwälder Gemahlin Sophie Erdmute, die ähnlich wie ihr Gemahl ganz dem Bild einer aufgeklärten Regentin entsprach, soll selbstbewusst die Mätressen ihres Mannes als lästige, aber irrelevante Nebenbeschäftigungen abgetan haben. Die Zahl seiner Geliebten war groß, allerdings erkannte er keine derselben, dem damaligen Zeitgeist entsprechend, öffentlich an. Er begnügte sich damit, ihnen einen bürgerlichen Wohlstand zu ermöglichen und sie späterhin auch zu verheiraten.[20]

Abb. 8 (o.): „Verkündigung der Hochzeit und des ehelichen Beilagers von Wilhelm Heinrich mit Sophie Charlotte Friederike Erdmuthe von Erbach" aus dem Jahr 1742; dort auch ein Bild von „Sophie zu Erbach, Fürstin und Musikerin, unbekannter Maler, um 1750." Das ist falsch. Es handelt sich bei dieser Abbildung um Sophie Charlotte Gräfin zu Erbach-Erbach, Gemahlin von Georg Wilhelm Graf zu Erbach-Erbach. Auch falsch bei https://www.geni.com/peoph/Sophie-Christine-vonErbach-Erbach-Fürstin-zuNassau-Saarbrücken/60000000. Hier handelt es sich um die erste Gemahlin des Grafen Georg Wilhelm zu Erbach-Erbach, Sophie Charlotte von Bothmer, Gräfin zu Erbach-Erbach, Gräfin zu Reuß-Obergreiz, und nicht um Gräfin Sophie Erdmute zu Erbach-Erbach, verh. Fürstin von Nassau-Saarbrücken u. Abb. 9 (u.): Ehewappen von Fürst Wilhelm Heinrich und Fürstin Sophie Erdmute; abgebildet Müller-Blattau auf dem Buchdeckel und auf dem Buchdeckel des beiliegenden Faksimile-Bändchen

---

20 Kurt Hoppstädter/Hans-Walter Herrmann: Geschichtliche Landeskunde des Saarlandes. Vom Faustkeil zum Fürstentum, Saarbrücken 1960. Albert Ruppersberg: Geschichte der Grafschaft Saarbrücken, Bd. 2, Saarbrücken 1910 (ND St. Ingbert 1979); Dotzauer: Fürst Wilhelm Heinrich (wie Anm. 2); Müller-Blattau: Zarte Liebe (wie Anm. 16), S. 15. Sabine Werz: Sex and Crime auf Königsthronen, Köln 2010. Rossner: Schwarze Kohle, weißer Putz (wie Anm. 2).

3. Die Saarbrücker Jahre von Sophie Erdmute

3.1 Die Ottweiler Porzellanmanufaktur

Fürst Wilhelm Heinrich wird in der landesgeschichtlichen Literatur als Förderer der Saarwirtschaft und als aufgeklärter und auf das Wohl seiner Untertanen bedachter Regent bezeichnet. Unter ihm wurden die Verwaltung und die Justiz reformiert, er engagierte sich für den Steinkohlebergbau und für moderne landwirtschaftliche Methoden.[21]

Kunstsinn und Interesse am ökonomischen Gewinn paarten sich in idealer Komposition im Engagement der Porzellanmanufaktur. 1763 richteten Fürst Wilhelm Heinrich und seine Gemahlin in der kleinen Residenzstadt Ottweiler eine Porzellan-Werkstatt ein. Künstler aus Frankreich arbeiteten mit feinem Kaolin aus Passau, einem edlem weißen Tongestein. Im Barock des 18. Jahrhunderts war Porzellan ein Prestigeprodukt an den Fürstenhöfen. Die Fürstin demonstrierte mit den edlen Stücken ihren guten Geschmack, und das Fürstenpaar hoffte mit dem Verkauf aus der eigenen Manufaktur die Kassen aufzufüllen. Bis 1800 wurde in Ottweiler Porzellan hergestellt, der Nachlass ist leider begrenzt und die verbliebenen Stücke sind in der ganzen Welt verstreut. Die Produktionszeit war durch den Ausbruch der Französischen Revolution auf rund dreißig Jahre begrenzt, und durch die napoleonischen Kriege wurde vieles als Beutegut nach Frankreich verschleppt.

Ottweiler Porzellan ist sehr selten, in verschiedenen Museen wird es ausgestellt, und auf Auktionen werden hohe Preise erzielt. Mit der Porzellanmanufaktur setzte das fürstliche Ehepaar eine Tradition fort, wie sie im Barock üblich geworden war, um an Adelshöfen mit dem kostbaren „Weißen Gold" mit Geschmack und Reichtum zu glänzen. Zuvor waren solche Manufakturen in Meißen (1710), Nymphenburg (1747) und Frankenthal (1755) durch die jeweiligen Regenten ins Leben gerufen worden.

---

21 Vgl. Müller-Blattau: Zarte Liebe (wie Anm. 16), S. 15.

3.2 Lebensweisen und Charakterbilder der Fürstenfamilie

In kluger Einschätzung der gegebenen Machtverhältnisse auf dem europäischen Kontinent verfolgte Fürst Wilhelm Heinrich konsequent eine Politik der Loyalität gegenüber dem Heiligen Römischen Reich und der gleichzeitigen Pflege freundschaftlicher Beziehungen zum französischen Hof, was dem Fürstentum jedoch gegen Ende des 18. Jahrhunderts zum Verhängnis werden sollte.[22]

Doch der Fürst war auch den Frauen zugetan, er hatte, wie bereits erwähnt, zahlreiche Geliebte. Eine Anekdote erzählt, dass er von einer Parisreise allen seinen Gespielinnen die gleiche blaue Robe mitbrachte, ohne dies zu verraten. „Jede wollte sich natürlich beim nächsten Kirchgang damit zeigen. Wie groß war das Gelächter in der Bevölkerung und der Verdruss bei den Damen! Seiner Gattin lagen diese Eskapaden fern."[23]

Im Oraniersaal des Schlosses zu Erbach befindet sich ein von einem nicht namentlich bekannten Künstler geschaffenes Original des Fürsten Wilhelm Heinrich, das 1745 entstanden ist. „In Dreiviertelansicht heftet der Fürst seinen Blick auf den Betrachter und stützt seine Linke entspannt auf den Degen. Rüstung und der darüber liegende, kostbar verbrämte Gehrock, die gut sitzende, weiß gepuderte Perücke, vor allem aber jener hoheitsvolle Blick und seine edlen, aber auch gütigen Gesichtszüge verleihen ihm eine durch und durch vornehm-aristokratische Wesenheit. Hier zeigt sich ein Fürst, der bestimmt und entschlossen zur Tat schreiten kann, der aber auch seine Rolle als Landesvater einzunehmen in der Lage ist, um dem Land die besten Voraussetzungen für die Zukunft zu ermöglichen".[24]

In ihren ersten zehn Ehejahren brachte die junge Fürstin ihrem Gatten fünf Kinder zur Welt: 1743 wurde die Tochter Sophie Auguste in Saarbrücken geboren. Sie starb 1747, als sie mit ihrer Mutter im Odenwald weilte. Damals fand die Grundsteinlegung der Evangelischen Stadtkirche in Erbach statt. Zu diesem Ereignis wurde sie vom Vater eingeladen. Die kleine Tochter wurde in Reichelsheim beigesetzt. 1745 kam der Sohn Heinrich Ludwig Karl Albrecht als Erbprinz in Saarbrücken zur Welt. Von 1768 bis zur Französischen Revolution war er der letzte regierende Fürst von Nassau-Saarbrücken. 1794 ver-

---

22 Vgl. Stefan Heinlein: Die Bildnisse Der Fürsten von Nassau-Saarbrücken, Saarbrücken 2016, S. 8.
23 Vgl. Rossner: Schwarze Kohle, weißer Putz (wie Anm. 2).
24 Vgl. Heinlein: Bildnisse (wie Anm. 22), S. 7.

starb er im Exil in Aschaffenburg im Alter von nur 49 Jahren; wenige Monate später verstarb dort auch seine Mutter.

1748 wurde Friedrich August geboren, er wurde nur zwei Jahre alt und starb 1750 in Erbach, als die Mutter mit ihm dort zu einem Besuch anlässlich der Einweihung der Stadtkirche weilte. 1751 kam Anna Carolina zur Welt. Sie war in erster Ehe mit Friedrich Heinrich Wilhelm, Herzog von Holstein-Glücksburg und in zweiter Ehe mit Friedrich Karl Ferdinand, Herzog von Braunschweig-Bevern vermählt; sie verstarb 1824. 1752 kam Wilhelmine Henriette zur Welt, die mit dem königlich französischen General Ludwig Armand, Maquis von Sevecourt vermählt war; sie verstarb 1829.

Fürstin Sophie Erdmute widmete sich der Erziehung ihrer Kinder, während der Fürst als französischer Offizier Karriere machte. 1744 wurde er Feldmarschall und 1748 Oberstleutnant. Er reiste häufig nach Paris an den Hof Ludwigs XV. Wenn möglich, begleitete ihn bei diesen Reisen seine Gemahlin, die perfekt die französische Sprache beherrschte.[25]

3.3 Begegnungen mit Philosophen, Schriftstellern und Musikern

Mit ihrer Freundin, Landgräfin Caroline von Hessen-Darmstadt, pflegte Sophie Erdmute auch von Saarbrücken aus weiterhin einen regen Kontakt. Durch sie erlangte sie einen Zugang zu den höchsten Kreisen der Pariser Gesellschaft.[26] Von besonderer Bedeutung sind ihre Begegnungen mit dem Philosophen und Schriftsteller François-Marie Arnouet gen. Voltaire (1694–1778), einem der meistgelesenen und einflussreichsten Autoren der Aufklärung, sowie mit dem Philosophen Jean-Jacques Rousseau (1717–1778). Auch pflegte sie Kontakt zu dem Literaten Denis Diderot (1713–1784) und zu dem Physiker und Mathematiker Jean Le Rond gen. d'Alembert (1717–1783). Dass sie als Frau in den Kreis der aufgeklärten Enzyklopädisten gelangen konnte, spricht für ihre Belesenheit, Intelligenz und ihr Selbstbewusstsein.[27]

---

25 „Zum Charakterbild der Fürstin Sophie Erdmute gehörte der Gedankenaustausch mit den bedeutenden Literaten und Philosophen, welche zu dieser Zeit in der französischen Hauptstadt tätig waren. Auch war sie eine geschätzte Gesprächspartnerin in Bereichen, die nicht gerade zum Repertoire von Damen ihres Ranges zu jener Zeit gehörten.", vgl. Müller-Blattau: Zarte Liebe (wie Anm. 16), S. 16.
26 Ebda, S. 19.
27 Ebda, S. 16–17. Vgl. Heinlein: Bildnisse (wie Anm. 22), S. 13.

Das Eheleben von Sophie Erdmute mit Wilhelm Heinrich war sicher für die Ehefrau nicht einfach, die Zahl seiner Mätressen war groß, dem damaligen Zeitgeist folgend, hat er einige seiner außerehelichen Kinder öffentlich anerkannt und auch in einen bürgerlichen Wohlstand versetzt. Die erotischen Eskapaden von Wilhelm Heinrich führten dazu, dass sich die Fürstin zeitweise in das Amtsstädtchen Ottweiler zurückzog. Sie lebte dort im sogenannten Witwenpalais, das von Friedrich Joachim Stengel 1758/60 erbaut wurde. Zu einer völligen Entfremdung kam es jedoch nicht, denn 1767 ist ein Aufenthalt beider Ehepartner dort belegt.

3.4 Frühe Witwenschaft und Ende der Linie Nassau-Saarbrücken

Als 1766 Sophie Erdmute das Schloss Ottweiler zum Wohnsitz wählte, waren gerade die lange anstehenden politisch-religiösen Streitigkeiten zwischen dem katholischen Frankreich und dem protestantischen Nassau-Saarbrücken durch einen Vertrag zwischen König Ludwig XV. und Wilhelm Heinrich beigelegt. 1768 verstarb Fürst Wilhelm Heinrich nach einem Schlaganfall, er wurde nur 50 Jahre alt. Das Land war zu der Zeit aufgrund seiner teuren Hofhaltung und Bautätigkeit hoch verschuldet. Seine Witwe, 43 Jahre alt, musste für kurze Zeit die Vormundschaft für ihren Sohn Ludwig übernehmen und auch die Regierung führen, die der Sohn erst zwei Jahre später übernahm. Die Verschuldung schränkte die finanziellen Spielräume der fürstlichen Familie ein. Die Lage muss so katastrophal gewesen sein, dass eine kaiserliche Schuldentilgungskommission eingesetzt wurde. Es bestanden noch viele Lasten aus den Bautätigkeiten in Saarbrücken, die teilweise noch immer nicht fertiggestellt waren.

Für den jungen Fürsten Ludwig waren es schwierigste Voraussetzungen, auch er war dadurch gezwungen, möglichst bald eine Ehe mit einer nicht unvermögenden Adligen einzugehen. So wurde mit Wilhelmine Sophie Eleonore Prinzessin von Schwarzburg-Rudolstadt (1751–1780) aus Thüringen eine Eheverbindung arrangiert. Fürst Ludwig hatte sie auf einer Kavalierstour kennengelernt. Die Vermählung fand 1766 in ihrem elterlichen Schloss Schwarzburg statt, die Braut war erst 15 Jahre alt, der Bräutigam zählte 21 Jahre. Es ergab sich keine glückliche Verbindung, denn der Gemahl wandte sich seinen Mätressen zu. Er vermählte sich sogar morganatisch, und beachtete seine

Gemahlin wenig. Sie brachte einen gemeinsamen Sohn, Heinrich Ludwig Karl Albert, zur Welt, er war der letzte Fürst der Nassau–Saarbrücker Linie.

Sophie Erdmute war noch lange nach dem Tod ihres Gemahls in großer Geldnot, sie hatte selbst bei einigen Händlern von alltäglichen Dingen große Schulden. Um ihr Personal bezahlen zu können, musste sie sogar ihre Pferde verkaufen, was eine große Einschränkung für sie bedeutete. Die damaligen Wegeverhältnisse bedingten, dass sie kaum noch reisen konnte. Ihre letzten Lebensjahre waren durch die großen politischen und sozialen Umwälzungen als Folge der Französischen Revolution bestimmt. Die Nassau-Saarbrückischen Besitzungen an der oberen Saar waren damals eine Enklave im Königreich Frankreich.

Abb. 10: Ludwig Fürst von Nassau-Saarbrücken (1745–1794), zweiter Fürst von Nassau-Saarbrücken, Sohn von Sophie Erdmute und Wilhelm Heinrich um 1775, Saarlandmuseum Saarbrücken (Katalog Abb. 9) und Oraniersaal in Schloss Erbach [Foto: Michael C. Bender]

3.5 Der Religionswechsel der Fürstin

1779 trat die Fürstin mit 54 Jahren in der Zisterzienserinnenabtei Saint-Joseph de Conflans in Anwesenheit des Pariser Erzbischofs, Christophe de Beaumont du Repaire, zum Katholizismus über.[28] Das ist umso erstaunlicher, als Sophie Erdmute aus einem streng lutherischen Haus stammte. In der Grafschaft Erbach wurde schon zwischen 1540 und 1556 die Reformation eingeführt. Die Rückkehr der Fürstin zur katholischen Lehre muss beim Volk großes Aufsehen erregt

---

28 Vgl. Müller-Blattau: Zarte Liebe (wie Anm. 16), S. 21.

haben, man schrieb ihr sogar eine Erscheinung des Geistes ihres verstorbenen Gemahls Wilhelm Heinrich zu. Es gehörte sicher zu jener Zeit viel Mut dazu, im Nassau-Saarbrückischen von der lutherischen Konfession zur katholischen Kirche zurückzukehren und sich offen zu Rom bekennen. Auf einem Portrait, das sich in Privatbesitz befinden soll, habe die Fürstin sogar ein Ordenskleid getragen. Da die lutherische Religion in Saarbrücken als herrschende Landesreligion galt, war die Bevölkerung wegen der Konversion der Fürstin verbittert.

Sophie Erdmute, die als Gattin des prachtliebenden Fürsten Wilhelm Heinrich an fürstlichen Glanz gewöhnt war, war einst aus dem Grafenhaus im Odenwald in eine in wirtschaftlichem und kulturellem Aufschwung befindliche Herrschaft gekommen. Die Nachbarschaft zu Frankreich und die Verbindungen nach Paris hatten der jungen Frau die Möglichkeiten verschafft, dass sie in die Kreise bedeutender Schriftsteller, Philosophen und Musiker als geist- und kenntnisreiche Gesprächspartnerin aufgenommen wurde. Doch durch ihre frühe Witwenschaft und die politische Situation lebte sie in den letzten Jahren in bescheidenen Verhältnissen.

Abb. 11: Schloss Biebrich. Wiesbaden gehörte nur von 1721 bis 1728 den Fürsten von Nassau-Saarbrücken. Fürst Karl von Nassau-Usingen (1712–1775) verlegte seine Residenz von Usingen nach Wiesbaden und beauftragte den fürstlichen Baumeister Friedrich Joachim Stengel, das dortige Schloss ab 1734 zum barocken Residenzschloss auszubauen [Foto: Ansgar Koreng / CC BY-SA 3.0 (DE)]

Laut einer Überlieferung des katholischen Priesters Joseph Levy soll ihr, als sie 1793 auf die rechte Rheinseite fliehen musste und in Biebrich ankam, ein unerfreulicher Empfang zuteilgeworden sein. Alle hohen Personen kehrten ihr den Rücken und konnten ihre Abneigung nicht verbergen. Die Fürstin soll gesagt haben: „Was mir hier geschieht, das geschieht mir deshalb, weil ich katholisch geworden bin". Zu einem Bediensteten bemerkte sie: „Ärgere er sich nicht darüber, das habe ich verdient. Ich war als Protestantin gerade so gesinnt und gestimmt, wie dieser und jener. Es hat mich nicht wenig geärgert, wenn ich sah, dass mein Mann und mein Sohn ihnen ein so großes Vertrauen schenkten. Wenn es von mir abgehangen hätte, so wäre kein Katholik am Hofe geblieben. Ich hielt die Katholiken für dumm und verkehrte Menschen. Ich wusste es leider nicht besser. Man muss daher auch diesen Herren verzeihen; denn auch sie wissen es nicht besser".[29]

Das Motiv ihres Glaubenswechsels wird kontrovers diskutiert und bleibt bis heute im Dunkeln. Gelegentlich ist die prekäre Finanzlage der alternden Fürstin ins Gespräch gebracht worden. Vielleicht war es ihre Hoffnung nach ihrem Übertritt zum Katholizismus eine reiche Abtei zu erhalten. Dass sich die Fürstin ernsthaft mit den Unterschieden der christlichen Religionen befasst hat, ist dokumentiert.[30]

Die Französische Revolution veranlasste 1793 die linksrheinischen Landesfürsten ihre Heimat zu verlassen, was sicher auch der Grund für die Übersiedlung von Sophie Erdmute mit ihrem Hof nach Aschaffenburg war. Ihr Sohn Ludwig hatte sich, als er schwerkrank geworden war, mit seiner Familie längst dorthin geflüchtet, wo er am 2. März 1794 im Alter von nur 49 Jahren verstarb. Seine zweite Frau, Katharina Kest, einst das „Gänsegretel" von Fechingen, dann Reichsgräfin zu Ottweiler, Herzogin von Dillingen und am Ende Fürstin in Saarbrücken, war an seiner Seite, als er starb. Sie siedelte später nach Mannheim über, wo ihre Tochter Luise mit dem bekannten Opernsänger Anton Joseph Fischer (1780–1862) verheiratet war.

Am 10. Juni 1797 verstarb Sophie Erdmute in Aschaffenburg im Alter von 71 Jahren; dort befindet sich auch ihr Grab. Es wird berichtet, dass die Fürstin,

---

29 Vgl. August Krohn: Fürstin Sophie. Ihre Konversion. Die Fürstin und Diderot, in: Beiträge zur Geschichte der Saargegend (= MittHVSaargegend 7 (1900)), S. 254–264; Joseph Levy: Die Konvertitin Sophie, Fürstin von Nassau-Saarbrücken, Trier 1902.
30 Ebda.

als es mit ihr zu Ende ging, einen katholischen Geistlichen zurückwies, der ihr die Sterbesakramente spenden wollte. Vielmehr verfügte sie, wenn „es Zeit sei, auch ohne ihren ausdrücklichen Befehl den lutherischen Geistlichen des Ortes zu ihr zu rufen, dass er ihr das heilige Abendmahl reiche." Gesichert ist hingegen, dass Sophie Erdmute nach katholischem Ritus in der Krypta der Pfarrkirche Unserer Lieben Frau in Aschaffenburg beigesetzt wurde.[31]

Weshalb die Tochter aus dem Hause Erbach ihre letzten vier Lebensjahre in Aschaffenburg verbrachte und nicht bei ihren Verwandten im Odenwald, könnte damit begründet sein, dass ihr Konfessionswechsel im streng lutherischen Erbacher Grafenhaus übelgenommen wurde. Ihre Eltern waren bereits gestorben, die Regierung hatte ihr Stiefbruder Franz I. Graf zu Erbach-Erbach (1754–1823) im Jahr 1775 übernommen. Zumindest im Sterbejahr der Fürstin 1797 war Franz I. wegen der Französischen Revolution aus eigener persönlicher Sicherheit außer Landes und kehrte erst 1801 nach Erbach zurück. Auch das könnte ein Grund gewesen sein, weshalb sich seine Halbschwester der Kriegsgefahr wegen nicht in Erbach aufhalten wollte.

4. Das Urteil der Nachkommen

Die Enkelin von Sophie Erdmute, die o.g. Luise Fischer, vormals Gräfin von Ottweiler (1778–1855), eine Tochter der ehemaligen Mätresse des Sohnes Ludwig, urteilte über die Großmutter: „Diese Fürstin war von einem höchst männlichen Geiste beseelt, der, durch eine sehr energische Erziehung noch erhöht, mit Widerwillen die Fesseln der Ehe betrachtet".[32] Eine weitere Beurteilung ihrer Großmutter ist überliefert: „(Sie) war die schönste alte Dame, die ich jemals gesehen habe; ihr geistvolles Auge, ihre durchaus ungebeugte, sehr edle Gestalt, ein Fuß, auf den sie mit Recht noch sehr eitel war, ließen nicht ihr Alter verraten, und bloß ihre weißen Haare deuten auf 64 Jahre."[33] An anderer Stelle erinnert sie sich: „Sie schien ganz zärtliche Mutter, nahm uns Kinder als

---

31 Vgl. Müller-Blattau: Zarte Liebe (wie Anm. 16), S. 21.
32 Vgl. Heinlein: Bildnisse (wie Anm. 22), S. 7, S. 14.
33 Vgl. Müller-Blattau: Zarte Liebe (wie Anm. 16), S. 15. Vgl. Heinlein: Bildnisse (wie Anm. 22), S. 14.

geliebte Enkel auf und behandelte auch ihre Schwiegertochter mit Achtung, als sei dieselbe eine geborene Fürstin."[34]

Die jüngste Enkelin von Fürstin Sophie Erdmute, die damals 16-jährige Luisa Katharina, spätere Gräfin von Ottweiler (1786–1818), hatte ihre Großmutter in weniger guter Erinnerung: „Sie war so erschrecklich vornehm und stolz; man konnte nie recht freundlich mit ihr sein."[35]

4.1 Die Liederhandschrift der Fürstin

Einen Eindruck des sachkundigen Musikverständnisses von Sophie Erdmute liefert eine Liederhandschrift, die der kunstsinnigen Fürstin gewidmet ist und ihr einst zum Geschenk gemacht wurde. Es ist eine Notenhandschrift mit Chansons aus Opern und Singspielen, populären Komödien und der Volks- und Straßenmusik des 18. Jahrhunderts. Entdeckt wurde das für die Musikwissenschaft interessante Zeitdokument in einem Antiquariat in Paris. Die Liedersammlung ist eine einzigartige Quelle zur Musikpflege am fürstlich Nassau-Saarbrückischen Hof. Darüber hinaus ist diese Liederhandschrift, eine in Noten gefasste lyrische Poesie, noch heute Inspiration für Musiker.

Der Musikwissenschaftler Wendelin Müller-Blattau bearbeitete die Liedersammlung musikalisch und kulturgeschichtlich. Literat Ludwig Harig besorgte die Übersetzung. Auf über 200 Seiten fasst die Liederhandschrift den musikalischen Inhalt in der Zeit der Fürstin zusammen. Die zumeist amourös-frivolen Lieder waren wohl für ihren privaten Gebrauch gedacht. Wer der Fürstin die Liedersammlung geschenkt hat, ist nicht bekannt. Vermutet wird, dass es Baron Melchior von Grimm aus dem Kreis der Enzyklopädisten um 1750 gewesen ist, welcher der Fürstin die Bekanntschaft mit dieser erlesenen Gruppe ermöglicht hat. Auch soll er in sie verliebt gewesen sein. In den Wirrnissen der Französischen Revolution kam die Liederhandschrift mit der fürstlichen Bibliothek als Beutekunst nach Paris.[36]

---

34 Ebda, S. 14.
35 Ebda, S. 15.
36 Ebda, S. 14, 16–17, 22.

Eine Kostprobe lyrischer Poesie aus der Liedersammlung in der Nachdichtung von Ludwig Harig („Mon coeur charmé", „Zarte Liebe fesselt mich") soll im Folgenden gegeben werden:

Engage's par le tendre amour

Zarte Liebe fesselt mich
Unsre Herzen sind sich teuer.
Zarte Liebe fesselt mich,
und für immer lieb' ich dich.

Allezeit gehör' ich dir,
liebe dich mit großem Feuer.
Allezeit gehör' ich dir –
Unaufhörlich sagen wir:
Zarte Liebe..."

L' amant le plus tendre
(Der zärtliche Knabe)

Mir ist nicht geheuer,
wie er sich bekennt:
Ein knisterndes Feuer,
das immerzu brennt.
Der Liebe kann schließlich
Ich immer entfliehn:
Doch ist's mir verdrießlich
zu lieben nur ihn.

Allein die ihr von einem gleichgesinnten Verehrer gewidmete und zueigen gegebene poesievoll verfasste Liedersammlung ist Zeugnis für die Hochachtung und Wertschätzung einer literarisch gebildeten und musisch-musikalisch veranlagten Dame in ihrer vom Absolutismus gekennzeichneten Zeit. Sie vermittelt somit ein umso mehr beachtliches aufgeklärtes Frauenbild des 18. Jahrhundert. Auch die Korrespondenz der Fürstin mit Vertretern aus dem Kreis der Enzyklopädisten legt beredt Zeugnis ab von der literarischen Belesenheit und dem qualifizierten Sachverständnis.[37]

---

37 Vgl. Traudel Benner: Die frivolen Lieder der Fürstin, in: Saarbrücker Zeitung 285 (8./9. Dezember 2001), S. E8; Müller-Blattau: Zarte Liebe (wie Anm. 16); Peter W. Sattler: „Zarte Liebe". Geschichte im Fadenkreuz, Teil I, in: Odenwälder Journal vom 7. März 2002; Teil II vom

4.2 Die Portraits der Fürstin aus der Sicht des Kunsthistorikers

In diesem Sinn kann auch das um 1765 entstandene Gemälde der Fürstin verstanden werden, das im Oraniersaal im Schloss Erbach zu sehen ist. Ein Exemplar des Gemäldes befindet sich im Museum in Saarbrücken – 1939 von diesem erworben. Darauf wird die musisch und literarisch ambitionierte Fürstin stolz und mit einer gewissen Strenge dargestellt – vielleicht auch mit etwas Hochmut[38] eingedenk ihrer Stellung, Intelligenz und universalen Bildung.

Abb. 12 (r.): Sophie Christiane Charlotte Erdmute Fürstin von Nassau-Saarbrücken, ehem. Gräfin zu Erbach-Erbach (1725–1795) mit Haube, befindet sich im Oraniersaal von Schloss Erbach, auch bei Müller-Blattau, Frontispiz, mit Haube [Foto: Michael C. Bender] u. Abb. 13 (l.): Sophie Erdmute Fürstin von Nassau-Saarbrücken, um 1765, ohne Haube, befindet sich in der Alten Sammlung des Saarlandmuseums in Saarbrücken, wahrscheinlich Kopie des Erbacher Originals. Im Katalog des Saarlandmuseums. Alte Sammlung Saarbrücken, Abb. 15, steht ein falsches Geburtsjahr (1722/23 statt 1725)

---

14. März 2002. Michael Lamla: Saarbrücken, Musikgeschichte, Saarbrücken 2012 (= https://musiclamla.wordpress.com/2012/12/06/saarbrucken-musikgeschichte/); Gisela Külper: Sofie Christine Charlotte Friederike Erdmute Fürstin von Nassau-Saarbrücken. Manuskript 2021.

38 Der Kunsthistoriker Stefan Heinlein charakterisiert die Fürstin aufgrund ihres Portraits so: „Das Sophie Erdmute wiedergebende Gemälde aus dem Jahre 1765, das das Pendant zum im gleichen Jahre entstandenen Bildnis ihres Gatten, des Fürsten Wilhelm Heinrich, darstellt, zeigt manche Eigenschaften, die in den Zitaten über sie geäußert wurden. Ihre Haltung zeugt durchaus von einem unbeugsamen Stolz, und ihr Antlitz ist von einer gewissen eisernen Strenge und auch Hochmut getragen. Insofern unterscheidet sich ihr Portrait von dem ihres Mannes, aus welchem gleichfalls ein hoffärtig fürstliches Moment spricht, das jedoch durch einen freundlichen, offenen und wohlmeinenden Blick relativiert wird." Vgl. Heinlein: Bildnisse (wie Anm. 22), S. 15.

Um gewissen Unstimmigkeiten bezüglich der Bildnisse von Sophie Erdmute zu begegnen, sollen im Folgenden Passagen von Kunsthistoriker Stefan Heinlein zitiert werden: „Im Schloss zu Erbach befindet sich ein Jugendbildnis der Fürstin, das auffallende Übereinstimmungen mit dem Saarbrücker Gemälde aufweist. Auch dort ist sie in Dreiviertelansicht wiedergegeben und nimmt die gleiche Stellung im Bildraum ein. Abgesehen von der Kleidung und der fehlenden Kopfbedeckung beim Saarbrücker Bildnis sind die Gesichtszüge beider Darstellungen vollkommen identisch. Auf dem Saarbrücker Gemälde ist ihr Gesicht nur etwas fülliger und die Haut nicht ganz glatt. Das Altersbild erscheint so wie die Kopie des Erbacher Portraits, nur dass altersbedingte Charaktermerkmale in der Saarbrücker Ausgabe integriert wurden, selbst dieselbe Kette scheint wiedergegeben worden zu sein. Es stellt sich daher die Frage, ob der Künstler überhaupt die Fürstin vor Ort porträtiert oder lediglich das Jugendbildnis kopiert hat."[39] Demnach ist womöglich das Saarbrücker Bild eine Kopie von einer Kopie in Erbach.[40]

Von Sophie Erdmute ist auch ein Ölgemälde aus dem Jahr 1728 erhalten, das sie im Alter von drei Jahren zeigt. Es befindet sich in der Alten Sammlung im Saarlandmuseum in Saarbrücken und von diesem 1958 erworben. Heinlein würdigt das Bildnis, ein Werk des Hessen-Darmstädter Hofmalers Johann Christian Fiedler, so: „Fiedler gibt die Gräfin stehend neben einem Tisch wieder: das Kleinkind ist, so wie es für jene Zeit üblich war, gekleidet wie eine Erwachsene. Fest fixiert sie mit ihren dunklen Augen den Betrachter, während sie mit der einen Hand ihren Hund streichelt und mit der anderen ein Stück Gebäck vom Tische nimmt, das mit der Obstschale und weiteren Gebäckstücken als stilllebenartiges Arrangement verstanden werden kann. Hinterfangen wird die Gräfin von einem Vorhang, der, zur Seite geschoben, den Blick auf die bewaldeten Höhen des Odenwaldes freigibt. Ein solcherart zur Seite geschobener Vorhang stellt ein übliches herrschaftsikonographisches Motiv jener Zeit dar."[41]

---

39 Vgl. Heinlein: Bildnisse (wie Anm. 22).
40 Ebda.
41 Ebda, S. 15–16.

4.3 Thematisch relevante Gemälde in den Räumen des Schlosses zu Erbach

Der Bilderschmuck in den für die Besucher zugänglichen zehn Räumen des Erbacher Schlosses besteht aus 69 Gemälden. Für das hier zu behandelnde Thema sind zwei Gemälde aus dem Roten Salon und ein Gemälde aus dem Grünen Salon ausgewählt.

Roter Salon:
Georg Wilhelm Graf zu Erbach-Erbach (1686–1757); Maler unbekannt, 18. Jahrhundert oder spätere Kopie, wohl nach Johann Adam Schlesinger (1759–1829), vielleicht auch nach anderen alten Vorlagen, um 1785; Vater von Sophie Erdmute.

Eberhard XV. Graf zu Erbach-Erbach (1818–1884), Maler Joseph Hartmann, um 1873. Graf Eberhard hat den Oraniersaal 1865 mit Gemälden von Personen aus dem Haus Nassau-Oranien ausgestattet.

Grüner Salon:
Sophie Charlotte zu Erbach-Erbach (1697–1748), Gräfin von Bothmar, verw. Gräfin von Plauen, franz. Maler, um 1745; Mutter von Sophie Erdmute.

Zudem werden in dieser Reihe von Gemälden auch vier aus der Alten Sammlung in Saarbrücken aufgenommen:

Alte Sammlung des Saarlandmuseums in Saarbrücken
Sophie Christine Charlotte Friederike Erdmute Gräfin zu Erbach-Erbach, Frau zu Breuberg etc., verh. Fürstin von Nassau-Saarbrücken (1725–1795), Gemahlin von Wilhelm Heinrich Fürst von Nassau-Saarbrücken, Maler Johann Christian Fieder (1697–1765), 1728.

Sophie Erdmute Fürstin von Nassau-Saarbrücken, unbekannter Maler, wahrscheinlich Kopie des Bildnisses im Schloss Erbach, um 1765.

Wilhelm Heinrich Fürst zu Nassau, Graf zu Saarbrücken und Saarwerden, Herr zu Lahr, Wiesbaden und Idstein etc. (1718–1768), um 1765

Ludwig Fürst von Nassau-Saarbrücken etc. (1745–1794), Maler Johann Ludwig Lucius (1753-?), um 1775, Sohn von Sophie Erdmute und Wilhelm Heinrich. Er war der zweite und zugleich der letzte regierende Fürst von Nassau-Saarbrücken.

4.4 Die Gemäldesammlung im Oraniersaal des Schlosses zu Erbach

Außer dem Bildnis von Fürstin Sophie Erdmute und Wilhelm Heinrich finden sich im Erbacher Schloss noch zahlreiche weitere in Öl gemalte Portraits von Personen des Hochadels. Diese zeigen zumeist die mit dem Grafenhaus verwandten Persönlichkeiten der Häuser Nassau und Oranien-Nassau. Der Speisesaal in der Beletage des Schlosses wurde 1865 vom Grafen Eberhard XV. als Oraniersaal eingerichtet und mit Barockbildnissen ausgestattet. Die Bildnisse der Personen aus den Linien Nassau sind nachstehend aufgeführt; die Portraitaufnahmen (bis 1823) machte Michael C. Bender.

Abb. 14 (r.): Ludwig Heinrich Graf von Nassau-Dillenburg (1594–1662). Schloss Erbach [Foto: Michael C. Bender] u. Abb. 15 (l.): Johann VIII. (III.) von Nassau-Siegen (1583–1638). Schloss Erbach [Foto: Michael C. Bender]

Abb. 16 (o. r.): Ernestine Jolande Prinzessin de Ligne, Gräfin von Nassau-Siegen (1595–1668), Gemahlin von Johann VIII. (III.) von Nassau-Siegen. Schloss Erbach, Abb. 17 (o. l.): Moritz Fürst von Oranien (1567–1625). Schloss Erbach, Abb. 18 (u. r.): Wilhelm der Schweiger von Oranien (1533–1584). Schloss Erbach u. Abb. 19 (u. l.): Wilhelm Friedrich von Nassau-Diez (1592–1661). Schloss Erbach [alle Fotos: Michael C. Bender]

Abb. 20 (o. r.): Frederik Hendrik Prinz von Oranien-Nassau (1584–1647). Schloss Erbach, Abb. 21 (o. l.): Amalia Gräfin von Solms-Braunfels, Fürstin von Oranien-Nassau (1602–1675), Gemahlin von Frederik Hendrik Prinz von Oranien Nassau (1584–1647). Schloss Erbach, Abb. 22 (u. r.): Philipp Wilhelm Fürst von Oranien-Nassau (1554–1618). Schloss Erbach u. Abb. 23 (u. l.): Johann VII. der Mittlere Graf von Nassau-Siegen (1561–1623). Schloss Erbach [alle Fotos: Michael C. Bender]

In die Reihe der Gemälde wurden später auch die Portraits von Wilhelm Heinrich Fürst von Nassau-Saarbrücken (1718–1768) und seiner Gemahlin Sophie Erdmute, geb. Gräfin zu Erbach-Erbach (1725–1795) eingefügt.

Etliche der in Öl auf Leinwand gemalten, fast durchweg lebensgroßen Portraits stammen von so bedeutenden niederländischen Malern wie Anthonis van Dyck (1599–1641), Gerard van Honthorst (1592–1656), Wybrand de Geest (1592–1661), Michiel Mierevelt (1567–1641) und Jan Ravesteyn (1570–1657).[42]

Der Besucher, der den Oraniersaal des Schlosses zu Erbach betritt, wird nicht nur von der Kunstfertigkeit der

Abb. 24: Johann Ernst I. Graf von Nassau-Siegen (1582–1617). Schloss Erbach [Foto: Michael C. Bender]

niederländischen Barockmaler beeindruckt sein, sondern sich auch der reichen Geschichte des Hauses Oranien-Nassau erinnern und uneingeschränkt dem Resümee des Historikers Jeroen Bastiaan van Heerde (2002) zustimmen: „Wohl kaum ein Herrscherhaus Europas ist so geprägt von seinen weiblichen Mitgliedern, wie das Haus Oranien-Nassau. Im Laufe der Jahrhunderte sind es die Gräfinnen von Nassau, später Prinzessinnen von Oranien-Nassau, sowohl geborenen als auch die angeheirateten, die es ebenso wie ihre Ehemänner ermöglichten, dass die Familie zu einer der angesehensten Europas aufstieg, beziehungsweise zeitweilig verhinderten, dass das Haus in bedrängter Lage unterging."[43]

---

42 Vgl. Eberhard von Erbach-Erbach: Catalog über meine Ahnengalerie im Schloss zu Erbach, Erbach 1859/1860; dazu die Fotoausstellung von Michael Leukel zu den Schönheiten der Staatlichen Schlösser und Gärten Hessen, 2021; Stefan Heinlein: Die Gemälde der Alten Sammlung im Saarlandmuseum. Bestandskatalog, Saarbrücken 2009. Karl von Moy: Ahnenbildnisse in Schloss Erbach 1561–1820 (= Magisterarbeit), Mainz 2013, Teil I Textteil, Teil II Bildteil. Anja Kalinowski: Die Ölgemälde im Schloss zu Erbach. Katalog „Gemälde nach Räumen", unveröffentlicht, Erbach o. J. Kalinowski/ Behringer, Schloss Erbach (wie Anm. 2); Külper: Erdmute (wie Anm. 37); dies.: Die Geschichte Hauses Nassau (wie Anm. 11).

43 Vgl. Heerde: Oranien (wie Anm. 11), S. 29.

Als ein Beispiel hierfür steht auch Sophie Erdmute Fürstin von Nassau-Saarbrücken. Die Geschichte dieser Frau, die in der reichsunmittelbaren Grafschaft Erbach zur Welt kam und für die im Unterschied zu ihrer späteren Heimat Saarbrücken ein anspruchsvolles und musisches Leben existierte, die aber auch in ihrer neuen Heimat an der Saar das kulturelle und künstlerische Leben impulsgebend beeinflusste und inspirierte, zeigt ein selbstbewusstes und aufgeklärtes royales Frauenbild des 18. Jahrhunderts.

5. Exkurs: Der fürstliche Baumeister Friedrich Joachim Stengel und die Stadtkirche zu Erbach/ Odenwald

Abb. 25: Generalbaudirektor Friedrich Joachim Stengel (1694–1787), Saarlandmuseum Saarbrücken. [Reproduktion von Roland Rossner, Deutsche Stiftung Denkmalschutz, Bonn]

Bleibt abschließend noch auf eine Persönlichkeit einzugehen, die mit dem Haus Nassau-Saarbrücken und dem Grafenhaus Erbach in engem Zusammenhang stehen soll. Es ist dies Friedrich Joachim Stengel (1694–1787), Architekt und Oberbaudirektor im Dienste des Fürsten Wilhelm Heinrich von Nassau-Saarbrücken. Er gestaltete im Auftrag seines Landesherrn Saarbrücken zu einer im südwestdeutschen Raum bedeutenden Residenzstadt um. Dessen Sohn ist Balthasar Wilhelm Stengel (1748–1824), ebenfalls Baumeister und Oberbaudirektor unter Fürst Ludwig von Nassau-Saarbrücken.

1793 verbrachte Balthasar Stegel auf der Flucht vor den französischen Revolutionstruppen Zeit in Mannheim und lebte dann zwischen 1794 und 1796 in Erbach, wo er vor allem zeichnete und malte. In Saarbrücken entwarf er Pläne zum Wiederaufbau des Saarbrücker Schlosses, das sein Vater erbaut hatte. Hans-Christoph Dittscheid und Klaus Güthlein berichten ausführlich vom Leben des jüngeren Stengelsohnes.[44] Sein Bezug zu Erbach ist jedoch bemerkenswert.

---

44 Vgl. Dittscheid/Güthlein: Die Architektenfamilie Stengel (wie Anm. 4), S. 219–253.

Ob Friedrich Joachim Stengel in irgendeiner Weise mit der Erbauung der barocken evangelischen Stadtkirche in Verbindung gebracht werden kann, wird kontrovers diskutiert. In Erbach wird gerne von Stengel als dem Baumeister des Stadtkirchturms gesprochen. „Ein Zusammenhang wird dadurch denkbar, dass Sophia Christina [Erdmute Gräfin zu Erbach], die einzige Tochter des Grafen [Georg Wilhelm zu Erbach], mit Fürst Wilhelm Heinrich von Nassau-Saarbrücken verheiratet war."[45] Angeblich soll der gräflich Erbach-Erbachische Kanzleidirektor Bock von einer Reise nach Saarbrücken den Bauplan mitgebracht haben. „Daraus resultiert die mangels Quellen nicht mehr nachprüfbare These, der Entwurf zu dem Turmhelm stamme von Friedrich Joachim Stengel. Die verschiedenen Autoren berufen sich diesbezüglich alle auf Mitteilungen des [Erbach-Erbachischen] Archivars Karl Morneweg[46] und Friedrich Höreth[47]. Lohmeyer[48] (1911, 1982), Diehl[49] (1935), Saltenberger[50] (1984) und zuletzt Schmidt[51] (1994) sprechen sich mehr oder weniger ent-

---

45 Vgl. Kathrin Ellwardt: Kirchenbau zwischen evangelischen Idealen und absolutistischer Herrschaft. Die Querkirchen im hessischen Raum vom Reformationsjahrhundert bis zum Siebenjährigen Krieg, Petersberg 2004, S. 233–235.

46 Vgl. Karl Morneweg: Erbach im Odenwald, Erbach 1924.

47 Vgl. Friedrich Höreth: Schmücke Erbachs Heiligtum! Ein Gedenkblatt zur Einweihung der Stadtkirche zu Erbach am 12. Juli 1750, in: Die Heimat. Monatliche Beilage zur Odenwälder Heimatzeitung (Erbacher Kreisblatt), Nr. 7b, Erbach, Juli 1950.

48 Vgl. Karl Lohmeyer: Friedrich Joachim Stengel (= MittHVSaargegend XI), Düsseldorf 1911 (ND Saarbrücken 1982)

49 Vgl. Wilhelm Diehl: Baubuch für die evangelische Pfarreien der Souveränitätslande und der acquirierten Gebiete (= Hassia sacra Bd. VIII), Darmstadt 1935.

50 Vgl. Frank-Michael Saltenberger: Die Grävenwiesbacher Kirche – Ein protestantischer Kirchenbau Friedrich Joachim Stengels (1694–1787), in: Usinger Land. Heimatbeilage zum Usinger Anzeiger, Nr. 11, Usingen, November 1985, Sp. 229–240.

51 Vgl. Frank Schmidt: Ev.-luth. Stadtkirche Erbach/ Odenwald, Regensburg 1994. Vgl. auch Peter W. Sattler/Helga Bartmann: Evangelische Stadtkirche Erbach im Odenwald. Bau- und Kunstgeschichte. Erbach 2019, S. 33–35. Hingewiesen wird hier auch auf die beiden Festschriften zur Erbacher Stadtkirche von 1750 und 1963: Philipp Ernst Kern (Hg.): Das ewige Leben der Erkenntnis Gottes: Bey der Einweihung der neuen Stadtkirche in Erbach beschrieben, und auf gnaedigsten Befehl unter den Feyerlichkeiten der Einweihung zum Ausdruck befoerdert, Frankfurt am Mayn 1750. Sie enthält die Planzeichnungen von Andres Jörg. Die Originalzeichnungen lagern im ev. Gemeindehaus. Die Argumentation von Morneweg: Erbach (wie Anm. 46) und Höreth: Schmücke Erbachs Heiligtum! (wie Anm. 47) greift auch der unbekannte Autor in der Festschrift von 1963 auf: Festschrift zur Renovierung der Stadtkirche in Erbach. Erbach 1963, S. 19. Darin heißt es: „Der Entwurf muss vielmehr in Saarbrücken hergestellt worden sein".

schieden für Stengel als den Architekten/ Baumeister der Erbacher Stadt-kirche aus.[52]

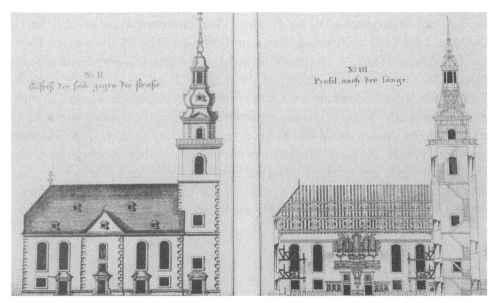

Abb. 26: Stadtkirche Erbach, Aufriss und Profil. Kupferstich von Bauschreiber Andreas Jörg, Nr. II und Nr. III, veröffentlicht bei Ellwardt, S. 78 Abb. 78 und 79, sowie in der Einweihungsschrift von 1750, S. 93–95 [Foto: Ev. Gemeindearchiv Erbach]

Chronist Wilhelm Diehl (1935) schreibt im von ihm verfassten Baubuch über die Stadtkirche in Erbach u. a.: „Bekannt ist der Baumeister, der den Entwurf zu dem schönen Turmhelm der Kirche geliefert hat. Es ist dies Joachim Stengel. In den Jahresberichten der Denkmalpflege 1910–1913 wird hierüber von Professor Georg Wickop (1914) auf Grund der Feststellungen des Archivrats Karl Morneweg (1856–1935) zu Erbach mitgeteilt: „In den Jahren 1912 und 1913 wurde eine Herstellung und Neubeschieferung des von dem berühmten Barockbaumeister Stengel entworfenen Turmhelms vorgenommen. Die Ausführung desselben war 1749 bei Erbauung des Gotteshauses schon vorgegeben, als der Erbauer, Graf Georg Wilhelm zu Erbach, den Stengelschen Entwurf, der

---

52 Vgl. Diehl: Baubuch (wie Anm. 49). Georg Wickop: Geschäftsbericht, in: Jahresbericht der Denkmalpflege im Großherzogtum Hessen III., hg. vom Ministerium des Innern, Darmstadt 1914. Ders.: Geschäftsbericht der Denkmalpfleger für die Baudenkmäler. Provinz Starkenburg. Erbach, Die evangelische Stadtkirche, S. 108.

schon ähnlich in St. Johann a[n der] S[aar] zur Ausführung gekommen war, von Saarbrücken mitbrachte und anordnete, dass der neue Plan verwirklicht wurde. (Mitteilung des Obengenannten[53]).“ An dem Hauptplan zu dem Kirchenneubau war Stengel nicht beteiligt. Dieser Plan wurde von dem Bauverständigen Jörg verfertigt, der auch bei der Errichtung des Kirchbaus als Bauführer tätig war. Es geht dies aus drei Abbildungen hervor, die in der Festschrift vom Jahr 1750 beigegeben sind und den Grundriss der Erbacher Stadtkirche, den Aufriss der Seite gegen die Stadt sowie das Profil nach der Länge darstellen. Die Abbildungen tragen sämtlich die Unterschriften: A[ndreas] Jörg inv. et del. Sowie A. Reinhardt sc. 1750. Diese Unterschriften bekunden einwandfrei, dass Jörg der Erfinder und Zeichner der Pläne, Reinhardt aber der Verfertiger der Abbildungen war.“[54]

Auch wird immer wieder auf eine gewisse Ähnlichkeit des Erbacher Turmhelms mit dem der katholischen Kirche im Saarbrücker Stadtteil St. Johann hingewiesen. Ellwardt will das mit den Baujahren beider Kirchen entkräften: „St. Johann kann schon deswegen nicht das direkte ‚Vorbild‘ für Erbach gewesen sein, weil die Kirche erst in den Jahren 1754–1758 erbaut, also vier Jahre nach der Einweihung der Erbacher Stadtkirche begonnen worden ist.“ Diese Überlegung muss nicht unbedingt stimmig sein. Es könnte der Bauplan für den Kirchturm von St. Johann schon vorgelegen haben, bevor der Kirchturm in Erbach zur Ausführung kam und dann in Erbach zuerst verwirklicht wurde. Es muss in jedem Fall nachdenklich stimmen, dass die noch vorhandenen Pläne für den Erbacher Stadtkirchturm einen zwiebelförmigen Helm zeigen, dieser aber in glockenförmiger Haube ausgeführt wurde.[55]

Kunsthistoriker Frank Schmidt (1994) ist der Ansicht, „dass die Turmhelme der 1754–1758 erbauten Pfarrkirche St. Johann/ Saar und der Stadtkirche in Erbach keinesfalls auf einen Zufall zurückgehen, sondern wohl die gemeinsame Handschrift des Architekten Friedrich Joachim Stengel tragen.“[56] Die zitierten Pläne zeigen eindeutig eine Zwiebelform des Turmhelms, wie sie auch im Fall St. Johann an der Saar zu sehen ist. Das spricht doch eindeutig für

---

53 Gemeint ist der Denkmalpfleger Professor Dr. Georg Wickop, Darmstadt.
54 Vgl. Wickop: Geschäftsbericht (wie Anm. 52). Morneweg, Erbach (wie Anm. 46), Diehl: Baubuch (wie Anm. 49).
55 Vgl. Ellwardt: Kirchenbau (wie Anm. 45), S. 77–79. 192–195. 233–235.
56 Vgl. Schmidt: Ev.-luth. Stadtkirche Erbach (wie Anm. 51).

die Vorstellung von Stengel. Die heutige Gestaltung des Turmhelms ist in der Form eine Glocke ausgebildet, man spricht von einer Welschen Haube, also Glocken- oder Haubenform.[57]

Abb. 27: Ev. Stadtkirche Erbach und kath. Pfarrkirche Saarbrücken-St. Johann
[Foto: Kathrin Ellwardt, S. 234 Abb. 203 und 204]

6. Danksagung

Für die Vermittlung der Fotos von den Gemälden im Schloss zu Erbach bedanken sich die Verfasser bei der Wissenschaftlichen Leiterin der Gräflichen Sammlungen von Schloss Erbach, Dr. Anja Kalinowski, sowie bei der Verwaltung Schlösser und Gärten Hessen. Dank gebührt auch Dekan Martin Heim, Aschaffenburg, der Auszüge aus dem Pfarrarchiv zu Unserer Lieben Frau zur Verfügung stellte. Für das Lektorat bedanken sich die Autoren bei Dr. jur. Katja Külper-Sörries, Mettmann.

---

57 Vgl. Ellwardt: Kirchenbau (wie Anm. 45), S. 78, Bilder S. 77–79, vgl. auch Festschrift zur Einweihung der Stadtkirche in Erbach 1750 (wie Anm. 51), S. 93–95.

„Wühler" und „Heuler" – Revolutionäre Juristen in Saarbrücken und den angrenzenden Gebieten

Von Katharina Thielen

„Unter den Gerichtsbeamten sieht es nämlich nicht überall ganz sauber aus; Anno [18]48 haben viele von ihnen nicht bloß mitgeheult, sondern auch tapfer mitgewühlt, und fast überall waren es Justizbeamte, die in Volksversammlungen am lautesten krähten und sich die Spitze des demokratischen Gesindels stellten […] Die Regierung hat nun vor, die Gerichtsbeamten etwas besser aufzuzäumen und mehr unter die Peitsche zu nehmen",[1] kündigte die konservativ-katholische Presse im Westen der preußischen Monarchie am 12. März 1851 an. Ein Jahr später traten weitreichende Disziplinargesetze für die Beamten in Preußen in Kraft, um insbesondere gegen diejenigen Staatsdiener vorzugehen, die sich – als „Wühler" oder als „Heuler" – an der vorangegangenen Revolution beteiligt hatten.[2]

Die Unterscheidung zwischen „Wühlern" und „Heulern" wurde in der Revolution als allgemein verständliche Beschreibung einer „Bewegungs- und einer Ordnungspartei"[3] gebraucht und zur Verunglimpfung der jeweils anderen Partei eingesetzt. In der Rückschau spiegelt sie die Pressepolemik im Rahmen anwachsender Politisierungs- und Polarisierungstendenzen in der Bevölke-

---

1 Westfälisches Volksblatt Nr. 11 (12.3.1851), S. 83, vgl. Christina von Hodenberg: Die Partei der Unparteiischen. Der Liberalismus der preußischen Richterschaft 1815–1848/49, Göttingen 1996, S. 289 f.

2 Vgl. hierzu grundlegend Günther Grünthal: Parlamentarismus in Preußen 1848/49–1857/58. Preußischer Konstitutionalismus – Parlament und Regierung in der Reaktionsära, Düsseldorf 1982, S. 345–352.

3 Jürgen Herres: Das preussische Koblenz, in: Ingrid Bátori (Red.), Geschichte der Stadt Koblenz. Bd. 2 Von der französischen Stadt bis zur Gegenwart, Stuttgart 1993, S. 49–118, hier S. 81, vgl. auch ders.: Einleitung, in: Elisabeth Dühr (Hg.): ,Der schlimmste Punkt in der Provinz.' Demokratische Revolution 1848/49 in Trier und Umgebung, Trier 1998, S. 13–30, hier S. 18.

Abb. 1: Ausschnitt „ein Heuler", aus Charivari Nr. 344 8.9.1848, Leipzig, Reclam [Digitalisat: SULB Dresden]

rung wider. Darüber hinaus weist sie auf den Umgang mit der gescheiterten Revolution und ihren Protagonisten hin, die im Folgenden im Vordergrund steht. Dabei lassen sich revolutionäre Juristen nicht nur in den süddeutschen Verfassungsstaaten, sondern auch in der benachbarten Rheinprovinz nachweisen und auf Anhieb in die zeitgenössischen Denkkategorien einordnen. Bei näherer Betrachtung standen viele von ihnen jedoch durch gemeinsame Karrierewege, wechselnde Dienstorte, öffentliche Gerichtsverhandlungen und/oder ein Engagement in der Kommunalpolitik in einem regionalen Kommunikationszusammenhang, der komplizierter war, als es die öffentliche Meinung vermutete.[4]

Als Vertreter des preußischen Staates vor Ort kam ihnen eine ambivalente Funktion zu, da sie sich in den Jahren 1848/49 scheinbar gegen den Staat wendeten, dessen reaktionäre Bestimmungen sie von Amtswegen umzusetzen hatten. Ob und wie sie sich aus dieser Zwickmühle herausmanövrierten, soll am Beispiel der Juristen in Saarbrücken und den angrenzenden Gebieten aufgezeigt werden. Ziel ist es, ihre politischen Positionen von der restaurativen

---

4 Vgl. ders.: Das preußische Rheinland in der Revolution von 1848/49, in: Stephan Lennartz/ Georg Mölich (Hg.): Revolution im Rheinland. Veränderungen der politischen Kultur 1848/49, Bielefeld 1998. S. 13–36. Für die Städte an der Saar hat beispielsweise Gerhard Heckmann: Die Revolution von 1848/49 in den preußischen Saarkreisen, in: Klaus Ries (Hg.): Revolution an der Grenze. 1848/49 als nationales und regionales Ereignis, St. Ingbert 1999, S. 147–190 auf diese Komplexität hingewiesen, vgl. auch die Beiträge von Kaja Hauser und Markus Lay in diesem Band.

Vormärzzeit bis zur Reaktionsära aufzudecken, um die vielschichtigen Dimensionen der Revolution in der Region aufzuzeigen.

Abb. 2: Ausschnitt „ein Wühler", aus Charivari Nr. 344 8.9.1848,
Leipzig, Reclam [Digitalisat: SULB Dresden]

Vormärz

Im Jahr 1848 war „in der Rheinprovinz [...] eine große Unruh. In Coblenz, Trier und Köln war es sehr arg und auch auf vielen Dörfern, es wurde lauter Freiheit, Gleichheit gerufen. In Coblenz wurden Bühnen erbaut und die Advocaten haben das Volk aufgehetzt", notierte ein Winzer aus Winningen unter dem Eindruck der Märzbewegung in seinem Tagebuch.[5] Er spielte damit auf die Bedeu-

---

5   Karl Sünner: Eine Winninger Chronik, in: Ekkehard Krumme (Hg.): Winninger Hefte 1 (1985), S. 27–66, hier S. 44. Zur Einschätzung siehe Walter Rummel: Gegen Bürokratie, Steuerlast und Bevormundung durch den Staat: Anliegen und Aktionen der ländlichen Gebiete der Rhein-

tung der Justizbeamten für die politischen Umbrüche seiner Zeit im Allgemeinen und auf die Aktivitäten der Juristen in der nahegelegenen Stadt Koblenz im Speziellen an. Am Sitz des Oberpräsidiums der Rheinprovinz gehörten die Landgerichtsräte Franz Peter Adams (1800–1868) und Alexander Bachem (1806–1876) zu den Wortführern der Revolution, indem Adams am 18. Mai 1848 feierlich in die Paulskirche einzog und Bachem als neuer Oberbürgermeister am Königsstuhl in Rhens eine patriotische Rede hielt, die ihm den Ruf eines „roten Demokraten" einbrachte.[6] Moselabwärts trat der erst 29-jährige Matthias Simon (1819–1872) auf Bürgerversammlungen in Trier und dann am Rednerpult in der Frankfurter Nationalversammlung für revolutionäre Ideale ein, während Friedrich Joseph Zell (1814–1881) diese Ideale in der Kommunalpolitik umzusetzen versuchte.[7] In Saarbrücken wehten die Nationalfarben seit dem 24. März 1848 über dem Rathaus. Stadtrat Ludwig Bonnet (um 1806–1878) hisste vier Tage später eine weitere schwarz-rot-goldene Fahne auf dem Marktplatz und ließ die „Einheit Deutschlands"[8] hochleben. Sein Kollege Ferdinand Dietzsch (1805–1878) sprach sich als Abgeordneter der Stadt Saarbrücken in Frankfurt für ähnliche Grundsätze aus und wurde im Oktober durch seinen Stellvertreter Ludwig Heusner (1800–1861) aus Saarlouis abgelöst. Beide teilten ihre liberal-demokratischen Ansichten mit einigen Abgeordneten der benachbarten Pfalz, zum Beispiel mit August Ferdinand Culmann (1804–1891) und dessen Neffen Gustav Adolf Gulden (1808–1882) – sie alle (und man könnte noch weitere regionale Beispiele anführen) waren Juristen.[9]

---

provinz während der Revolution 1848/49, in: Lennartz/Mölich (Hg.): Revolution (wie Anm. 4), S. 109–162, hier S. 159 f.

6   Michael Koelges: Die Revolution von 1848/49 in Koblenz, in: Heinz-Günther Borck (Hg.): ‚...ein freies Volk zu sein!'. Die Revolution von 1848/49, Koblenz 1998, S. 147–208.

7   Herres: Einleitung (wie Anm. 3), S. 13 und S. 22 f.; Heinz-Günther Böse: Köpfe der Revolution von 1848/49 in Trier und im Trierer Raum. Biographien, in: Dühr (Hg.): Revolution (wie Anm. 3), S. 136–216, hier S. 161 f., S. 142–156 und ausführlich ders.: Ludwig Simon von Trier (1819–1872). Leben und Anschauungen eines rheinischen Achtundvierzigers, Mainz 1951.

8   Beilage des Saarbrücker Anzeigers Nr. 38 (28.3.1848). Anlass war die Anerkennung der Nationalfarben durch den König.

9   Peter Wettmann-Jungblut: Rechtsanwälte an der Saar 1800-1960: Geschichte eines bürgerlichen Berufsstandes, Blieskastel 2004, S. 71–78. Die Aufzählung ist keineswegs vollständig und will die Bedeutung der Kaufleute nicht negieren. So befanden sich beispielsweise auch liberale Vertreter des Wirtschaftsbürgertums, Carl Cetto aus St. Wendel und Adolph Böcking aus Trarbach, in der Paulskirche. Zur „Bedeutung der Juristendominanz in den Verfassungsverhandlungen des Paulskirchenparlaments" vgl. grundlegend das gleichnamige Werk von Wofram Siemann: Die Frankfurter Nationalversammlung 1848–49 zwischen demokratischem

Die Bedeutung von Advokatanwälten, Richtern und Justizbeamten in der Revolution 1848/49 ist allgemein anerkannt und brachte der Frankfurter Nationalversammlung ihren Beinamen als „Beamten-" bzw. „Juristenparlament", der Revolution ihren vermeintlich „bürgerlichen Charakter" ein.[10] Statistische Grundlagen für diese Einschätzung können angesichts der zeitgenössischen Berufs- bzw. Standesangaben sowie einer eher unscharfen Eingrenzung des (Berufs-)Beamtentums variieren. Den Forschungen Christian Jansens zufolge erhielten Abgeordnete, die ein juristisches Studium absolviert hatten, insgesamt fast zwei Drittel aller Mandate und nahmen die Hälfte der Sitze in der linken Fraktion ein.[11] Heinrich Best differenziert zwischen Justizangehörigen und Rechtsanwälten bzw. Notaren, die zusammen auf ein Drittel der Sitze kamen (32,7 %) und Verwaltungs- und Kommunalbeamten (19,8 %), zu denen auch Gerichtspräsidenten gehörten.[12] Darunter lassen sich 110 Richter (13,9 %) finden, von denen insgesamt 41 (5,2 %) aus Preußen stammten und laut Christina von Hodenberg den „bürgerliche[n] Gegenpol zur adeligen Verwaltung"[13] bildeten. Für die Abgeordneten der Rheinprovinz in der preußischen Nationalversammlung in Berlin drängt sich ein vergleichbarer Eindruck auf. Hier wurde nicht nur die Stadt Saarbrücken durch den juristisch gebildeten Landrat Friedrich Hesse (1796–1868), sondern auch die Industriemetropole Aachen von dem Trierer Landgerichtsrat Joseph Schornbaum (1809–1858) repräsentiert. Für die niederrheinische Stadt Kempen zog der Koblenzer Landgerichtsrat

---

Liberalismus und konservativer Reform, Bern 1976 sowie Kurt Düwell/Thomas Vormbaum (Hg.): Recht und Juristen in der deutschen Revolution 1848/49, Baden-Baden 1998.

10 Vgl. Andreas Fahrmeir: ,Bürgerliche' Revolutionen nach dem Bürgertumsboom. Was bleibt von den Revolutionstheorien zum 19. Jahrhundert? in: Birgit Aschmann (Hg.): Durchbruch der Moderne? Neue Perspektiven auf das 19. Jahrhundert, Frankfurt a. M. 2019, S. 199–217.

11 Christian Jansen: Einheit, Macht und Freiheit. Die Paulskirchenlinke und die deutsche Politik in der nachrevolutionären Epoche 1849–1867, Düsseldorf 2000, S. 48. Zur Verbreitung demokratischer Ideen unter den Berufsgruppen vgl. auch Jonathan Sperber: Rhineland Radicals. The Democratic Movement and the Revolution of 1848–1849, Princeton 1992, S. 196–207.

12 Heinrich Best: Die Männer von Bildung und Besitz. Struktur und Handeln parlamentarischer Führungsgruppen in Deutschland und Frankreich 1848/49, Düsseldorf 1990, S. 59, vgl. auch die Namenslisten bei dems./Wilhelm Weege (Hg.): Biographisches Handbuch der Abgeordneten der Frankfurter Nationalversammlung 1848/49, Düsseldorf 1996, S. 448–455 und bei Jansen, Paulskirchenlinke (wie Anm. 11), S. 621–626. Für die Pfalz siehe Joachim Kermann: Die pfälzischen Abgeordneten in der Frankfurter Nationalversammlung 1848/49, in: Hans Fenske/ Joachim Kermann/Karl Scherer (Hg.): Die Pfalz und die Revolution 1848/49, Kaiserslautern 2000, S. 243–322.

13 Hodenberg: Richterschaft (wie Anm. 1), S. 13 und S. 28 f.

Peter Reichensperger (1810–1892) ins Parlament ein. Eine Ausnahme bildete der Trierer Staatsprokurator Karl Hermann Zweiffel (*1800), dessen konservative Haltung für den Wahlkreis Bernkastel-Wittlich zur frühzeitigen Niederlegung seines Mandates führte und noch thematisiert werden wird.[14]

In Frankfurt saßen zahlreiche Angehörige dieser Berufsgruppe in der liberalen Mitte und auf der linken Seite des Plenums, allen voran die populären Demokraten aus den süddeutschen Staaten und die genannten Personen aus der preußischen Rheinprovinz.[15] Ihre „peripher-oppositionelle Repräsentation"[16] lässt sich aus dem spannungsreichen Verhältnis zum preußischen Staat erklären, dem sie 1815 einverleibt worden waren.[17] Konkret hängt sie mit dem Fortbestand des französischen Rechtswesens zusammen, das seit dem Herrschaftswechsel vehement verteidigt und gewissermaßen als Verfassungsersatz betrachtet wurde. Den Vertretern des fortschrittlichen Justizwesens wurde dementsprechend hohes Prestige und großes Vertrauen seitens der Bevölkerung entgegengebracht. Neben praktischen Argumenten, die die Effizienz der Strafverfolgung und die Glaubwürdigkeit der Rechtsprechung betrafen, bildeten die Gleichheit vor dem Gesetz, die Öffentlichkeit der Verhandlungen und die Beteiligung von Geschworen die Hauptargumente im „Kampf um das Rheinische Recht"[18], zumal diese Prinzipien in der benachbarten Pfalz ebenfalls gültig und in den preußischen Kerngebieten nicht gegeben waren.[19] In der Revolution wurden sie einmal mehr zum Anlass genommen, um für freiheitliche Rechtsprinzipien und gegen staatliche Willkür einzutreten. Ferdinand Dietzsch rechtfertigte dies bei seiner Wahl zum Abgeordneten des 5. Wahlkreises in Saarbrücken am 13. Mai 1848 wie folgt: „Denn nicht meine Person

---

14 Eine Kollektivbiografie der Abgeordneten der Berliner Nationalversammlung liegt nicht vor. Zu ihren Tätigkeiten vgl. Susanne Böhr, Die Verfassungsarbeit der preußischen Nationalversammlung 1848, Frankfurt a. M. u. a. 1992. Für die Trierer Repräsentanten in beiden Parlamenten siehe Böse: Köpfe (wie Anm. 7).

15 Jansen: Paulskirchenlinke (wie Anm. 11), S. 47–54.

16 Best: Männer (wie Anm. 12), S. 175 f.

17 Vgl. ebda., S. 58–72.

18 Vgl. Werner Schubert: Der preußische Provinziallandtag und der Kampf um die Beibehaltung des französisch-rheinischen Rechts (1826–1845), in: Reiner Schulze (Hg.): Französisches Zivilrecht in Europa während des 19. Jahrhunderts. Berlin 1994, S. 123–156.

19 Vgl. ebda., S. 147 und grundlegend Karl-Georg Faber: Recht und Verfassung. Die politische Funktion des rheinischen Rechts im 19. Jahrhundert, Köln 1970 sowie Elisabeth Fehrenbach: Zur sozialen Problematik des Rheinischen Rechts im Vormärz, in: Helmut Berding (Hg.): Vom Staat des Ancien Régime zum modernen Parteienstaat. Festschrift für Theodor Schieder, München/Wien 1978, S. 197–212.

ist es, sondern die Grundsätze die Sie durch mich vertreten glauben, sind es, die Sie hierher geführt haben. Ein freies Volk hat keine Auszeichnungen für Personen, sondern für Grundsätze."[20]

Der junge Landgerichtsrat wurde am 20. Oktober 1805 in Johannisberg bei Kirn geboren und hatte sein Studium in Berlin absolviert. Im Jahr 1830 trat er in den Justizdienst am Landgericht Trier ein und wechselte mit der Eröffnung des Saarbrücker Gerichtshofs 1836 in das dortige Kollegium. Ein Jahr nach seiner Ankunft nahm er die Arzttochter Eleonore Margarethe Kiefer zur Frau und knüpfte verwandtschaftliche Bande zur regionalen Wirtschaftselite. An seiner neuen Arbeitsstätte herrschte ein liberales Klima, das für viele rheinische Gerichte im Vormärz typisch war. Ebenso wie Dietzsch siedelten die meisten in Saarbrücken angestellten Advokatanwälte aus Trier oder aus St. Wendel über.[21]

Besonders St. Wendel hatte sich seit 1816 unter dem Herzog von Sachsen-Coburg-Saalfeld zu einem lokalen Zentrum liberaler Ideen bzw. zu einer unruhigen Enklave inmitten des preußischen Hoheitsgebietes entwickelt. Nach der französischen Julirevolution erfreute sich der Preß- und Vaterlandsverein dort großer Beliebtheit, wohingegen den Menschen in Preußen ein Beitritt zu diesem Verein wie überhaupt die freie Meinungsäußerung in der Presse untersagt war. Zeitgleich mit dem vom Zweibrücker Verein organisierten Fest auf dem Hambacher Schloss 1832 fand in St. Wendel eine „Paralleldemonstration"[22] statt, die von preußischen Truppen aus Saarlouis beendet werden sollte. Dieses Vorgehen der sachsen-coburgischen Regierung führte zu einem öffentlichen Aufstand und einer Protestadresse, die auch von den späteren Anwälten des Saarbrücker Landgerichts Ludwig Bonnet, Johann Samuel Stephan (1798–1837) und Carl Winsweiler (1808–1858) unterzeichnet wurde.[23]

---

20 Beilage zum Saarbrücker Anzeiger Nr. 58 (13.5.1848).
21 Wettmann-Jungblut: Rechtsanwälte (wie Anm. 9), S. 51–56, S. 71–73 und S. 492 f. Vgl. Böse: Simon (wie Anm. 7), S. 14 f.
22 Böse: Köpfe (wie Anm. 7), S. 163.
23 Wettmann-Jungblut: Rechtsanwälte (wie Anm. 9), S. 43 f.; Klaus Ries: Die preußischen Saarkreise im Umfeld von Julirevolution und Hambacher Fest, in: Gerhard Heckmann/Michael Landau/Peter Luy (Hg.): Das ganze Deutschland soll es sein – politische Kultur in St. Wendel und der Saarregion 1830–1850, St. Wendel 1992, S. 9–50, hier S. 16–20. Cornelia Förster: Der Preß- und Vaterlandsverein von 1832/33. Sozialstruktur und Organisationsformen der bürgerlichen Bewegung in der Zeit des Hambacher Festes, Trier 1982.

Mit Ausnahme des Petitionswesens unterlagen Druckerzeugnisse jedweder Art im Deutschen Bund einer umfassenden Zensur und der ständigen Kontrolle durch die lokalen Polizeibehörden. Juristen konnten sich nach dem sogenannten Maulkorberlass 1830 nicht mehr an politischen Diskussionen beteiligen. Falls sie es doch taten, wurden sie bisweilen selbst verhaftet und 1848 dennoch oder gerade deswegen in die Nationalversammlungen gewählt.[24] Advokatanwalt Nikolaus Hallauer (1803–1887) trat beispielsweise als Redner in Hambach auf, flüchtete vor einer Strafverfolgung ins Exil und wurde zum stellvertretenden Abgeordneten seiner Heimatstadt St. Wendel gewählt. Ebenso erlangte der spätere Paulskirchenparlamentarier August Culmann als Rechtsbeistand der Redner bei den Assisen in Landau im Jahr 1833 große Bekanntheit und fünfzehn Jahre später ein Mandat für die Nationalversammlung.[25]

In der Rheinprovinz lassen sich solche Beispiele nicht finden. Stattdessen mussten sich in Trier vier Juristen und zwölf andere bekannte Persönlichkeiten aus der städtischen Oberschicht vor dem preußischen König Friedrich Wilhelm III. rechtfertigen, weil sie während einer Feier im Literarischen Casino 1834 die Marseillaise anstimmten. In Koblenz standen die Mitglieder der Karnevalsgesellschaft unter Verdacht, liberales Gedankengut und profranzösische Überzeugungen mit einer blau-rot-weißen Narrenkappe zu verbreiten.[26] Zudem zeigten Bankettbewegungen, die durch Reisen populärer Verteidiger des rheinischen Justizwesens ausgelöst wurden, deutlich, dass die Festkultur in Saarbrücken und den angrenzenden Gebieten eine neue politische Dimension erreicht hatte.[27] Im Jahr 1840 wurden beispielsweise dem Birkenfelder Juristen Karl Ruppenthal (1777–1851) bei seiner Durchreise an Rhein, Mosel und Saar umfangreiche Feste geboten. Vier Jahre später folgte ihm Staatsprokurator Gottfried Leue (1801–1872), der von Trier nach Koblenz

---

24 Grünthal: Parlamentarismus (wie Anm. 2), S. 350 spricht in diesen Fällen von „Märtyrern des Rechts".
25 Martin Baus: August Ferdinand Culmann. Vortrag zum 100. Todestag am 13. September 1991, Homburg 1991, S. 11.
26 Katharina Thielen: Politische Partizipation in der preußischen Rheinprovinz 1815–1845. Eine Verflechtungsgeschichte, Köln 2023, S. 309–320.
27 Ebda. S. 438; Vgl. Ute Schneider: Politische Festkultur im 19. Jahrhundert. Die Rheinprovinz von der französischen Zeit bis zum Ende des Ersten Weltkrieges (1806–1918), Düsseldorf 1995, S. 99–122.

versetzt wurde.[28] Auch am dortigen Landgericht ließ die Loyalität der Advokatanwälte Zweifel aufkommen. Die Brüder und Landgerichtsräte Peter und August Reichensperger (1808–1895) sowie der eingangs erwähnte Justizrat Peter Franz Adams ließen sich zum Beispiel sowohl dem liberalen Lager als auch einem katholischen Kreis zuordnen, der von den Behörden beobachtet wurde und sich ab 1845 in einem „katholischen Männerverein" organisierte. An der Seite zahlreicher Kölner Abgeordneten traten Adams und August Reichensperger 1848 in Frankfurt der nationalliberalen Casino-Fraktion bei. Neben ihnen, im Württenberger Hof, nahmen Leue für Salzwedel, der Trierer Advokatanwalt Zell für Bernkastel-Wittlich und ab Oktober 1848 auch Ludwig Heusner für Saarbrücken Platz. Zuvor hatte der protestantische Dietzsch sich in der linken Fraktion des Deutschen Hofs engagiert, in der u. a. auch der pfalz-bayrische Anwalt Gulden saß und der Trierer Abgeordnete Simon seine radikal-demokratischen Ansichten mitunter am lautesten äußerte.[29]

Ludwig Simon gehörte zu den jüngsten Abgeordneten und zu den unerfahrensten Juristen. Seine Zulassung als Advokatanwalt wurde ihm erst kurz vor dem Ausbruch der Revolution am Trierer Landgericht erteilt. Im Gegensatz dazu lassen sich die anderen bisher genannten Abgeordneten einer Generation zuordnen, die die französische Herrschaftsphase in ihrer Kindheit noch erlebt hatte. Ihre – teilweise gemeinsam oder nacheinander in Bonn und Heidelberg verbrachte – Studienzeit war geprägt von der Auseinandersetzung mit dem Erbe dieser Phase und der europäischen Sicherheitspolitik in den späten 1820er- und frühen 1830er-Jahren. Die restriktiven Konsequenzen der Karlsbader Beschlüsse und die Auswirkungen der Julirevolution bekamen einige von ihnen als Teilnehmer des Wartburgfests (Adams), als Burschenschaftler (Adams, August und Peter Reichensperger, Heusner, Gulden, Simon, Zell) oder als Anhänger der frühen Turnbewegung (Hesse) unmittelbar zu spüren. Die auf diese Art und Weise gewonnenen Erfahrungswerte begründeten ähnliche Erwartungshorizonte, die mit dem Wunsch nach Rechtsverbindlichkeiten und Verfassungs-

---

28 Nach Heckmann: Revolution (wie Anm. 4), S. 152 und Wettmann-Jungblut: Rechtsanwälte (wie Anm. 9), S. 73 f. hielten Dietzsch und Hesse die Rede für Ruppenthal, Bonnet jene für Leue auf den entsprechenden Feiern im Saarbrücker Casino. Zu Leue siehe auch Dieter Müller: Friedrich Gottfried Leue (1801–1872) – ein Justizreformer für die Rheinprovinz, in: Jahrbuch für westdeutsche Landesgeschichte 26 (2000), S. 253–304.

29 Die Mandate finden sich bei Best/Weege (Hg.): Handbuch (wie Anm. 12).

grundsätzen, einem gewissen Fortschrittsoptimismus und dem noch vagen Patriotismus für die eigene Region respektive Nation verbunden wurden.[30]

Revolution

Die Gemeinderäte von Saarbrücken und St. Johann veröffentlichten am 11. März 1848 eine Adresse an den preußischen König in einer Beilage zum Saarbrücker Anzeiger. Wie auch in anderen Städten des Deutschen Bundes forderten die Stadträte die Presse- und Versammlungsfreiheit, die Trennung von Kirche und Staat, eine einheitliche Strafgesetzgebung, Steuerreformen und ein „aus Volkswahlen hervorgehendes Parlament.“[31] In Trier, wo diese Forderungen bereits eine Woche zuvor publik geworden waren, rief der Stadtrat seine Kollegen in der Provinz zu einer gemeinsamen Versammlung auf, um diese sogenannten Märzforderungen kollektiv zu untermauern. In Saarbrücken erhielt Bürgermeister Ludwig Wagner (1789–1871) am 17. März eine persönliche Einladung und sagte zu.[32] 18 weitere Städte der Rheinprovinz folgten dem Aufruf und versammelten sich am 23. März in Köln, dem inoffiziellen politischen Kommunikationszentrum der Provinz. Ferdinand Dietzsch und vier weitere Repräsentanten der vereinigten Städte Saarbrücken und St. Johann trafen jedoch zu spät ein und stellten in der Zeitung klar, „daß sie sich keine Volks-Vertretung denken können, deren Grundlage nicht die Eigenschaft eines mündigen Staatsbürgers, sondern eines Census ist.“ Sie traten den Kölner Bestimmungen bei und forderten gleiche Wahlen „unbedingt für jeden Bürger.“[33] Diese besitzunabhängigen, wenn auch indirekten Wahlen fanden ab dem 18. April 1848 statt und wurden erstmals von öffentlichen Wahlversammlungen begleitet. Dietzsch rief zum Beispiel am 20. April bei einer Versammlung im Schulhaus gemeinsam

---

30 Vgl. Jansen: Paulskirchenlinke (wie Anm. 11), S. 45–47. Zum Konzept siehe grundlegend Reinhart Koselleck: ‚Erfahrungsraum' und ‚Erwartungshorizont'. Zwei historische Kategorien, in: ders. (Hg.): Vergangene Zukunft. Zur Semantik geschichtlicher Zeiten, Frankfurt a. M. 1979, S. 349–375.
31 Beilage des Saarbrücker Anzeigers Nr. 31 (11.3.1848).
32 Stadtarchiv Saarbrücken (StA Sb), Alt-Sb, Nr. 1429, Bl. 21–25, vgl. darunter die positive Antwort an den Trierer Gemeinderat vom 21.3.1848 und den Bericht der Deputation.
33 Beilage des Saarbrücker Anzeigers Nr. 39 (30.4.1848), unterzeichnet hatten Dietzsch, Eberts, Laist, Pabst und Adermann. Zum Kölner Städtetag vgl. Herres: Rheinland (wie Anm. 4), S. 20 f.

mit Kaufmann Carl Cetto (1806–1890), dem späteren Abgeordneten der Stadt St. Wendel, das demokratische Wahlkomitee ins Leben.[34] Mit diesem demokratischen Gesellschaftsverständnis wurde er daraufhin von 130 Wahlmännern in die Frankfurter Paulskirche entsendet. Umso erstaunlicher ist es, dass er das Parlament am 9. Oktober 1848 gemeinsam mit dem Koblenzer Abgeordneten Adams wieder verließ.[35]

Adams hatte dem umstrittenen Waffenstillstand von Malmö zugestimmt und mit diesem Votum den Wählerwillen in den Augen der demokratischen Presse und einigen Einwohnerinnen und Einwohner seiner Heimatstadt verraten. Am 19. September 1848 wurde sein Haus gestürmt und das Mobiliar zerstört, woraufhin er resigniert ans Koblenzer Landgericht zurückkehrte und nicht mehr auf die politische Bühne trat.[36] Dietzsch „fürchte[te], von diesem Tage datiere eine Wendung im Geschicke Deutschlands" und gab in der Presse bekannt: „Dass ich gegen den Waffenstillstand gestimmt habe, brauche ich nicht sagen."[37] Darüber hinaus hatte er für einen Antrag für die Selbstständigkeit Polens und gegen die Wahl des Reichsverwesers Erzherzog Johann gestimmt.[38] Dennoch warf ihm ein anonymer Leserbrief in der überregional gelesenen Kölnischen Zeitung vor, in der Nationalversammlung nichts gesagt zu haben, sodass „von seiner Wirksamkeit überhaupt [...] die Verhandlungen des Parlaments kaum etwas zum Besten gegeben" hätten.[39] Es liegt also nahe, die Enttäuschung mit der Niederlegung des Mandats zu erklären und Dietzsch ebenso wie Adams der Gruppe der „Heuler" zuzurechnen. Diesen wurde im Laufe der Verhandlungen mehr und mehr vorgeworfen, den „Volkswillen"[40]

---

34 Extrablatt des Saarbrücker Anzeigers Nr. 45 (13.4.1848); zu Cetto vgl. Böse: Köpfe (wie Anm. 7), S. 162–165.
35 Vgl. das Extrablatt des Saarbrücker Anzeigers Nr. 57 vom 11.5.1848 und die Meldung über den Abgang von Dietzsch und Adams in ebda., Nr. 161 (13.10.1848).
36 Koelges: Revolution (wie Anm. 6), S. 160–162.
37 Saarbrücker Anzeiger Nr. 146 (19.9.1848), vgl. auch ebda., Nr. 153 (29.9.1848).
38 Vgl. die Stenographischen Berichte über die Verhandlungen der Deutschen Constituirenden Nationalversammlung zu Frankfurt am Main 1848/49 in 27 Bänden unter https://www.digitale-sammlungen.de (abgerufen am 6.8.2023), für Dietzsch siehe die Sitzungen am 29.6.1848 und 27.7.1848 in den Berichten Bd. 1, Nr. 28, S. 632 und Bd. 2 Nr. 50, S. 1242. Er hatte für Präsident Heinrich von Gagern gestimmt.
39 Kölnische Zeitung Nr. 300 (7.11.1848).
40 Das Wort durchzieht die gesamte Presse und wird zum Beispiel in einem Artikel „Was ist Volkswille" in der Kölnischen Zeitung von „mehrere[n] von Noth und Elend niedergebeugte[n] Arbeiter[n]" besprochen.

mit Füßen zu treten und sich dabei „à la Hanswurst"[41] lächerlich zu machen. Doch die freie Rede in der Paulskirche, für die beispielsweise Ludwig Simon berühmt wurde, fiel einigen Abgeordneten schwer und wurde unterschätzt. Selbst ausgewiesene Juristen, die ein versammeltes Publikum vor Gericht gewöhnt waren, wie August Culmann aus Landau, befanden ihre „Stimme viel zu schwach […] um eine längere Rede hier [in der Paulskirche] halten zu können". In einem Brief gestand er offen, beim „Herabsteigen von der Tribüne am ganzen Körper geschwitzt" zu haben und im Nachhinein „ganz heißer" gewesen zu sein.[42] „Dietzsch aus Saarbrücken theilt[e]" laut der Neuen Münchner Zeitung, „mit den meisten seiner Gesinnungsgenossen von der Linken den heißern Ton und daher die mühsam und stoßweis hervorbrechende Sprache."[43] Ebenso wurde sein Nachfolger Ludwig Heusner in den stenografischen Berichten der Verhandlungen kaum erwähnt und im Mai 1849 zum Rücktritt bewogen.[44]

Unterdessen gab sich Landrat Hesse als Saarbrücker Abgeordneter der Berliner Nationalversammlung kämpferisch. Als das dortige Parlament am 8. November 1848 nach Brandenburg verlegt wurde, kamen Proteste in der Bevölkerung und unter den Abgeordneten auf. Im Saarbrücker Anzeiger forderte Hesse im Namen der Nationalversammlung zum passiven Widerstand durch die Verweigerung der Steuerzahlungen auf. 1.827 Personen erklärten in einer darauffolgenden Protesteingabe ihr „vollkommene[s] Einverständnis mit den von der hohen Versammlung am 8. d.[es] M.[onats] gefassten Beschlüssen [zur Steuerverweigerung], darunter die sehr große Mehrzahl der Wahlmänner und Ortsvorsteher."[45] Letztere hatten am 20. November 1848 abermals eine

---

41 Kölnische Zeitung Nr. 107 (16.4.1848).
42 Der Brief an den liberalen Abgeordneten Georg Friedrich Kolb vom 26.1.1849 ist Nachlass Kolb, Bundesarchiv, Außenstelle Frankfurt FN 9/1 erhalten, vgl. auch Baus: Culmann (wie Anm. 25), S. 6 f.
43 Neue Münchner Zeitung Nr. 90 (11.10.1848).
44 Vgl. Johannes Schmitt: Der Politisierungsprozess und die Revolution von 1848/49 an der Saar – Vom Vereinswesen zur Bildung politischer Parteien, in: Ries (Hg.): Revolution (wie Anm. 4), S. 231–274, hier S. 243.
45 Ebda., vgl. die Meldung aus Saarbrücken vom 22.11.1848 in der Kölnische Zeitung Nr. 318 (28.11.1848) und die entsprechende Bürgeradresse vom 25.11.1848 in ebda. Nr. 319 (29.11.1848). Der Anzeiger war im Übrigen auch deshalb ein Sprachrohr der Revolution, weil Advokatanwalt Winsweiler nach Wettmann-Jungblut: Rechtsanwälte (wie Anm. 9), S. 75 im Herbst 1848 die Reaktion inne hatte. In der Ausgabe Nr. 163 (17.10.1848) stellt sich diese Redaktion entschieden auf die Seite der „constitutionellen Monarchie". Zur Steuerverweigerung vgl. zusammenfassend Dietrich Höroldt: Die Reaktion auf die Reaktion – Die Steuer-

Einladung zum kollektiven Protest aus den benachbarten Provinzstädten erhalten, der laut einer Notiz des Bürgermeisters „zu spät" an der Saar eintraf und „ad acta" gelegt werden musste.[46] Mit dem Wissen, dass eine Deputation der Stadträte von Koblenz, Köln und Trier auf dem Weg nach Berlin war, um dem König zum Einlenken zu bewegen, stellten sich allerdings auch die Gemeinderäte von Saarbrücken und St. Johann offiziell hinter die anderen Provinzstädte und den Aufruf zur Steuerverweigerung, wenngleich es inoffiziell bereits die ersten Gegenstimmen gab.[47] Ein anonymer Reisender nach Rheinbayern kündigte die sich anbahnenden Konflikte in der Presse an und wusste davon zu berichten, dass sich „[i]n Landau und Zweibrücken [...] die Luft nicht geändert [hatte]. Nur um Saarbrücken herum schreien die Philister nach Ordnung und Ruhe – und wollen nichts von neuer Politik wissen."[48] Dahinter stand die Tatsache, dass sich die reaktionären Kräfte nach den Protesten in Frankfurt und Berlin im Herbst 1848 reorganisierten. Gleichzeitig zog die Verlegung der Berliner Nationalversammlung und der Steuerprotest der Abgeordneten eine Polarisierung der Revolutionsanhänger nach sich, die sich auch an der Saar bemerkbar machte.[49] Am 12. November 1848 schlossen sich ca. 300 Männer unter dem Vorsitz des Saarbrücker Abgeordneten Dietzsch und anderen Juristen zu einem „Bürger-Verein" zusammen, der den Steuerverweigerungsbeschluss und die damit verbundenen Proteste öffentlich unterstützte. Zwei Wochen später distanzierten sie sich wieder von dem Prinzip der Volkssouveränität, als 36 Personen einen konkurrierenden „constitutionellen Bürger-Verein" bildeten, der das entgegengesetzte Ziel verfolgte, „die gesetzliche Ordnung und die zwischen König und Volk zu vereinbarende Verfassung zu schützen." Mit Hilger Noeggerath stand auch diesem Verein ein Justizrat des Landgerichts vor.[50]

---

verweigerung, in: Ottfried Dascher/Everhard Kleinertz (Hg.): Petitionen und Barrikaden. Rheinische Revolutionen 1848/49, Münster 1998, S. 322–324.

46 StA Sb, Alt-Sb Nr. 649, Bl. 24, eingegangen am 20.11.1848.

47 Der Beschluss zur Steuerverweigerung in Saarbrücken wird z. B. in der Kölnischen Zeitung Nr. 314 (23.11.1848) veröffentlicht.

48 Ebda., Nr. 282 (18.10.1848).

49 Herres: Rheinland (wie Anm. 4), S. 24, zu den übergeordneten Entwicklungslinien vgl. einführend Mike Rapport: 1848/49. Ursachen, Entwicklung und Erbe einer europäischen Revolution, in: Aus Politik und Zeitgeschichte 7–9 (2023), S. 11–16.

50 Nach Schmitt: Politisierungsprozess (wie Anm. 42), S. 238 standen sich scheinbar folgende zwei Seiten gegenüber: „Fürstensouveränität im Rahmen der konstitutionellen Monarchie und Volkssouveränität in einer eher parlamentarischen Monarchie", vgl. auch Hans Schwarz: Das

In der überregionalen Presse wurde die Grenze der Parteibildung an der Saar gezogen und „ein sog.[enannter] Bürger-Verein welcher jedoch in seiner Tendenz und nach seinem Handelns und Wirken nur als ein demokratischer von reinster rother Farbe erscheint" in St. Johann lokalisiert. In Saarbrücken habe sich hingegen ein „„constitutioneller Bürger-Verein' gebildet, welcher eine große Zahl Mitglieder und darunter nur die Ordentlichen und Angesehenen jeden Standes" aufwies.[51] In den Augen der Öffentlichkeit hatte sich somit eine Bewegungs- und eine Ordnungspartei gebildet, die zeitgleich auch in anderen Städten zu finden waren und miteinander in Kontakt traten. Die Konstitutionellen an der Saar schlossen sich dem „Constitutionellen Central-Verein für Rheinland und Westfalen" an, wohingegen der Bürger-Verein dem Centralmärzverein nahestand. Beide Vereine hielten Volksversammlungen in den umliegenden Dörfern ab und trugen zur Politisierung der Landbevölkerung bei.[52]

Uneinig war man sich nicht nur über das Verhalten des letzten städtischen Repräsentanten im Berliner Abgeordnetenhaus, sondern auch über die Empfangsfeierlichkeiten, die man ihm zu Ehren abstatten sollte. Da sich der Empfang der Abgeordneten im Vormärz zu einer allgemein verständlichen Form der politischen Meinungsäußerung entwickelt hatte, „sollte nun unserem dieser Tage von Berlin zurückkehrenden Abgeordneten von der äußersten Linken ein feierlicher Willkomm werden. In Saarbrücken dagegen sprach man sich sogleich fast allgemein gegen die beabsichtigten Empfangs-Feierlichkeiten aus. [...] An dem nun wirklich zu Ehren des Berliner Abgeordneten statt gefundenen Aufzuge" sollen sich „von Saarbrücken aus fast Niemand, außer einigen Turnern und einem Theile der Bürgerwehr" beteiligt haben.[53] Wenige Monate später wurde diese kritische Berichterstattung dadurch relativiert, dass Hesse – an der Seite des Advokatanwalts Riotte – erneut zum demokratischen Repräsentant der Stadt gewählt wurde und bei einer Wahlbeteiligung von beachtlichen

---

Vereinswesen an der Saar bis zur Mitte des 19. Jahrhunderts – der Verein als Medium der sozialen Kommunikation, Saarbrücken 1992, S. 81–101.

51 Kölnische Zeitung Nr. 3 (4.1.1849). Vgl. Schmitt: Politisierungsprozess (wie Anm. 42), S. 239 f.

52 Schwarz: Vereinswesen (wie Anm. 50), S. 85 f. Zur Einordnung siehe auch Klaus Pabst: Demokraten, Konstitutionelle und Konservative – die politischen Klubs als Vorstufen der politischen Parteien, in: Dascher/Kleinertz (Hg.): Petitionen (wie Anm. 45), S. 178–181 und grundlegend Dieter Langewiesche: Die Anfänge der deutschen Parteien. Partei, Fraktion und Verein in der Revolution von 1848/49, in: Geschichte und Gesellschaft 4, Heft 3 (1978), S. 324–361.

53 Kölnische Zeitung Nr. 3 (4.1.1849).

90 Prozent fast drei Viertel aller Stimmen für die preußische Abgeordneten-kammer erhielt.[54]

Auf der Suche nach einer Erklärung hat Johannes Schmitt betont, „daß die Repräsentanten und führenden Mitglieder beider Vereine über die Gemeinde-räte, die Bürgerwehr und Mehrfachmitgliedschaften in Vereinen und durch berufliche Verbindungen in ein enges und dichtes Kommunikationsnetz einge-bunden waren, das schon in Vormärzzeiten geknüpft war" und das man noch um Familienbande und Nachbarschaften ergänzen könnte und das aus diesen kleinstädtisch pragmatischen Gründen „den nun stärkeren Belastungen durch die sich verschärfenden Revolutionsereignisse standhielt."[55] Für diese Ein-schätzung spricht eine weitere, die mittlerweile dritte, Einladung aus den be-nachbarten Städten der preußischen Rheinprovinz, die den provinziellen Zu-sammenhalt demonstrierte und die südlichste Provinzstadt integrierte. Dieses Mal erreichten Dietzsch und Carl Schmidtborn als Repräsentanten beider Ver-eine den Städtetag in Köln rechtzeitig. Am 8. Mai 1849 wurde die durch den König oktroyierte Verfassung dort in einer aufsehenerregenden Bekanntma-chung von über 300 versammelten Stadtverordneten grundsätzlich anerkannt, die Existenz des preußischen Staates aber indirekt in Frage gestellt.[56]

Reaktion

In der Rückschau markiert die Kölner Versammlung am 8. Mai 1849 das Ende der Revolution und den Beginn der Reaktion in der Rheinprovinz. Während in Baden tags darauf der offene Aufstand ausbrach und in Stuttgart das Rumpf-parlament tagte, setzten die preußischen Behörden an Rhein, Mosel und Saar die ersten Disziplinierungsmaßnahmen um.[57] In Koblenz verlor Alexander

---

54 Vgl. Schmitt: Politisierungsprozess (wie Anm. 44), S. 242.
55 Ebda., ähnlich Schwarz: Vereinswesen (wie Anm. 50), S. 83–85 und Wettmann-Jungblut: Rechtsanwälte (wie Anm. 9), S. 54.
56 Kölnische Zeitung Nr. 110 (9.5.1849); Saarzeitung Nr. 303 (8.5.1849), vgl. der entsprechende Vorgang im Stadtrat und der Bericht in einer Extrabeilage zum Saarboten Nr. 56 unter StA Sb Alt-Sb Nr. 1429, Bl. 46–49 und allgemein Herres: Rheinland (wie Anm. 4), S. 27.
57 Ebda., vgl. zusammenfassend Horst Romeyk: Die Disziplinierung der Beamtenschaft, in: Dascher/Kleinertz (Hg.): Petitionen (wie Anm. 45), S. 399–401 und für die angrenzenden Ge-biete Hannes Ziegler Die Jahre der Reaktion in der Pfalz (1849–1853) nach der Mairevolution von 1849, Speyer 1985.

Bachem als Oberbürgermeister und Landgerichtsrat die Polizeihoheit und das Vertrauen der Regierung. Staatsbeamte wie er oder Friedrich Hesse in Saarbrücken wurden durch die eingangs erwähnten Disziplinargesetze mit Verfahren gegängelt oder gleich ihres Amtes enthoben. Hesse erhielt für seine demokratischen Grundsätze vonseiten des Stadtrats einen silbernen Pokal und von der Regierung ein Entlassungsschreiben.[58]

1850 saßen einige Juristen wie zum Beispiel die Trierer Landgerichtsräte Schornbaum und Zell faktisch, andere nur symbolisch auf der Anklagebank. Ludwig Simon und August Culmann entzogen sich beispielsweise einer Verhaftung wegen Hochverrats durch die Flucht ins Ausland. Viele von ihnen mussten sich eine neue Existenz aufbauen, unabhängig davon ob sie freigesprochen, zu Geldstrafen oder zum Tode verurteilt wurden. So wurde Schornbaum trotz Freispruch im Alter von 42 Jahren in den Frühruhestand versetzt. Als er kurz darauf als Kölner Eisenbahnangestellter starb, schrieb sein ehemaliger Kollege am Trierer Landgericht Ludwig Simon von Paris aus einen Nachruf.[59] Fünf Jahre später konnte Simon für die Beerdigung seiner Mutter für drei Tage in seine Heimatstadt zurückkehren, wo man ihn 1850 symbolisch hingerichtet hatte. Dabei war er ausgerechnet von Karl Hermann Zweiffel, d. h. von dem Richter zum Tode verurteilt worden, der zur Generation der revolutionären Juristen und zu den Repräsentanten der Region in der Berliner Nationalversammlung gehörte.[60] Im selben Jahr beobachtete Culmann von Straßburg aus „[d]ie Nichtbeteiligung der Rheinischen Städte am Leipziger Feste vom 18. October"[61] anlässlich des 50. Jahrestags der Völkerschlacht bei Leipzig 1863. Seine polemische Schrift ist ein Beispiel für die weitverbreitete publizistische Auseinandersetzung der sogenannten 1848er im Exil und entbehrte nicht jeder

---

58 Koelges: Revolution (wie Anm. 6), S. 171–173, S. 177 f.; Schmitt: Politisierungsprozess (wie Anm. 44), S. 245.
59 Böse: Köpfe (wie Anm. 7), S. 139–141.
60 Ebda., S. 153 f. und ders.: Simon (wie Anm. 7), S. 26 f. Vgl. Christian Jansen (Bearb.): Nach der Revolution 1848/49: Verfolgung, Realpolitik, Nationsbildung. Politische Briefe deutscher Liberaler und Demokraten 1849–1861, Düsseldorf 2004, S. 184. Ders.: Paulskirchenlinke (wie Anm. 11), S. 55–73 zeigt die Formen der unmittelbaren Verfolgung für die linken Fraktionsmitglieder detailliert auf. Zu Zweiffel existieren kaum Informationen, zur Einschätzung siehe neuerdings Christian Wiefling, Die preußische Personalpolitik am Rheinischen Appellationsgerichtshof bis 1879 – Borussifizierung oder Rheinischer Sonderweg? Köln 2023.
61 Baus: Culmann (wie Anm. 25), S. 14. An dieser Stelle bedanke ich mich beim Leiter der Siebenpfeiffer-Stiftung Martin Baus für diesen Hinweis und die Kopie des Original-Manuskripts aus dem Bestand der Stiftung.

Grundlage. Denn mitten im Verfassungskonflikt lehnten fast alle Gemeindevertreter der linksrheinischen Gebiete inklusive der gesamten Rheinprovinz die Einladung zu diesem Festtag (abermals in kollektiver Absprache) ab – unter ihnen der Kölner Stadtrat, dem zu diesem Zeitpunkt Alexander Bachem vorstand.[62] Der ehemalige Oberbürgermeister von Koblenz musste 1856 aufgrund seines Verhaltens während der Revolution trotz mehrfacher Wiederwahl in den Justizdienst nach Trier zurückkehren, bevor er 1863 als Appellationsgerichtsrat in Köln erneut zum Oberbürgermeister ernannt wurde. Als Justizrat hatte er zuvor mit den Brüdern Reichensperger zusammengearbeitet, die er aus Koblenz kannte und die zu den führenden Vertretern der Zentrumspartei aufstiegen.[63] 1875 statuierte Bachems Amtsnachfolger Hermann Becker (1820–1885) ein weiteres Exempel dafür, dass die Lebenswege der Juristen zwischen Revolution und Reaktion weit auseinanderklafften. Der bisher unerwähnt gebliebene „rote Becker" bekleidete das Oberbürgermeisteramt der Stadt Köln für weitere zehn Jahre, obwohl er die Revolution als junger Gerichtsreferendar unterstützt und dafür eine beim Kölner Kommunistenprozess u. a. von Zweiffel verhängte Haftstrafe verbüßt hatte.[64] Ein Jahr vor dem aufsehenerregenden Schauprozess 1852 war Zweiffel bereits an das Saarbrücker Landgericht gewechselt, an dem sich im Laufe seiner darauffolgenden fast 25-jährigen Präsidentschaft das Klima änderte und Ferdinand Dietzsch sowie die meisten anderen Saarbrücker Anwälte nach wie vor tätig waren. Über ihre Aktivitäten in der zweiten Jahrhunderthälfte ist wenig bekannt.[65]

Analog zu anderen Alt-Liberalen und Demokraten soll Dietzsch „in der Reaktionsperiode [...] allzeit unentwegt auf Seiten des Volkes, und dem Fortschritte huldigend"[66] gestanden haben: „Sein höchstes Ziel und sein erhabene Ideal nach dessen Verwircklichung er an seinem Teile kräftig strebte war ein

---

62 Vgl. Schneider: Festkultur (wie Anm. 27), S. 161–171 und Evelyn Weiß: Nationale Festkultur im Linksrheinischen. Die Gedenkfeiern zur Leipziger. Völkerschlacht in Kaiserslautern 1814/1863/1913, in: Jahrbuch für westdeutsche Landesgeschichte 30 (2004), S. 187–271, hier S. 217–229, die Kaiserslautern und Mainz als die einzigen teilnehmenden Städte ausmachen kann und die Gründe hierfür schildert.

63 Katharina Thielen: Bachem, Friedrich Wilhelm, in: Hendrik Hering/Stephan Laux (Hg.): Lebenswege zur Demokratie in Rheinland-Pfalz, Bd. 1: Aufklärung und Frühliberalismus 1750–1850, Ubstadt-Weiher 2024 [im Druck].

64 Joachim Oepen: Hermann Becker, Oberbürgermeister von Köln. 1875–1885. In: Geschichte in Köln Nr. 32 (1992), S. 77–104.

65 Vgl. Wettmann-Jungblut: Rechtsanwälte (wie Anm. 9), S. 77 f.

66 StA Sb, Alt-Sb Nr. 1428, Auszug aus der Saarbrücker Zeitung Nr. 24 (29.1.1878).

Abb. 3: Ferdinand Dietzsch, Advokatanwalt, Stadtrat, Vorsitzender des Saarbrücker-St. Johanner Turnvereins und Abgeordneter der Nationalversammlung in Frankfurt am Main 1848 [aus: Festschrift 1923, S. 26]

einiges freien Deutschland"[67], bekräftigte der Saarbrücker-St. Johanner Turnverein anlässlich einer Gedenkfeier für den 1878 verstorbenen Advokatanwalt. Der Turnverein ging auf die Revolution zurück und wurde nach dem Verbot 1849 im Jahr 1860 wiederbelebt. Seitdem amtierte Dietzsch als erste Vorsitzender. Interessant ist, dass sich die Turner unter seiner Leitung einerseits den bekannten nationalen Ideen verschrieben. So reisten sie im Gegensatz zu den Gemeindevertretern der großen Provinzstädte im Jahr 1863 für das Große Turnfest nach Leipzig und feierten in Saarbrücken eine „Gedenkfeier der Schlacht bei Leipzig".[68] Andererseits berief der Verein sich in seiner Vereinschronik 1923 dezidiert auf seine revolutionären, staatskritischen Ursprünge im Jahr 1848: „Er ordnete sich als Mittel einem anderen Zweck [als der körperlichen Ertüchtigung] unter: Wehrhaftmachung des Volkes zur Verteidigung der errungenen oder noch zu erringenden Volksrechte und zur Schaffung der Deutschen Einheit. In diesem Sinne war der Heckerhut auf der von Jungfrauen der beiden Saarstädte gestifteten Fahne Symbol, der Ausdruck einer Eigenart, die ihrem Träger damals die Bezeichnung als politischer Turnverein zutrug."[69] Nach der Neugründung des Vereins wurde demnach mit der vor der Konfiskation geretteten Fahne an diese Ursprünge angeknüpft und an einen weiteren

---

67 Ebda., Festrede von G. Helmbach anlässlich der Gedenk-Feier des Saarbrücken-St. Johanner Turnvereins für seinen Mitbegründer und Vorsitzenden 25.5.1878.

68 Das ergab die Aufstellung der Veranstaltungen in der Festschrift zur 75-Jahrfeier des Turnvereins Saarbrücken von 1848, 6. Oktober 1923, Saarbrücken [1923], S. 40–44.

69 Jakob Kraus: Als Saarbrücken seinen ersten Turnverein erhielt – Eine Erinnerung an 1848, in: ebda., S. 15–18, hier S. 16. Vgl. auch Wettmann-Jungblut: Rechtsanwälte (wie Anm. 9), S. 78 der das Verhalten Dietzschs eher „in Richtung (chauvinistischen) Nationalismus" einordnet.

revolutionären Juristen erinnert, dessen Leben die Dimensionen der Revolution in der Region aufzeigt und an anderer Stelle nachgelesen werden kann.[70]

Alles in allem waren diese keineswegs vollständig aufgezeigten Dimensionen in der Stadt Saarbrücken und den angrenzenden Gebieten eng miteinander verwoben. Sie wiesen akteurs- und stadtspezifische Besonderheiten ebenso auf wie regionale und personelle Überschneidungen. Dabei lavierten die vorgestellten Juristen zwischen Revolution und Reaktion oder zwischen Fortschritt und Rückschritt auf der Basis wechselnder politischer Rahmenbedingungen und gemeinsamer Erfahrungen. Eine davon wurde schließlich die Revolution selbst, die ihr politisches Handeln in der zweiten Jahrhunderthälfte bestimmte.[71]

---

70 Zum Beispiel bei Sabine Freitag: Friedrich Hecker. Biografie eines Republikaners, Stuttgart 1998.
71 Anhaltspunkte hierzu liefern zahlreiche biografische Abhandlungen im Umfeld des Jubiläums 1998, zum Beispiel dies. (Hg.): Die Achtundvierziger. Lebensbilder aus der deutschen Revolution 1848/49, München 1998, Böse: Köpfe (wie Anm. 7) oder Jansen: Paulskirchenlinke (wie Anm. 11). Im laufenden Jubiläum wird die konfliktreiche Genese der Demokratie darauf aufbauend auch systematisch aus der persönlichen Perspektive dieser „Wegbereiter der Demokratie" und ihrer Gegner betrachtet, vgl. hierzu exemplarisch das gleichnamige Buch von Walter Steinmeier (Hg): Wegbereiter der deutschen Demokratie. 30 mutige Frauen und Männer 1789–1918, München 2021 und Hering/Laux (Hg.): Lebenswege (wie Anm. 63).

Von der Saale an die Saar –
die Lebensgeschichte des Pfarrers Eduard Ulrich

Von Dagmar Wünsch

1. Familie und Ausbildung

Eduard Ulrich wird am 23. Januar 1850 in Bernburg an der Saale geboren.[1] Seine Eltern sind Friedrich Ulrich und Caroline geb. Burkhardt. Sie haben acht Kinder.

Friedrich Ulrich wurde 1813 wie sein Vater, Großvater und andere Vorfahren[2] in Güntersberge (Harz) geboren. Alle waren im Harz als Zimmerer tätig. Friedrich Ulrich ist der erste, der Güntersberge verlässt und andere Vorstellungen von seinem Berufsleben hat. Er will Pfarrer werden. Für eine entsprechende Schulbildung und ein Studium fehlt aber das Geld. Ballenstedt ist die nahegelegene Residenzstadt des Herzogs Alexius von Anhalt-Bernburg. Dort zieht es ihn hin und er wird im Alter von sechzehn Jahren Silberbursche; er sorgt sich um das Tafelsilber, das für die herzoglichen Feste reichlich vorhanden ist. Für den Herzog Alexander Carl von Anhalt-Bernburg ist er als Lakai tätig. Bei Hofe lernt er die Tochter des Hofmalers Johann Christoph Burkhardt kennen, die er 1836 in der evangelischen St. Marienkirche in Bernburg heiratet.

1847 wird in Bernburg ein Rentamt eingerichtet. Dort gelingt Friedrich Ulrich der Aufstieg vom Silberburschen und Lakaien zum Rentmeister. Im neuen Herzogtum Anhalt wird er schließlich 1865 Obersteuerinspektor. Ein Onkel seiner Ehefrau Caroline vermacht ihr ein Vermögen. Dieses ermöglicht es Friedrich und Caroline Ulrich, im Jahr 1870 nach Wien zu ziehen und den Ruhestand dort zu verbringen. Zwei Töchter kommen mit nach Wien, heiraten und bleiben in Österreich.

---

1 Eduard Ulrich ist der Urgroßvater der Verfasserin.
2 David Ulrich, *11. Februar 1622, Gottlieb Christian Ulrich, *20. November 1677, Andreas Christian Ulrich, *1. August 1709, Christoph Heinrich Ulrich, *15. Februar 1745 und Johann Christoph Karl Ulrich, *8. Oktober 1783. Die Daten im Stammbaum der Familie Ulrich (ab 1588) sind durch Eintragungen in die Kirchenbücher von Güntersberge belegt.

Abb. 1 u. 2: Friedrich und Caroline Ulrich 1836. Gemälde von Johann Christoph Burkhardt im Familienbesitz

Friedrich Ulrich besitzt ein Haus in der Josefstadt, dem VIII. Wiener Bezirk. Wien ist damals schon mit der Ringstraße eine der schönsten Städte in Europa und Kulturmetropole. Und die Stadt macht sich Ende des 19. Jahrhunderts auf in die Moderne. Caroline Ulrich stirbt bereits am 14. November 1872. Friedrich Ulrich heiratet nach ihrem Tod die im dänischen Abendra am 16. März 1841 geborene Fanny Prömmel, Tochter des Schiffsbauers und Malers Julius Prömmel und seiner Ehefrau Mary. Nachdem ihr Vater eine Stelle als Schiffsbauer bei der österreichischen Marine in Triest erhalten hat, zieht die Familie Prömmel nach Österreich. Friedrich Ulrich stirbt am 15. Februar 1901 im Alter von 87 Jahren in seinem Haus in Wien, Fanny Prömmel am 11. Februar 1916 in ihrem Haus in Mödling bei Wien.[3]

Der Lebensweg des Vaters hat auch Eduard Ulrich geprägt. Er trifft eine wichtige Entscheidung, verlässt Bernburg und wird wie sein Vater nicht mehr dorthin zurückkehren. Er möchte Missionar werden und tritt 1869 in die Vorschule des Missionshauses der Rheinischen Missionsgesellschaft in Barmen ein. Noch in demselben Jahr wird er Missionszögling.

---

3 Die Nachlassakten befinden sich in den Zivilakten des Bezirksgerichts Josefstadt in Zivilsachen.

Von August 1870 bis zum März 1871 nimmt er als freiwilliger Diakon am Deutsch-Französischen Krieg teil. Als Helfer des Roten Kreuzes erlebt er die deutsche Belagerung von Metz und das Kriegsgeschehen in Forbach, Epernay, Nancy, Amiens und St. Quentin. Er weiß damals noch nicht, dass sich die europäische Geschichte mit der französischen Niederlage grundlegend verändern wird. 1871 entsteht das Deutsche Reich. Eduard Ulrich erhält für seinen Einsatz im Krieg in demselben Jahr die Feldzugmedaille[4]. Aus dem französischen Kaiserreich wird die (dritte) französische Republik.

Vier Jahre besucht Eduard Ulrich das Ausbildungsseminar für Missionare der Rheinischen Missionsgesellschaft in Barmen.[5] Etwa 1871 beginnt Eduard Ulrich zusätzlich das Studium der Theologie an der Universität Leipzig.

Abb. 3: Eduard Ulrich, Forbach [Foto: Familienbesitz]

Am 29. Juli 1873 findet im Missionshaus Barmen die Prüfung zur Ordination „behufs der Predigt des Evangeliums unter den Heiden" statt, die er mit dem Prädikat „gut" besteht.[6] Der damalige leitende Inspektor der Rheinischen Missionsgesellschaft Dr. Friedrich Fabri ist Mitglied der Prüfungskommission, ebenso der Theologe Ludwig von Rohden, Lehrer am Ausbildungsseminar und

---

4   AEKR Boppard 1 OB 008 Ortsakten Kölln 5 Pfarrstelle. Handgeschriebener Lebenslauf (ca. 1884).
5   Vor allem im 19. Jahrhundert entsteht eine Vielzahl von Missionsgesellschaften und Missionsvereinen. Dabei spielt auch die Erweckungsbewegung eine Rolle, die insbesondere in den Städten des Wuppertales wie Barmen und Elberfeld vertreten ist. Die Rheinische Missionsgesellschaft entsteht 1828, unter anderem aus der Vereinigung von Barmer und Elberfelder Missionsgesellschaft. Vgl. Gustav Menzel: Die Rheinische Mission, Wuppertal 1978, S. 11, 16.
6   Archiv- und Museumsstiftung der Vereinigten Evangelischen Mission, Wuppertal. Personalakte Eduard Ulrich. Prüfungsprotokoll Eduard Ulrich, 29. Juli 1873.

später Nachfolger von Dr. Friedrich Fabri. Beide – grundverschiedene Naturen – bestimmen jahrzehntelang den Geist, in dem die Rheinische Mission tätig ist.[7]

Am 12. August 1874 wird Eduard Ulrich in der Hauptkirche Unterbarmen durch das Moderamen der Elberfelder Kreissynode feierlich ordiniert. Die Kirche gehört zur Vereinigt-Evangelischen Gemeinde Unterbarmen, deren Gründer im Jahr 1822 Johann Caspar Engels ist.[8] Auch das Unternehmertum der Familie Engels wird maßgeblich von einer pietistischen Grundhaltung bestimmt. Friedrich Engels, der Enkel von Johann Caspar, begründet später mit Karl Marx den Marxismus und kritisiert in seinen „Briefen aus dem Wuppertal" den Pietismus in seiner Heimatstadt. Der Missionsarbeit kommt in Unterbarmen eine besondere Bedeutung zu. Damals heißt es: „Die Mission bringt den Ärmsten und den Armen, den Heiden, die in Finsternis und Todesschatten sitzen, das helle Licht des Evangeliums von der Liebe Gottes in Jesu Christi."[9] Wie in vielen anderen Kirchen auch wird eifrig für die Missionsarbeit gespendet. Kinder haben eine Missionsbüchse und sind aufgefordert, bei jeder Gelegenheit fleißig zu sammeln.[10] In jedem Jahr ist die Kirche Schauplatz des Missionsfestes.

Abb. 4: Eduard Ulrich, Barmen [Foto: Familienbesitz]

---

7 Vgl. Menzel: Rheinische Mission (wie Anm. 5), S. 213; Fabri ist vor allem deswegen bekannt geworden, weil er sich nachdrücklich für eine deutsche Kolonialpolitik einsetzt und die Frage „Bedarf Deutschland der Kolonien?" eindeutig mit „Ja" beantwortet.
8 Gedenkschrift „Zur Jahrhundertfeier", Unterbarmen,1922, S. 8.
9 Ebda., S. 19.
10 Ebda.

Was bewegt Eduard Ulrich, Missionar zu werden? Ist es der Missionsbefehl, den Jesus nach seiner Auferstehung an seine Jünger gerichtet hat: „Darum geht hin und machet zu Jüngern alle Völker ...“?[11] Schließlich ist die Missionstätigkeit eine besondere und manchmal auch lebensgefährliche, sie ist ein Lebensberuf[12], der aber nicht mit einem normalen Leben verbunden ist.

Das Ordinationszeugnis enthält den Vorbehalt, dass die Ordination als solche kein Recht auf Anstellung in der evangelischen Landeskirche Preußens verleiht.[13] Den Missionszöglingen, „welche die gehörige Bildung der Reife der Ausbildung zum Missionsdienst erhalten haben und tüchtig befunden werden, den Heiden das Evangelium zu predigen“, wird die Ordination „lediglich mit der Beziehung auf die Ausbreitung des Christentums unter den nicht christlichen Völkern“ erteilt[14]. Eduard Ulrich macht sich keine Gedanken über den Vorbehalt, denn er möchte Missionar und nicht Pfarrer werden. Er ist für die Mission in China vorgesehen.

Etwa 1874 beendet er sein Studium an der Universität Leipzig[15]. Anschließend studiert er 1875 zwei Semester Medizin an der Universität Edinburgh[16] und ist dabei in der Krankenpflege tätig. Zu den Aufgaben eines Missionars gehört auch die medizinische Hilfe. Deshalb werden den Schülern des Ausbildungsseminars der Rheinischen Mission auch allgemeine medizinische Kenntnisse vermittelt.[17] Eduard Ulrich bereitet sich weiter auf die Mission in China vor. In Edinburgh kann er auch seine Englischkenntnisse vertiefen, die er bereits auf dem Gymnasium in Bernburg erwerben konnte. In Schottland zieht er sich bei der Krankenpflege ein „psychophysisches Leiden“ zu, das ihn bis zu seinem Lebensende begleitet[18] und ihn sehr belastet. Es handelt sich um ein Anfallsleiden, vielleicht um eine Epilepsie. Krampfanfälle verursachen teils schwere

---

11 Matth. 28, 19-20; Mark. 16,15-18.
12 Vgl. Menzel: Rheinische Mission (wie Anm. 5), S. 120.
13 Archiv- und Museumsstiftung der Vereinigten Evangelischen Mission, Wuppertal. Personalakte Eduard Ulrich. Ordinationszeugnis vom 12. August 1874.
14 Zitiert nach Menzel: Rheinische Mission (wie Anm. 5), S. 96.
15 Archiv der Evangelischen Kirche in Österreich, Wien. Schreiben der Evangelischen Kirchengemeinde Wallern an den Oberkirchenrat vom 22. September 1877 über dort vorliegende Unterlagen, u. a. theologisches Prüfungszeugnis, Universitätszeugnis von Leipzig.
16 LA Saarbrücken. Best. 131 NL Rug. Brief von Berta Ulrich an Pfarrer Karl Rug vom 19. Juni 1929; dazu auch der Lebenslauf (wie Anm. 4).
17 Vgl. Menzel: Rheinische Mission (wie Anm. 5), S. 156.
18 Vgl. Helmut Ballas: Festschrift 250 Jahre Evangelische-Kirche-Scheidt 1738–1988.

Stürze[19]. Im Übrigen gerät Eduard Ulrich leicht in Erregung, verliert die Selbstbeherrschung und reagiert dann nicht immer in angemessener Weise.

Die Krankheit beendet die Träume von einem Dienst in der Mission. Die Arbeit als Missionar in Afrika und Asien setzt vor allem Gesundheit voraus. In seinem Personalbogen bei der Rheinischen Missionsgesellschaft ist kurz vermerkt: „1877 von der Mission freigegeben."[20] Eduard Ulrich ist 27 Jahre alt und muss sich neu orientieren; und er muss auch mit einer großen Enttäuschung fertig werden.

2. Kirchendienst in Österreich

Eduards Vater Friedrich Ulrich lebt schon seit mehreren Jahren in Wien. In Österreich werden evangelische Theologen für den Kirchendienst gesucht. Die Verfolgung evangelischer Christen in Österreich, die erst durch das Toleranzpatent des Kaisers Joseph II. vom 13. Oktober 1781 beendet wird, hat ihre Spuren hinterlassen. Bis zum Toleranzpatent konnten die evangelischen Christen ihren Glauben nur im Geheimen leben, Bibeln mussten versteckt werden und gemeinsames Beten war nur im Verborgenen möglich (Geheimprotestantismus).[21] Nach dem Toleranzpatent entstehen die sog. Toleranzgemeinden mit ihren Bethäusern, die damals noch nicht so aussehen dürfen wie Kirchen. Mit

---

19 So berichtet Eduard Ulrich noch in einem Brief vom 6. Oktober 1916 über einen Sturz in Glasscherben, bei dem er viel Blut verloren habe: LA Saarbrücken, Best. 131 NL Rug.
20 Archiv- und Museumsstiftung der Vereinigten Evangelischen Mission, Wuppertal. Personalakte Eduard Ulrich. Personalbogen.
21 Nicht wenige evangelische Christen entscheiden sich wegen des Verbots, ihre Religion auszuüben, für die Emigration und wandern aus. Daneben gibt es auch eine gezielte Vertreibung. Die Ausweisung evangelischer Christen aufgrund des Emigrationspatentes des Erzbischofs Leopold Anton von Firmian vom 11. November 1731 erregt in ganz Europa Aufsehen: etwa 20 000 evangelische Christen müssen das Fürsterzbistum Salzburg verlassen. Für viele wird die neue Heimat Ostpreußen, in der sie der preußische König Friedrich Wilhelm I. willkommen heißt. Innerhalb des Habsburger Reiches werden evangelische Christen vor allem nach Siebenbürgen vertrieben („Transmigration"). Bis zum Ende des 18. Jahrhunderts verlassen etwa 150 000 evangelische Christen ihre Heimat. Vgl. Peter Friedrich Barton: Evangelisch in Österreich, Wien 1987, S. 50 ff., 105 ff.; Johannes Neuhardt/Wolfgang Straub: Salzburg, Wien 2013, S. 106 ff.; Gustav Reingrabner: Migration aus konfessionellen Gründen, 1535–1776, museum.evang.at/rundgang/1648-bis-1781/migrationen/ [Letzter Zugriff 19.08.2023]. Nicht wenige Abkömmlinge der Flüchtlinge und Vertriebenen von damals müssen seit 1944/45 wegen ihrer Volkszugehörigkeit ihre Heimat verlassen und lassen sich in Österreich, im Land ihrer Vorfahren, nieder.

dem 1851 von Kaiser Franz Joseph I. erlassenen Dezemberpatent werden Kirchtürme und Glocken erlaubt.[22] In Oberösterreich gibt es insgesamt neun Toleranzgemeinden, unter ihnen Eferding, Wallern und Rutzenmoos. Evangelische Theologen und Pfarrer gerade aus Deutschland werden gesucht und kommen. Es ist möglich, dass Friedrich Ulrich seinem Sohn Eduard entsprechende Kontakte vermittelt hat. Immerhin weisen kirchliche Schreiben wohlwollend darauf hin, dass der Vater, ein anhalt-bernburgischer Obersteuerinspektor, bereits seit sieben Jahren in Wien (Alserstraße) als Hausbesitzer ansässig sei.[23]

Eduard Ulrich ist jedenfalls an einer kirchlichen Tätigkeit in Österreich interessiert. Beim Oberkirchenrat in Wien gibt er mündlich gegenüber dem zuständigen Referenten an, er habe sich dem Beruf des Missionars aus Gesundheitsrücksichten bis auf Weiteres entsagen müssen.[24] Am 10. August 1877 stellt die Rheinische Missionsgesellschaft Eduard Ulrich noch ein Wohlverhaltenszeugnis aus.[25] Am 1. September 1877 erteilt die oberösterreichische Superintendentur-Stellvertretung ihm die licentia concionandi et cathechizandi[26], d.h. die Erlaubnis zu predigen und zu lehren. Damit scheint der Weg frei für ein Amt im österreichischen evangelischen Kirchendienst.

Im oberösterreichischen Eferding ist seit dem Tod des dortigen Pfarrers ab dem 6. September 1877 die Pfarrstelle vakant und im benachbarten Wallern muss Pfarrer und Senior Jakob Ernst Koch entlastet werden. Ihm obliegt die Administration der Kirche in Eferding. Er wiederum überträgt die Seelsorgevertretung auf Eduard Ulrich[27], der sofort seine Arbeit aufnimmt.[28] Am 16. Sep-

---

22 Ernst Petritsch: Das Protestantenpatent, museum.evang.at/rundgang/1848-bis-1918/protestantenpatent/ [Letzter Zugriff 19.08.2023]; die erste evangelische Kirche in Österreich mit Kirchturm und Glocken ist die Christuskirche in Wels (Oberösterreich).

23 Archiv der Evangelischen Kirche in Österreich, Wien. Schreiben der Evangelischen Kirchengemeinde Wallern an den Oberkirchenrat vom 22. September 1877 und Schreiben des Oberkirchenrats an das Ministerium für Kultus und Unterricht vom 25. September 1877.

24 Ebda. Schreiben des Oberkirchenrats an das Ministerium für Kultus und Unterricht vom 25. September 1877.

25 Ebda. Schreiben der Evangelischen Kirchengemeinde Wallern an den Oberkirchenrat vom 22. September 1877.

26 Ebda.

27 Festschrift Evangelische Toleranzgemeinde Eferding, 2008, S. 38; Archiv der evangelischen Pfarrgemeinde Eferding. Zeugnis vom 31. Dezember 1877.

28 In den Unterlagen, die über Eduard Ulrich in den Archiven der Evangelischen Kirche in Österreich, Wien, der evangelischen Pfarrgemeinden Eferding, Wallern und Rutzenmoos noch erhalten sind, gibt es keinen Hinweis auf ein Vikariat in Eferding. Eduard Ulrich erwähnt ein solches auch nicht in seinem Lebenslauf (wie Anm. 4).

tember 1877 wählt das Presbyterium der Gemeinde Wallern Eduard Ulrich zum Personalvikar[29] des Pfarrers und Seniors Jakob Ernst Koch.

Die Gemeinde Eferding stellt dem ordinierten „Predigtamts-Kandidaten" Eduard Ulrich am 31. Dezember 1877 auf seine Bitte ein Zeugnis aus; er möchte Pfarrer in Eferding werden. In dem Zeugnis wird ihm bescheinigt, dass er sich das Vertrauen und die Liebe der ihm einstweilen anvertrauten Gemeinde Eferding vollkommen erworben habe.[30] Das bleibt allerdings nicht so. Es bilden sich zwei Parteien, eine für und eine gegen ihn, wie das Presbyterium dem Seniorat in Wallern am 15. April 1878 mitteilt („Der Riß ist da.").[31] Die Gemeindemitglieder haben darüber hinaus festgestellt, dass Eduard Ulrich an Ohnmachtsanfällen leidet, und so gibt es erhebliche Zweifel an seiner Fähigkeit, den Beruf eines Pfarrers auszuüben. Es ist das Leiden, das ihm den erstrebten Missionarsberuf unmöglich gemacht hat. Eduard Ulrich gibt auf: Am 20. April 1878 tritt er in einem Schreiben an das Presbyterium der Gemeinde Eferding von seiner Kandidatur zurück.[32]

Damit sind die Schwierigkeiten nicht beendet. Die Wahl zum Personalvikar in Wallern bedarf noch der Genehmigung des Ministeriums für Kultus und Unterricht in Wien und der Bestätigung durch den Oberkirchenrat. Das Ministerium erteilt die Genehmigung nur für den Fall, dass Eduard Ulrich die österreichische Staatsbürgerschaft erwirbt. Der Oberkirchenrat macht seine Wahlbestätigung zudem davon abhängig, dass sich Eduard Ulrich einem Kolloquium unterzieht, da seine Ordination ihm ausdrücklich kein Recht auf Anstellung in der evangelischen Landeskirche Preußens verleiht. Am 18. Dezember 1877 besteht Eduard Ulrich das Kolloquium mit „sehr gut".[33] Mit dem bestandenen Kolloquium hat Eduard Ulrich nun endlich auch die licentia pro ministerio, also die Erlaubnis, den Dienst als Pfarrer zu leisten, erhalten.[34] Im April 1878 wird er österreichischer Staatsbürger und im Mai 1878 erfolgt die

---

29 Persönlicher Mitarbeiter/ Referent.
30 Archiv der evangelischen Pfarrgemeinde Eferding. Zeugnis vom 31. Dezember 1877.
31 Ebda.
32 Ebda.
33 Archiv der Evangelischen Kirche in Österreich, Wien. Protokoll des Kolloquiums vom 18. Dezember 1877.
34 Archiv der evangelischen Pfarrgemeinde Eferding. Schreiben des Evangelischen Unterländer Seniorates Wallern vom 1. Februar 1878; Archiv der Evangelischen Kirche in Österreich, Wien. Schreiben des Oberkirchenrats Wien an das Konsistorium der Rheinprovinz vom 6. April 1883. Dazu den Lebenslauf (wie Anm. 4).

Bestätigung seiner Wahl zum Personalvikar durch den Oberkirchenrat. Eduard Ulrich kann sich jetzt um die freie Pfarrstelle in Rutzenmoos bewerben. Dort hat er zwei Mitbewerber. Am 16. Juni 1878 wird er einstimmig zum Pfarrer gewählt und am 1. Juli tritt er seine Stelle an. Er ist sehr erleichtert und sieht für sich endlich eine berufliche Perspektive.

Bis auf die sechsmonatige Tätigkeit in Eferding und die als Personalvikar in Wallern hat Eduard Ulrich keine berufliche Erfahrung. Die Pfarrstelle in Rutzenmoos ist keine einfache. Die österreichischen Evangelischen und ihre Gemeinden in der Diaspora haben die Verfolgung durch die katholischen Habsburger noch nicht vergessen. Gerade Rutzenmoos war in der Zeit des Geheimprotestantismus ein Zentrum des heimlich und versteckt festgehaltenen und überlieferten evangelischen Glaubens gewesen.[35] Mit dem Toleranzpatent vom 13. Oktober 1781 werden die evangelischen Christen lediglich geduldet; erst das Protestantenpatent vom 8. April 1861 des Kaisers Franz Joseph I. fördert mit beschränkter Autonomie der evangelischen Kirche und dem Recht, bestimmte eigene Angelegenheiten selbst zu regeln, die Gleichstellung mit der römisch-katholischen Kirche.[36] Aus dem unscheinbaren Bethaus in Rutzenmoos ist 1864, zwölf Jahre nach dem Dezemberpatent von 1851, eine Kirche mit Turm, Turmkreuz und Glocken geworden.[37] Vor allem pietistische Kreise aus Deutschland helfen in dieser Zeit beim Aufbau der wiedererstandenen Gemeinde in missionarischem Sinne.[38] Deshalb sind pietistische Pfarrer dort gern gesehen. Am 16. September 2000 wird in Rutzenmoos das Evangelische Museum Oberösterreich eröffnet. Der katholische Diözesanbischof von Oberösterreich bittet anlässlich der Eröffnung um Vergebung für alles, was katholische Christen evangelischen Christen angetan haben.[39] Diese historische Belastung wird auch das Verhältnis von Eduard Ulrich zu katholischen Christen prägen.

---

35 Vgl. Rutzenmooser Chronik, hg. von Steffen Meier-Schomburg u.a., Rutzenmoos 2009, S. 5.
36 Barton: Evangelisch in Österreich (wie Anm. 21), S. 127 ff. (Toleranzpatent) und S. 146 ff. (Protestantenpatent); Petritsch: Protestantenpatent (wie Anm. 22). Die umfassende Freiheit, kirchliche Angelegenheiten eigenständig zu regeln, erfolgt erst durch das Protestantengesetz aus dem Jahr 1961: s. Barton: Evangelisch in Österreich (wie Anm. 21), S. 185
37 Vgl. Rutzenmooser Chronik (wie Anm. 35), S. 44.
38 Ebda., S. 26 f.
39 Ebda., S. 74 f.

Am 22. September 1878 hält Eduard Ulrich seine Installationspredigt[40]. Es ist seine erste große und wichtige Predigt: „Ich schäme mich des Evangeliums von Christo nicht, denn es ist eine Kraft Gottes, selig zu machen alle, die daran glauben."[41] Der Missionar in ihm ist unverkennbar. Seine Aufgabe sieht er darin, die evangelischen Christen in Rutzenmoos in ihrem Glauben zu stärken und ihren Glauben neu zu erwecken. Schon jetzt zeigt sich die Begabung des Pfarrers, mit sorgfältig ausgewählten und emotionalen Worten die Menschen mitzunehmen und für das Evangelium zu begeistern.

Am 30. August 1878 heiratet Eduard Ulrich in Marburg an der Lahn Ernestine Feyerabend (* 25. August 1851 in Felsberg), die Tochter von Dr. phil. Reinhard Feyerabend (1795–1858) und Sophie geb. Heppe (1820–1893). Der Vater war erst Gymnasiallehrer, dann Pfarrer in Heinebach, Metropolitan[42] in Gottsbüren und schließlich bis zu seinem Tod Metropolitan in Felsberg (Nordhessen). Ernestine Feyerabend ist in einer großen Familie aufgewachsen. Insgesamt hat Reinhard Feyerabend elf Kinder, sieben davon aus seiner zweiten Ehe mit Sophie Feyerabend. Zahlreiche Familienangehörige sind ebenfalls evangelische Pfarrer. Der älteste Bruder Karl wird Theologe und Philologe[43], ihr jüngster Bruder Gustav Pfarrer und Superintendent in Hersfeld.[44]

Eduard und Ernestine Ulrich haben sieben Kinder, vier sind in Rutzenmoos geboren.[45] Der älteste Sohn Friedrich (*1880) wird später auch Pfarrer.

Am 1. Dezember 1882 feiert die Gemeinde Rutzenmoos den ersten evangelischen Gottesdienst vor einhundert Jahren am 1. Dezember 1782. Eduard Ulrich findet zu der Jubiläumsfeier mit „Gedenket an die vorigen Tage"[46] die richtigen Worte. Er lobt in der beeindruckenden Festpredigt Kaiser Josef II.,

---

40 Archiv der Evangelischen Kirche in Österreich, Wien. Eduard Ulrich, Installationspredigt vom 22. September 1878.
41 Röm. 1,16.
42 In der Landgrafschaft Hessen gab es seit dem 16. Jahrhundert evangelische Pfarrer, meist an Stadtkirchen, die den Titel „Metropolitan" trugen und dem Superintendenten unterstellt waren. Der Titel wird noch im 19. Jahrhundert verwendet.
43 Dr. Karl Feyerabend ist Autor mehrerer Bücher: A History of English Literature (1902); Ausgewählte Dichtungen des Catullus, Tibullus und Propertius (1902); Langenscheidt Taschenwörterbuch der hebräischen und deutschen Sprache (1905); alle im Familienbesitz.
44 Vgl. Gerhard Bätzing: Pfarrergeschichte des Kirchenkreises Homberg von den Anfängen bis 1984, Marburg 1988, S. 534 f.
45 Auch der Sohn Gustav Ulrich, der Großvater der Verfasserin, wird 1882 in Rutzenmoos geboren.
46 Archiv der evangelischen Kirchengemeinde Rutzenmoos. Predigt über Hebr. 10,32.

der das Toleranzpatent erlassen hat, und er erinnert mit bewegenden Worten an den Choral „Nun danket alle Gott", der vor hundert Jahren in einer armseligen Scheune erklang.

Das Engagement des Pfarrers für „seine" Gemeinde Rutzenmoos ist groß. Besonders empfindlich reagiert Eduard Ulrich auf Nachteile, die der evangelischen Gemeinde durch staatliche Maßnahmen entstehen können. Persönliche Schwierigkeiten scheut er nicht. Sein Maßstab sind allein Recht und Gerechtigkeit. Als der Bezirksschulrat in Vöcklabruck im Jahr 1880 Umbaumaßnahmen in der evangelischen Schule fordert, widerspricht der Pfarrer im Namen des Presbyteriums energisch und erhebt auch sogleich einen „Rekurs".[47] Die arme Gemeinde Rutzenmoos sei nicht bereit, für die unnötige Baumaßnahme erhebliche Geldopfer zu erbringen.

Abb. 5 u.6: Ernestine und Eduard Ulrich, ca. 1884 [Foto: Familienbesitz]

Nach etwas mehr als vier Jahren in Rutzenmoos bewirbt sich Eduard Ulrich Anfang 1883 beim Königlichen Konsistorium der Rheinprovinz in Koblenz[48].

47 Schreiben des Pfarrers Eduard Ulrich im Namen des Presbyteriums an den Bezirksschulrat in Vöcklabrück vom 1. April 1880. Im Familienbesitz.
48 Im Folgenden Konsistorium.

Dabei geht es ihm nicht um irgendeine Pfarrstelle in der großen preußischen Rheinprovinz, sondern um die vakante Stelle in Kölln. Gründe für den Wechsel sind nicht genau bekannt. Eine Rolle könnte Pfarrer Wilhelm Lichnock gespielt haben, der damals Pfarrer in Dudweiler und Synodalassessor, also stellv. Superintendent, im Kirchenkreis Saarbrücken war. Er ist mit Caroline geb. Ulrich verheiratet, einer Schwester von Eduard Ulrich, ist nicht nur Schwager, sondern auch Freund. In Kölln ist die Pfarrstelle seit dem Tod von Pfarrer Christian Matthaei am 21. Oktober 1882 vakant.[49] Vielleicht hat Wilhelm Lichnock um Eduard Ulrich geworben.[50] Berta Ulrich[51], Bibliothekarin an der Stadtbibliothek Saarbrücken, schreibt dazu: „So lieb ihm auch die österreichische Gemeinde war, zog es ihn doch nach Deutschland…"[52]. Eduard Ulrich bleibt der einzige Bewerber.[53] Es herrscht Pfarrermangel.[54] In der Sitzung des Presbyteriums der Pfarrgemeinde Rutzenmoos am 9. Dezember 1883 teilt er seinen Wechsel mit. Davon nimmt das Presbyterium mit Bedauern Kenntnis.[55]

3. Pfarrer in der evangelischen Kirchengemeinde Kölln

Am 1. Mai 1884 wechselt Eduard Ulrich in die Preußische Rheinprovinz und tritt seine Stelle in Kölln an, nachdem er zuvor die preußische Staatsangehörigkeit erworben hatte und aus der österreichisch-ungarischen entlassen worden war.[56] Superintendent Adolf Zillessen führt ihn in einem Gottesdienst in sein neues Amt ein. Er berichtet darüber bei der Kreissynode am 25. Juni 1884, dass die Gemeinde dem neuen Pfarrer einen freundlichen und herzlichen Empfang bereitet und sich sehr zahlreich an dem Gottesdienst bei der Einführung beteiligt habe, und er wünscht sich, dass das Verhältnis der Gemeinde zu ihrem

---

49 Joachim Conrad: Die Pfarrer an St. Martin zu Kölln/Saar, in: ders. (Hg.): Die evangelische Martinskirche in Köllerbach und ihre Gemeinde, Saarbrücken 2022, S. 643–702, hier S. 665.
50 Ebda, S. 667.
51 Tochter von Eduard Ulrich, *1884 in Rutzenmoos.
52 Brief von Berta Ulrich an Pfarrer Karl Rug (wie Anm. 16).
53 AEKR Boppard. Schreiben des Konsistoriums an den Superintendenten vom 6. Juli 1883.
54 AEKR Boppard. Schreiben des Superintendenten an das Konsistorium vom 3. Dezember 1890.
55 Archiv der evangelischen Pfarrgemeinde Rutzenmoos. Protokoll vom 9. Dezember 1883.
56 Vgl. Conrad: Die Pfarrer (wie Anm. 49), S. 667.

Pfarrer immer ein friedliches und herzliches bleiben möge.[57] Dieser Wunsch wird sich nicht erfüllen.

In Kölln findet Eduard Ulrich völlig andere Verhältnisse als im oberösterreichischen Rutzenmoos vor. Die evangelischen Christen sind in Kölln in der Mehrzahl und nutzen gemeinsam mit den Katholiken eine Simultankirche, die Martinskirche zu Kölln. Sie wurde erstmals im Jahr 1223 erwähnt und dies wird nach 800 Jahren im Jahr 2023 gefeiert. Heute ist sie ein bauliches Juwel.[58] Im Jahr 1884 sieht sie Eduard Ulrich mit zwei Altären und in schlechtem Zustand.

Abb. 7: Martinskirche, lutherischer (vorne) und katholischer Altar, ca. 1890 [Foto: Pfarrarchiv Kölln]

Im beschaulichen Köllertal ist mit der Industrialisierung im 19. Jahrhundert eine Zeitenwende eingetreten. Eisenhütten und Steinkohlebergwerke bestim-

---

57 Vgl. Joachim Conrad (Hg.): Die Protokolle der alten Kreissynode Saarbrücken 1835–1897 (= Schriftenreihe des Vereins für Rheinische Kirchengeschichte, Bd. 160,2), Bonn 2002, Bd. 2, S. 1308.
58 Dazu ausführlich Joachim Conrad: Die Martinskirche zu Kölln, in: ders. (Hg.), Die evangelische Martinskirche (wie Anm. 49), S. 25–108.

men zunehmend das Bild. Im nahegelegenen Völklingen entsteht 1873 eine Eisenhütte. Die Industrialisierung führt zu einem radikalen Strukturwandel: die Arbeitsplätze ziehen tausende Menschen an; die Einwohnerzahl in den kleinen Gemeinden steigt erheblich. Viele Arbeitskräfte kommen aus dem Hunsrück, um der dortigen Armut zu entfliehen. Die Industrialisierung bleibt für die Kirchen nicht ohne Folgen. Auch die neuen Gläubigen bedürfen seelsorgerischer Betreuung, die Kirchengemeinden werden immer größer, die Geistlichen sind überlastet. Viele der Zugewanderten sind katholisch, sodass sich schnell andere Zahlenverhältnisse zugunsten der katholischen Bevölkerung ergeben, es gibt auch eine Vielzahl von Mischehen. Der gegen die Zentrumspartei als Vertretung des politischen Katholizismus gerichtete Kulturkampf Bismarcks führt zu Rivalitäten zwischen den Konfessionen. Zudem verliert die Religion im Leben und Alltag der Menschen zunehmend an Bedeutung.[59] Viele Bergleute haben keine Bindung an die Kirche mehr; Armut und andere soziale Probleme führen zu einer zunehmend politischen Orientierung.[60] Die Arbeitswelt hat sich radikal verändert. Auf neue Fragen suchen die Menschen neue Antworten. 1863 entsteht der Allgemeine Deutsche Arbeiterverein und 1869 wird die Sozialdemokratische Arbeiterpartei Deutschland gegründet. Beide schließen sich 1875 zur Sozialistischen Arbeiterpartei (ab 1890 Sozialdemokratische Partei Deutschlands) zusammen. Die Kirchen stehen also vor neuen Herausforderungen.[61] Für den Protestantismus an der Saar stellt die um 1850 beginnende Industrialisierung die größte Zäsur im 19. Jahrhundert dar.[62]

In dieser Zeit beginnt der Lebensweg des Pfarrers Ulrich in Kölln. Für ihn, der stets königstreu ist[63], die Sozialdemokratie ablehnt[64], bei einem Bergarbei-

---

59 Vgl. Conrad: Protokolle (wie Anm. 57), S. 1689–1690.
60 Andreas Metzing: Die Protestanten an der Saar nach der Angliederung an Preußen und Bayern (1815–1870), in: Reformation, Religion und Konfessionen an der Saar (1517–2017), hg. von Gabriele B. Clemens/Stephan Laux (= Veröffentlichungen der Kommission für Saarländische Landesgeschichte Bd. 52), Saarbrücken 2020, S. 177–194.
61 Ebda., S. 177.
62 Ebda., S. 190.
63 LHA Koblenz Bestand 442 Nr. 8761. Acta betreffend die Staatsaufsicht über die kath. Kirchengemeinde Cölln im Kreis Saarbrücken. Schreiben von Gemeindemitgliedern der evangelischen Gemeinde Kölln vom 11. Juli 1890, S. 219. Anm.: die Akte betrifft tatsächlich die evangelische Kirchengemeinde, nicht die katholische.
64 Ebda. Schreiben des Landrats an den Königlichen Regierungspräsidenten vom 16. März 1891, S. 181.

terstreik nur sagt: „Gott schütze uns!"[65], gegen Katholiken eingestellt ist, sich gar von ihnen „an die Wand gedrückt" fühlt[66] und Mischehen verhindern will[67], ist es vielleicht der falsche Zeitpunkt.

Das Presbyterium der Pfarrgemeinde Kölln regelt die Nutzung der Simultankirche und stellt schriftlich die ihrem Pfarrer obliegenden Amtshandlungen zusammen.[68] Zu ihnen gehören insbesondere die Durchführung von Gottesdiensten an Sonn- und Feiertagen, Wochenpredigten, Konfirmationen, Katechumenen- und Konfirmandenunterricht, Leichenpredigten, die Führung der Kirchenbücher, die Überwachung des Religionsunterrichtes in den Schulen der Gemeinde, ggf. auch die Übernahme der Lokalschulinspektion; darüber hinaus sind Hausbesuche einmal im Jahr in jedem Haushalt zu machen und Kranke sind zu besuchen, ohne dass der Pfarrer gerufen wird.

Der steigenden Arbeitsbelastung durch die wachsende Zahl der Gemeindemitglieder soll durch organisatorische Änderungen wie der Bildung von Vikariaten und neuen Pfarrgemeinden begegnet werden. Die erste größere Umgemeindung erlebt Eduard Ulrich bereits bald nach seinem Amtsbeginn durch das Auspfarrungsdekret vom September 1884: Dies sieht unter anderem vor, dass die Evangelischen der Zivilgemeinde Niedersalbach aus der evangelischen Kirchen- und Pfarrgemeinde Kölln, in welche sie bisher eingepfarrt waren, ausgepfarrt und der evangelischen Kirchen- und Pfarrgemeinde Heusweiler zugeschlagen werden.[69] Solche Maßnahmen verringern zwar die Arbeitsbelastung, haben aber auch Auswirkungen auf das Gehalt eines Pfarrers, dem für bestimmte Amtshandlungen (z. B. Taufe, Trauung) Stolgebühren zustehen. Es wird versucht, dies durch Gehaltszulagen im Einzelfall auszugleichen. Auch Eduard Ulrich bemüht sich darum.[70] Wie in anderen evangelischen und katholischen Gemeinden sieht man die Gründung von Vereinen als Mittel an, die Menschen mit der Religion zu erreichen und ihnen christliche Werte zu ver-

---

65 AEKR Boppard. Schreiben des Eduard Ulrich an den Superintendenten vom 21. Mai 1891.
66 LHA Koblenz Bestand 442 Nr. 8761 (wie Anm. 63). Protokoll des Superintendenten über eine Vernehmung von Eduard Ulrich am 19. November 1890, S. 165.
67 EZAS Best. 01,07 MB Kirchenkreis Völklingen. Best. 218 Presbyterium und Repräsentation, Teil II. Schreiben des Eduard Ulrich an den Superintendenten vom 1. Mai 1899.
68 AEKR Boppard. Nachweisung über die dem Pfarrer zu Kölln obliegenden Amtshandlungen.
69 AEKR Boppard. Auspfarrungsdekret von September 1884; im Einzelnen vgl. Conrad: Die Pfarrer (wie Anm. 49), S. 667.
70 AEKR Boppard. Schriftverkehr.

mitteln. In Kölln wird in der Amtszeit von Eduard Ulrich 1886 der evangelische Jünglingsverein gegründet und 1890 der evangelische Arbeiterverein.[71]

Die Zeit in Kölln wird für die Kirchengemeinde und ihren Pfarrer schwierig.[72] Beide passen nicht zusammen; es gibt Streit um vieles: um sein Verhalten gegenüber den Katholiken, die Nutzung der Simultankirche durch katholische Gläubige, die Hühner des katholischen Pfarrers, das Eigentum an einem Schulgebäude, den Ertrag eines Obstbaumes auf dem Schulgrundstück, die Fronleichnamsprozession, eine kirchliche Feier an Kaisers Geburtstag und so weiter. Der Pfarrer aus Österreich bleibt für viele ein Fremder. Es gibt – wie schon in Eferding – Befürworter und Gegner. Es gibt viel Lob und viele Beschwerden, die seine Amtsführung betreffen, sein persönliches Verhalten, seine leichte Erregbarkeit, seine unangemessenen Äußerungen.

Besonders der Streit um ein Schulgebäude in Walpershofen, in dem zunächst evangelische und dann katholische Schüler unterrichtet werden, erhitzt Ende der 1880er Jahre die Gemüter. Der katholische Bürgermeister und der Gemeinderat vertreten die Auffassung, das Schulhausgrundstück sei Eigentum der Zivilgemeinde Walpershofen, Pfarrer Ulrich meint hingegen, es gehöre der evangelischen Kirchengemeinde. Und jetzt ist es wieder sein eigener Maßstab von Recht und Gerechtigkeit, an dem eine auch von kirchlicher Seite angestrebte gütliche Einigung scheitert. Spät – Pfarrer Eduard Ulrich hat längst Kölln verlassen – bekommt er tatsächlich Recht: Der Rechtsstreit wird im Jahr 1898 durch ein Urteil entschieden; das Grundstück ist Eigentum der evangelischen Kirchengemeinde.[73] Superintendent Adolf Zillessen schreibt am 3. Dezember 1890 an das Konsistorium, Eduard Ulrich habe es für seine Pflicht gehalten, das Recht der evangelischen Gemeinde wahrzunehmen. „In den von ihm in dieser Angelegenheit verfassten Schriftstücken hat er sich im Ausdruck wiederholt vergriffen. Allein das erklärt sich aus dem von ihm eingenommenen Standpunkt. Da für ihn das Eigentumsrecht der evangelischen Gemeinde unzweifelhaft bestand, erschienen ihm alle Maßnahmen, die dieses Recht nicht

---

71 Vgl. Joachim Conrad (Hg.): Die Protokolle der alten Kreissynode Saarbrücken 1835–1897 (= Schriftenreihe des Vereins für Rheinische Kirchengeschichte, Bd. 160,1), Bonn 2002, Bd. 1, S. 100 und 102.
72 „Für Eduard Ulrich gestaltete sich der Aufenthalt in Kölln jedoch nicht sehr erfreulich." Vgl. Conrad: Die Pfarrer (wie Anm. 49), S. 666.
73 Ebda., S. 672.

anerkannten, als Eingriffe in fremdes Eigentum. Eine Absicht zu beleidigen, lag ihm dabei fern."[74]

Superintendent Zillessen verweist in seinem Schreiben vom 3. Dezember 1890 außerdem auf den Bildungsgang und die Eigenart des Pfarrers, der im Missionshaus zu Barmen „nur" zum Missionar ausgebildet worden sei, in Österreich ein Pfarramt bekleidet habe, von wo aus er bei dem damaligen großen Mangel an Geistlichen im Jahre 1884 als Pfarrer nach Kölln berufen worden sei. Immer wieder wird sich der Superintendent hinter den umstrittenen Pfarrer Ulrich stellen und für ihn und sein Verhalten Verständnis zeigen.

Gemeindemitglieder loben vor allem seine Predigten: „Die Predigten, aus dem positiven Standpunkte des Christentums herausgewachsen, sich treu an das zu Grunde liegende Bibelwort anlehnend, legten durch übersichtliche Disposition, durch scharfe, klare und allgemein verständliche Ausführung in den einzelnen Teilen Zeugnis von sorgfältigster, gewissenhaftester Vorbereitung ab. Der Geist, der die ganze Predigt durchwehte, war ein gefühlswarmer, überzeugungstreuer, der dann auch seine Wirkung nicht verfehlen konnte, wie sich dieselbe durch lautlose Stille, durch rege Aufmerksamkeit der Zuhörer zu erkennen gab. Hieraus erklärt sich auch der ungemein günstige Kirchenbesuch. Ist doch an jedem Sonntage das Gotteshaus sozusagen bis zum letzten Sitze gefüllt, was umso schwerer in die Waagschale fallen dürfte, als einige der zur Pfarrei gehörigen Ortschaften durch weite und schlechte Wege von dem Gotteshause getrennt liegen. Schließlich soll nicht unerwähnt bleiben, dass sich in seinen zum Gehorsam gegen die Obrigkeit mahnenden Worten eine durchaus vaterlandsliebende, königstreue Gesinnung widerspiegelten."[75]

Mit der Amtsführung des Pfarrers beschäftigen sich staatliche und kirchliche Behörden. Staatliche Behörden – das sind der Bürgermeister Lukas Speicher, der Königliche Landrat des Kreises Saarbrücken, Dr. Eduard zur Nedden[76], und die Königliche Regierung zu Trier[77], also der Regierungspräsident Adolf von Heppe – sprechen sich für eine Versetzung des Pfarrers in ein anderes Amt

---

74 AEKR Boppard. Schreiben des Superintendenten an das Konsistorium vom 3. Dezember 1890.
75 LHA Koblenz Bestand 442 Nr. 8761. Acta betreffend die Staatsaufsicht über die kath. Kirchengemeinde Cölln im Kreis Saarbrücken. Schreiben von Gemeindemitgliedern vom 11. Juli 1890, S. 219 ff.
76 Im Folgenden Landrat.
77 Im Folgenden Regierung.

aus. Der Landrat sieht in seinem Schreiben vom 11. Juli 1890[78] eine „dringende Gefährdung des konfessionellen Friedens". Der „offenbar kranke Mann (er soll auch epileptisch sein)" passe nicht in eine konfessionell gemischte Gemeinde und vor allem nicht nach Kölln, wo er sich mit einem katholischen Pfarrer über eine von beiden Konfessionen gemeinschaftlich benutzte Simultankirche vertragen müsse. Über den „Fall Ulrich" wird sogar dem Königlichen Oberpräsidenten der Rheinprovinz in Koblenz, Berthold Nasse, und dem preußischen Minister der geistlichen, Unterrichts- und Medizinalangelegenheiten Graf Robert von Zedlitz-Trütschler in Berlin berichtet.[79]

Eduard Ulrich zeigt sich zunächst von allem unbeeindruckt: „Im Übrigen kann ich als Angegriffener Alles von gegnerischer Seite an mich herankommen lassen, da ich ein gutes Gewissen habe, jedermann frei ins Auge blicken darf und mich vor Nichts fürchte."[80] Das Koblenzer Konsistorium lehnt mit Schreiben vom 8. Januar 1891 an die Regierung die geforderte Versetzung ab, da es keinen Anlass für disziplinarrechtliche Maßnahmen sieht.[81] Insoweit hat Eduard Ulrich „Recht bekommen". Aber auch das Konsistorium sieht sich zur Kritik veranlasst. Es erteilt dem Pfarrer einen scharfen Tadel. Es heißt aber dann weiter, dass nach den vorliegenden Zeugnissen der größte Teil der Gemeinde ihn hochhalte, ihm Vertrauen entgegenbringe und seinem treuen seelsorgerischen Wirken Anerkennung zolle. Das Konsistorium schließt sich letztlich der Bewertung des Superintendenten Zillessen an. Dieser hatte auch die leichte Erregbarkeit des Pfarrers mit seinem Gesundheitszustand begründet. Er leide nicht selten an Krampfanfällen und solle deswegen auch schon gestürzt sein. Wegen dieses Leidens sei er auch nicht als Missionar ausgesendet worden.[82] Auch für die Einstellung gegen die Katholiken hat der Superintendent eine Erklärung: das rücksichtslose Verhalten der Römischen gegenüber den Evangelischen in Österreich.[83] Pfarrer Wilhelm Lichnock schaltet sich ein; offenbar ist er bemüht, seinen Schwager zu veranlassen, von sich aus die Versetzung zu

---

78 LHA Koblenz Bestand 442 Nr. 8761. Acta (wie Anm. 63) Schreiben des Landrates vom 11. Juli 1890, S. 145 ff.

79 Ebda. Schreiben der Regierung an den Königlichen Oberpräsidenten der Rheinprovinz und den preußischen Minister der geistlichen etc. Angelegenheiten vom 4. September 1891, S. 91 ff.

80 Ebda. Schreiben von Eduard Ulrich an den Landrat vom 25. März 1891, S. 65.

81 LHA Koblenz Bestand 442 Nr. 8761. Acta (wie Anm. 63). Schreiben des Konsistoriums an die Regierung vom 8. Januar 1891, S. 155.

82 AEKR Boppard. Brieffragment ohne Datum, ca. 4. Quartal 1890.

83 Ebda. Schreiben vom 3. Dezember 1890.

beantragen.[84] Dies bleibt erfolglos. Eduard Ulrich bleibt sich wie immer treu, denn er meint, Recht zu haben: Er wünscht, der Sache ihren Lauf zu lassen und kündigt eine umfassende Beschwerdeschrift gegen den Bürgermeister an.[85] Er hätte sich mit einer Versetzung viel ersparen können, aber er geht keine einfachen Wege, wenn er zu seinem Recht kommen will.

Trotz allen Wohlwollens sieht sich das Konsistorium veranlasst, am 5. Mai 1891 in Kölln ein Skrutinialverfahren zur Ermittlung des Sachverhalts durch Vernehmung von Zeugen durch einen von ihm eingesetzten Kommissar durchzuführen.[86] Die Aussagen der Zeugen ergeben kein klares Bild. Die Presbyter stellen sich hinter den Pfarrer: Pfarrer Ulrich habe nach wie vor das Vertrauen der Gemeinde, er sei ein erbaulicher Prediger, treuer Seelsorger und eifriger Förderer des evangelischen Jünglingsvereins und des evangelischen Arbeitervereins. Die Gottesdienste seien immer sehr gut besucht und die Zahl seiner Gegner unter den Evangelischen sei ihres Wissens gering.[87] Andere wie der Bürgermeister kritisieren den Pfarrer dagegen scharf. Eduard Ulrich ist verzweifelt und schreibt am 21. Mai 1891[88] einen bewegenden Brief an den Superintendenten Zillessen. Noch jetzt sei die Unruhe, die durch die Aussagen in der Vernehmung hervorgerufen worden sei, eine große. Seine Frau sei durch einen Trauerfall in der Familie und die Aufregungen vom 5. Mai krank geworden; sie sei bettlägerig, könne nicht schlafen, essen und trinken. Zu seinem Kritiker, dem Bürgermeister, äußert er, es sei ganz unerhört, wie dieser Mensch ungestraft schalte und walte.

Das Konsistorium teilt der Regierung mit Schreiben vom 15. Juni 1891 mit, nach wie vor seien die Voraussetzungen für die Eröffnung eines förmlichen Disziplinarverfahrens mit dem Ziel der Entfernung aus seinem Kirchenamte nicht gegeben.[89] Mit weiterem Schreiben vom 15. Juni 1891[90] macht das Konsistorium dem Pfarrer allerdings „ernste Vorhaltungen" und weitere Vorwürfe.

---

84 LHA Koblenz Bestand 442 Nr. 8761. Acta (wie Anm. 63). Schreiben des Landrats vom 23. Februar 1891, S. 51.
85 Ebda. Schreiben des Landrats an den Königlichen Regierungspräsidenten vom 16. März 1891, S. 55.
86 Ebda. Protokoll im Skrutinialverfahren vom 5. Mai 891, S. 211 ff.
87 Ebda. Erklärung der Presbyter im Skrutinialverfahren am 5. Mai 1891, S. 207 f.
88 AEKR Boppard. Brief von Eduard Ulrich an Superintendent Zillessen vom 21. Mai 1891.
89 LHA Koblenz Bestand 442 Nr. 8761. Acta (wie Anm. 63). Schreiben des Konsistoriums an die Regierung vom 15. Juni 1891, S. 189.
90 AEKR Boppard. Schreiben des Konsistoriums an Eduard Ulrich vom 15. Juni 1891.

Es wird ihm „strengstens" die Pflicht auferlegt, sich in Wort und Schrift „in gewissenhafte Zucht zu nehmen" und in seiner Ausdrucksweise vorsichtig und maßvoll zu sein.

Wie soll es weitergehen? Seit August 1891 zeichnet sich eine Lösung ab. Auch wenn das Konsistorium keinen Anlass für disziplinarrechtliche Maßnahmen sieht, erscheint wohl auch ihm ein weiteres Verbleiben des umstrittenen Pfarrers in Kölln nicht sinnvoll. Das Konsistorium berichtet in seinem Schreiben vom 15. August 1891, Eduard Ulrich habe den Wunsch zu erkennen gegeben, in eine andere Pfarrstelle versetzt zu werden, „welche ihm die Möglichkeit bietet, seinen Kindern tunlichst am Orte oder in der unmittelbaren Nähe derselben eine höhere geistige Ausbildung zu gewähren".[91] So wird es kommen.

4. Pfarrer der evangelischen Kirchengemeinde Scheidt

Bereits am 12. Juni 1889 hat auf Eingabe des Superintendenten Adolf Zillessen und des Pfarrers Wilhelm Lichnock das Konsistorium das Ministerium der geistlichen etc. Angelegenheiten gebeten, die Errichtung einer selbstständigen Kirchengemeinde Scheidt zu genehmigen. Am 7. Juli 1891 wird die Genehmigung im Einverständnis mit dem Evangelischen Oberkirchenrat erteilt. Das entsprechende Erektionsdekret tritt am 1. August 1891 in Kraft und wird in Dudweiler und Scheidt wie üblich durch Verlesen von den Kanzeln bekanntgemacht.[92]

Eduard Ulrich bewirbt sich um die Stelle. Sein Schwager und Freund Wilhelm Lichnock hat ihm sicher zu diesem Schritt dringend geraten.[93] Das Konsistorium beauftragt am 22. September 1891 den Superintendenten, die Größere kirchliche Gemeindevertretung darüber zu vernehmen, ob sie gegen Lehre und Wandel des Pfarrers Ulrich von Kölln etwas zu erinnern habe. Am 4. Oktober erklärt sie, dass dies nicht der Fall sei. Das Konsistorium ernennt Eduard Ulrich am 25. November 1891 zum Pfarrer in der neugegründeten Pfarr- und Kirchen-

---

91 LHA Koblenz Bestand 442 Nr. 8761. Acta (wie Anm. 63). Schreiben des Konsistoriums an den Königlichen Oberpräsidenten der Rheinprovinz vom 15. August 1891, S. 229.
92 EZAS Best. 01,07 MB Kirchenkreis Völklingen. Best. 217 Presbyterium und Repräsentation, Teil I. Errichtung der Kirchengemeinde Scheidt 14. Juli/ 31. Juli 1891; vgl. auch Ballas: 250 Jahre Scheidt (wie Anm. 18).
93 Vgl. Conrad: Die Pfarrer (wie Anm. 49), S. 669.

gemeinde Scheidt und am 1. Januar 1892 erfolgt seine Einführung durch den Superintendenten Zillessen.[94]

Im Superintendentenbericht vor der Kreissynode am 27. Juli 1892 heißt es dazu: „Die Gemeindeglieder hatten ihre Freude darüber, dass Scheidt eine eigene Pfarrei geworden ist, bei dieser Gelegenheit durch Schmücken der Häuser und der Kirche, sowie durch ein Festmahl auch äußerlich Ausdruck gegeben. Leider fehlt noch das Pfarrhaus und auch eine Wohnung war im Pfarrorte nicht zu beschaffen, so dass der Pfarrer einstweilen in St. Johann wohnen muss."[95] Eduard Ulrich ist erleichtert. Er schreibt am 8. Januar 1892 an den Superintendenten, nächste Woche werde der Umzug nach St. Johann stattfinden. Sie seien besonders der Kinder wegen froh, wenn die Sache überstanden sei.[96]

Mit ihren sechs Kindern zieht die Familie nach St. Johann. In Scheidt wird ein neues Pfarrhaus gebaut. Dort lebt die Familie mit jetzt fünf Kindern seit dem 1. Oktober 1895.[97] Die

Abb. 8: Kinder der Familie Ulrich: Gustav, Therese, Berta, Friedrich und Theodor, St. Johann, ca. 1892
[Foto: Familienbesitz]

94 EZAS Best. 01,07 MB Kirchenkreis Völklingen. Best. Nr. 219 Pfarrstelle. Einführung 1. Januar 1892.
95 Vgl. Conrad: Protokolle (wie Anm. 57), S. 1559.
96 AEKR Boppard. Schreiben von Eduard Ulrich an den Superintendenten vom 8. Januar 1892.
97 EZAS Best. 01,07 MB Kirchenkreis Völklingen. Best. Nr. 219 Pfarrstelle. Schreiben des Konsistoriums an den Superintendenten vom 9. April 1891.

in Kölln geborene Tochter Elisabeth ist 1893 in Saarbrücken verstorben. Die Söhne besuchen das Ludwigsgymnasium in Saarbrücken.

Abb. 9: Eduard Ulrich [Foto: Familienbesitz]

Wird jetzt alles gut? Insgesamt wird es anders und besser, wenn auch Konfliktsituationen und Beschwerden nicht ausbleiben. Insbesondere gibt es im Jahr 1898 Streit mit dem Lehrer und Küster Friedrich Minder, der auch Mitglied des Presbyteriums ist. Eduard Ulrich und Friedrich Minder machen sich gegenseitig Vorwürfe. Die Repräsentanten der evangelischen Kirchengemeinde sehen sich veranlasst, den Pfarrer mit Schreiben vom 12. Mai 1898 gegenüber dem Superintendenten Johann de Wyl zu unterstützen.[98] Eduard Ulrich bemüht sich, Mischehen zu verhindern und Kinder aus Mischehen möglichst evangelisch taufen zu können, was nicht immer gelingt.[99] Die katholische Kirche hingegen verlangt strikt bei Mischehen, dass die Kinder katholisch erzogen werden müssen.[100] Deutlich wird, dass Eduard Ulrich – wie wahrscheinlich andere evangelische Pfarrer auch – Schwierigkeiten hat, mit den neuen Verhältnissen sachgerecht umzugehen. Es scheint zudem so, dass einige Einwohner erkannt haben, dass sich zwischen den Konfessionen ein Konkurrenzverhältnis entwickelt hat, und sie daraus ihren Nutzen ziehen wollen.[101] Das

---

98 Ebda. Best. Nr. 218 Presbyterium und Repräsentation, Teil II. Schreiben der Repräsentanten an den Superintendenten vom 12. Mai 1898. Der alte Kirchenkreis Saarbrücken wurde in zwei Kirchenkreise Saarbrücken und St. Johann geteilt; Scheidt kam zum Kirchenkreis St. Johann.
99 Ebda. Schreiben des Eduard Ulrich an den Superintendenten vom 1. Mai 1899.
100 Vgl. Conrad: Protokolle (wie Anm. 71), S. 38.
101 EZAS Best. 01,07 MB Kirchenkreis Völklingen. Best. Nr. 222 Korrespondenz. Schreiben von Eduard Ulrich an den Superintendenten vom 10. Februar 1899.

Konsistorium bittet den Superintendenten mit Schreiben vom 10. Juli 1899, einen Bericht über das amtliche und außeramtliche Verhalten des Pfarrers vorzulegen.[102] Gründe dafür sind nicht bekannt.

Eduard Ulrich feiert mit Familienangehörigen und Kollegen am 14. August 1899 in seiner neuen Heimat das 25jährige Jubiläum seiner Ordination, die in der Hauptkirche Unterbarmen erfolgt war. Diese Ordination hat ihm den Weg zur Mission bei der Rheinischen Missionsgesellschaft eröffnet, den er dann aber wegen einer Krankheit nicht gehen konnte. In Scheidt leitet seine Ehefrau Ernestine Ulrich einen Jungfrauen-Missionsverein.[103]

Abb. 10: Jubiläumsfeier vom 14. August 1899: Ernestine Ulrich, Caroline Lichnock
(1. Reihe 4. u. 5 v. l.) Walter Lichnock (letzte Reihe Mitte) [Foto: Familienbesitz]

Ein Gemeindemitglied schreibt am 9. März 1900 lobende Worte über den Pfarrer an den Superintendenten.[104] Wie in Kölln hat Eduard Ulrich Kritiker, aber auch Befürworter.

---

102 Ebda. Best. Nr. 219 Pfarrstelle. Schreiben des Konsistoriums an den Superintendenten vom 10. Juli 1899.
103 Ebda. Best. Nr. 218 Presbyterium und Repräsentation, Teil II. Schreiben von Eduard Ulrich vom 19. März 1898; zu Frauen- und Jungfrauen-Missionsvereinen vgl. Conrad: Protokolle (wie Anm. 71), S. 107 ff.
104 EZAS Best. Nr. 219 Pfarrstelle. Brief eines Gemeindemitglieds an den Superintendenten vom 9. März 1900.

Im Februar 1901 wird Eduard Ulrich telegrafisch an das Krankenlager seines Vaters in Wien gerufen.[105] Er eilt dorthin, begleitet seinen Vater die letzten Lebenstage und findet sicher die richtigen tröstenden Worte. Am 15. Februar 1901 stirbt Friedrich Ulrich im Alter von 87 Jahren in seinem Haus. Von der Biedermeierzeit im Herzogtum Anhalt-Bernburg bis zur Moderne im kaiserlichen Wien hat er viel erlebt.

Etwa ab 1902 gibt es keine Hinweise mehr auf Streitigkeiten in der Kirchengemeinde Scheidt. So lässt sich auch die Aussage erklären, Eduard Ulrich sei dort als gütiger Pfarrer in Erinnerung.[106]

Der 26. Januar 1908 ist ein ganz besonderer Tag für Eduard Ulrich. Sein ältester Sohn Friedrich wird in der Scheidter Kirche durch seinen Onkel, den Superintendenten Wilhelm Lichnock, ordiniert.[107] Friedrich Ulrich wird 1909 Pfarrer in Hückelhoven; auch diese Stadt prägt der Steinkohlebergbau. Am 31. Juli 1910 stirbt der 1909 emeritierte Superintendent Wilhelm Lichnock, ein schwerer Verlust für Eduard Ulrich.

Abb. 11 u. 12: Wilhelm und Caroline Lichnock

---

105 Ebda. Schreiben des Eduard Ulrich vom 3. Februar 1901.
106 Vgl. Ballas: 250 Jahre Scheidt (wie Anm. 18).
107 Vgl. Gedächtnisschrift für Friedrich Ulrich aus Anlass seines Todes, Hückelhoven 1929; dort wird auch berichtet, dass er in Kölln und Scheidt mit seinen Geschwistern eine fröhliche, sonnige Jugend erlebt hat.

Im Jahr 1910 stellt der müde gewordene Pfarrer Eduard Ulrich, der schon länger leidend ist[108], einen Antrag auf Versetzung in den Ruhestand, den das Konsistorium am 21. Dezember 1910 ab dem 1. April 1911 genehmigt.[109] Sein Leben hat ihn viel Kraft gekostet.

Am 26. März 1911 hält er seine letzte Predigt als dortiger Pfarrer. Auch im Ruhestand kann er das Predigen nicht lassen. Gerne übernimmt er die Vertretung anderer Pfarrer und predigt weiter. Die Verkündigung des Evangeliums ist immer Teil seines Lebens gewesen und sie bleibt es. Und er ist ein Meister des Wortes.

5. Letzte Lebensjahre

Auch im Ruhestand bleibt Eduard Ulrich mit seiner Frau Ernestine in Scheidt (Stahlhammer). Auch wenn die Zeit für ihn in Kölln schwierig war, so hatte er dort auch gute Freunde. In den letzten Lebensjahren pflegt er mit regelmäßigen Briefen[110] und Besuchen Kontakte zu seinen „lieben, alten und unvergesslichen Freunden" in der Pfarrgemeinde Kölln, seiner „lieben, alten unvergesslichen Gemeinde Kölln". Er ist stolz darauf, dass drei seiner Kinder in Kölln geboren sind. Auch in seinen Briefen erkennt man den Prediger und Seelsorger. Mit rührenden, tröstenden Worten bedauert er den Tod der Söhne seiner Freunde, die im Krieg gefallen sind. Während er zu Beginn des Krieges noch stolz auf seine beiden kämpfenden Söhne Gustav und Theodor ist, wünscht er sich später in einem Brief an seine Freunde: „O, dass doch die Weihnachtsbotschaft der Engel: Friede auf Erden! bald in Erfüllung ginge und der schreckliche Krieg nie Euch nähere. Welche Unzahl blutiger Opfer hat er doch schon gefordert schon in dem kleineren Kreise Eurer lieben Familien." Und mit einem Brief vom 22. Dezember 1916 hält er für seine lieben alten Freunde eine anrührende, stimmungsvolle Weihnachtspredigt. Der Blick zurück auf die schwierige Zeit in Kölln ist für Eduard Ulrich versöhnlich geworden.

---

108 Brief von Berta Ulrich an Pfarrer Karl Rug (wie Anm. 16).
109 EZAS Best. Nr. 219 Pfarrstelle. Versetzung in den Ruhestand vom 21. Dezember 1910.
110 LA Saarbrücken. Best. 131 NL Rug. Briefe von Eduard Ulrich an Freunde in der Pfarrgemeinde Kölln; die meisten Briefe sind an Friedrich Klaes adressiert.

Gustav Ulrich hat von 1914 bis 1918 als Soldat an der Westfront im Ersten Weltkrieg gekämpft. Er kehrt nach Scheidt zurück. Theodor Ulrich ist als Kriegsinvalider aus der Armee entlassen worden. Ein Schicksalsschlag trifft die Familie: Die Tochter Therese, Lehrerin an der Mittelschule in Saarbrücken, stirbt mit nur 32 Jahren am 9. Oktober 1918 innerhalb von zwei Tagen an der Spanischen Grippe.[111]

Eduard Ulrich ist nach Kölln als Fremder aus Österreich gekommen und hat an der Saar eine neue Heimat gefunden. So interessiert er sich sehr für die Landesgeschichte und nimmt an Ausgrabungen teil.[112]

Am zweiten Weihnachtstag des Jahres 1922 stirbt Eduard Ulrich. „...unter Teilnahme auch manch alter Freunde aus seiner alten lieben Gemeinde Kölln"[113] wird er auf dem Friedhof in Scheidt bestattet. Seine Frau Ernestine stirbt nach langer schwerer Krankheit am 19. März 1923. Auch sie findet ihre letzte Ruhe dort.

Elisabeth Schreiber hat sie vor ihrem Tod gepflegt. Theodor Ulrich hat im Ersten Weltkrieg in einem Lazarett an der Ostfront die Krankenschwester aus Hersfeld kennen gelernt und sie später gebeten, seine kranke Mutter zu pflegen. Gustav Ulrich lernt sie in seinem Elternhaus kennen. Sie heiraten am 6. September 1922 in Ahrweiler; dort ist er als Amtsrichter tätig. Die kirchliche Trauung durch Pfarrer Friedrich Ulrich, seinen Bruder, findet am 5. Oktober 1922 in der evangelischen Kirche Scheidt statt[114]. Die Eltern Ernestine und Eduard Ulrich können noch daran teilnehmen. Ab 1925 wohnen Gustav und Elisabeth Ulrich in Neuwied, dem neuen Dienstort von Gustav Ulrich[115]. Berta und Theodor Ulrich folgen. Neuwied wird zum neuen Mittelpunkt der Familie Ulrich.

---

111 Brief von Berta Ulrich an Pfarrer Rug (wie Anm. 16).
112 Vgl. Conrad: Die Pfarrer (wie Anm. 49), S. 669.
113 Brief von Berta Ulrich an Pfarrer Karl Rug (wie Anm. 16).
114 Brief von Gustav Ulrich an seine Ehefrau vom 25. September 1922. Brief im Familienbesitz.
115 Gustav Ulrich ist dort Amtsgerichtsrat. Nach dem Zweiten Weltkrieg wird er Amtsgerichts-direktor.

Das Wirken der Steyler Missionare in den USA im frühen 20. Jahrhundert

Der Beitrag saarländischer Missionare zur Überwindung der Rassentrennung[*]

Von Bodo Bost

Der vorliegende Beitrag versteht sich als erster Versuch, einem bisher wenig beachteten Kapitel der Saargeschichte Aufmerksamkeit zu schenken und einen Überblick zu bieten, der einer weiteren Differenzierung bedarf.

Vor 100 Jahren gründeten Steyler Patres und Schwestern in den USA das erste Priesterseminar für Farbige, das St. Augustine's Seminary in Bay St. Louis/Mississippi. Wichtige Vorarbeiten dazu hatten saarländische Missionar/innen geleistet: Pater Jakob Wendel SVD (1881–1920) aus Dudweiler als Pfarrer in Meridian/Mississippi, Pater Peter Janser (1878–1959) aus Bexbach als Sondergesandter des Ordensgründers für das Projekt und Schwester Sebastiana Saar (1876–1945) aus Tholey-Bergweiler als Mitbegründerin der ersten katholischen Schule in Mississippi.

I've known rivers
I've known rivers ancient as the world and older than the flow of human blood in human veins.
My soul has grown deep like the rivers.
I bathed in the Euphrates when dawns were young.
I built my hut near the Congo and it lulled me to sleep.

---

[*] Dieser Beitrag steht auch im Kontext von Kolonialgeschichte. Im Anmerkungsapparat werden historische Publikationen und historische Quellen zitiert, die das Wort Neger enthalten. Herausgeber und Autor distanzieren sich von diesem Sprachgebrauch. Eine nachträgliche Korrektur bzw. Bereinigung historischer Quellen sehen Autor und Herausgeber als Verfälschung historischer Quellen an. Im Beitrag ist von Schwarzen die Rede, dieser Begriff soll verstanden werden als Bezeichnung von Menschen, die Erfahrungen im Kontext von Kolonialismus und Rassismus teilen.

I looked upon the Nile and raised the pyramids above it.
I heard the singing of the Mississippi when Abe Lincoln went down to New Orleans, and I've seen its
muddy bosom turn all golden in the sunset.
I've known rivers: Ancient, dusky rivers.
My soul has grown deep like the rivers.[1]

In seinem Gedicht „The Negro Speaks of Rivers" beschreibt Langston Hughes die schmerzlichen Erinnerungen an seine verwundeten und versklavten afrikanischen Brüder und Schwestern. Ihrer Heimat entrissen, ihre Menschenwürde in den Dreck getreten, oft von ihren eigenen Leuten verkauft, starben viele einen qualvollen Tod bei der Überquerung des Atlantiks, eingesperrt in Käfige wie Tiere. Andere starben einen grausamen Tod auf Zuckerrohr- und Baumwollplantagen. Kinder, Frauen und Männer wurden ihrer Menschlichkeit beraubt, weil man sie als eine minderwertige Rasse betrachtete, die nur als billige, wegwerfbare Arbeitskräfte taugte. Hughes erinnert an das Leben am Kongo-Fluss, am Nil und an den traurigen Gesang am Mississippi. Das Wasser ist dabei Symbol für das Leben. Völker afrikanischer Abstammung haben viele Flüsse gekannt, und ihre „Seelen sind tief wie die Flüsse gewachsen". Auch die ersten befreiten Sklaven der Südstaaten zu Beginn des Bürgerkriegs, die Gullah People, lebten an den Küsten von South Carolina, Georgia, Florida und den Sea Islands in der Nähe des Wassers. Der vielleicht symbolträchtigste dieser Flüsse ist der Mississippi, der „Ol Man River", hier kämpfte Pater Jakob Wendel SVD aus Dudweiler die zehn letzten Jahre seines kurzen Lebens zusammen mit vielen seiner Mitbrüder und Mitschwestern für die Rechte der Afroamerikaner in der katholischen Kirche.

Die Steyler Missionare in den USA feierten am 16. September 2023 den 100. Jahrestag der Gründung des „Saint Augustine Seminary" im US-Bundesstaat Mississippi. Das Priesterseminar war das erste in den USA, das afroamerikanische Männer für das Priesteramt ausbildete, obwohl in den Südstaaten die Rassentrennung noch bis in die Kennedy-Ära praktiziert wurde. Obwohl es schon vor 1923 in den USA einige schwarze Priester gegeben hatte, die zumeist im Ausland ausgebildet worden waren, nahmen die meisten katholischen Colleges und Seminare, wie auch andere amerikanische Schulen zu dieser Zeit,

---

[1] Langston Hughes: The Negro Speaks of Rivers, in: The Collected Works of Langston Hughes, Bd. 1: The Poems: 1921–1949, hg. mit einer Einführung von Arnold Rampersad, Columbia und London 2001, S. 36.

keine schwarzen Studenten auf. Das Saint Augustine Seminary sollte dieses tragische Versäumnis in der katholischen Kirche in Amerika beenden. Viele Jahre war das Saint Augustine Seminary in Bay Saint Louis, Mississippi, der einzige Ort, an dem ein afroamerikanischer Kandidat in den USA zum Priester geweiht werden konnte. Der US-Historiker Cyprian Davis schreibt in seinem Buch „Black Catholics in the United States": „Die Gründung eines Priesterseminars für afroamerikanische Studenten durch Mitglieder der Gesellschaft des Göttlichen Wortes war zweifellos eines der wichtigsten Ereignisse in der Geschichte der schwarzen Katholiken in der ersten Hälfte des zwanzigsten Jahrhunderts."[2] Der eigentliche Vorkämpfer für dieses Seminar war der Steyler Missionar Jakob Wendel (1881–1920) aus Dudweiler, an den in diesem Jahr in den USA auch besonders erinnert wird.

Nach neuesten Forschungen könnten schon unter den ersten seit 1619 in die USA verschleppten afrikanischen Sklaven Katholiken aus dem Königreich Kongo gewesen sein, denn dieses seit 1480 unter portugiesischem Patronat in der Kongomündung gegründete katholische Königreich des Kongokönigs Nzinga Nkuvu und seines Sohnes Mwemba Nzinga, das in etwa dem heutigen Staat Angola entspricht, galt als das Hauptrekrutierungsgebiet des transatlantischen Sklavenhandels.[3] So ist es sehr wahrscheinlich, dass bereits unter den ersten Sklaven in Nordamerika auch Katholiken waren.

Amerika ist das Land der „großen Geschichten", schon die ersten Siedler, die „Pilgerväter", gaben dem Land gleich bei seiner Besiedlung ab 1620 einen religiösen Nimbus, als „Land der religiösen Freiheit". Religiöse Freiheit brachte die neue Welt zunächst jedoch nur für seine europäischen Siedler, nicht für die indigenen Ureinwohner und die schwarzafrikanischen Sklaven, diesen brachte die Ankunft der Pilgerväter 1620 Tod und Unterjochung. Schon früh hatten jedoch Teile der „Pilgerväter", die später zu Quäkern wurden, auch erkannt, dass vor allem die Sklaverei ein riesiger Verrat an der Bibel und an der amerikanischen Idee war. Schon die ersten deutschen Auswanderer in die englische Kolonie Nord-Amerika, eine Gruppe von 13 deutschen Quäkerfamilien aus Krefeld um den Pfarrer Franz Daniel Pastorius (1651–1719), die bei Philadelphia auf Einladung von William Penn die Stadt Germantown gründeten, hatten als

---

2 Cyprian Davis: The History of Black Catholics in the United States, New York 1990.
3 Klaus Koschorke: Grundzüge der Außereuropäischen Christianisierungsgeschichte, Tübingen 2022, S. 49–55.

erste fünf Jahre nach ihrer Ankunft in Amerika 1688 erfolglos die Abschaffung der Sklaverei innerhalb der Quäkergemeinde gefordert.[4]

Zur Unabhängigkeit der Vereinigten Staaten am 4. Juli 1776, an der Katholiken einen großen Anteil hatten, gab es in den USA 18 katholische Priester, allesamt Ex-Jesuiten und die Hälfte davon Deutsche. Sie hatten 23 000 Katholiken zu betreuen, 3000 davon waren afroamerikanische katholische Sklaven.[5] Aber es waren zunächst die Friedens- und Freikirchen, die sich im 18. Jahrhundert für ein Verbot der Sklaverei und eine Befreiung der Sklaven einsetzten. Im Jahr 1865 wurde nach dem Bürgerkrieg der 13. Verfassungszusatz verabschiedet, der die Sklaverei in den Vereinigten Staaten verbietet. Allerdings dauerte es noch viele Jahre, bis die volle Freiheit und rechtliche Gleichberechtigung für die ehemaligen Sklaven erreicht wurde. Erst 1964 wurde der „Civil Rights Act" verabschiedet; er beendete die Rassentrennung, die man heute als die Epoche des „Jim Crow-Systems" bezeichnet. Benannt ist dieses System nach dem einst für Schwarze reservierten Eisenbahnabteil, das Thomas D. Rice als Vorlage seiner Romanfigur des Jim Crow, eines stereotypen tanzenden, singenden Afroamerikaners, diente. P. Wendel schrieb in seinen Briefen von „Jimcrowism".

1875 wurde mit James Augustine Healy (1830–1900) der erste als Sklave geborene Farbige katholischer Bischof von Portland/Maine. Er galt jedoch rassenphänomenologisch als Weißer, da er der Sohn eines irischen Plantagenbesitzers und seiner mulattischen Sklavin war.[6] Um 1900 gab es unter den damals 10 Mio. Afroamerikanern erst etwa 150 000 Katholiken, die meisten davon in Louisiana, das bis 1803 französisch gewesen war, und wo seit der Französischen Revolution von 1789 die Rassenschranken und die Sklaverei aufgehoben worden waren. Zwischen 1891 und 1910 wurden für die USA nur fünf schwarze Priester geweiht. So lag die afroamerikanische Seelsorgearbeit bei weißen Priestern; aber auch diese hatten mit Vorurteilen zu kämpfen, deshalb waren es keine dreißig, die sich dazu bereitfanden.[7] Für die Masse der weißen US-Bürger waren Afroamerikaner immer noch die Nachkommen der Sklaven, unwürdig und unfähig für das Priesteramt, besonders in den Südstaaten, die sich lange

---

4 Bodo Bost: Deutscher Quäker forderten 1688 in Amerika Abschaffung der Sklaverei, in: „Glaube + Heimat", Kirchenzeitung für Mitteldeutschland, Leipzig, 13. August 2020.
5 Ludwig Koch: Jesuitenlexikon, Paderborn 1934, S. 303.
6 https://en.wikipedia.org/wiki/James_Augustine_Healy, [letzter Zugriff am 06.01.2023].
7 Fritz Bornemann (Hg.): Geschichte unserer Gesellschaft, in: ANALECTA SVD 54 (1981), S. 208.

gegen die Sklavenbefreiung gewehrt hatten. Dieses Urteil teilten Laien, Kleriker und Bischöfe.

Als 1895 die ersten Steyler Missionare der von Arnold Janssen gegründeten Missionsgesellschaft in die USA gingen, hatte sie niemand gerufen, sie hatten auch keinen päpstlichen Auftrag, wie in den Missionsländern.[8] Sie sollten sich dort im Auftrag des Ordensgründers Arnold Janssen um die vielen religiös vernachlässigten deutschen Einwanderer kümmern und für die deutschsprachige Ordenszeitung „Stadt Gottes" unter diesen in den Staaten ein eigenes Vertriebssystem aufbauen. Deshalb gründeten sie in der Nähe von Chicago, wo die meisten dieser Einwanderer lebten, ihre erste Zentrale. Sie hatten als einzige Adresse diejenige von Pater Lambert Welbers (1862–1946) dabei, der in den 1870er Jahren Schüler von Steyl gewesen war, dann aber zu den Mill Hill Missionaren gegangen war, die ihn nach Baltimore geschickt hatten, um dort unter der afroamerikanischen Bevölkerung zu arbeiten.[9] Auch der Stifter hatte schon während des Aufbaus seiner Kongregation Kontakte zu Mill Hill, er wusste um die Probleme der Rassentrennung in den USA und hatte sich gewundert, dass sich nicht bereits vor den Steylern die schon lange in den USA tätigen alten und großen Ordensgesellschaften aus Deutschland, wie die Jesuiten, Franziskaner oder Benediktiner, dieses Problems angenommen hatten. Viele deutsche Ordensgesellschaften hatten während der Kulturkampfzeit Niederlassungen in den USA aufgebaut, die Jesuiten hatten sogar eine eigene deutsche Provinz in den USA gegründet, mit ihrer Zentrale in Buffalo/Ohio. Dort kümmerten sich viele deutsche Jesuiten um den Aufbau von Eliteschulen, um die Seelsorge deutscher Auswanderer und um die indigenen Ureinwohner in Montana und South Dakota, aber nicht um die Afroamerikaner. Deshalb war auch Stifter Arnold Janssen lange skeptisch, ob die Seelsorge der Afroamerikaner nicht eine Nummer zu groß für seinen jungen Orden sei.[10]

In den USA, wo es im 19. Jahrhundert Priester und Pfarreien für alle Nationalitäten, darunter auch Deutsche, gab, wunderten sich die Steyler Missionare jedoch, warum es für die katholischen Afroamerikaner keine eigenen Pries-

8 Stephen Bevans/Roger Schroeder (Hg.): Word remembered – Word Proclaimed. Selected Papers form Symposia Celebrating the SVD Centennial in North America, Nettetal 1997, S. 136.
9 Fritz Bornemann: Arnold Janssen – der Gründer des Steyler Missionswerkes, Steyl 1969, S. 368.
10 Ernest Brandewie: In the Light of the Word. Divine Word Missionaries of North America, New York 2000, S. 210.

ter gab. In China, im ersten Missionsgebiet des 1875 gegründeten Ordens, hatten die Steyler bereits nach zwanzig Jahren die ersten Chinesen zu Priestern geweiht. Allerdings hatte der junge Orden auch mit Afrika kaum Erfahrung, erst seit 1892 wirkten einige Steyler in der deutschen Kolonie Togo. Obwohl der Ordensgründer Pater Janssen zunächst skeptisch war bezüglich der Seelsorge unter den Afroamerikanern, kam auch von Rom der Auftrag, unter den bisher vernachlässigten Afroamerikanern eine Seelsorge aufzubauen. Die erste Generation der Missionare seit 1895 unter der Leitung von Bruder Wendelin Meyer (1857–1927) und Johann Baptist Peil (1856–1936) hatten zwar die logistische Grundlage für die Ordensniederlassung gelegt, aber der delikaten Aufgabe der Seelsorge unter den Afroamerikanern waren sie nicht gewachsen, deshalb schickte noch der Ordensgründer Arnold Janssen selbst 1905 „einen Mann seines Vertrauens",[11] Pater Peter Janser SVD (1878–1959), in die Staaten, um diese Aufgabe zu übernehmen.

Pater Janser aus Bexbach: Der Missionsobere

Peter Janser wurde 1878 im damaligen Mittelbexbach geboren, seit 1890 besuchte er das Internat der Steyler in Holland, 1902 wurde er in Steyl zum Priester geweiht. Nach einem Jahr Schuldienst im neu errichteten Missionshaus St. Wendel ging er 1905 auf Wunsch von Stifter Arnold Janssen in die USA.[12] Unter Pater Janser, der zunächst noch im Hintergrund wirkte, nahm die nordamerikanische Provinz einen raschen Aufschwung. Er machte aus der von Bruder Wendelin Meyer 1899 gegründeten Niederlassung in Shermerville bei Chicago, die aus einem Waisenhaus bestand, 1909 das Missionshaus St. Mary mit einem Priesterseminar, einer großen Schule, die dem Ort Techny bei Chicago in Illinois fortan seinen Namen gab. Techny wurde das Zentrum der Steyler in Nordamerika. Auch gründete und leitete er die Niederlassung Herz Jesu in Girard, Pennsylvania, die zweite in den USA.

---

11 Fritz Bornemann: Arnold Janssen, der Gründer der Steyler Missionswerkes 1837–1909, ein Lebensbild nach zeitgenössischen Quellen, Steyl 1970, S. 491.
12 http://www.saarland-biografien.de/frontend/php/ergebnis_detail.php?id=1420 [letzter Zugriff am 20.10.2023]. Siehe auch Thorsten Wolf: Von Bexbach hinaus in die Welt, Saarbrücker Zeitung vom 12. März 2010.

Peter Janser wollte die damals 15 Mio. Katholiken in den USA durch Übernahme missionarischer Verantwortung mit deutschen Rezepten wieder beleben. Grundlage hierfür war ein starkes Missionshaus, wie man es in Steyl/Holland bereits hatte, und die Missionswerbung durch Vereine und Zeitschriften. Die in Amerika führenden protestantischen Kirchen hatten sich dieses Rezept

Abb. 1: P. Janser in Techny um 1909 [Steyler Archiv in Techny, Series US.ILTECPA 001.01.a.00002-16: Southern missions]

bereits lange zu Eigen gemacht. Bald stellte Janser fest, dass missionarisches Bewusstsein in den USA jedoch, anders als in Deutschland, bedeutete, zuerst vor dem eigenen Hause zu kehren. Um die damals 10 Mio. Afroamerikaner und die Hunderttausenden von indigenen Ureinwohnern hatte sich die katholische Kirche bislang noch kaum gekümmert,[13] weil es bei diesen Bevölkerungsgruppen auch galt, eine unbequeme historische Schuld aufzuarbeiten. Das konnten einheimische Katholiken, die in diese Schuld mit verwoben waren, noch nicht, aber ein Ausländer wie Pater Janser, der zudem zunächst nur für einen begrenzten Lebensabschnitt in die USA entsandt worden war, konnte es.

Bis zur Ankunft der Steyler in den USA gab es nur einen einzigen britischen Orden, die Missionare von Mill Hill,[14] die in Baltimore in den USA 1893 die „Society of Saint Joseph of the Sacred Heart", auch Josephiten genannt, gegründet hatten, die sich um die katholische afroamerikanische Bevölkerung kümmer-

---

13 Um die Ureinwohner Nordamerikas hatten sich allerdings die Jesuiten, vor allem in Kanada, schon sehr früh gekümmert, darunter auch Pater Friedrich Eberschweiler (siehe Bodo Bost: Pater Friedrich Eberschweiler SJ, „Apostel" der Assiniboine und Gros Ventre Indianer, in: Heimatkalender Bitburg-Prüm 2014, S. 165–173).

14 Zufälligerweise hatten die Steyler seit ihrer Gründung im Jahre 1875 in Holland bereits zu den Mill Hillern in England sehr gute Beziehungen. Bischof Vaughan, der Gründer der Missionare von Mill Hill, besuchte am 29. Januar 1876 den Ordensgründer in Holland. In seinen Erinnerungen erzählt Arnold Janssen: Von Vaughan „empfing ich mehrere sehr wertvolle Mitteilungen und Ratschläge" (siehe „Arnoldus Familien Geschichte(n)", Nr. 7, September 2012).

ten. Allerdings hatten sie sich 1893 von den britischen Mill Hill Missionaren getrennt und hatten in Baltimore das erste afroamerikanische Priesterseminar der USA gegründet. Den Josephiten gelang es jedoch nur, drei Afroamerikaner zu Priestern zu weihen, bevor 1906 einer der Gründerväter der Josephiten John Richard Slattery (1851–1926) enttäuscht den Orden und die Kirche verließ. Er war mit seiner These, dass die Defizite der Afroamerikaner keine Folgen von Rassismus, sondern Spätfolgen der Sklaverei seien, auch in der Kirche nicht durchgekommen. 1909 schloss dieses Seminar wieder.[15]

Abb. 2: Missionshaus in Techny [Foto: Bodo Bost]

Allein dieses klägliche Scheitern des Vorgängerordens hatte den Steylern bereits gezeigt, auf welches verminte Terrain sie sich mit der afroamerikanischen Seelsorge begeben würden. Deshalb ließen sie sich jedoch nicht entmutigen, dieses Scheitern bestärkte lediglich die Forderung, dass so schnell wie

---

15 Brandewie: In the Light of the Word (wie Anm. 10), S. 207–209.

möglich eine eigene afroamerikanische Priesterschaft ausgebildet werden müsse. Auch Pater Janser hatte erkannt, dass nur eine eigene afroamerikanische Priesterschaft das Vertrauen der Nachkommen der seit dem 17. Jahrhundert nach Nordamerika verschleppten afrikanischen Sklaven für die katholische Kirche gewinnen konnte. Der Wunsch, „Missionsarbeit" zu leisten, anstatt ein Waisenhaus zu betreiben, veranlasste die Steyler dazu, das Angebot anzunehmen, nach Mississippi zu gehen und die geistige und erzieherische Entwicklung von Afro-Amerikanern im geographischen Zentrum der rassentrennenden US-Gesellschaft zu übernehmen. Mississippi war der „belly of the beast", der „Bauch der Bestie", die Rassismus hieß.[16] Seit 1871 hatte Chicago über den 1848 errichteten Illinois- und Michigan-Kanal eine Wasserstraßenverbindung über den Illinois River und den Mississippi River bis in den Golf von Mexiko, was die Verkehrsverbindung zwischen der Ordenszentrale bei Chicago und der Südprovinz deutlich verbesserte.

Ein überzeugter Katholik aus der Gegend von Chicago, D. F. Bremmer, besaß eine Plantage in Mississippi, wo er viele Afro-Amerikaner beschäftigte. Er wollte ihnen geistliche und geistige Führung und auch Bildung bieten. Er schenkte den Steylern 320 Acres seines Grundstücks in Merigold/MS, direkt neben einer deutschen Auswanderersiedlung, die von einem katholischen Priester aus Bayern, Andreas Gmelch, geleitet wurde. Bremmer selbst baute dort ein Pfarrhaus, eine Kapelle und eine Berufsschule.[17] 1905 wurde dort die erste Seelsorgestation der Steyler unter den Afroamerikanern im Staate Mississippi gegründet, Rektor wurde Pater Aloisius Heick SVD (1864–1929) aus Alteglofsheim in Bayern, sein Landsmann Gmelch war ihm behilflich. Schnell wurde eine Schule eröffnet, noch bevor die dafür vorgesehenen Steyler Missionsschwestern eingetroffen waren. Die weiße Nachbarschaft war darüber so erregt, dass sie Pater Heick drohte.[18] Pater Heick musste in einer Kiste in einer Pferdekutsche aus dem Ort flüchten, um nicht gelyncht zu werden.[19] Er wechselte 1906 nach Vicksburg, wo die Mission von Anfang an erfolgreicher war, weil sie zusammenfiel mit der Ankunft der ersten vier Steyler Ordensschwestern, die sich um die Schule kümmerten. Später

---

16 Bevans/Schroeder: Word remembered (wie Anm. 8), S. 121.
17 John Peil to Arnold Janssen, December 4, 1894, SVD Archives, Bay St. Louis, MS (ABSL).
18 Bornemann: Arnold Janssen (wie Anm. 9), S. 371.
19 https://www.lareecarucker.com/pages/holyghost.html [letzter Zugriff am 06.01.2023].

wechselte Pater Heick nach Jackson, in die Hauptstadt.[20] In beiden Orten war der Anteil der Katholiken höher. Pater Heick war infolge seiner Erfahrungen in Merigold vorsichtig geworden, was ihm später auch Kritik einbrachte.

Da man sich in der Ordenszentrale in Steyl Sorgen machte um das Gelingen der Mission in Mississippi, wurde im Jahre 1906 auf Antrag des Ordensgründers Pater Johann Bodems (1867–1927), der Rektor des neuen Missionshauses in St. Wendel, als Visitator in die USA geschickt. Mit ihm wurde auch ein neuer Provinzial in der Person von Pater de Lange (1871–1937) ernannt.[21] Dieser arbeitete sehr eng mit Pater Janser zusammen, bis dieser 1919 sein Nachfolger werden sollte. Pater Bodems kehrte nach seiner Rückkehr nach Europa nicht mehr auf seinen Posten in St. Wendel zurück, sondern machte im Orden eine steile Karriere. Er sollte zum größten Fürsprecher des Projektes „afroamerikanische Seelsorge" in Rom werden.

Bis 1912 folgten noch drei weitere kleinere Pfarreien, darunter in Meridian/Mississippi, und eine im Staat Arkansas. Insgesamt kümmerten sich fünf bis sechs Steyler Patres um die afroamerikanischen Pfarreien. Die Pfarreien waren winzig, nur etwa 30–200 Katholiken jeweils, das Hauptmittel der Seelsorge sollte der Aufbau von Schulen werden. Zu jeder Pfarrei sollten eine Volksschule und später auch eine High-School kommen. Durch den Ersten Weltkrieg versiegte jedoch der Ordens-Nachwuchs aus Europa. Da die Pfarreien zu weit auseinander lagen und die meisten Schüler der Schulen keine Katholiken waren, entstand keine Dynamik für einen spürbaren Neuaufbruch.

Zu diesem kam es erst, als ab 1918 einige aus der verlorenen deutschen Kolonie Togo ausgewiesene Steyler Missionare in die USA kamen. Diese übernahmen jetzt Pfarreien im Bundesstaat Louisiana, wo es schon seit der französischen Zeit der Kolonie mehr katholische Afroamerikaner gab als in Mississippi. Diese Pfarreien waren jetzt größer und sie lagen näher beieinander. In Louisiana übernahmen die Diözesen New Orleans, Lafayette und Alexandria auch die Kosten für den Bau der Schulen und Kirchen und entlasteten so den Steyler Haushalt. Eine große Unterstützerin hatten die Steyler in der Person von Schwester Mary Katharine Drexel (1858–1955) in Philadelphia gefunden. Diese Millionenerbin eines Investmentbankers, deren Vater 1817 aus Dornbirn/

---

20 Steyler Missionare – 75 Jahre im Dienste des göttlichen Wortes, Kaldenkirchen 1950, S. 86 f.
21 Josef Alt: Arnold Janssen. Lebensweg und Lebenswerk des Steyler Ordensgründers, in: Studia Instituti Missiologici Societatis Verbi Divini 70 (1999), S. 926–929.

Vorarlberg in die USA ausgewandert war, stellte ihr gesamtes Vermögen für die Seelsorge unter den Ureinwohnern und Afroamerikanern zur Verfügung. Sie hatte die Not der afroamerikanischen Bevölkerung erkannt und gründete für sie zahlreiche Einrichtungen, darunter 1915 die Universität von Xavier in New Orleans als US-weit erste katholische Hochschule für Farbige.[22] Bis zu ihrem Lebensende hatte Mother Katharine gegen antikatholische und rassistische Anfeindungen zu kämpfen, bis hin zu Brand- und Sprengstoffanschlägen auf die von ihr gegründeten Schulen. Trotzdem hatte sie bis 1942 ein weites Netz von katholischen Schulen für afroamerikanische Kinder gewoben.[23] Von Rom wurde sie im Jahre 2000 als Heilige anerkannt.

Seit der Eröffnung der ersten katholischen US-Hochschule für Farbige 1915 war auch die Eröffnung eines Farbigenseminars in Mississippi aktueller geworden. Der Superior der Mission in Mississippi, Pater Aloisius Heick, damals auf Posten in Jackson, der Hauptstadt von Mississippi, wurde gebeten, unverzüglich einen Antrag an den Bischof von Natchez und an den Pater General der Gesellschaft um die Erlaubnis zur Eröffnung eines Priesterseminars zu stellen. Das Seminar sollte in Jackson entstehen, weil dort das Hauptquartier der Südlichen Missionen der Steyler war. Der zuständige Bischof Edward Gunn gab jedoch keine Erlaubnis zur Eröffnung eines Seminars für Farbige. Das war nicht allzu überraschend, denn ähnliche Bedenken hatten auch James Cardinal Gibbons von Baltimore und Erzbischof Mundelein von Chicago sowie andere Bischöfe und Erzbischöfe im ganzen Land geäußert.[24] Alle hatten Bedenken, ob der moralische und geistige Charakter des Afroamerikaners für das römisch-katholische Priesteramt geeignet wäre.

Bischof Gunn schlug vor, dass die Steyler zunächst eine apostolische Schule für Kandidaten eröffneten, um sie zu Katechisten auszubilden. Sie sollten nur die minderen Weihen erhalten, ihnen jedoch mit Erlaubnis des Heiligen Stuhls das außerordentliche Privileg der Eheschließung gewährt werden. Dieser Vor-

---

22 Im protestantischen Bereich hatte es Hochschulen für Afroamerikaner bereits seit den 1830er Jahren in Pennsylvanien und Ohio gegeben.

23 https://themavorarlberg.at/bildung/katharine-drexel-1858-1955-die-heilige-mit-dornbirner-wurzeln, [letzter Zugriff am 26.01.2021].

24 Leonard J. Olivier: The Origin and Development of Saint Augustine's Seminary, Unpublished Master's Thesis, Catholic University of America, Washington DC 1961, S. 22 ff. (SVD Archive Techny, Bestand South Mission); Bornemann: Arnold Janssen (wie Anm. 9), S. 210–212; Stephen J. Ochs: Deferred Mission: The Josephites and the Struggle for Black Catholic Priests, 1871–1960, Diss. University of Maryland 1985, S. 246–270.

schlag wurde angenommen, aber da man es nicht für wahrscheinlich hielt, dass Rom ein solches außerordentliches Privileg gewähren würde, wurde er erst gar nicht in Rom vorgetragen. Jetzt nahm sich Pater Jakob (James) Wendel, Pfarrer in Meridian, der damals größten Stadt in Mississippi, dieses Problems an. Pater Wendel galt als erster, glühender und sogar leidenschaftlicher Verfechter und Befürworter eines farbigen Priestertums.[25] Er wird als „Prophet und Apostel" der afroamerikanischen Katholiken bezeichnet.[26]

Pater Jakob Wendel: Von Dudweiler über Neuguinea in die US-Südstaaten

Abb. 3: Jakob Wendel
[Steyler Archiv in Techny,
US.ILTECPA 001.01.a.00002-16-
13D12]

Pater Jakob Wendel stammte aus Dudweiler im Saarland, wo er am 8. März 1881 geboren wurde. Sein Vater war Jakob Heinrich Wendel und seine Mutter Johanna Pickl. Für die Taufe, die am Geburtstag gespendet wurde, waren Heinrich Wendel und Margarita Kuhn die Paten.[27] Pfarrer von St. Marien in Dudweiler war damals Matthias Oesterling (1828–1904), eine der markanten sozial engagierten Priesterfiguren im Saarland, die sich mit sozialen Initiativen der verarmten Arbeiterschaft annahmen. Er gründete Schulen, Pfarrgemeinden, die Barbara-Bruderschaften, überkonfessionelle Arbeiterschutzvereine und berief Laien zur Mitarbeit.[28] Auch die Ökumene war ihm wichtig.[29] Oesterling war einer der führenden Fi-

---

25 Charles E. Nolan: The Catholic Church in Mississippi, 1865–1911, University of Louisiana at Lafayette 2002, S. 205, siehe auch: Brandewie: In the Light of the Word (wie Anm. 10), S. 210.
26 Anton Freitag: Glaubenssaat in Blut und Tränen. Die Missionen der Gesellschaft des Göttlichen Wortes, Kaldenkirchen 1948, S. 347.
27 Siehe Taufbuch der Pfarrei Maria Himmelfahrt Dudweiler, Taufbuch: Kb 3, Bistumsarchiv Trier.
28 Roland Ries/Werner Marzi (Hg.): Caritas im Bistum Trier – Eine Geschichte des Heilens und Helfens, Trier 2006, S. 281.
29 Pfarrei Sankt Marien (Dudweiler) (Hg.): Festschrift zur 100-Jahrfeier der Pfarrgemeinde St. Marien – Dudweiler und Beitrag zur Pfarrgeschichte 1858–1958, Dudweiler 1958, S. 10 f.

guren im saarländischen Zentrum, im katholischen Volksverein und der Liga zum Schutz der Bergleute an der Saar. Auch wenn später kaum noch Beziehungen zu seiner Heimatpfarrei bestanden, denn von einem Heimatbesuch im Laufe seines Lebens ist nichts bekannt, scheinen diese Erfahrungen aus der Kindheit den jungen Missionar Jakob Wendel zeitlebens geprägt zu haben, denn vieles aus den sozialen Ansätzen seines langjährigen Heimatpfarrers, der von 1863–1900 in Dudweiler wirkte, findet sich später auch in der pastoralen Arbeit des jungen Missionars unter den Afroamerikanern in den USA.

Nach seiner Priesterweihe am 2. Mai 1906 in Steyl/Holland für die Steyler Missionare hatte Jakob Wendel von der Ordensleitung zunächst jedoch eine Berufung nach Neu Guinea erhalten. Dort gehörte er zu den ersten Steyler Missionaren in diesem deutschen Schutzgebiet. Die Steyler hatten dort 1896 unter Präfekt Pater Eberhard Limbrock ihre Arbeit auf der dem Festland vorgelagerten kleinen Insel Tumleo begonnen. Dort hatte es zuvor eine Epidemie gegeben, die viele einheimische Bewohner der Insel hinweggerafft hatte, eine so leer gewordene Hütte hatten die Patres als erste Niederlassung erworben. Auch Pater Wendel wurde dieser Insel Tumleo zugewiesen. Die Insel von drei Kilometern Länge und einem Kilometer Breite liegt ca. drei Kilometer nördlich der Küste Neuguineas nahe der Siedlung Aitape. Da die Insel hauptsächlich von Töpfern besiedelt war, kamen viele Menschen vom Festland, um Handel zu treiben. Über diese Handelskontakte kamen auch die Steyler später zum ersten Mal aufs Festland.[30] Seit 1903 gründeten Steyler auch die ersten Missionsstationen auf dem Festland, alle in der Nähe von Tumleo. Auf zwei dieser Stationen wurden Kokospflanzungen angelegt, um für die Mission eine wirtschaftliche Grundlage zu haben.[31] Alle Steyler, auch Pater Wendel, ließen sich auf Neuguinea einen langen Bart wachsen, weil dann wenigstens die bartbewachsenen Gesichtsteile frei blieben von den Mückenstichen, die die Malaria übertrugen.

Pater Wendel zog sich dennoch schon nach einem Jahr eine Tropenkrankheit zu. Durch diese Tropenkrankheit war es ihm nicht länger möglich, in Neuguinea zu bleiben. Er ging zunächst nach Australien, weil es dort bei Sidney seit 1900 eine Steyler Niederlassung zur Erholung der Missionare aus Neuguinea gab. Er half in der Pfarrseelsorge aus. In dieser Zeit in Australien rich-

---

30 Im Dienste des Göttlichen Wortes, 50 Jahre Steyler Missionswerk, Steyl 1925, S. 98.
31 75 Jahre im Dienste des Göttlichen Worten, Gedenkblätter zum 75jährigen Jubiläum des Steyler Missionswerkes, Steyl 1950, S. 203.

tete er viele Briefe an den Stifter des Ordens, Pater Janssen. Mehrmals schrieb er, dass er sich nützlich machen wolle, deshalb half er dem für Australien zuständigen Pater Peter Klein SVD in der Pfarrei Drummoyne aus. Die Bittbriefe an den Stifter hatten einen derart drängenden Charakter, dass dieser noch in einem seiner letzten Briefe, faktisch schon auf dem Totenbett, vom 17. November 1908 an den australischen Missionsoberen, Pater Klein, noch Pater Wendel erwähnte und nach seinem Wohlergehen fragte.[32] Am 15. Januar 1909 starb Arnold Janssen, und im Juni 1909 erhielt Pater Wendel in Australien seine neue Berufung für die Südprovinz der USA, wo er im September 1910 in Meridian an der Ostgrenze des Bundesstaates Mississippi ankam.[33] Englisch hatte er in den beinahe drei Jahren in Australien perfekt gelernt, seine Briefe an seine Vorgesetzten in den USA, sogar an seinen Landsmann Peter Janser aus Bexbach, verfasste er, im Gegensatz zu vielen seiner deutschen Mitbrüdern in den USA, alle auf Englisch.

Von den 23 000 Einwohnern in Meridian waren 12 000 Afroamerikaner, aber nur drei davon waren Katholiken. Seit 1909 hatte dort Pater Hoenderop (1870–1938), der auch Architekt war, eine Schule und eine Kirche gebaut. In Meridian wurde Pater Wendel 1910 erster Pfarrer der afroamerikanischen St. Joseph Pfarrei, die am 18. September 1910 durch Bischof Thomas Heslin zusammen mit einer katholischen Schule für Afroamerikaner eingeweiht wurde. Pater Wendel baute in seiner Zeit dort noch einen Kindergarten, ein Schwesternhaus und ein Jugendzentrum. Seit 1888 gab es in der Stadt bereits eine Schule für Schwarze, die von dem aus Würzburg stammenden deutschen jüdischen Rabbiner Juda Wechsler[34] gegründet worden war.[35] Die von der Pfarrei eröffnete Mount St. Joseph School musste deshalb eine sehr gute Bildung anbieten, um mit den bereits bestehenden Schulen mithalten zu können. Für die Schule kamen im September zusammen mit Pater Wendel vier Steyler Ordensschwestern, um die Schule zu übernehmen, Oberin war Sr. Susanne Lauscher aus Merzenich, daneben arbeiten an der Schule Sr. Präsentata Kappel

32 Josef Alt (Hg.): Arnold Janssen SVD. Briefe nach Neuguinea und Australien, Rom 1996, S. 405.
33 Cleta Ellington/Janna Avalon: Christ, the Living Water. The Catholic Church in Mississippi, Jackson/Miss. 1989, S. 19.
34 https://en.wikipedia.org/wiki/Wechsler_School, [letzter Zugriff am 24.02.2023].
35 Mary E. Best: Seventy Septembers, Techny/Ill. 1988, S. 59.

aus Österreich, Sr. Lamberta Kludt und Sr. Sebastiana (Margareta) Saar aus Bergweiler/Saar.

Sr. Margareta Saar: Von Bergweiler/Saar über die Südstaaten der USA auf die Philippinen

Was die Steyler zu Beginn ihres Einsatzes im Süden der USA nicht wussten, war, dass die afroamerikanische Gesellschaft eine sehr matriarchalisch geprägte Gesellschaft war. Die Sklaverei hatte die Familien auseinandergerissen, oft waren es die Frauen, die so zu Oberhäuptern der Familien wurden und Traditionen und Werte weitergaben. Auch die ersten Bemühungen zur religiösen Emanzipation der Afroamerikaner gingen deshalb von schwarzen Frauen aus. Noch in der Sklavenzeit zwischen 1829–1842 hatten sich im Süden der USA erste katholische Oblatinnengemeinschaften gebildet, als erste die „Oblate Sisters of Providence" 1829, dann die „Sisters of the Holy Family" 1842, die sich der Bildung afroamerikanischer Kinder verschrieben hatten. Zentrale Figur dieser Emanzipationsbewegung wurde Mutter Mathilda Taylor Beasley, OSF (1832–1903) aus New Orleans. Sie kümmerte sich vor allem um vernachlässigte Mädchen und gründete deshalb in Savannah in Georgia einen franziskanischen Orden. Auf ihre Initiative hin entstand 1889 auch eine afroamerikanische katholische Laienbewegung.[36] New Orleans hatte, weil es 1789 noch zu Frankreich gehört hatte, wo mit der Französischen Revolution und der Erklärung der Menschenrechte die Sklaverei abgeschafft worden war, eine „gute alte Zeit", an die man sich dort gerne erinnerte.

Sr. Sebastiana war am 20. Februar 1876 in Bergweiler/Saar als Margareta, Tochter von Maria Saar, geb. König, aus Wiesbach und Johann Saar aus Bergweiler als siebtes von zehn Kindern geboren worden. Der Beruf ihres Vaters war Ackerer und Bergmann auf der Grube Altenwald. Nach dem Besuch der Volksschule in Bergweiler ging sie ab 1894 bis 1897 bei dem Gerbereibesitzer Johann Boos in Tholey als Dienstmagd in die Lehre. Johann Boos gehörte zu den

---

36 Bevans/Schroeder: Word remembered (wie Anm. 8), S. 131.

Abb. 4: P. Wendel mit den drei Steyler Schulschwestern beim ersten Jahrestag der Schulgründung 1911
[Steyler Archiv in Techny, Series US.ILTECPA 001.01.a.00002-16: Southern missions]

spektakulär „Geheilten" der Marienerscheinungen von 1876 in Marpingen.[37] Weitere Zeiten als Dienstmagd hatte sie in St. Wendel von 1897–1899 bei Kaufmann August Back und von 1899–1902 bei Kaufmann Johann Schrodt. Im Januar 1902 trat sie in Steyl in den Orden der Steyler Missionsschwestern, offiziell „Dienerinnen des Heiligen Geistes" (SSpS), ein. Dieser weibliche Zweig der Steyler Missionare war 1889 von Helena Stollenwerk und Hendrina Stenmanns zusammen mit Pater Arnold Janssen gegründet worden. Auf ihrem Anmelde-

---

37 Siehe Die katholische Fahne: Wochenschrift für das deutsche Volk, 1877. In dem Artikel heißt es, dass die Heilung des Johann Boos in der Bevölkerung der Region großen Eindruck gemacht habe, da er an einer von den Ärzten bereits aufgegebenen Kehlkopfschwindsucht gelitten habe und bereits nicht mehr sprechen konnte. https://books.google.lu/books?id =sgs1kr0DM 2AC&pg=PP273&dq=johann+boos+tholey&hl=de&sa=X&ved=2ahUKEwj1hoLS-qP9AhX-SvEDH bdAA9gQ6AF6BAgCEAI#v=onepage&q=johann%20boos%20tholey&f=false [letzter Zugriff am 20.02.2023].

bogen für den Orden vermerkte Sr. Sebastiana selbst: „Gesundheit gut, an Abhärtung und Arbeit gewöhnt".[38] 1904 legte sie in Steyl ihre ewigen Gelübde ab, am 29. September 1905 reiste sie in die USA aus. Sie gehörte zu den vier Pionierschwestern ihres Ordens in Vicksburg/Mississippi im Jahr 1905 und hatte damit also bereits knapp fünf Jahre Erfahrung im US-Süden, als sie 1910 nach Meridian wechselte. Am 19. September 1910 begann der Unterricht für 45 Schüler. Pater Wendel, der von großer Statur, aber etwas kränklich und ein wortgewandter, dynamischer Missionar mit großer Tatkraft war,[39] baute neben der Schule auch noch einen Kindergarten, ein Schwesternhaus und eine Gemeinschaftshalle, die später zu einem Jugendzentrum wurde. Bereits an Weihnachten wurden zwei Kinder getauft, am Josephstag 1911 gab es weitere 14 Täuflinge, vier davon Erwachsene. Mitte 1912 hatte die Mission bereits 50 Katholiken, und 200 Kinder besuchten die Schule, von Jahr zu Jahr stiegen die Zahlen der Schüler.

Missionsoberer Heick führt den Erfolg des Projektes trotz des Ersten Weltkrieges, der in Europa die USA und Deutschland zu Feinden machte, sogar auf die erfolgreiche Arbeit der Steyler Missionsschwestern SSpS zurück. Er schrieb in einem Bericht aus dem Jahre 1919:

> „The sisters were tireless in their work, which demanded of them much sacrifice, time and real hardship. Six years ago, they were almost all novices in the subjects they had to teach, with little experience in education. Today they are all tested and proven teachers".[40]

Der schnelle Erfolg der Mission führte jedoch auch zu wachsender Animosität unter den Protestanten, Schwarzen und Weißen gleichermaßen. Als Pater Wendel sich selbst in die Baptistenkirche begab, um den von dort kommenden Schmähungen entgegenzutreten, wurde er mit Rufen „werft ihn raus" empfangen. Dies schürte in ihm jedoch keinen Hass, weil Pater Wendel wusste, welche wichtige Rolle die „schwarzen" Kirchen, vor allem die Baptisten, für die Afroamerikaner in den USA nach der Sklaverei gespielt hatten.[41] Sie waren der erste freie Raum, den sie hatten in dieser unbarmherzigen Gesellschaft, in der sie leben mussten. Die schwarzen Frei-Kirchen boten vielerorts als erste Afro-

---

38 Anmeldebogen 351 von Margareta Saar im Ordensarchiv der SSPS-Schwestern in Rom.
39 Best: Seventy Septembers (wie Anm. 35), S. 63.
40 Brandewie: In the Light of the Word (wie Anm. 10), S. 215.
41 Auch Martin Luther King war wie sein Vater Baptistenprediger in Georgia.

amerikanern in den USA schon im 19. Jahrhundert die Möglichkeit des gesellschaftlichen Aufstiegs. Diese Kirchen bildeten als erste Führungsfiguren in dieser Volksgruppe aus, die auch innerhalb der rassistischen, weißen US-Gesellschaft respektiert wurden.[42]

Im Jahre 1913 lud Pater Wendel einen der damaligen fünf afroamerikanischen Priester der USA, John Dorsey SSJ (1874–1926), der Mitglied des Josephiten-Ordens war, ein, in Meridian eine Volksmission zu halten. Dem Priester, der ein sehr guter Redner war, gelang es, auch bislang skeptische oder sogar kirchenfeindliche Afroamerikaner für die katholische Kirche zu interessieren. Seit diesem unverhofften Erfolg war Pater Wendel der festen Überzeugung, dass es viel mehr afroamerikanische Priester geben müsse und dass nur sie einen Wandel in den USA herbeiführen könnten.[43] Ein Jahr später lud auch der Missionsobere Alois Heick Pater Dorsey in seine Pfarrei nach Jackson ein.[44] Dies war ein klares Zeichen, dass Pater Wendel seinen Vorgesetzten in dieser Frage eines afroamerikanischen Priestertums eigentlich schon überholt hatte.

Schwester Sebastiana erhielt 1913 eine neue Bestimmung für die Philippinen, wo sie wiederum zu den Pionierinnen ihres Ordens in diesem katholischen Land Asiens gehörte, das seit 1898 eine halbautonome US-Kolonie war. Auch auf den Philippinen arbeitete Sr. Sebastiana wieder an ordenseigenen Schulen. 1942 wurden die Philippinen von Japan besetzt. Jetzt begann für die Schwestern eine entbehrungsreiche Zeit, es mangelte an allem, vor allem an Medikamenten und Nahrung. So verhungerte Sr. Sebastiana am 4. April 1945 in Baguio auf den Philippinen regelrecht. In ihrem Nekrolog heißt es: „Die opferfrohe Sr. Sebastiana verrichtete in den USA und auf den Philippinen still und oft mühevoll ihre Arbeit, ohne großes Aufsehen davon zu machen".[45]

---

42 Bevans/Schroeder: Word remembered (wie Anm. 8), S. 136.
43 Best: Seventy Septembers (wie Anm. 35), S. 165–167.
44 Brandewie: In the Light oft he Word (wie Anm. 10), S. 208.
45 Schwester Sebastiana, Margareta Saar, in: Obituarium SSpS-Schwestern, 1945, SSpS Ordensarchiv Rom.

Pater Wendel und sein Wirken für Indigene und Afroamerikaner in Meridian

Dank vor allem der Arbeit der Schwestern wuchs die katholische Gemeinde rasant an; schon Ende des Jahres 1911 konnte Pater Wendel in der Steyler Missionschronik schreiben, dass er bereits 48 afroamerikanische Menschen getauft habe, in der Schule seien 140 Schüler. Er dachte bereits an eine Ausdehnung seines Tätigkeitfeldes in den benachbarten Bundesstaat Alabama. Im Dezember 1914 versammelte Pater Wendel alle SVD-Priester in Mississippi, um über die Errichtung eines afroamerikanischen Seminars in Jackson, der Hauptstadt des Bundesstaates, wo auch mit Pater Heick der Missionsobere residierte, zu beraten, allerdings überwog bei diesem Treffen neben Unkenntnis auch die Skepsis und Unsicherheit. Pater Wendel wurde beauftragt, eine Studie zur Akzeptanz afroamerikanischer Priester in den US-Südstaaten zu erstellen.

Die Stadt Meridian, die auf dem Gebiet der Choctaw-Indigenen um 1830 gegründet worden war, war damals die größte Stadt in Mississippi, welches wiederum der Bundesstaat mit dem höchsten Anteil afroamerikanischer Bevölkerung in den USA war. Zwischen 1915 und 1917 betreute Pater Wendel auch noch die beiden Missionsstationen des Choctaw Volkes in Lake in Newton County und Hayes Creek in Scott County; dort lebten 60 katholische Choctaw.[46] Im Jahre 1916 bat er deshalb Pater William Ketcham, Direktor des „Bureau of Catholic Indian Missions" in Washington, ihm einen Katechismus in der Sprache der Choctaw zu schicken. Er berichtete ihm auch, dass er die Seelsorge unter den Ureinwohnern freiwillig und ohne besondere Vergütung mache, nur der Bischof von Natchez erstatte ihm die Fahrtkosten.[47] In einem weiteren Brief an Pater Ketcham vom 29. März 1917 berichtete er, dass das Gebäude der katholischen Kirche im großen Reservat der Choctaw 1913 abgebrannt sei und dass der Häuptling des Choctaw Volkes, Willie Charlie, der katholisch war, seinem Rat gefolgt sei, mit seinem Volk in das Tucker County umzuziehen, das nicht weit von Meridian lag, dort konnte er die Kinder des indigenen Volkes in der eigenen

---

46 https://www.marquette.edu/library/archives/NativeGuide/ms-4.php [letzter Zugriff am 14.10.2023].
47 Marquette University Archives, BCIMs1-1 102-06, Brief vom 31.07.1916.

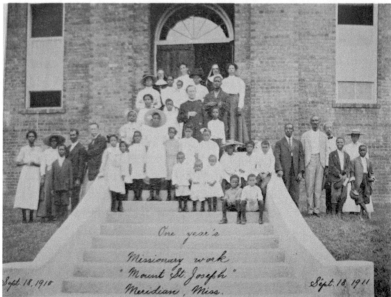

Abb.: 5 (o.): P. Wendel 1911 mit Kommunionkindern und Familien in Meridian und
Abb. 6 (u.): P. Wendel beim ersten Jahrestag der Pfarreigründung mit zwei der Schwestern
[Steyler Archiv in Techny, Series US.ILTECPA 001.01.a.00002-16: Southern missions]

Pfarrschule einschulen, „um sie gegen die Willkür mancher Weißen, die sie betrügen", besser zu wappnen. Pater Wendel berichtete auch von einer Stimmungsmache von Abgeordneten in Mississippi in den Medien gegen die Choctaw.[48] Die Mississippi Band of Choctaw Indians ist einer von drei staatlich anerkannten Stämmen des Choctaw-Volkes und das einzige indigene Volk im Bundesstaat Mississippi. In den Jahren 1915–1917 ging es diesem Volk, das die Nordstaaten im Bürgerkrieg gegen die Südstaaten unterstützt hatte, besonders schlecht. Sie besuchten mehrmals den Präsidenten in Washington, es kam jedoch nicht zu einer befriedigenden Lösung für sie. Es ist sehr wahrscheinlich, dass Pater Wendel auch wegen dieser Verhandlungen in Washington den Kontakt zum Bureau of Catholic Indian Missions in Washington gesucht hatte.

Sein eigentliches Missionsziel, neben dem Aufbau einer eigenen afroamerikanischen Seelsorge und Schulen auch ein eigenes Priesterseminar für Afroamerikaner zu gründen, hatte Pater Wendel nicht aus den Augen verloren. Dieses Ziel wurde umso wichtiger, weil zu dieser Zeit das afroamerikanische Priesterseminar der Josephiten in Baltimore schon gescheitert war. Da es ihm nicht schnell genug ging bei den Plänen, das erste erfolgreiche afroamerikanische Priesterseminar zu eröffnen, gründete Jakob Wendel 1916 eine Vierteljahreszeitschrift, in der er seine Argumente für dieses Projekt ausformulierte.[49] Die Zeitschrift, in der sich Pater Wendel für die Sache der afroamerikanischen Mission und für afroamerikanische Priester einsetzte, trug den Namen „Colored Messenger".[50]

„Anfangs brachte er in diesem Blatte nur Kurzgeschichten über große Persönlichkeiten und Kurznachrichten über die Missionen im Süden. Die Leserzuschriften zeigten Pater Wendel wie vorteilhaft sich ein Schriftenapostolat auswirkte. Viele Leser dankten ihm, dass sie endlich auch etwas über die guten Charaktereigenschaften der Afroamerikaner erführen. Die letzte Nummer der Zeitschrift, die 1918 erschien, bevor sie eingestellt wurde, war eine wirkliche Streitschrift für afroamerikanische Priester."[51]

---

48 Marquette University Archives, BCIMs1-1 102-06, Brief vom 29.03.1917.
49 Best: Seventy Septembers (wie Anm. 35), S. 167.
50 Fritz Bornemann: A History of the Divine Word missionaries, Rom 1981, S. 211.
51 Michael Meier: Die Negermission SVD im Süden der USA, Steyl 1961, S. 28.

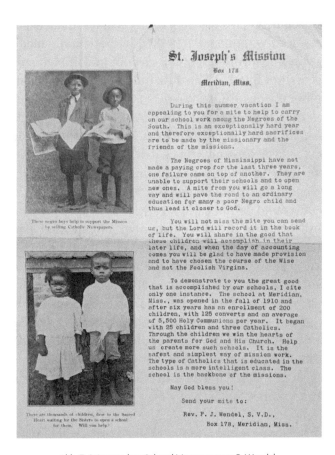

Abb. 7: Seite aus dem Colored Messenger von P. Wendel
[Steyler Archiv in Techny, Series US.ILTECPA 001.01.a.00002-16: Southern missions]

Es ist ganz offensichtlich, dass bei Pater Wendel zu diesem Zeitpunkt schon ein Paradigmenwechsel eingesetzt hatte; er war von einem übereifrigen Missionar, dem es zunächst „nur" um die Verkündigung des Wortes Gottes unter einer Randgruppe ging, zu einem Kämpfer für die Bürgerrechte dieser Randgruppe geworden. Die Zeitung erregte, wie die Idee eines afroamerikanischen Priestertums, viel Begeisterung aber auch erbitterte Opposition, weil sie gegen die herrschende Rassentrennung aufbegehrte. Gouverneur von Mississippi war seit 1916 Theodore G. Bilbo, ein rabiater Verfechter der Überlegenheit der weißen Rasse, der sich sogar dafür einsetzte, den vom Ku-Klux-Klan propagierten Lynchmord zu legalisieren. Die Rassenprobleme der gesamten USA spitzen sich in Mississippi wie in einem Reagenzglas immer mehr zu, das schien Jakob Wendel erkannt zu haben.

Wegen des hartnäckigen Widerstandes gegen ein afroamerikanisches Priesterseminar sollte zuerst eine Oberschule für Afroamerikaner gegründet werden. Dieses Gymnasium, das die höchsten Anforderungen an eine erstklassige, moderne High-School erfüllen würde, sollte von Pfarrer Josef Stein SVD (1882–1942) 1913 in Greenville eröffnet werden.[52] Auch dieses Vorhaben stieß zunächst auf erbitterten Widerstand und negative Kommentare. Trotz dieser Ablehnung wurde die Oberschule innerhalb eines Jahres zu einer Tatsache; der Lehrplan umfasste einen vierjährigen Lateinkurs sowie Algebra und Geometrie – die anhand von Standardlehrbüchern unterrichtet wurden. Die High-School konnte im Lehrplan mit jeder vergleichbaren Schule in Mississippi konkurrieren; sie wurde sofort ein großer Erfolg und zog Hunderte von neuen Schülern an. Schulleiter der Oberschule wurde ein Jahr nach Pater Stein SVD sein Mitbruder Pater Matthias Christmann SVD (1887–1929). Er stammte aus St. Martin im Bistum Speyer und war von 1901–1906 einer der ersten Schüler des Missionshauses in St. Wendel. Der Bischof beobachtete mit wohlwollendem Interesse den Fortschritt und Erfolg der Schule. Er erklärte jedoch, dass diese katholischen Schulen für Farbige die Rassenordnung des Südens in keiner Weise antasten würden.

Als die USA 1917 in den Krieg gegen das Deutsche Kaiserreich eintraten, mussten die deutschen Steyler Patres in den USA ins zweite Glied zurücktreten. Auch bei Pater Wendel kam es im April 1918 zu Hausdurchsuchungen, man wollte wissen, ob er Unterstützung aus Deutschland erhielt, was nicht der Fall war. Der Kriegseinsatz der USA war nur von kurzer Dauer, nach einem Jahr war der Erste Weltkrieg zu Ende. Aber die Spanische Grippe wurde aus den USA nach Europa eingeschleppt und zu einer weltweiten Pandemie, an der mehr Menschen starben als im direkten Kriegsgeschehen, darunter auch Pater Wendel.

Das Jahr 1919 war das entscheidende für Pater Wendel und seinen Einsatz für ein afroamerikanisches Priesterseminar. Er sprach zunächst Bischof Gunn erneut für dieses Projekt an, mit der Bitte, ein Seminar für Farbige zu eröffnen.

---

52 Ebda., S. 26.

Abb. 8: Die Patres Christmann und Baltes (stehend) und ihre Schüler in Greenville 1921
[Steyler Archiv in Techny, Series US.ILTECPA 001.01.a.00002-16: Southern missions]

Jetzt wurde die Bitte bewilligt. Der Bischof knüpfte die Erlaubnis in seiner Diözese an zwei Bedingungen: erstens, dass die zukünftigen farbigen Priester eine eigene religiöse Gemeinschaft bildeten und nicht unter einer Diözese inkardiniert würden; und zweitens, dass die geistliche Leitung der Gemeinschaft und die Ausbildung der Priesteramtskandidaten für alle Zeiten von der „Gesellschaft des Göttlichen Wortes" (SVD) gestellt würde. Bischof Gunn bewies mit dieser Einstellung, dass afroamerikanische Priester gut genug wären, einem Orden beizutreten, aber nicht gut genug in einer Diözese inkardiniert zu werden, eine eigentlich rassistische Einstellung, die er mit führenden katholischen Kirchenvertretern seiner Zeit teilte. Die US-Kirchenführer, die Afroamerikanern einfach kein Priesteramt zutrauten, waren froh, dass ihnen ein Missionsorden dieses Problem abnahm, denn dieser konnte Problemfälle in den Missionsgebieten „auslagern".[53]

Einige Monate später erteilte auch der Provinzial zusammen mit Pater Heick, dem Superior des Südens, die Erlaubnis, das Seminar zu eröffnen. Die Steyler waren nun viel besser auf das große Werk vorbereitet als beim ersten Versuch. Eine größere Anzahl von deutschen Steyler Missionaren, die während des Krieges aus der deutschen Kolonie Togo und auch aus der US-Kolonie Philippinen ausgewiesen worden waren, bereiteten sich vor, in die Südmissionen der Steyler in den USA zu wechseln. 1919 besuchte der neue US-Provinzial, Pater Peter Janser, die südlichen Missionen und schloss sich schnell dem Wunsch an, ein Priesterseminar für Afro-Amerikaner zu gründen. „Der neue Provinzial Janser wurde der fähigste Anwalt der afroamerikanischen Priester".[54] Pater Wendel hatte dies erkannt und schrieb viele Briefe an seinen Provinzial, der aus Bexbach stammte und bereits seit 1905 in den USA Leitungsfunktionen übernommen hatte. Die Briefe waren auf Englisch, immer in einem sehr herzlichen Ton, der letzte stammt vom 10. Februar 1920, zwei Wochen vor seinem Tode. In einem langen Brief an Provinzial Janser vom 10. August 1919 forderte Pater Wendel bessere Schulen und einen verstärkten Einsatz von Sozialarbeit, um Farbige von der Straße zu bekommen. Dies seien die Grundlagen, um vermehrte Berufungen zu erreichen. Oft beschwerte sich Pater Wendel über die Arbeit der Schwestern, weil diese nicht bereit waren, Sozialarbeit zu leisten, und auch über seinen direkten Vorgesetzten, Pater Heick in Jackson, den Leiter der Mission im Süden, dem er mangelndes Engagement und mangelndes Durchsetzungsvermögen vorwarf. Mehrmals sprach er in diesem Brief, der sich im Steyler Archiv in Techny befindet, von seinem „wish to be true to his missionary vocation" und von seinem „missionary zeal".

1919 war es in Chicago zu ersten Rassenunruhen gekommen, weil während und direkt nach dem Krieg ein starker Zuzug von Afroamerikanern nach Norden eingesetzt hatte. Dies führte bei den Bischöfen der USA zu einem gewissen Umdenken, weil sie aufgrund dieser Unruhen die Rassenfrage jetzt nicht mehr nur zu einem Problem für den Süden des Landes erklären konnten.

---

53 Bevans/Schroeder, Word remembered (wie Anm. 8), S. 141.
54 Meier: Negermission (wie Anm. 52), S. 28.

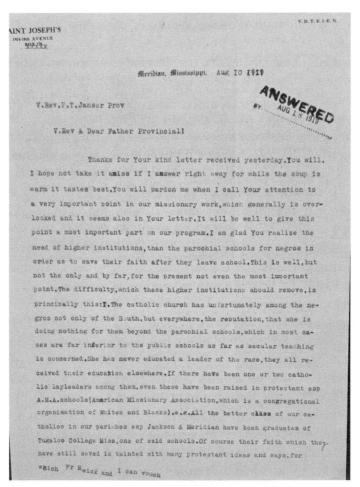

Abb. 9: Brief Wendel an Janser vom 10.08.1919 [Steyler Archiv in Techny, Series US.ILTECPA 001.01.a.00002-16: Southern missions]

Auch Pater Wendel hatte verstanden, dass diese Unruhen mit der Stellung der Afroamerikaner in der Gesellschaft zu tun hatten, „Chicago is all over the US" schrieb er an Pater Janser. Er hatte auch erkannt, dass es von fähigen Führern der Afroamerikaner abhing, ob sie ihre Ziele erreichten: „they lock upon their leaders and from them they hope their salvation". Pater Wendel fürchtete jedoch, dass solche „riots" auch im Süden aufbrächen, wo es keine Geschworenen gab, die einen Weißen wegen Gewalt gegen Afroamerikaner verurteilten, wie im Norden. Auch Rom war von diesen Unruhen erschüttert, am

30. November 1919 betonte Papst Benedikt XV. in seinem Apostolischen Brief „Maximum illud", wie wichtig es sei, dass jedes Volk seine eigenen Priester hervorbringe. Aber auch gegen dieses Apostolische Schreiben gab es noch Widerstand in den USA, weil einige Kleriker argumentierten, dass der Papst mit diesem Schreiben nicht die USA gemeint habe, da es keinen speziellen Adressaten hatte.[55] Noch Pater Wendels letzter Brief vom 10. Februar ist in einem kämpferischen Ton gehalten, er berichtete, dass er die Provinzzeitschrift „The Annual messenger", die Nachfolgezeitschrift des von ihm gegründeten „The colored Messenger", persönlich nach Jackson zum Druck gebracht habe und dass Missionsleiter Heick und viele andere Mitbrüder keine Berichte eingereicht hätten. Pater Heick, der sich große Verdienste beim Aufbau der afroamerikanischen Pfarreien erworben hatte, sei bei der Frage des afroamerikanischen Priesterseminars vollkommen überfordert, meinte Pater Wendel.[56]

Pater Wendels Kampf für das erste afroamerikanische Priesterseminar

Pater Wendel wurde seit seiner Ankunft in den USA zum aktivsten Befürworter eines farbigen Priestertums.[57] Bevor er sich direkt an Rom wandte, wollte er die Leitung der SVD in Steyl überzeugen. Er schrieb in einem Brief an den Generaloberen Nikolaus Blum SVD (*1857 † 1919 in Steyl) vom 29. September 1919:

> „Das Vorurteil der Weißen gegenüber den Schwarzen reicht tief in die Kirche hinein. Man hält uns für Priester zweiter Klasse, weil wir für die verachteten Schwarzen arbeiten. Aber lassen Sie mich Ihnen sagen, was wir tun konnten, um die Bischöfe und Priester zu bekehren. Vor sechs Jahren konnten wir keine Genehmigung für die Eröffnung einer High School für Schwarze erhalten, obwohl die Protestanten allein in Mississippi achtzehn besaßen. Die Katholiken hatten nicht eine einzige. Der Grund, den der Bischof nannte: Was würden meine Priester sagen, wenn wir eine High School für Schwarze hätten? Wir bestanden auf der Notwendigkeit von High-Schools, und jetzt haben wir fünf, eine auf jeder Station [...] Vor etwa sechs Monaten bekehrte sich [der

---

55 Olivier: Origin and Development of St. Augustine's Seminary (wie Anm. 24), S. 6–16.
56 Brief Wendel an Janser vom 10.08.1919, The Robert M. Myers Archives and Resource Center (RMARC) North American Province, Personnel Collections – Wendel, Techny/II.
57 Brandewie: In the Light oft the Word (wie Anm. 10), S. 210.

Bischof] zu der wichtigsten Angelegenheit von allen, die wir kaum direkt anzusprechen wagten, über die wir aber immer wieder schrieben und diskutierten, wann immer es möglich war, nämlich die Ausbildung von schwarzen Priestern. Wir brachten es zur Sprache und beteten darüber, und der Bischof ging so weit, dass er und andere Bischöfe öffentlich erklärten, es sei nicht ratsam, schwarze Priester zu weihen, aber sie würden Rom bitten, ihnen die Weihe von Diakonen zu erlauben, die dann heiraten könnten, weil die Schwarzen nicht in der Lage seien, ein zölibatäres Leben zu führen. Die Angelegenheit ging nie nach Rom; es war alles so lächerlich und eine furchtbare Beleidigung für die Schwarzen. Wir haben diesen Vorschlag ignoriert und hielten ihn für lächerlich. Selbst die Herren Bischöfe erkannten, welchen Unsinn sie redeten. Die Bekehrung der Bischöfe ist so weit fortgeschritten, dass sie auf ihrer Tagung in Baltimore gerade jetzt offiziell über die Frage der Negerpriester[58] diskutieren. Sie haben endlich erkannt, dass schwarze Priester absolut notwendig sind, wenn ihr Volk jemals bekehrt werden soll. Sie haben sich auch dem Vorschlag der SVD angeschlossen, dass diese Negerpriester in einer Art Gemeinschaft leben und wegen der Vorurteile gegen sie zusammengehalten werden müssen. Das ganze Gerede von der Bekehrung mag wie ein Witz erscheinen, aber es ist eine bittere Realität, die viel Kampf und Gebet gekostet hat und noch mehr brauchen wird, bis sie vollständig bekehrt sind. Aber zumindest ist alles auf dem richtigen Weg.

Es ist auch der Wunsch von uns allen, die wir hier in den Missionen arbeiten, dass die SVD sich dafür einsetzt. Wir haben gute Schulen, die eine gute Basis für eine solche Arbeit sind, ermutigen Sie sie. Meines Erachtens wäre die Ausbildung schwarzer Priester einer der wichtigsten Beiträge, die wir hier in Amerika leisten können. Bitte erlauben Sie uns, diese Arbeit zu beginnen, indem Sie uns Personal von drüben schicken, das ist das Einzige, was wir brauchen. Geld wird kein großes Problem sein... Vor zwei Monaten ging ich auf eine vierwöchige Betteltour in den Norden und fand viele Wohltäter für genau so ein Projekt. Sie alle sprachen immer wieder von schwarzen Priestern. Als ich in Baltimore ankam, traf ich Kardinal Gibbons, und auch er wies mich eindringlich darauf hin, wie dringend schwarze Priester gebraucht würden, und dass nur deutsche Priester dies tun könnten. Amerikanische und irische Priester würden niemals in diese Arbeit gehen, bei ihnen würde man auch als Neger gelten!"

Wendel schließt seinen langen Brief ab:

„Pater General, helfen Sie uns um des Herrn willen, Schwarze zum Priestertum zu erziehen. Die Bischöfe wissen bei allem guten Willen, dass sie machtlos sind, aber die SVD kann es schaffen, wenn wir uns anstrengen. Lassen Sie uns wenigstens einen kleinen

---

58 Der Gebrauch des Namens „Negro" (Neger) in den zeitgenössischen Dokumenten war bis weit in die 1960er Jahre weit verbreitet in den USA, selbst Martin Luther King gebrauchte in seiner historischen Rede in Washington 1963 mehrmals die Bezeichnung „negro race".

Anfang machen mit einem Internat. Die Details können später ausgearbeitet werden, wenn das Projekt entwickelt. Was wir brauchen, ist Ihre Erlaubnis und Ihren Segen."[59]

In seinem Brief vom 21. Oktober 1919, einem der letzten Briefe, die er vor seinem Tod am 29. Oktober schrieb, erteilte Ordensgeneral Blum eine vorläufige Erlaubnis, wollte aber erst einen vollständigeren Plan sehen, der durch den Provinzial geschickt werden sollte, bevor er eine endgültige Genehmigung erteilen könne. Blum starb jedoch am 29. Oktober 1919 in Steyl. In der Interimszeit bis zur Wahl eines Nachfolgers übernahm Pater Bodems, der seit seinem ersten Besuch in den USA 1906 die Probleme der dortigen afroamerikanischen Südmission kannte, als Generalbevollmächtigter seines Ordens in Rom die Leitung der SVD. Er erteilte in einem Brief vom 14. Februar 1920 im Namen der SVD an Pater Wendel die Erlaubnis, ein Seminar für Afroamerikaner in Greenville zu eröffnen.[60] Die Entschlossenheit des Heiligen Stuhls, dass diese Arbeit getan werden müsse, sollte letztendlich der entscheidende Faktor sein. Und ein weiterer Faktor war für die amerikanische Hierarchie wichtig: die Tatsache, dass alle ausgebildeten afroamerikanischen Priester einem Orden angehören würden und nicht der Diözese.[61] Der Brief Bodems erreichte die Südprovinz am 24. Februar 1920. An diesem Tag starb Pater Wendel, 14 Jahre nachdem er am selben Tag zum Priester geweiht worden war. Am 14. Februar hatte er sich mit einem Grippevirus, wahrscheinlich der Spanischen Grippe, infiziert und sich eine Lungenentzündung geholt.[62] Am 17. Februar hatte ihn sein Mitbruder Pater Bruno Drescher SVD (1881–1970), der aus Winnweiler/Pfalz stammte, in Meridian besucht und erstmals über seine schlimme Erkrankung berichtet. Er brachte Pater Wendel einen Tag vor seinem Tod noch in ein Krankenhaus in Meridian und spendete ihm das Sakrament der Krankensalbung. Pater Wendel starb in Meridian im Alter von 38 Jahren.

Die Nachricht von seinem Tod erschütterte ganz Mississippi, derart bekannt war Pater Wendel bereits dort. Er hatte sich in seinen zehn Jahren in Meridian nicht nur den Respekt der Afroamerikaner und Ureinwohner der USA erworben, sondern auch vieler Angehöriger anderer Religionen und christlicher

---

59 Dieser lange Bericht ist in Pater Bonners Chronologium vom 29. September 1919 enthalten. Text unter: https://divineword-uss.org/the-need-for-black-priesthood [letzter Zugriff am 11.10.2023].

60 Bodems to Wendel, February 14, 1920, Archives Bay St. Louis, Ms. (ABSL).

61 Bornemann: Arnold Jansen (wie Anm. 9), S. 211.

62 Best: Seventy Septembers (wie Anm. 35), S. 170.

Abb. 10: Grab von Pater Jakob Wendel
[Foto: Bodo Bost]

Denominationen, die sehr zahlreich an seinem Totenamt teilnahmen. Bischof Gunn zelebrierte den Beerdigungsgottesdienst in Meridian unter großer Anteilnahme der Bevölkerung, schwarzer wie weißer. Der Leichnam wurde anschließend per Schiff von Meridian auf dem Mississippi 1200 km bis nach Techny bei Chicago, der Zentrale der Steyler Patres in den USA, transportiert, wo er seine ewige Ruhe fand.[63] Dort wurde er als zweiter Steyler in den USA beerdigt.

In einem Nachruf in der Lokalzeitung hieß es: „Fr. Wendel a man of great executive ability, untiring energy and a man of unbounded faith, indomitable courage and persistency and of all-absorbing devotion to ,his' cause: the betterment, spiritual and temporal, of the Negro race".[64] Dieser Nachruf traf die Persönlichkeit von Pater Wendel sehr gut, ihm lag nicht nur als Missionar die geistliche Erhebung der „negro race" wie man damals zu sagen pflegte, am Herzen, sondern auch deren weltliche Erhebung, sprich deren Bürgerrechte, für die er während seines Aufenthaltes in den USA gekämpft hatte. Sein Nachfolger in Meridian, Pater Bruno Drescher SVD, der sich auf den Philippinen ebenfalls eine Tropenkrankheit geholt hatte, aber dennoch 91 Jahre alt wurde, blieb nur ein halbes Jahr im ungesunden Meridian, bevor er später nach Kalifornien wechselte und dort auch zu einem Pionier der afroamerikanischen Pastoral wurde. Die ergreifendste Anteilnahme am Tod von Pater Wendel kam von Pater John Dorsey, dem zweiten in den USA für die Josephiten geweihten afroamerikanischen

---

63 The Birmingham age-herald. (Birmingham, Alabama), 28. Februar 1920, S. 7.
64 Morning Star, Meridian, 26.02.1920, The Robert M. Myers Archives and Resource Center (RMARC), North American Province (1895–1940), Divine Word Seminary (St. Augustine Mission House) in Bay St. Louis, Mississippi, Techny/Il.

Priester, der 1913 in der Pfarrei von Pater Wendel eine Volksmission gehalten hatte. Er schrieb an Provinzial Janser am 25. März 1920:

> „The sad news of Father Wendel's death reached me yesterday: I cannot tell you how I feel loss. He was a friend most dear, tried and true. There was no shame in his love for the colored people. I always admired the stand he took even amongst prejudiced priests and bishops. He was fearless for he knew he was right. When shall another Father Wendel be raised up? We need such men, especially at this time when there is so much cowardice."[65]

Am 24. Februar, dem Todestag von Pater Wendel, erfuhren seine Mitbrüder in den USA von der uneingeschränkten Zustimmung zum Projekt „afroamerikanisches Priesterseminar" durch den Generalrat der Steyler Missionare in Rom. Es lag nun vor allem an den Südmissionaren der SVD, einen sehr detaillierten Plan des ersten Seminars für farbige Studenten zu entwerfen. Darin verpflichteten sich diese, die zukünftigen afroamerikanischen Priester als eine „Kongregation von SVD-Priestern" unter die eigene Obhut zu nehmen. Damit ließen die letzten US-Bischöfe ihren Widerstand fallen, da nun das Problem etwaiger schwarzer Diözesanpriester, die immer noch keiner haben wollte, nicht auf die Bischöfe zukommen konnte.[66]

Anstelle des verstorbenen Pater Wendel wurde Pater Matthias Christmann der erste Direktor des neuen afroamerikanischen Seminars. Das neue Seminar entstand auch in der Oberschule in Greenville, wo Christmann bereits seit 1914 gearbeitet hatte. Während Pater Wendel mit einer eigenen Zeitschrift, „The colored Messenger" mit spitzer Feder gegen die Missstände im Süden der USA und für ein Priesterseminar für Afroamerikaner kämpfte, arbeitete Pater Christmann jedoch eher im Stillen. Mit Geduld und Ausdauer arbeitete er an den vielen Problemen, er ließ sich nicht entmutigten und kleine Misserfolge irritierten ihn nicht. Er überlegte nicht lange, ob die Zeit reif war, Afroamerikaner zum Priestertum auszubilden, er handelte einfach und eröffnete das Priesterseminar. Im September 1920 eröffneten die Steyler mit Pater Christmann ein Seminar für afroamerikanische katholische Männer, das „Sacred

---

65 Brandewie: In the Light oft he Word (wie Anm. 10), S. 217. Leider hatte auch Pater Dorsey danach kein langes Leben mehr. 1924 wurde er vom Vater eines Pfarr-Schulkindes, einem Ex-Sträfling, in seiner Pfarrei Baltimore/Maryland so hart geschlagen, dass er an den Folgen zwei Jahre später verstarb (Nate Tinner-Williams: Remembering Fathers Dukette and Dorsey, in: Black Catholic Messenger, Washington, 28. November 2020).
66 Meier: Negermission (wie Anm. 52), S. 29.

Heart College" in Greenville, Mississippi. Aus einer Oberschule sollte jetzt ein Seminar für Farbige werden. Der Übergang war nicht allzu schwer, weil dank den Patres Eckert und Christmann Latein bereits ein Hauptfach in der Oberschule war und daneben auch Kirchen-Griechisch unterrichtet wurde.

Bevor er nach Süden aufbrach, sprachen Christmann und der Provinzial Janser ausführlich über das Vorhaben.[67] Der Provinzial schlug vor, zunächst nur provisorische Quartiere zu bauen, bis das Seminar das Versuchsstadium überschritten habe. Zwei weitere Dinge waren nötig, um die Pläne auszuführen: Geld und Studenten. Pater Christmann ging deshalb nach New York, um Monsignore Burke vom Board für Missionsarbeit unter den Farbigen um finanzielle Hilfe zu bitten. Monsignore Burke und seine beiden Assistenten, die Patres Bustin und Mulholland, unterstützen das neue Vorhaben. Sie sagten sogar eine sehr aktive Mitarbeit zu, um es zu einem Erfolg zu machen. Weitere Unterstützungsappelle wurden in der Monatszeitschrift „Our Colored Missions" veröffentlicht, sie brachten genügend Mittel für den Bau und die Ausstattung des provisorischen Seminarhauses in Greenville und um die Studenten zu unterstützen ein. Monsignore Burke, Mr. Murphy und Mutter Katherine Drexel führten die Liste der Spender mit Beiträgen von jeweils zweitausend Dollar an. Infolge eines Rundschreibens von Provinzial Janser kamen Anträge von Studenten aus allen Teilen des Landes ein, mehr als das Seminar für das erste Jahr hätte annehmen können, die meisten dieser Bewerbungen waren das Ergebnis einer ersten und schnell vorbeiziehenden Welle der Begeisterung. Als sie über die strengen Zulassungsvoraussetzungen informiert wurden, antworteten viele Kandidaten nicht mehr.

Nach Überwindung vieler Schwierigkeiten und unzähliger Sorgen um die Finanzierung des Werkes konnte Pater Christmann schließlich im Herbst 1920 den Unterricht mit einigen afroamerikanischen Priesteramts-Studenten beginnen, die er selbst aus New Orleans, Louisiana, zusammengesammelt hatte. In diesem ersten Jahr muss er ein unglaubliches Arbeitspensum bewältigt haben. Zwölf Studenten schrieben sich im ersten Jahr ein, und Pater Matthias Christmann SVD diente ihnen als Rektor, Präfekt und Lehrer. Gegen Ende des Jahres stiegen die Anmeldezahlen, und es wurde klar, dass ein größeres Haus benötigt

---

67 Father Joseph Simon, SVD: The African-American Apostolate and the Society of the Divine Word, Rede beim Xavier Symposium 1995. Text online unter: http://www.inaword.com/assets/simon95.pdf, [letzter Zugriff am 11.10.2023].

würde. Das wachsende Interesse ermutigte die Organisatoren und bestärkte sie in ihrer Überzeugung, dass das Priesterseminar erfolgreich sein könnte.

Päpstliche Unterstützung für das afroamerikanische Seminar

Schon 1921 hatte Peter Janser zusammen mit dem Generalprokurator der Steyler in Rom, Pater Friedrich SVD, eine Denkschrift an Papst Pius XI. verfasst. Teile dieser Denkschrift ließ Papst Pius XI. am 5. April 1923 in sein Apostolisches Schreiben „Admodum gaudemus" („Wir sind glücklich") an die US-Bischöfe einfließen, das formal an den Generaloberen der Steyler Pater Gier gerichtet war. In ihm lobte der Papst die Gründung eines speziellen Priesterseminars für farbige Studenten und erteilte der SVD den Auftrag dazu.[68] Dort heißt es:

> „It is indispensable that priests of the same race shall make it their life-task to lead these peoples to the Christian faith and to a higher cultural level. You, beloved son, regard it as a very practical step to admit into the Society of the Divine Word Negroes who give evidence of a vocation for the regular life. These candidates are later to be admitted to the priesthood, and eventually work as apostles among the members of their race. You have chosen this path because you are firmly convinced that the Negroes can thus be brought much more easily and rapidly into the Church. For does it not indeed follow, from the very nature of the Church as a Divine institution, that every tribe or people should have priests who are not with it in race and character, in habit of thought and temperament? Aside from the fact that such priests will find a friendly welcome, will they not also prove far more effective in leading their brethren into, and confirming them in, the faith than any priests of a different race and from another country? Moreover, as experience has shown, the young Negro is not poorly gifted, mentally, so that he cannot assimilate higher education and the theological sciences — and the latter, not in a superficial and abbreviated form, but in the full courses as prescribed. We extend, therefore, Our best wishes for the seminary which you intend soon to dedicate solemnly in the town of Bay

---

68 Der Kampf um das afroamerikanische Priesterseminar in Bay St. Louis in Mississippi hatte die Steyler Missionsgesellschaft, die eigentlich im Kirchenbetrieb der Weltkirche bislang kaum zur Kenntnis genommen worden war, über Nacht auch in den Mittelpunkt der Kirche in Rom katapultiert. Die überaus schnell gewachsene Ordensgesellschaft, die sehr lange an ihrem Generalat im beschaulichen niederländischen Steyl festgehalten hatte, sah deshalb ein, dass sie auch in Rom präsent sein musste; 1928 verlegte sie ihr Generalat ins Zentrum von Rom, wo die Steyler während des 2. Vatikanums 1962–1965 eine wichtige Rolle spielten.

St. Louis. May it prosper greatly under the care of the American episcopate, and may it attract a large attendance of negro pupils inspired with pure intentions!"[69]

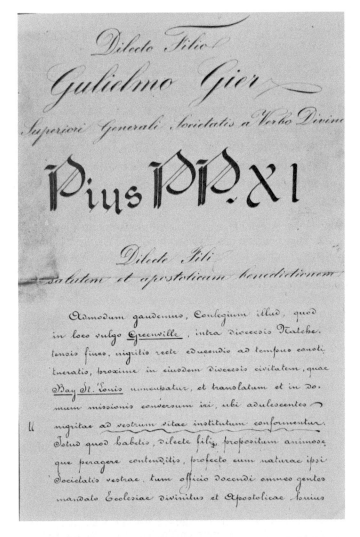

Abb. 11: Motu Proprio des Papstes zur Eröffnung des Priesterseminars in Bay St. Louis [Steyler Archiv in Techny, Series US.ILTECPA 001.01.a.00002-16: Southern missions]

---

69 Brandewie: In the Light of the Word (wie Anm. 10), S. 223.

Da der Papst unterschrieben hatte, mussten alle Diözesen diese Einrichtung akzeptieren. Der Erzbischof von Baltimore, Kardinal Gibbons, sagte zu Pater Janser, „You Germans are the only ones who can do it. Irish or american priests would never go into this work, because it was too demeaning. A nigger is a nigger, and anybody who works with them will also be considered a nigger."[70] Damit hatte er den Nagel auf den Kopf getroffen: Mit der Aufnahme der Arbeit unter den Afroamerikanern wurden die Steyler auch Außenseiter der Gesellschaft und auch der Kirche, die die gesellschaftliche Sichtweise teilte. Nur starke Persönlichkeiten konnten diesem Druck standhalten. Steyler Missionare setzten damit ein erstes starkes Zeichen gegen die Rassendiskriminierung.

Das erste Jahr in Greenville hatte 1920 mit zwölf Studenten begonnen, das zweite Jahr begann mit sechsundzwanzig Studenten und zwei sehr fähigen neuen Patres der Gesellschaft, darunter Pater Franz Baltes (1884–1955) aus Hüttigweiler. Er war vorher Missionar in der deutschen Kolonie Togo gewesen, von wo die deutschen Missionare 1918 ausgewiesen worden waren. Am Ende des zweiten Jahres waren die Zahl der Studenten und der Lehrkörper stark genug, um einen dauerhaften Sitz für die Institution in Betracht zu ziehen. Unterbringungsprobleme machten dies zu einem dringenden Bedürfnis. Greenville, im Norden von Mississippi gelegen, wo es nur wenige schwarze oder weiße Katholiken gab und wo in der Umgebung der Stadt der Ku-Klux-Klan sein Unwesen trieb, war für ein solches Seminar kein geeigneter Platz.[71]

In dieser Stunde der Not kam ein weiterer prominenter Befürworter einer farbigen Priesterschaft zu Hilfe, Pater E. R. Dyer, Präsident des St. Mary's Seminary in Baltimore. Mit seiner Hilfe konnte ein neues Gebäude in Bay St. Louis, Mississippi gebaut werden, das Grundstück hierfür hatte Pater Heick erworben. Im Sommer 1922 wurde Pater Christmann von Provinzial Janser nach Bay St. Louis geschickt, um den Grundstein für das neue Heim zu legen und die Bauarbeiten zu überwachen. Es wurde innerhalb eines Jahres fertiggestellt und im Juni 1923 wurde das Seminar von Greenville in sein neues Zuhause in Bay St. Louis verlegt.

---

70 Bornemann: Geschichte unserer Gesellschaft (wie Anm. 7), S. 211; Brandewie: In the Light of the Word (wie Anm. 10), S. 215.
71 Best: Seventy Septembers (wie Anm. 35), S. 175–178, und Stephen J. Ochs: Desegregation the Altar, Baton Rouge und London 1990, S. 266.

Abb. 12: Die Patres Cosmas Schneider, Matthias Christmann und Franz Baltes (v. l. n. r.)
[Steyler Archiv in Techny, Series US.ILTECPA 001.01.a.00002-16: Southern missions]

Bay St. Louis lag am Golf von Mexiko, in der Nähe von Louisiana, wo noch viele französische Katholiken lebten, die Aufnahmebereitschaft für schwarze Priesteramtskandidaten war dort größer als in Greenville. In dem Kleinen Seminar in Bay St. Louis am Golf von Mexiko mussten die Afroamerikaner allerdings – wie in den Südstaaten geboten – im Wohnbereich und im Speisesaal getrennt von den hellhäutigen Mitschülern sitzen.

Als das Priesterseminar im Jahr 1923 nach Bay St. Louis, Mississippi, verlegt wurde, wo es seinen endgültigen Sitz fand, benannte man es in St. Augustine's Seminary um. Schon die Namensgebung sollte auf das reiche Erbe Afrikas in der katholischen Kirche hinweisen, denn der Kirchenlehrer Augustinus (354–430) stammte aus Nordafrika, wo er einen Teil des Fundamentes der Kirche legte. Auch in Bay St. Louis übernahm Pater Christmann wie in Greenville neben seiner Lehrtätigkeit noch die Arbeit als Seelsorger in der örtlichen Pfarrei, Rosa de Lima, der auch eine High School angegliedert wurde. 1922 wurde Pater Matthias Christmann dazu noch stellvertretender Schulleiter der St. Rose School, während er sich um die Einrichtung des örtlichen Priesterseminars bemühte. Er musste ständig zwischen seinen Aufgaben an der St. Rose School und seinem Unterricht im Seminar hin und her wechseln. Wie in Greenville war Pater Christmann Rektor der Schule und des Hauses, Präfekt für die Studenten, Prokurist und Lehrer der High School und Pfarrer der afroamerikanischen Pfarrei des Ortes. Diese Mehrfach-belastungen zehrten an der Gesundheit des Missionars. Er wurde krank und nie wieder richtig gesund.

Abb. 13: Plan vom Priesterseminar in Bay St. Louis [Steyler Archiv in Techny, Series US.ILTECPA 001.01.a.00002-16: Southern missions]

Als Rektor des neuen Priesterseminars leitete er auch den Erwerb und den Neubau in Bay St. Louis, Mississippi. Diese Arbeit stellte neue Anforderungen an seine bereits geschwächte Gesundheit, denn die Finanzfragen bereiteten ihm große Sorgen. Nebenbei unterrichtete er weiterhin und war immer für die Studenten da, Studenten, die mit ihren großen und kleinen Schwierigkeiten zu ihm kamen. Bei ihm fanden die Schüler immer einen väterlichen Rat. Den größten Teil seines Tages verbrachte er zudem mit Korrespondenz mit den vielen Wohltätern des Hauses. Er musste Dankesbriefe schreiben und versuchen, neue Gönner zu gewinnen. Im Jahr 1925 brach er unter der Last seiner Arbeit zusammen. Eine medizinische Operation brachte ihn an den Rand des Todes. Da er sich jedoch in nur zwei Monaten erholte, nahm er seine Arbeit im Priesterseminar wieder auf, obwohl er praktisch ein gebrochener Mann war. Dennoch übernahm er erneut Verantwortung für das Priesterseminar und unterrichtete Philosophie. Am 14. Februar 1929 starb Pater Christmann in Bay St. Louis.[72] Auf der Website des St. Augustine's Seminary findet man das Vermächtnis von Pater Christmann, der 1926 sagte:

> „It must be clear to everyone that it is surely a grave injustice to exclude a whole race from the priesthood, principally because prejudice will greatly hamper them in their religious activities, or a cordial cooperation with white priests may meet with great obstacles."[73]

Auch der Missionsobere Pater Heick war 1929 gestorben, Pater Janser hatte 1925 die USA verlassen, so ging die Generation der Pioniere zu Ende. Der neue Direktor von Bay St. Louis wurde ebenfalls ein Deutscher, Pater Gerhard Heffels SVD (1881–1957). Er stammte aus Karkel/Niederrhein und gehörte auch zu den aus Togo ausgewiesenen deutschen Missionaren. Unter ihm geriet das Seminar jedoch in eine Krise, weil er alte Rassenvorbehalte gegenüber Afroamerikanern wieder aufleben ließ. Er wollte alle Seminaristen wieder in ihre Diözesen zurückschicken und nicht für die SVD weihen. Das Thema der Verwendung afroamerikanischer Priester, sollte, trotz der beiden Papstschreiben, wo eigentlich eine klare Entscheidung getroffen worden war, bis zur Weihe der ersten vier im Jahre 1934 aktuell bleiben.[74] Ordensgeneral Gier ließ nicht zu, dass das Werk der Patres Wendel und Christmann durch Zaghaftigkeit und Zögern wieder in Frage gestellt wurde.[75]

---

72 https://scalar.usc.edu/works/svd125/st-augustines?path=timeline [letzter Zugriff am 11.10.2023].
73 https://www.svdalumni.org/seminaries/bay-st-louis-mississippi [letzter Zugriff am 11.10.2023].
74 Bevans/Schroeder: Word remembered (wie Anm. 8), S. 139.
75 Brandewie: In the Light of the Word (wie Anm. 10), S. 225–228.

Von Bay St. Louis in die gesamte USA und die Welt

Da alle Priesteramtskandidaten von Bay St. Louis Steyler werden sollten, mussten sie auch das Noviziat dieses Ordens durchlaufen. Das Noviziat war jedoch für alle Steyler Seminaristen, weiß oder schwarz, gemeinsam in East Troy/Wisconsin in der Nähe von Chicago. Dort galt damals keine Rassentrennung mehr. Aber nach dem zweijährigen Noviziat gingen alle afroamerikanischen Kandidaten wieder nach Bay St. Louis zurück, um ihr Studium der Theologie zu beenden. 1929 wurde aus dem Kleinen Seminar in Bay St. Louis ein Großes, 1934 empfingen die ersten vier afroamerikanischen Steyler in Bay St. Louis die Priesterweihe und gingen in die Pfarreien der Steyler unter der afroamerikanischen Bevölkerung, von denen es heute verstreut über die ganze USA 45 gibt. 1934 wurde in Bay St. Louis auch ein Brüdernoviziat eröffnet; die ersten afroamerikanischen Brüder konnten 1937 ihre Ausbildung abschließen. 1947 fasste die US-Südprovinz der Steyler einen Beschluss, der vom Ordensgeneralat in Rom verlangte, dass alle afroamerikanischen Missionare in den USA eingesetzt werden sollten. Dieser Beschluss wurde jedoch von Rom kassiert, weil er gegen die Statuten der SVD verstieß.[76] Dennoch wurden danach nur ganz wenige Afroamerikaner in die weltweiten Missionsstationen der Steyler geschickt, sie blieben im eigenen Lande. 1951 ging der erste Afroamerikaner als Missionar nach Neuguinea.

1953 wurde der erste Afroamerikaner aus Bay St. Louis, Joseph Oliver Bowers, SVD (1910–2012) in den USA zum Bischof geweiht. Er stammte allerdings aus der Karibik und wurde Bischof in Accra in Ghana/West Afrika, damals noch eine britische Kolonie. Obwohl er 1971 erster Bischof seiner Heimatinsel Antigua in der Karibik wurde, kehrte er zum Lebensabend wieder nach Ghana zurück, wo er mit 102 Jahren starb. Unter Bischof Bowers SVD verdreifachte sich der Anteil der Katholiken an der Bevölkerung von Ghana.[77] Dazu kommt, dass Ghana 1957 das erste afrikanische Land war, das seine Unabhängigkeit errang und von daher eine gewisse Vorreiterrolle in ganz Afrika spielte, wo es heute über 50 Staaten gibt. So gesehen war Bischof

---

76 Bevans/Schroeder: Word remembered (wie Anm. 8), S. 149–152.
77 https://en.wikipedia.org/wiki/Joseph_Oliver_Bowers [letzter Zugriff am 26.01.2023].

Bowers ein absoluter Glücksgriff für die Steyler Ordensgemeinschaft und ihren Beitrag zur Weltmission.

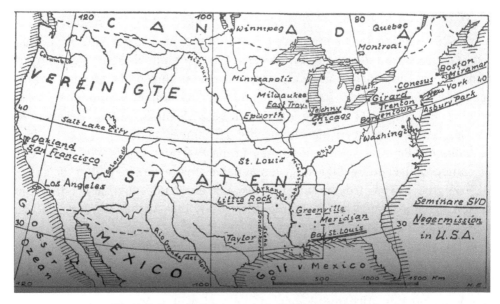

Abb. 14: Die Steyler Niederlassungen in den USA [Steyler Archiv in Techny, Series US.ILTECPA 001.01.a.00002-16: Southern missions]

Am 29. September 1965 wurde der Steyler Pater Harold Robert Perry (1916–1991) von Papst Paul VI. zum Weihbischof der Erzdiözese New Orleans ernannt und war damit der erste Afroamerikaner der Neuzeit, der katholischer Bischof in den USA wurde. Er war das älteste von sechs Kindern einer frommen katholischen, französischsprachigen Familie aus Louisiana. Mit 13 Jahren trat er in das Seminar der Steyler Missionare in Bay St. Louis, Mississippi, ein. Seine Ausbildung setzte er in Illinois und Wisconsin fort. 1938 legte er die Ordensgelübde bei den Steyler Missionaren ab. Am 6. Januar 1944 weihte Richard Oliver Grow, Bischof von Natchez, ihn zum Priester für die Steyler Missionare. Er war der 26. afroamerikanische Priester der USA.[78] Anschließend war er Hilfsgeistlicher in verschiedenen Pfarreien in den Südstaaten. 1958 wurde er Rektor des Steyler Seminars in Bay St. Louis. Pater Perry war

---

78 https://de.wikipedia.org/wiki/Harold_Robert_Perry [letzter Zugriff am 07.03.2023].

auch in der Bürgerrechtsbewegung aktiv und schloss sich dem „National Catholic Council for Interracial Justice" nach dessen Gründung 1960 an. Er forderte in den Medien die Aufhebung der Rassentrennung, „welche sogar bis an die Kommunionbank reichte". 1963 wurde er mit anderen religiösen Führern zu Präsident John F. Kennedy ins Weiße Haus eingeladen. 1964 wurde Perry zum Provinzial der südlichen Provinz der Steyler Missionare in den USA berufen. Im gleichen Jahr sprach er als erster afroamerikanischer Geistlicher das Eröffnungsgebet des Kongresses der USA. Bei der Bekanntgabe seiner Bischofs-Ernennung 1965 sagte Erzbischof Philip Matthew Hannan: „We welcome the first American-born Negro bishop."[79]

Während die Ernennung von Bischof Perry von vielen zivilen und religiösen Führern, darunter auch Präsident Lyndon B. Johnson, gelobt wurde, stieß sie auch auf großen Widerstand. Nur ein einziger Bischof in Louisiana hatte ihm zur Bischofsernennung gratuliert, viele weiße Priester verweigerten ihm den Respekt, den sie einem Bischof schuldig waren.[80] Weiße Demonstranten protestierten vor der Saint-Louis-Kathedrale, wo eine Frau die Ernennung als „einen weiteren Grund, warum Gott den Vatikan zerstören wird" bezeichnete. Erzbischof Egidio Vagnozzi, der Apostolische Delegierte in den Vereinigten Staaten, der die Bischofsweihe 1966 vornahm, drückte deren Bedeutung so aus: „Die Weihe von Bischof Perry war keine Ehre, die der schwarzen Rasse zuteil wurde, sondern vielmehr ein Beitrag des schwarzen Volkes zur katholischen Kirche."

Der erste afroamerikanische Diözesanbischof der USA wurde 1984 in Memphis Monsignore Terry James Steib SVD. Er ist Steyler und Schüler von Bay St. Louis, er war vorher der erste farbige Provinzial der Steyler Südprovinz. Im Jahr 2000 wurde Curtis Guilroy afroamerikanischer Bischof von Beaumont in Texas. Auch er war Absolvent des Priesterseminars in Bay St. Louis.[81]

Die protestantischen Kirchen lösten die Rassenfrage so, dass sie afroamerikanische Kirchen gründeten, etwa die Southern Baptist Church, der Martin Luther King angehörte. Diese Kirche bestand nur aus schwarzen Gemeindemitgliedern. Dies widersprach der katholischen Lehre der Einheit. Die Steyler blieben auch nach Beginn ihrer Tätigkeit unter den Afroamerikanern noch ein

---

79 https://austindiocese.org/black-catholic-bishops [letzter Zugriff am 11.10.2023].
80 Bevans/Schroeder: Word remembered (wie Anm. 8), S. 151.
81 Brandewie: In the Light of the Word (wie Anm. 10), S. 248.

„weißer Orden". Dadurch leisteten sie vielleicht einen größeren Beitrag zur Aussöhnung und zum Ausgleich der Rassenungerechtigkeit als die schwarzen Baptistengemeinden. Denn seit der Black Power Bewegung der 1960er Jahre, die auch mit Malcolm X eine starke Konversionsbewegung hin zum Islam ausgelöst hatte, zeigte sich, dass auch Teile der afroamerikanischen selbständigen Kirchen ihre unterwürfige Rolle aus dem „Jim Crow"-System weiterführen wollten, allerdings unter dem Label „Gewaltlosigkeit".

Ab 1955 wurde die Ausbildung der Afroamerikaner und Euroamerikaner auch bei den Steylern in den USA zusammengelegt. 1967 schloss das Große Seminar von Bay St. Louis. Ab diesem Jahr war dort nur noch das Noviziat der Steyler Südprovinz und ein Kleines Seminar. Auch diese beiden Einrichtungen wurden 1982 geschlossen, als nur noch die Ordenszentrale der Südprovinz und ein Exerzitienhaus in Bay St. Louis verblieb. Das Refektorium des Seminars in Bay St. Louis erhielt den Namen „The Father Wendel Memorial Wing" („Pater-Wendel-Gedenkflügel"). Das Refektorium des Seminars ist eines der wenigen erhaltenen Gebäude, die in den sechzig Jahren, in denen St. Augustine in Betrieb war, errichtet wurden. Bis 1967 wurden die meisten afroamerikanischen Priester in den Vereinigten Staaten in St. Augustine's ausgebildet, und bis 2006 waren mehr als zwei Drittel der afroamerikanischen Bischöfe in den USA Absolventen von St. Augustine. Die amerikanischen Seminaristen der SVD wurden 1982 in Einrichtungen in Iowa und Illinois zusammengefasst. Die Stadt Bay St. Louis wechselte 1977 vom Bistum Natchez in das neue Bistum Biloxi, erster Bischof dieses neuen Bistums wurde der Afroamerikaner Joseph Howze (1923–2019). Er war kein Steyler, sondern stammte aus Alabama und war erst als Erwachsener Katholik geworden.

Das Seminar von Bay St. Louis hat Pionierarbeit geleistet und dem ganzen Land den Weg gewiesen. Nach ihm öffneten sich auch andere Ordens- und Diözesanseminare für Afroamerikaner. Um 1950 hatten sich bereits 23 männliche Orden und 17 Diözesanseminare in den USA für afroamerikanische Priesteramtskandidaten geöffnet, Bay St. Louis hatte längst seine Exklusivität verloren.[82] Der Zweite Weltkrieg und die wichtige Rolle afroamerikanischer Soldaten führten auch gesellschaftlich zu einer Öffnung, die schließlich in den 1960er Jahren zur Bürgerrechtsbewegung der Afroamerikaner führte. In

---

82 Ebda., S. 241.

dieser Bürgerrechtsbewegung waren die Steyler weniger im Vordergrund als zum Beispiel die Jesuiten. 1970 gab es bereits 80 farbige Priester unter den Steylern in den USA. Die Steyler, die meisten unter ihnen waren Deutsche, wurden damit in der US-Ortskirche zum Vorreiter bei der Überwindung der Rassentrennung.

Dass der Anteil der Katholiken unter den Afroamerikanern in der Zwischenkriegszeit rasant zunahm, war einem anderen Steyler Pater, dem aus Volkmannsdorf in Schlesien stammenden Pater Joseph Eckert SVD (1884–1965) zu verdanken. Er wurde 1917 Pfarrer der ersten afroamerikanischen Steyler Pfarrei außerhalb der Südstaaten. Noch während des Ersten Weltkrieges begann die große historische Migration der Afroamerikaner aus den Ghettos der Südstaaten in die Freiheit des Nordens. Auch diesen Trend hatten die Steyler, die immer ihrer Zeit etwas voraus waren, früh erkannt und gründeten in der Folge Dutzende afroamerikanische Pfarreien im Norden und Westen der USA. Am erfolgreichsten dabei war Pater Eckert, der im Süden von Chicago wirkte.[83] Hier hatte bereits John Augustus Tolton (1854–1897), der erste katholische Priester in den Vereinigten Staaten, von dem öffentlich bekannt war, dass er schwarz war, gewirkt. Tolton war 1886 in Rom zum Priester geweiht worden. Er wurde der Diözese Alton in Illinois zugeteilt und wirkte zunächst in seiner Heimatgemeinde in Quincy, Illinois, bevor der Widerstand der dortigen weißen Katholiken und schwarzen Protestanten zu Unstimmigkeiten führte. Nach Chicago versetzt, leitete Tolton die Entwicklung und den Bau der St. Monica's Catholic Church als schwarze „Nationalgemeinde", die 1893 in Chicagos South Side fertig gestellt wurde. Toltons Heiligsprechungsprozess wurde 2010 eingeleitet, und im Juni 2019 wurde er von Papst Franziskus als „Verehrenswert" erklärt.

Durch die vielen Konversionen während der Great Migration wuchs die afroamerikanische katholische Gemeinschaft sowohl zahlenmäßig als auch geografisch. Als schwarze Migranten in den Städten des Nordens ankamen, konnten viele von ihnen nur in Stadtvierteln unterkommen, die seit langem von europäischen katholischen Einwanderern und deren Nachkommen bewohnt waren. Chicagos Zuwanderer kamen so in einen wachsenden „Black

---

83 Anton Freytag: Glaubenssaat in Blut und Tränen. Die Missionen der Gesellschaft des göttlichen Wortes, Kaldenkirchen 1948, S. 343–346.

Belt", der sechs zunächst weiße große katholische Pfarreien umfasste, von denen sich jede bald in einer Krise befand, weil der Übergang in eine afroamerikanische Pfarrei sehr schwer war. Vor diesem Hintergrund beschlossen einige katholische Priester, drunter Pater Eckert, dass die einzige Möglichkeit, den Niedergang aufzuhalten, darin bestand, die neuen schwarzen Bewohner der Viertels mit offenen Armen willkommen zu heißen und sogar anzuwerben. Dies führte zu einer landesweiten Begeisterung für die „Bekehrung der Afroamerikaner". Die Katholiken wandten sich mit „Hausmissionen" an ihre neuen schwarzen Nachbarn in Chicago.[84] In Chicagos Stadtteil Bronzeville hatten in den 1930er und 1940er Jahren weiße Missionspriester und -schwestern aus den Orden der „Society of the Divine Word" (SVD), der „Sisters of the Blessed Sacrament" (SBS) und der Franziskaner schwarze Kirchen „besetzt". Da die meisten afroamerikanischen Einwanderer aus dem Süden nicht als Katholiken nach Chicago kamen, hing das Wachstum der Gemeinden weitgehend von Konversionen ab. Pfarrer Joseph Eckert, SVD, bekehrte in der Zwischenkriegszeit Tausende von schwarzen Chicagoern in St. Elizabeth und St. Anselm. „Vier Qualitäten zogen die Konvertiten an: kirchliche Bildung, katholische Ästhetik und Rituale, Möglichkeiten des Gemeindelebens zur Gemeinschaftsbildung und zum bürgerlichen Engagement sowie die Universalität der Kirche und ihr Versprechen der Gerechtigkeit. Der Katholizismus verschaffte einen Status in der schwarzen Gemeinschaft und eröffnete gleichzeitig wirtschaftliche und politische Möglichkeiten durch den Zugang zur irisch-katholischen Geschäftswelt Chicagos und zur politischen Maschinerie der Demokratischen Partei."[85]

Nachfolger von Pater Eckert in St. Monica wurde 1934 der Pfälzer Pater Bruno Drescher (1881–1970). Der ursprünglich auf den Philippinen tätige Steyler, der 1919 von dort in die USA ausgewiesen worden war, hatte Pater Wendel 1920 bei seinem Tode beigestanden und war sein Nachfolger als Pfarrer in Meridian geworden. In der nur kurzen gemeinsamen Zeit hatte er viele der pastoralen und sozialemanzipatorischen Ansätze von Pater Wendel übernommen. 1940 wechselte Pater Eckert in die nun selbständige Steyler Südprovinz als erster Provinzial und Pater Drescher als erster Steyler nach

---

84 Matthew Cressler: Authentically Black and Truly Catholic. The Rise of Black Catholicism in the Great Migration, New York 2017.
85 Siehe Timothy B. Neary: Crossing Parish Boundaries. Race, Sports, and Catholic Youth in Chicago, 1914–1954, University of Chicago Press 2016.

Kalifornien, wo er erster Seelsorger der Afroamerikaner in der Metropole San Francisco wurde.[86] Für diesen Einsatz erhielt Pater Drescher hohe Anerkennung von den US-Vizepräsidenten Nixon und Johnson, auch eingedenk der Tatsache, dass Kalifornien in den 1960er Jahren das Zentrum der Black Power Bewegung wurde, die nicht mehr die Gewaltfreiheit, wie Martin Luther King, zur Erlangung der Bürgerrechte der Afroamerikaner auf ihre Fahnen geschrieben hatte. Pater Drescher starb 1970 in Riverside in Kalifornien im Alter von 89 Jahren. Was wäre aus Pater Wendel noch geworden, wenn auch er, der im selben Jahr geboren wurde wie sein letzter Freund Pater Drescher, 50 Jahre länger gelebt hätte?

2020 ernannte Papst Franziskus, der seit seinem Amtsantritt 2013 die „Theologie der Randgruppen" ins Zentrum seiner Pastoral und der Kirche gerückt hat, mit Wilton Daniel Kardinal Gregory den ersten afroamerikanischen Kardinal der USA. Kardinal Gregory ist zwar kein Steyler, aber er war in einer der sechs afroamerikanischen Pfarreien der Steyler in Chicago geboren und aufgewachsen.[87] Sein rasanter Aufstieg in der Kirche hatte vielleicht auch mit der Protestbewegung „Black lives matters" zu tun, die im Sommer 2020 in den USA wieder daran erinnerte, dass die Rassenschranken und der Rassismus in den USA, an deren Überwindung die Steyler als erste von katholischer Seite rüttelten, immer noch nicht ganz überwunden sind.

Waren um 1900 nur etwa 1,5 Prozent der Afroamerikaner in den USA Katholiken, so sind es heute sieben Prozent, ein beachtlicher Erfolg. Die Steyler betreuen noch heute in ihren drei US-Provinzen, trotz auch in den USA fallender Mitgliederzahlen, 45 afroamerikanische Pfarreien in vielen Diözesen der USA. Mit ihrer Pionierarbeit unter den Afroamerikanern sind die Steyler auch spätestens seit der Präsidentschaft von Kennedy ins Blickfeld der US-Innenpolitik geraten. Einige der Pioniere dieser Arbeit, die heute in den Seniorenhäusern der SVD in Techny, Bay St. Louis oder Riverside, California, leben, erhalten zu ihren runden Geburtstagen Glückwünsche von US-Präsidenten. Auch die Politik erkennt ihre Leistung und die ihres Ordens heute an.

---

86 Brandewie: In the Light of the Word (wie Anm. 10), S. 204 f.
87 Sinje Stadtlich: Wilton Gregory – Erster schwarzer Kardinal in der US-Geschichte, Deutschlandfunk, 07.01.2021, https://www.deutschlandfunk.de/wilton-gregory-erster-schwarzer-kardinal-in-der-us-100.html [letzter Zugriff am 11.10.2023].

Wie „black lives matters" deutlich machte, ist bis heute die volle Gleichberechtigung für die ehemaligen Sklaven nicht erreicht worden. Nicht ohne Opfer vollzog sich die Überwindung der Rassentrennung in Meridian, der Pfarrei von Pater Wendel. Ein afroamerikanisches Mitglied aus seiner Pfarrei, James Earl Chaney (1943–1964), der an gewaltlosen Protesten gegen die Rassentrennung teilgenommen und sich dem Congress of Racial Equality (CORE) in Meridian angeschlossen hatte, und der 1964 an der „Freedom Summer"-Kampagne teilgenommen hatte, die das Ziel hatte, schwarze Amerikaner in Mississippi als Wähler zu registrieren, wurde am 21. Juni 1964 auf dem Weg zu einer Kirche, die von Anhängern der White Knights des Ku-Klux-Klans niedergebrannt werden sollte, von diesen gestoppt und zusammen mit zwei Freunden zunächst gefoltert und dann gelyncht.[88] James Chaney und die von Pater Wendel gebaute St. Joseph Kirche von Meridian sind heute Stationen auf dem Civil Rights Trail in Meridian, der die Stationen der Überwindung der Rassentrennung und die Opfer dieser Bewegung in dieser Stadt würdigt.[89] Erst Mitte der 1960er Jahre fielen mit der Diskriminierung der Afroamerikaner bei der Eintragung in die Wählerlisten die letzten Rassenschranken in den USA. Die Initiative dazu ging von den Brüdern John und Robert Kennedy aus, John F. Kennedy (1917–1963) war der erste katholische Präsident der USA.

Kurz vor der Ermordung von Präsident Kennedy 1963 hatte der Baptistenpfarrer Martin Luther King (1929–1968) mit seinem „Marsch auf Washington" vor 250 000 Teilnehmern mit seiner Rede „I have a dream" seine Vorstellungen einer gerechten Gesellschaft gepredigt. Für seinen gewaltlosen Kampf um die Bürgerrechte der Afroamerikaner hatte er ein Jahr später, mit 35 Jahren, den Friedensnobelpreis erhalten. Zuvor hatte er während des Konzils in Rom Papst Paul VI. besucht. Einer seiner engsten Mitstreiter bis zu seiner Ermordung 1968 war Abraham Heschel (1907–1972), ein aus Polen stammender Sprössling einer chassidischen Rabbinerfamilie, der 1937 Nachfolger Martin Bubers am Jüdischen Lehrhaus in Frankfurt geworden war, und 1942 mit Hilfe auch der Quäker in die USA flüchten konnte. Heschel hatte in seiner Dissertation am „Hebrew Union College" in Cincinnati die Propheten Israels als Identifikationsfiguren bezeichnet. Diese Sicht hatte Martin Luther King übernom-

---

88 https://de.wikipedia.org/wiki/James_Earl_Chaney [letzter Zugriff am 05.01.2023].
89 https://en.wikipedia.org/wiki/Meridian_Civil_Rights_Trail [letzter Zugriff am 05.01.2023].

men und sah sich in der Tradition des Propheten Amos als er sagte (Amos 5,24): „Let justice roll down like waters/and righteousness like a mighty stream."[90]

Abb. 15: Statue des Ordensgründers Arnold Janssen
in Techny [Foto: Bodo Bost]

---

90 Michael Strausberg: Die Heilsbringer – Eine Globalgeschichte der Religionen im 20. Jahrhundert, München 2020, S. 382.

Das „Zentrum für Lehren und Lernen" (ZeLL) an der Universität des Saarlandes bietet allen interessierten Menschen unabhängig von ihrem Alter oder ihrer Qualifikation die Möglichkeit, als Gasthörer forschungsnahe Bildungsangebote wahrzunehmen. Ganz gleich ob man sich berufsbegleitend weiterbilden, im Ruhestand geistig fit halten oder einfach seinen Horizont erweitern möchte: Beim ZeLL ist man an der richtigen Adresse. Das Gasthörerstudium ermöglicht jedes Semester den Zugang zu mehr als 600 ausgewählten regulären Lehrveranstaltungen der Universität. Darüber hinaus bietet das ZeLL über dreißig eigene Gasthörerkurse an. Sie sollen das Interesse an aktueller Forschung und wissenschaftlichem Arbeiten wecken, den Weg in die regulären Lehrveranstaltungen der Universität erleichtern und „Appetit auf mehr" machen.

Zentrum für
Lehren und Lernen

UNIVERSITÄT
DES
SAARLANDES

Erfüllen Sie sich einen Bildungswunsch: Werden Sie Gasthörer/in an der Universität.

Mehr Informationen beim
Zentrum für Lehren und Lernen unter
0681/302-3533 oder www.uni-saarland.de/zell

Bildung ist mehr als Qualifizierung

Gerade für historisch Interessierte hat ein Gasthörerstudium viel zu bieten: Neben den Lehrangeboten des Historischen Instituts und der Altertumswissenschaften findet sich auch ein breites Angebot in den Bereichen der Archäologie, Kunstgeschichte und Literatur. Ein Themenschwerpunkt zur Großregion im Gasthörerkurs-Programm nimmt aus unterschiedlichen Fachperspektiven Fragen der Geographie, Geschichte, Sprache, Literatur, Kunst, Kultur, Religion, Wirtschaft und Politik der Region in den Blick. Der „Studienführer Weiterbildung" bündelt das gesamte Veranstaltungsangebot des ZeLL und alle Informationen rund ums Gasthörerstudium, um berufsbegleitende Weiterbildung und weitere interessante Angebote auf dem Uni-Campus sowie wichtige Tipps und Kontaktadressen.

Der Kapuziner Manfred Hörhammer

Mitgründer der saarländischen und deutschen Pax-Christi-Sektion[*]

Von Franz Josef Schäfer

Manfred Hörhammer OFMCap (1905–1985) war in den Dreißigerjahren als Jugendseelsorger im Saarland tätig und im Zweiten Weltkrieg als Sanitäter an der Ostfront eingesetzt. In der Nachkriegszeit engagierte er sich für die Internationale katholische Friedensbewegung Pax Christi.

Quellengrundlage für den Beitrag bilden insbesondere Hörhammers Personalakte im Archiv der Bayerischen Kapuzinerprovinz in Altötting, in der die Skizze „Erinnerungen" und Feldpostbriefe von Pater Manfred an den Provinzial des Kapuzinerordens enthalten sind, sowie das Manuskript „Die Freundschaft oder der Tod. Allen Freunden in Dankbarkeit. Rückschau und Bilanz" aus dem Jahre 1974 im Bischöflichen Diözesanarchiv Aachen, in dem auch Feldpostbriefe Hörhammers an seine Eltern zu finden sind.[1] Eine weitere Quelle ist dem Nachlass der saarländischen KZ-Überlebenden Änne Meier (1896–1989) entnommen.[2]

Herkunft und Werdegang Manfred Hörhammers bis 1939

Friedrich Ernst René Chrismant, so Pater Manfreds ursprünglicher Name, wurde am 26. November 1905 in München, Mandlstraße 2, als uneheliches Kind der

---

[*] Bei diesem Beitrag handelt es sich um die Überarbeitung eines Vortrags, gehalten beim Zentrum für lebenslanges Lernen der Universität des Saarlandes am 7. Juni 2023.

[1] Eine stark gekürzte Fassung wurde unter dem Titel „Die Freundschaft oder der Tod. Rückschau und Bilanz", von Willy Schanz veröffentlicht in: Katholische Junge Mannschaft. Gruppe München. Wege einer Gruppe. 1945–1985, München 1985, S. 88–99.

[2] Archiv des Adolf-Bender-Zentrums St. Wendel.

Abb. 1: Friedrich Chrismant und seine Mutter Erna [Archiv der Bayerischen Kapuzinerprovinz Altötting (ABKPAö)]

Gouvernante Ernestine (Erna) Clémentine Chrismant geboren und am 20. Dezember 1905 in der Pfarrei St. Ursula[3] getauft.

Seine Mutter Ernestine (Erna) Chrismant wurde am 30. November 1879 in Lunéville geboren. Ihre Eltern waren Eugène Ernest Chrismant (*21. März 1845), Sohn von Eugène Adolphe Chrismant (*1816) und seiner Ehefrau Adélaide Fronmont († 1848), und Marguérite Clémentine Boiseau (*10. April 1852 in Lunéville), Tochter des Winzers François Boiseau (*1810) und seiner Ehefrau Magdeleine Barbier (*1811). Ernestines Eltern heirateten am 20. November 1872, ihre Großeltern am 13. Mai 1840. In der Heiratsurkunde von Eugène Chrismant und Marguérite Boiseau aus dem Jahre 1872 wird angegeben, dass der Ehemann keinen Beruf habe („sans profession"). Als Beruf seines Vaters ist Kolonialwarenhändler („marchand épicier") vermerkt. Am 16. März 1875 wurde Ernestines älterer Bruder Eugène Emile Chrismant geboren. Als Beruf des Vaters ist nun Holzhändler („marchand de bois") angegeben. Die Familie wohnte zum damaligen Zeitpunkt in Lunéville, rue du Rempart 43. In der Geburtsurkunde Ernestine Chrismants 1879 ist als Adresse Place Saint Jacques 26 angegeben.[4] Pater Manfreds Mutter starb am 28. April 1961 in München.

---

3 Archiv des Erzbistums München und Freising, AEM, Matrikelnr. 9376, Pfarrei München, St. Ursula, Jahrgang 1905, S. 363, Nr. 932. Im Taufeintrag ist „Gesellschaftsdame" als Beruf der Mutter angegeben sowie „Fabrikbesitzerstochter v. Lunéville" als Angabe zu ihrer Herkunft. Taufpaten waren Ernst Eugen Chrismant und Rosa Berdery.

4 Vielen Dank an Michel Barrois, Secrétaire du Cercle Généalogique du Lunévillois, für die Übermittlung der Daten.

Friedrichs leiblicher Vater war Friedrich Ferdinand Heinrich Wilhelm Haupt Graf zu Pappenheim (1863–1926), zweites von drei Kindern der Eheleute Maximilian Joseph Karl Friedrich Graf zu Pappenheim (1824–1906) und Luise Katharine Gräfin von Schlieffen (1838–1924).[5]

Friedrich Graf zu Pappenheim wurde am 11. Dezember 1863 in Pappenheim geboren. Er gehörte dem Königlich Bayerischen 1. Schweren-Reiter-Regiment „Prinz Karl von Bayern" an. Seine Laufbahn war durchgängig bestimmt durch seine Stellung als persönlicher Adjutant des Kronprinzen Rupprecht von Bayern (1869–1955) von 1901 bis 1911 und daran anschließend bis 1923 als Hofmarschall. Ihm war die Leitung der Bamberger Hofhaltung des Kronprinzenpaares über-

Abb. 2: Friedrich Graf zu Pappenheim
[Bayerisches Hauptstaatsarchiv, P II 1883]

tragen. Er vertrat während der Auslandsreisen des Kronprinzen auch dessen private Interessen. So besorgte er 1901 Karten für die Bayreuther Festspiele – „Götterdämmerung" und „Parsifal" – und kümmerte sich um die Einzelheiten der Haushaltsführung. Außerdem war er für die Vermögensverwaltung zuständig. Graf zu Pappenheim war seinem Dienstherrn bei der Suche nach neuen Wohnsitzen stets behilflich. Am 25. August 1926 verstarb der Königlich-bayerische Hofmarschall a. D. Major a. D. Friedrich Ferdinand Graf zu Pappenheim in München und wurde in der Familiengruft zu Pappenheim beigesetzt.

Die Liebschaft zwischen Friedrich Graf zu Pappenheim und Erna Chrismant nahm 1903/04 ihren Ausgangspunkt in Kirchberg, wo Erna mit der Erziehung von Johannes Baptist Graf Fugger von Kirchberg und zu Weißenhorn

---

5 Die Angaben zu Friedrich von Pappenheim basieren auf: Dieter J. Weiß: Kronprinz Rupprecht von Bayern (1869–1955). Eine politische Biografie, Regensburg 2007. Vgl. Reinhard Heydenreuter: Pappenheim. von. in: Neue Deutsche Biographie (NDB). Band 20. Berlin 2001. S. 48–50: Hans Schwackenhofer: Die Reichserbmarschälle. Grafen und Herren von und zu Pappenheim. Zur Geschichte eines Reichsministerialengeschlechtes, Treuchtlingen und Berlin 2002.

(1897–1985) von dessen Mutter Amalie Gräfin von Montgelas (1867–1936)[6] beauftragt wurde. 1974 schrieb Manfred Hörhammer in der autobiografischen Skizze „Die Freundschaft oder der Tod" Folgendes über seine Jugend:

Abb. 3 (l.): Hörhammer als Kind [ABKPAö; Foto Franz Grainer München] und Abb. 4 (r.): Skulptur „Fritzi"
der Künstlerin Jenny Luise von Bary-Doussin (1874–1922) [Foto: Clemens Bauer, Longkamp]

Ich war der Sohn einer französischen Mutter und bin darum in der französischen geistigen Welt, mitten in meiner Heimatstadt München, groß geworden; lernte zuerst französisch als Muttersprache, wie es damals so Sitte war, lernte früh französische Bücher lesen. Mutter war bei Hof, d. h. bei der Schwester der berühmten Sissi, Kaiserin Elisabeth von Österreich, Gräfin Trani,[7] als Vorleserin französischer Zeitungen, auch während des Ersten Weltkrieges. Gleichzeitig war Mutter Sprachlehrerin, hatte Zugang in viele Kreise, wohin sie mich immer mitnahm. Gut erzogen, wie es damals so Sitte war, „Kinder hat man nur zu sehen, nicht zu hören", war ich bei allen interessanten Gesprächen, auch international, Aug und Ohr. Allein diese stumme, aber wache erste

---

6 Vgl. Sarah Hadry: Die Fugger in Kirchberg und Weißenhorn. Herrschaftsverfassung und Leibeigenschaft, Konfessionalisierung und Residenzbildung, Augsburg 2007.

7 Herzogin Mathilde Ludovika von Bayern (1843–1925) heiratete 1861 Ludwig Maria Graf von Trani und Prinz von Neapel-Sizilien (1838–1886). Die Ehe verlief unglücklich, so dass sich Herzogin Mathilde fast das ganze Jahr über auf Reisen befand, meist in Begleitung ihrer Schwestern Marie Sophie Amalie (1841–1929) und Elisabeth Amalie Eugenie (Sissi) von Österreich-Ungarn (1837–1897).

Tuchfühlung mit der „großen, weiten Welt" bot einem kleinen Jungen ungeahnte frühe Möglichkeiten, Lebenssituationen und Schicksale aller Art kennenzulernen, Fragen in mir aufzuspeichern und sie meiner Mutter, die grundsätzlich auf alle Fragen – je nach meiner Fassungsgabe – Antwort gab, vorzulegen.[8]

Erna Chrismant heiratete am 19. August 1916 den Studienassessor Franz Xaver Hörhammer (1892–1962), der den unehelichen Sohn seiner Frau am 1. September 1916 als sein Kind anerkannte. Am 18. September 1917 wurde seine Halbschwester Ernestine Franziska Maria Hörhammer geboren, die bereits am 16. Oktober 1917 starb.

Abb. 5 (l.): Hörhammer als Jugendlicher [ABKPAö] und
Abb. 6 (r.): Franz Hörhammer [ABKPAö]

1915 besuchte Friedrich Chrismant das Maximilian-Gymnasium in München und von 1920 bis 1922 das Klosterseminar der Benediktiner in Metten. Pater Manfred Hörhammer bekannte, dass er in Folge der Novemberrevolution 1918 zwischenzeitlich den christlichen Glauben verloren habe. Er besuchte in Aibling Vorträge des abtrünnigen Priesters Otto Sickenberger (1867–1945). Im April 1922 wurde er als Novize im Kapuzinerkloster Burghausen aufgenommen und erhielt den Ordensnamen Manfred. 1924 legte er am Humanistischen Gymnasium in Burghausen die Reifeprüfung ab. Im Juli 1929 wurde er in Dillingen zum Priester geweiht.

---

8 Bischöfliches Diözesanarchiv Aachen, Nachlass Manfred Hörhammer, Karton 9, Mappe 54: Manfred Hörhammer: Die Freundschaft oder der Tod. Allen Freunden in Dankbarkeit. Rückschau und Bilanz, 1974.

Abb. 7: Hörhammer als junger Mönch [ABKPAö]

Aus der Mettener Zeit resultiert seine Begegnung mit der Quickborn-Bewegung Romano Guardinis, der er sich ein Leben lang verbunden fühlte.

In diese Mettener Zeit 1921 kam im Herbst plötzlich eine Wundermär zu uns. Da gäbe es eine Burg, in Franken, „Rothenfels", und da kämen junge Menschen hin, Jungen und Mädchen, in einfacher Wanderkluft, sie rauchten nicht, tranken keinen Alkohol, sangen alte Lieder wie neu, beteten gemeinsam die Messe, vieles auf deutsch, hatten als obersten Grundsatz die bedingungslose Wahrhaftigkeit, wählten sich ihre geistlichen Beiräte, und dies alles nannte sich „Quickborn". Rasch waren wir vier, fünf zu einer Gruppe zusammen und siehe, unser Pater Paul ermöglichte uns am 29. September 1921 die erste Gemeinschaftsmesse mit gedruckten Texten. Ein „Experiment", so hieß es. Dabei hatte bereits Pius X. 1910 gesagt: „Ihr sollt nicht in der Messe, ihr sollt die Messe beten." Wir waren ganz stolz auf diesen Durchbruch. Es ergaben sich aus diesem Aufbruch noch andere Wellenbewegungen in andere festgefügte Jugendkreise, wie z. B. die M.C. (Marianische Studentenkongregation), der wir in Metten gleichfalls neues „jugendbewegtes Leben" einzuhauchen versuchten. In dieser Zeit fiel auch meine Entscheidung zum Eintritt bei den Kapuzinern. Das hatte Kindheitsgründe: Wir wohnten damals in der Kapuzinerpfarrei St. Josef in München. Die bärtigen Väter in ihrer einfachen kernigen Art sagten mir sehr zu; außerdem bot die Geschichte des Ordens eine Bandbreite von Originalen, vom französischen Admiral, der die Schlacht von la Rochelle siegreich entschied (von Richelieu aus dem Kapuzinerkloster in Lyon dafür in Rom freigeholt!) und dann die vielen Anwälte des einfachen gedrückten Volkes, der ärmsten Schichten. Dies alles faszinierte mich – ich würde mich auch heute für keinen anderen Orden entscheiden, nach 50 Jahren![9]

9 Hörhammer: Freundschaft (wie Anm. 8).

Pater Manfred verbrachte von 1930 bis 1938 seinen vierzehntägigen Urlaub stets auf Burg Rothenfels. Von 1930 bis 1932 lebte er im Kapuzinerkloster St. Ingbert und anschließend bis 1938 in Blieskastel.[10]

Das damalige Saargebiet wurde nach dem Ersten Weltkrieg 15 Jahre lang von einer Regierungskommission des Völkerbundes regiert. Danach sollte die Bevölkerung abstimmen, ob das Saarland weiter Mandatsgebiet des Völkerbundes sein, an Deutschland oder an Frankreich angeschlossen werden sollte. Die Gegner eines Anschlusses an Deutschland trafen sich zu Besprechungen im Kloster Blieskastel. An diesen Beratungen nahm neben dem Superior, Pater Hermenegild Kestel (1886–1966), auch Pater Manfred teil.

Die Bischöfe von Trier und Speyer, Bornewasser und Sebastian, wiesen ihren Klerus an, sich für den Anschluss an Deutschland einzusetzen. Auch bei einer Großkundgebung der katholischen Jugend 1934 in Saarbrücken, an der sich 50 000 Jugendliche beteiligten, äußerte sich Bischof Bornewasser unmissverständlich in diesem Sinne. Mit über 90 Prozent entschied sich die Bevölkerung an der Saar trotz Hitler für den Anschluss an Deutschland. Pater Hermenegild blieb nur die Flucht in die Tschechoslowakei übrig, wohingegen Pater Manfred in Blieskastel blieb und weiterhin katholische Jugendarbeit betrieb. In seinem Rückblick schreibt er u. a.:

> Gefährlich, „staatszersetzend", galt dem NS-Regime vielmehr der sagenhafte Zusammenstand, den die Zwangsrekrutierung bei der HJ, die sie gleichzeitig entwertete, einfach nicht herausholte. Zusätzlich spürte ihre Führung, daß genau umgekehrt wir sie „unterwanderten". So hatte ich z. B. an der Saar einen heimlichen Bibelkreis im Untergau des BDM.[11]

1937 wurde die Blieskasteler Gendarmerie von der Gestapo zu einer Auskunft über Pater Manfred aufgefordert. Im Antwortschreiben heißt es, dass in strafrechtlicher und spionagepolizeilicher Hinsicht über den Genannten Nachteiliges nicht bekannt sei. Auch Ruf und Leumund seien einwandfrei. In politischer Hinsicht sei er in der Öffentlichkeit und bei seinen Kanzelreden nicht auffällig hervorgetreten. Wie der größte Teil der Geistlichkeit halte er sich an die von den kirchlichen Behörden erteilten Richtlinien. Seine Anhängerschaft

---

10 Hörhammers Tätigkeit im Saargebiet ist dargestellt in: Franz Josef Schäfer: Der Kapuziner Manfred Hörhammer – Jugendseelsorger im Saargebiet und Sanitätssoldat während des Zweiten Weltkrieges, in: Jahrbuch für westdeutsche Landesgeschichte 41 (2015), S. 509–590, hier S. 528–545.

11 Ebda.

zur früheren Zentrumspartei stehe, wie bei dem weitaus größten Teil der katholischen Geistlichen, außer Zweifel.

> Daß er im Geheimen nicht für, sondern gegen das neue Deutschland arbeitet, geht aus einer Äußerung hervor, die er im Beichtstuhl einem Parteigenossen gegenüber gemacht hat. Er sagte, sie – die Geistlichkeit – würde sich niemals hinter das 3. Reich und den Führer stellen, weil der Führer Totalität beanspruche.[12]

Pater Manfred als Soldat

Kurz vor Ausbruch des Zweiten Weltkrieges kehrte Pater Manfred vom Kapuzinerkloster St. Anton in München in das Kloster in St. Ingbert zurück. Als in der benachbarten Pfarrei Rohrbach Kaplan Paul Wilhelm Müller (1909–1995) zum Kriegsdienst eingezogen werden sollte, erklärte sich Pater Manfred bereit, sich an seiner Stelle freiwillig zu melden. Pater Manfred in einem Rückblick:

> 1940 rückte ich dann auch ein als einspringender Ersatz für einen Kaplan des Nachbarortes mit 7 000 Seelen, der gezogen war.[13] Dieser Umstand „des Freiwilligen" half mir später, als ich wegen zu weitverzweigter Briefkorrespondenzen mit all den vielen Freunden vor Kriegsgericht stand.[14] Ein wenig Walter Flex „Wanderer zwischen beiden Welten" im Herzen, war auch im Spiel.
> Um ehrlich zu sein, hätte ich geahnt, was der preußische Barras in sich schließt, hätte ich wahrscheinlich nicht so spontan zugegriffen. Nun, früher oder später, hätte es einen ohnehin erwischt.[15]

---

12 Archiv der Bayerischen Kapuzinerprovinz Altötting (ABKPAö), Abt. X, Personalien, Fach 151, Fasc. 221, Nr. 1174 P: Manfred Hörhammer von München.

13 Es handelt sich um Paul Wilhelm Müller (1909–1995), seit 16. Juli 1937 Kaplan der Pfarrei St. Konrad Rohrbach. Am 17. November 1941 wurde er zum Kriegsdienst einberufen.

14 Ein Prozess gegen Mitglieder des Una-Sancta-Kreises München lässt sich in der Überlieferung des Sondergerichts München und der Generalstaatsanwaltschaft beim Oberlandesgericht München, den für politisch motivierte Strafverfahren zuständigen Justizorganen, nicht auffinden. Auch eine Suche in den Beständen der Gestapo-Leitstelle München sowie der Polizeidirektion München blieb ohne Erfolg. Die Deutsche Dienststelle für die Benachrichtigung der nächsten Angehörigen von Gefallenen der ehemaligen deutschen Wehrmacht, Berlin, teilte am 9. September 2013 mit, dass über den beschriebenen Sachverhalt (Kriegsgericht) keine Aufzeichnungen vorliegen. Friedrich Hörhammer ist lediglich wie folgt verzeichnet: Meldung vom 9. Dezember 1940: 4./Sanitäts-Ersatz-Abteilung 1 (Zugang am 8. Dezember 1940 von 3. Sanitäts-Ersatz-Abteilung 1). Abgang zum Lazarett-Zug B 502. Dienstgrad: Sanitätssoldat; Meldung vom 13. Dezember 1940: Lazarett-Zug B 502.

15 ABKPAö (wie Anm. 12).

Wir sehen, dass Pater Manfred anfänglich durchaus erwartungsvoll ins Feld zog, was aber auch zeigt, dass er den Krieg damals nicht grundsätzlich ablehnte. Wie sehr ihn dieser Lebensabschnitt prägte, wird noch in der Ansprache von Paula Linhart (1906–2012) zum Gedenken an Pater Manfred Hörhammer im Januar 1986 deutlich. Sie erwähnte, dass Hörhammer zum gelegentlichen Missmut des Una-Sancta-Kreises eine Reihe kräftiger Landsersprüche aus dem Krieg mitgebracht habe, als wolle er immer wieder neu beweisen, dass ihm an der Front das wirkliche Leben begegnet sei.

Abb. 8: Hörhammer als Soldat [ABKPAö]

Nach seiner Ausbildung zum Sanitäter wurde Pater Manfred zum Lazarettzug 502 befohlen. Insgesamt nahm er an 133 Fahrten teil.[16] Dr. med. Alfred Rucker jun., Sohn des Stabsarztes und damaligen militärischen Vorgesetzten Hörhammers, in einem Schreiben:

> Die Erinnerungen an Erzählungen aus meiner Kindheit reichen von seiner Befreiung vom Frühsport am Lazarettzug – da er mit rechts und links unüberwindbare Probleme hatte, bis zum furchtlosen Segnen und Abschreiten des Lazarettzuges während „Stuka"-Angriffen. In der Beziehung meiner Eltern und Manfred gab es eine bunte Mischung von menschlich, heiteren Kuriositäten und Schrullen mit abgrundtiefem Gottvertrauen.[17]

Dr. Alfred Rucker sen.

Eine Erinnerungsschrift zum 100. Geburtstag

Abb. 9: Dr. Alfred Rucker

Dr. Rucker gab 1998 eine Erinnerungsschrift anlässlich des 100. Geburtstages seines Vaters heraus. Darin zitiert er aus einem Bericht aus der Feder seines Onkels Dr. med. Eugen Rucker aus dem Jahre 1971 über seinen Vater:

---

16 Vgl. Schäfer: Hörhammer (wie Anm. 10), S. 545–588.
17 Schreiben von Dr. Alfred Rucker jun. vom 11. August 2013 an den Verfasser.

Auch in der Rettung und Versorgung verletzter Kameraden der Ostfront mangelte es ihm nicht an Wagemut und Tollkühnheit, an Sachverstand, aber auch Gottvertrauen, nicht nur gegenüber dem Feind, sondern auch intra muros gegen NSDAP und Gestapo. Sein Lieblingsgefreiter war kein Geringerer als Pater Manfred Hörhammer, der weltberühmt gewordene Begründer der Pax-Christi-Bewegung nach der Katastrophe, ein heiligmäßiger Sohn des hl. Franziskus. Auch der Priester Franz Haibach [1899–1958], Sanitätsunteroffizier, gehörte zu seinen besonderen Schützlingen in der Lazarettformation. Darüber hinaus bestanden während des ganzen Krieges intensive Kontakte zu den Jesuiten in Königsberg[18] und zur Chefin des Mutterhauses der Rot-Kreuz-Schwestern, Frau Oberin Maria Steffens,[19] die zwangsläufig zum Konflikt mit dem Regime führen mußten. Unbeugsam erwies sich Alfred auch als überzeugter Katholik. Beweis allein dürfte die Tatsache sein, daß er fast täglich in seinem Chefarztwaggon der hl. Messe, zelebriert von Pater Manfred, beiwohnte und seinem Gefreiten sogar den Meßdiener dabei machte. Geheim blieben all diese Kontakte und sein Verhalten nicht und so wurde es bald nötig, daß er seine Zugpfarrer wegen „Untergrabung der deutschen Front" gegen die Gestapo verteidigen mußte und ihn wiederum der Heeresarzt [Siegfried Adolf] Handloser [1885–1954] decken mußte.[20]

Es war ein Glücksfall, dass Pater Manfred, der von der Belegschaft und den Schwestern wieder mit Fritz angeredet wurde, einen Vorgesetzten fand, der ihn vor Gefährdungen durch die Gestapo bewahrte.

In seinem ersten Brief an Provinzial Stanislaus Grünewald vom 18. Juni 1940 lobt Hörhammer die militärische Disziplin.

Was sehr schön ist, hier, die wirklich überaus menschliche Kameradschaft, das herzliche Du verschiedenartigster und -gläubiger Menschen, das Teilen und Helfen.
Freilich, gleichzeitig eine sehr harte Schule. Wir dürfen und können noch davon lernen. Aber eines muß ich sagen: Der Gehorsam, der hier zu leisten ist, ist wohl unvergleichlich härter als der daheim. Wie überhaupt alle Maßstäbe für die Situation hier fehlen. Was objektive Autorität ist, das habe ich hier begriffen – und auch, warum die Wehrmacht solche Siege herausholt. Wie wir heute so im Stahlhelm zur Kirche marschierten, das ganze wie ein gerader Block! Gehen lassen auch in kleinsten Äußerlichkeiten ist ausgeschlossen.[21]

---

18 Pater Michael Gierens SJ arbeitete von 1921 bis 1925 in Königsberg als Studenten- und Jugendseelsorger. Am 7. September 1923 wurde das Haus in der Theaterstraße 8 erworben. Erst am 26. August 1928 entstand eine förmliche Residenz. Am 30. August 1944 wurde bei einem Luftangriff das Haus völlig zerstört, ebenso die benachbarte Buchhandlung Gräfe und Unzer.

19 Nach Auskunft des Archivs des Deutschen Roten Kreuzes ist keine Personalakte Steffens vorhanden, da das Archiv des DRK-Generalsekretariats nur Unterlagen, die direkt aus der Tätigkeit des Generalsekretariats bzw. des Präsidiums hervorgegangen sind, umfasst, und zwar vor allem aus der Zeit ab 1950, da der Altbestand 1945 zum größten Teil verloren ging.

20 Dr. Alfred Rucker sen. Eine Erinnerungsschrift zum 100. Geburtsjahr, o. O. o. J. [1998], S. 14 f.

21 ABKPAö, (wie Anm. 12).

Es sei ein Segen, dass er und einige Mitbrüder gezwungen worden seien, mitzumachen und er glaube, dass sie bei ihrer Heimkehr eine neue Haltung mitbringen würden, eine neue Härte und Kraft. Weiterhin klagte er über Heimweh und bedauerte, keinen durchtrainierten Körper zu haben und Nerven von Eisen. Aber die Aufgabe, die ihnen im Kommenden gestellt sei, werde nur in jener Härte möglich werden. In den Gesprächen mit Kameraden und Krankenschwestern werde immer der Zölibat thematisiert.

In einem Brief vom April 1941 an Pater Provinzial thematisierte Pater Manfred den Klostersturm:

> Die Nachricht, daß wir sechs Klöster nun fast so gut wie nicht mehr haben, hat mich nicht überrascht – aber schwer ist's doch. Wir stehen hier und arbeiten für – und hinten in der Heimat wird Dir diese abgebrochen. Aber über dieser ersten Welle steigt doch die andere auf, die das Vertrauen, daß in allem der Herr seine Pläne durchführt. – Wie schwer es Ihnen sein muß! Ich hab oft an Sie denken müssen, in all den Tagen. Tu autem, conforta fratres tuos! So nehmen Sie denn unsere Bereitschaft auf diesem einsamen Posten als ein kleines Zeichen dafür.[22]

Die Rundschreiben an den Freundeskreis sind persönlicher gehalten. Wir erfahren einiges über den Alltag des Soldaten Hörhammer, aber auch über seine Gedanken und Gefühle, seine Ängste und Hoffnungen. Als Beispiel sei hier eine kleine Auswahl vorgestellt.

> Vielleicht hilft uns diese apokalyptische Zeit doch auch dazu, daß wir endlich begreifen, daß die Worte der Schrift über das Vergehen der Welt und ihrer Pracht doch viel tiefer sind als wir meinten – daß es zwar ein Ignorierenwollen dieser Erde aus Furcht und Ressentiments gibt – gerade unter seligem Deckmantel – daß aber die starke Erwartung des ewigen Lebens ganz was anderes ist – Gott erwartet uns – Er wird uns entgegenlaufen, wenn wir auch noch so dreckig und verwahrlost und zerschlagen vor Seine Füße fallen – Er wartet darauf mit aller Sehnsucht der Liebe – (weil Er sich halten muß an das Gesetz der Freiheit), bis Er endlich aus der dunklen Verhüllung, die dieses Leben vor Sein Angesicht hängt, hervortreten und sich uns zeigen kann, wie Er ist. Vielleicht ist dies die andre Seite des großen Sterbens – es muß doch etwas bedeuten, wenn die Menschen in Scharen vor Gott treten müssen – es kann nicht einzig sinnlose Vernichtung sein – oder was die Menschen einander antun, auch das Furchtbarste fängt Gott auf und verwandelt es unsagbar zum Vorgelassenwerden bei Ihm selbst. Das ist doch nicht Romantik. Wie wird Gott einen armen ... aufnehmen, der durch die Sünden seiner Väter, seiner Umwelt, seiner selbst in ein reißendes Tier verstümmelt, auf die Menschen losgelassen und von ihnen wie ein Ungeziefer vertilgt wurde? Wird Er nicht auch da das Werk seiner Hände, was Ihm die Menschen fast bis zur Unkennt-

---

22 Ebda.

Abb. 10: Manfred Hörhammer auf Wache, Königsberg, Lazarettzug 502, 1942 [ABKPAö]

lichkeit zerschlagen, hinwerfen, unendlich erbarmend aufnehmen. Muß dieses allmächtige Erbarmen, wenn es gleichsam entfesselt wird, aller Hemmungen, die ihm in der unerbittlich preisgegebenen Zeit auferlegt sind, nicht unausdenkbar stärker sein als alles, was menschliche und teuflische Bosheit und Dummheit mit Seinen Geschöpfen angerichtet haben.[23]

Bezüglich der russischen Bevölkerung berichtet er fast ausschließlich über Begegnungen mit orthodoxen Christen. Aufschlussreich ist folgender Brief vom 13. August 1941:

Wir sind doch das erste Gesicht aus der Heimat, in das diese Menschen all ihre Anliegen hineinfragen, nachdem sie Wochen, die wie Monate vergehen, im Lande der tausend Grauen und einen Nacht gewesen. Unvorstellbare Welt des Todes, die unsre Brüder von vorne durchlaufen, Land wie vom Satan versiegelt, wo das Herz aufgehört hat zu schlagen – denn in Rußland schlägt das Herz nur noch in den Katakomben seiner Kirchen.

Man wundert sich nur, wie in den Räumen, wo das Leben des Herzens erfroren, überhaupt noch Menschen in menschlicher Sprache uns erzählen können, was über 20 Jahren ihr Leben und Sterben gewesen. Und wenn wir dann hinüberschauten zu den Viehwägen, die mit Gefangenen gepfropft uns gegenüberlagen – was da uns aus vergitterten schmalen Öffnungen entgegen starrt und stiert, sind Gesichter, aus denen Satan in seiner Systemzeit alle Seele fast restlos herausgepeitscht hat. Gemessen an der Erbitterung selbst der schwerstverwundeten Kameraden, die am liebsten Handgranaten herübergeworfen, die mich gelyncht, wenn ich an die Wagenöffnungen Wasser heraufgereicht hätte, muß dieser Krieg Möglichkeiten im Menschen aufgelegt haben, wie ein unheimliches Kastenspiel, das der Teufel selber mischt. Gelegentlich einer Aussprache unter Kameraden unmittelbar darauf äußerte ich nur, unsereiner geriete in menschliche Konflikte, die im Augenblick wohl im Sinn der „Disziplin" gelöst, aber trotzdem „stehen" blieben, worauf dann einer das Gespräch auf das Neue Testament mit dem „Götz" abbrach.

---

23 Archiv des Adolf-Bender-Zentrums St. Wendel. Auch die weiteren Zitate dieses Kapitels sind diesem Bestand entnommen.

Am 9. November 1941 schrieb er wiederum über russische Kriegsgefangene, aber voller Mitgefühl, da er unausgesprochen hiermit wohl signalisieren möchte, dass umgekehrt die Lage deutscher Kriegsgefangener in den Lagern der Roten Armee analog sein wird.

> Wilna: Wir liegen einem Russentransport gegenüber. Offene Wagen vollgepfropft. So sind wir Zeugen, wie Verzweifelte „den Weg ins Freie" suchen – und das Ende: der nackte Tote, der von den eigenen Leuten erschlagen, ausgezogen und hinübergeworfen wird. Wir standen später davor. „Tod überstanden".
> Nur ein fast verschwindender Einzelfall, multipliziert mit Tausend, aber und daneben gehalten die Worte der Geheimen Offenbarung: Er wird wegwischen alle Tränen aus ihren Augen – jener Text, der wie ein unsagbares Märchen von tausend und einer Nacht klingt. Aber wer wagt das in diese Finsternis und Todesschatten hineinzukünden. Vor diesem Morgen hängt überall der Tod.

Pater Manfred wurde auch Zeuge der Ermordung von Juden. Hierüber schwieg er in seinen Rundbriefen aus verständlichen Gründen. Aber in der Nachkriegszeit, als er sich im Rahmen von Pax Christi für die deutsch-französische Verständigung und später für die Aussöhnung von Deutschen und Polen einsetzte, sprach er auch über Verbrechen der Wehrmacht. 1943 stand er neben seinem Chef vor dem Lazarettzug, der ihn aufforderte hinzuschauen, wie lettische SS-Männer Juden aus Dünaburg ermordeten: „Mein Chef zitterte vor Empörung: ‚Wir sollten eigentlich reinknallen'."

Hermann Pfister erwähnt in seinem Beitrag in der Festschrift zum 70. Geburtstag Manfred Hörhammers weitere Verbrechen:

> Die Auspeitschung der ersten Gefangenen auf dem Bahnhof in Kowno am 26. Juli 1941, den Abtransport der deutschen Juden in Königsberg in Viehwagen, alles Erlebnisse im damaligen Nordabschnitt der Ostfront, Orte des Unrechts, die der Lazarettzug mit dem Sanitäter Manfred wiederholt passieren mußte.

Das Versenden von Rundschreiben an den Freundeskreis bewertete Pater Manfred nicht als eine Form von Widerstand, sondern als Freundschaftsdienst.

Manfred Hörhammer als Pax-Christi-Aktivist

Pax-Christi entstand bereits vor Ende des Zweiten Weltkrieges in Frankreich, zunächst als „Kreuzzug des Gebets um Versöhnung" und um die Heilung Deutschlands von den spirituellen und moralischen Auswirkungen der NS-Zeit.

Die Bewegung wurde von Bischof Pierre-Marie Théas von Montauban (1894–1977) gefördert. Théas, seit 1945 Bischof von Lourdes, setzte sich für die Freilassung französischer Kriegsgefangener ein. 1946 fand im Wallfahrtsort Vézelay die „Croisade de la Paix" statt mit insgesamt 40 000 Teilnehmern aus Belgien, Spanien, der Schweiz, Italien, Luxemburg, der Schweiz, Italien, Kanada, den USA, Frankreich und deutschen Kriegsgefangenen.

Abb. 11: Manfred Hörhammer und Bischof Théas, Kevelaer 1948 [ABKPAö]

Unter dem Namen „Pax Christi" wurde im Februar 1947 in Lourdes ein Treffen durchgeführt, zu dem auch 17 Deutsche, darunter Pater Manfred, eingeladen waren. In Kevelaer erfolgte am 3. April 1948 die formelle Gründung des deutschen Zweiges von Pax Christi.

Die Idee von Pax Christi gelangte nach Deutschland über Josef Probst (1890–1967), der Dolmetscher der saarländischen Regierung war. Bereits 1945 machte er Manfred Hörhammer mit der Gründung von Pax Christi vertraut.

Nach seiner Rückkehr aus amerikanischer Kriegsgefangenschaft wurde Pater Manfred kein saarländisches Kapuzinerkloster als Aufenthaltsort zugewiesen, obwohl aus Briefen an die Fürsorgerin Änne Meier hervorgeht,

Abb. 12: Aachener Friedenskreuz, ca. 1950 [ABKPAö]

dass er sich als Saarländer fühlte. Aus Insterburg schrieb er am 29. Juli 1940: „Als ich gestern in der Wochenschau die Heimkehrer von Merzig sah, riß es mich hoch! – Heimweh nach der Saar!" Und am 30. Dezember 1941 zitierte er in einem Rundschreiben den Schluss eines Vortrages von Johannes Kirschweng (1900–1951) in Saarbrücken, welcher ihn „als Gruß aus der Saarheimat" erreicht habe.

So überrascht es nicht, dass Hörhammer, der sich in Deutschland und Frankreich heimisch fühlte, die Saarfrage aufmerksam verfolgte. Die Bundesrepublik Deutschland lehnte die Saar-Autonomie ab. Das Saarland wurde 1947 aus der französischen Besatzungszone herausgetrennt, bekam einen autonomen Status bei wirtschaftlichem Anschluss an Frankreich. Trotz saarländischer Staatsbürgerschaft vertrat die Französische Republik das Saarland nach außen. Letztlich stand die ungeklärte Saarfrage einer deutsch-französischen Verständigung im Wege. Am 23. Oktober 1955 stimmten die Saarländer über das Europäische Statut für das Saarland ab, das mehrheitlich abgelehnt wurde (67,7 %). Die Regierungsparteien CVP (Christliche Volkspartei des Saarlandes) und SPS (Sozialdemokratische Partei des Saarlandes) machten für die Annahme des Statuts Werbung (Ja-Sager). Erst kurz vor dem Wahltermin wurden an der Saar deutsche Parteien zugelassen, CDU-Saar (Christlich-Demokratische Union Saar), DSP (Deutsche Sozialdemokratische Partei Saar) und DPS (Demokratische Partei Saar), die sich zum Heimatbund zusammenschlossen und die zur Ablehnung aufriefen (Nein-Sager). Im Vertrag zwischen der Bundesrepublik Deutschland und der Französischen Republik zur Regelung der Saarfrage (Luxemburger Vertrag) vom 27. Oktober 1956 wurde der Beitritt des Saarlandes zur Bundesrepublik Deutschland am 1. Januar 1957 vereinbart.

Pater Manfred stand sowohl mit Befürwortern des Europäischen Statuts für das Saarland in Kontakt als auch mit den Gegnern. Nach dem Referendum und vor den Landtagswahlen 1955 veröffentlichte Hörhammer die Denkschrift „Frieden an der Saar – aber wie? Gedanken einer Frankreichreise".[24]

> Die ersten fünf Minuten in fast jedem Gespräch waren nicht einfach. Als ich ihnen ganz offen und schlicht bekannte, daß ich an jenem 23. Oktober[25] nichts anderes erwartet

---

24 Vgl. Franz Josef Schäfer: Das Saarland – Brücke zwischen Deutschland und Frankreich. Eine Denkschrift des Jahres 1955 aus den Reihen der katholischen Friedensbewegung, in: Zeitschrift für die Geschichte der Saargegend 60 (2012), S. 211–221.
25 23. Oktober 1955: Tag der Abstimmung über das Europäische Statut für das Saarland.

habe, setzte fürs erste fast ihr Herzschlag aus. Aber dann sah ich, daß hier einfach falsch informiert worden war. Dann habe ich, gleichsam ihre Hände in den meinen haltend, ihnen die Geschichte der Saar erzählt. Nur Tatsachen, allerdings dann auch Details. Dazu muß man sich Zeit nehmen, etwas ausholen und Erinnerungen haben. Ihre Augen wurden immer größer. Es waren zum Teil völlig unbekannte Dinge. Die französischen Freunde sind sofort sensibel, wenn es um die Freiheit geht. Nun, ich habe versucht, einigermaßen objektiv zu berichten, wie es mit der Freiheit politischer Überzeugungen an der Saar stand.

Wir waren uns rasch über das Grundsätzliche klar: Die Saar ist ein deutscher Raum. Die Heimkehr ist eine Frage der Zeit. Sie ist aber völkerrechtlicher Natur. Sie ist weder politisch noch religiös käuflich. Sie gehört schon Kraft der 14 Punkte Wilsons, aufgrund deren Deutschland in Compiègne 1918 kapitulierte, in den deutschen Raum zurück. Blieb noch das wieder aufgetauchte Hakenkreuz und die damit verbundenen Begleiterscheinungen. Nun, zunächst war im deutschen Namen zu sagen, immer wieder, daß in Deutschland eine ganze Generation auf die Barrikaden ginge [...], wenn sich diese Gruppe ernstlich um die Machtübernahme bemühen sollte. Auch und selbst die neue Wehrmacht [Bundeswehr] wird keinerlei Requisiten dieser Zeit dulden. Aber trotzdem habe ich in Fortführung der deutsch-französischen Mission in Paris die Sorgen an der Saar mitgenommen.

Erst in einem unveröffentlichten Rückblick aus dem Jahre 1974 gab Hörhammer seine tatsächliche Präferenz in der Saarfrage der Fünfzigerjahre preis, als er das Lebenswerk der Schriftstellerin Maria Schlüter-Hermkes (1889–1971) würdigte:

Als Nachbarin des ersten deutschen Bundeskanzlers hat sie gerade unser Anliegen einer deutsch-französischen Freundschaft diesem immer neu unterbreiten können. Sie hat mir durch ihre Tochter auch die Wege zu ihm mehr als einmal – auch vor der Saarabstimmung – geebnet, als ich für die Rückkehr der Saar zwecks wirklicher klarer Partnerschaft plädiert hatte.[26]

Die Tätigkeit in der Organisation Pax Christi wurde für Pater Manfred zu einer Lebensaufgabe und Herzensangelegenheit. Die Aussöhnung Deutschlands mit Frankreich und mit Polen stand dabei im Mittelpunkt. Jens Oboth hat die Geschichte von Pax Christi Deutschland in den Jahren 1945 bis 1957 erforscht und in seiner Dissertation die Rolle Manfred Hörhammers und seines Stiefvaters Franz Xaver als Gründungsväter angemessen berücksichtigt.[27] Manfred Hörhammer war innerhalb der Pax-Christi-Bewegung zu einem Allversöhner geworden, der sich bei internen Streitigkeiten als Vermittler und Schlichter

---

26 Hörhammer: Freundschaft (wie Anm. 8).
27 Jens Oboth: Pax Christi Deutschland im Kalten Krieg 1945–1957. Gründung, Selbstverständnis und „Vergangenheitsbewältigung, Paderborn 2017.

eingeschaltet hatte. Er sah sich nicht so sehr als Organisator, sondern als Missionar für die Sache, was in seinem Memorandum für Rom vom 11. Februar 1949 zum Ausdruck kommt:

> Darin sehe ich überhaupt primär meine Arbeit, in der missionarischen Arbeit aus dem unmittelbaren Evangelium heraus, ob das nun „Pax Christi" oder Arbeit an der Jungen Generation – der Schicht von 25–40 Jahren – vor allem der Heimkehrer, der Flüchtlinge, der Internierten ist, darum geht's weniger im organisatorischen Aufbau, wozu ja ein Laien-Mitarbeiterstab verantwortlich vor dem Bischof zeichnet.[28]

1949 wurde Pater Manfred von der Ordensleitung für die Pax-Christi-Arbeit freigestellt. Er entfaltete eine fast ununterbrochene Reisetätigkeit, die er mit seinem Amt als „Bundeskaplan" der Katholischen Jungen Mannschaft (KJM) verbinden konnte. Zumeist übernachtete er in den Familien von Pax-Christi-Akteuren oder ehemaliger Quickborner.

Bis in die frühen Fünfzigerjahre standen bei Pax Christi Begegnungen zwischen Deutschen und Franzosen oder Angehörigen anderer Nationen im Rahmen von internationalen Wallfahrten, Tagungen und den Routes de la Paix im Mittelpunkt. Erst danach erfolgte eine Konfrontation der Deutschen mit den in ihrem Namen verübten Verbrechen, um zu einem wirklichen Frieden zu finden. Nach dem Ende des Oradour-Prozesses 1953 in Bordeaux ließ dieser Ort Pater Manfred nicht mehr los. Dort wurden am 10. Juni 1944 642 Zivilisten von Angehörigen der 3. Kompanie des zur 2. SS-Panzer-Division „Das Reich" gehörenden SS-Panzergrenadier-Regiments 4 „Der Führer" bestialisch ermordet. Unter den Toten befanden sich 207 Kinder und 254 Frauen. Lediglich 36 Bewohner überlebten das Massaker. Sein Stiefvater Franz Xaver Hörhammer stand dem Prozess skeptisch gegenüber. Der Prozess sei ein Akt der „Rache" und „Vergeltung". Pater Manfred reiste 1955 erstmals ohne offizielles Mandat des deutschen Pax-Christi-Zweiges in das Ruinen-Dorf und bat Freunde aus Limoges, ihn dorthin zu begleiten. Der Wärter des Museums berichtete über die grausamen Details. Pater Manfred verschwieg aus Scham, dass er Deutscher war. In seinem veröffentlichten Tagebuch hielt er fest:

> Ich muß nach Oradour. Niemand unserer Führung war bisher dort. Die Begegnung mit dem ausgestorbenen Dorf ist schaurig. [...] Ich wage nicht zu sagen, wer ich bin. [...] Die

---

28 Ebda, S. 182.

deutsche Pax Christi wird für diesen Hexensabbat vom 10. Juni 1944 ein Jahresgedenken halten. Eigentlich hätte es längst geschehen müssen.[29]

Durch die Gemeinde Oradour erging weder eine offizielle noch eine inoffizielle Einladungsofferte an den deutschen Pax-Christi-Zweig. Eine feierliche Versöhnungszeremonie in der neu errichteten Kirche von Oradour, die Pater Manfred intendierte, kam somit nicht zustande. Eine Leserin spendete anonym als Reaktion auf Hörhammers veröffentlichte Tagebuchaufzeichnungen ihren privaten Schmuck zur Herstellung eines Sühnekelches.

Am 2. Oktober 1955 fand im ehemaligen Konzentrationslager Mauthausen ein „Sühnegang" statt, bei dem sich auch Angehörige des deutschen Zweiges von Pax Christi, angeführt von Manfred Hörhammer, beteiligten. Mitte der Fünfzigerjahre fanden auch Gedenkveranstaltungen am Ort des ehemaligen SS-Sonderlagers Hinzert bei Trier statt. Dort verloren mindestens 321 Häftlinge, vor allem aus Luxemburg und Frankreich, ihr Leben. Auch Pater Manfred zählte zu den Teilnehmern. Der Pfarrer von Beuren, Arnold Fortuin (1901–1970), der während der NS-Zeit Sinti und Roma geholfen hatte, weihte 1948 auf dem Lagergelände eine Sühnekapelle ein.[30]

Im Sommer 1957 wurde eine Pax-Christi-Pilgerreise nach Jerusalem durchgeführt. Die Reise erfolgte auf dem Seeweg mit einem Schiff unter griechischer Flagge. Pater Manfred führte Meditationen durch in einem Garten der Armen Klarissen in Nazareth und einem Olivenhain der Todesangstbasilika Gethsemane. Die Pilgergruppe pflegte sowohl zu Juden als auch Arabern Kontakt.

In der Folgezeit wurden auch Tatorte von NS-Verbrechen besucht, die im kommunistisch regierten Ostblock lagen, so das zerstörte Dorf Lidice und das KZ Theresienstadt in der Tschechoslowakei oder die Konzentrations- und Vernichtungslager Auschwitz und Majdanek in Polen. Pater Maximilian von Deggendorf war entrüstet, als er von einer Reise seines prominenten Mitbruders nach Dresden erfuhr. Seit dem Koreakrieg 1950 ging die deutsche Pax-Christi-Sektion auf Distanz zu den als kommunistisch angesehenen nicht-katholischen Friedensbewegungen in der Bundesrepublik.

---

29 Manfred Hörhammer: Aus meinem Tagebuch, in: Pax Christi. Gebetskreuzzug für die Nationen 7 (1955), Nr. 2, S. 7–10, hier S. 7 f.
30 Vgl. Franz Josef Schäfer: Arnold Fortuin. Die Verfolgung der Sinti und Roma im Saarland, Saarbrücken 2022, S. 46–54.

Als im Zusammenhang mit der Wiederbewaffnung das öffentliche Tragen von Orden und Ehrenzeichen, die während der NS-Zeit verliehen wurden, gestattet werden sollte, nahm der deutsche Pax-Christi-Zweig diese Initiative zum Anlass, erstmals öffentlich scharfen Protest gegen den politischen Kurs der Bundesregierung zu üben. Am 18. Mai 1956 schickte er an sämtliche Bundestagsabgeordneten eine Stellungnahme gegen das Ordensgesetz, die auch von Manfred Hörhammer unterschrieben war. Die Verfasser empfahlen, auf das Tragen der im Zweiten Weltkrieg verliehenen Orden zu verzichten.

> Es wäre eine Einladung auf einen wirklich neuen Geist hin, auch an die Brüder in der Ostzone, die es als Verheißung empfinden würden, wenn nicht rücksichtsvoll zusammengebastelte Restauration die Struktur des wiedervereinigten Vaterlandes wäre, sondern die nie erlöschende Dankbarkeit, daß es Deutschland wieder geben darf. Wir halten den Verzicht auf die Wiedereinführung der Kriegsabzeichen für eine einmalige Chance, vor der Welt den Verzicht auf jeden falschen Nationalismus zu dokumentieren.[31]

Der Aufbau der Bundeswehr konnte zwar nicht verhindert werden. Der deutsche Pax-Christi-Zweig wollte sich aber zumindest einmischen in die Diskussion um das Traditions- und Selbstverständnis der Bundeswehr. Er argumentierte auch öffentlich gegen den Einsatz ehemaliger SS-Angehöriger als Vertreter des Terrors in der Rekrutenausbildung der neuen Armee.

In Ascq nahe Lille wurde in der Nacht vom 1. auf den 2. April 1944 ein ähnliches Massaker von Soldaten der 12. SS-Panzer-Division „Hitlerjugend" verübt wie in Oradour-sur-Glane. 86 männliche Einwohner wurden ermordet, darunter der Gemeindepfarrer Henri Gilleron (1884–1944) und sein Kaplan Maurice Cousin (1909–1944). Am 25. April 1956 fand in Lille eine Pax-Christi-Tagung der Diözesen Lille, Amiens, Cambrai und Arras statt, an der auch deutsche Delegierte teilnahmen. Diese Tagung zog den Besuch von Eisenbahnern aus Lille in München nach sich, wodurch erste persönliche Kontakte zwischen Franzosen und Deutschen hergestellt wurden. Manfred Hörhammer reiste im November 1956 nach Lille, um dort die Details des Versöhnungsgottesdienstes mit den Beteiligten von französischer Seite zu besprechen. Am 17. März 1957 fand unter dem Vorsitz von Bischof Achille Liénart in der Dorfkirche von Ascq ein Gottesdienst statt. Die deutsche Delegation, die von Bischof Schröffer und Pater Manfred angeführt wurde, übergab der Kirchengemeinde während der

---

31 Pax Christi und das Ordensgesetz, in: Pax Christi. Gebetskreuzzug für die Nationen 7 (1955), Nr. 8 (1956), S. 4.

Liturgie ein Messgewand, ein Missale und eine Votivkerze. Das violette Messgewand war auf der Vorderseite mit der Aufschrift versehen „Confiteor Deo omnipotenti et vobis fratres", die auf der Rückseite der Casel fortsetzte „quia peccavi nimis". Das Missale sollte „die Einheit des gleichen Evangeliums und der gleichen Liturgie" zum Ausdruck bringen. Neben der Überreichung liturgischer Gegenstände wurde zumindest in symbolischer Weise auch materielle Wiedergutmachung geleistet. Der Fonds „Priesterhilfe Ascq" wurde ins Leben gerufen im Andenken an die beiden während des Massakers ermordeten Geistlichen, um damit zwei Priesteramtskandidaten aus der Diözese Lille das Studium zu finanzieren.

> Im Gegensatz zu Hörhammers initiierter erfolgloser Sühnekelch-Übergabe in Oradour, die keinerlei Medienecho in Frankreich nach sich ziehen konnte, nahm die französische Öffentlichkeit von der Initiative in Ascq durchaus Notiz, und dies, glaubt man der Darstellung des Leiters der Pax-Christi Bistumsstelle von Lille, sogar wohlwollend. Auch war es tatsächlich gelungen, Überlebende und Hinterbliebene des Massakers zur Teilnahme am Gottesdienst zu gewinnen, wie Ortspfarrer [Louis] Wech bekundete. [...] Es sollte nur noch sieben weitere Jahre dauern, bis der deutsche Pax-Christi-Zweig seine schon für das Jahr 1960 anvisierte Sühnewallfahrt nach Auschwitz unternahm, um eine deutsch-polnische Aussöhnung auf den Weg zu bringen. Die Art und Weise, wie eine deutsche Pax-Christi-Delegation im Mai 1964 im ehemaligen Vernichtungslager gegenüber dem anwesenden Krakauer Erzbischof Karol Wojtyła [1920–2005] ihren Versöhnungswunsch durch die Übergabe eines Sühnekelches sowie eines violetten und eines schwarzen Messgewandes zum Ausdruck brachte, war durch die Initiativen in Oradour und Ascq vorgebildet und „erprobt" worden. Bei Manfred Hörhammer hatte sich die Erkenntnis durchgesetzt, dass „sich ein Teil der deutschen Nation zu schnell Absolution erteilt habe und heute nichts mehr von der Schuld der Vergangenheit wissen will. Für den ehrlichen Christen gibt es nur ein Confiteor, ohne nach rechts oder links zu schauen.[32]

Zu Hörhammers langjährigen Freunden zählte Romano Guardini (1885–1968):

> In den Zwanzigerjahren hat mich Guardini seinem ältesten Freund Pfarrer Josef Weiger zugeführt, ins schwäbische Dorf Mooshausen. Die erste Begegnung begründete eine Freundschaft fürs Leben. An eine Mahnung Guardinis dort im Pfarrhaus kann ich mich gut entsinnen: „Ja gut im Beichtstuhl zu sein." „Du glaubst nicht, wieviel Angst sich vor den Beichtstühlen aufspeichert." Wenn Guardini mein „Meister" war, dann wurde Josef Weiger mein geistiger Vater. [...] Ich kann bezeugen, daß in den langen Jahren, während ich nach Mooshausen kam, es keine geistige Frage gab, die allgemein bewegte und die nicht von beiden Freunden vorgebracht und durchgetragen worden wäre.[33]

---

32 Oboth: Pax Christi (wie Anm. 27), S. 443.
33 Hörhammer: Freundschaft (wie Anm. 8).

Abb. 13: Guardini-Tagung Oktober 1978, v. l. n. r.: Werner Becker (1904–1981), Aloys Goergen (1911–2005), Hans Eduard Hengstenberg (1904–1998), Vilma Mönckeberg-Kollmar (1892–1985), Manfred Hörhammer, Horst Ruprecht (1923–2013), Jörg Splett (*1936) [ABKPAö]

Hörhammers Freundschaft zur Familie von Boch-Galhau

Pater Manfred pflegte eine Vielzahl von Freundschaften zu Menschen unterschiedlicher Herkunft. Aus zahlreichen Nachrufen und Kondolenzschreiben wird ersichtlich, wie umfassend sein Freundeskreis war. Die meisten Kontakte währten bis zu seinem Lebensende, so zu Änne Meier, die er bereits vor dem Zweiten Weltkrieg in St. Ingbert kennenlernte. Auch bei späteren Besuchen im Saarland trafen sie sich gerne.

Sämtliche Freundschaften im In- und Ausland zu dokumentieren, würde den Rahmen eines Aufsatzes sprengen. Deshalb soll exemplarisch Pater Manfreds Freundschaft zur saarländischen Industriellenfamilie von Boch-Galhau aufgezeigt werden. Sie reicht ins Jahr 1960 zurück. In einem Brief an Änne Meier teilte er ihr seinen Saar-Aufenthalt vom 8. bis 15. September 1960 mit. Am 11. September nahm er an der Einweihung des SOS-Kinderdorfes in

[Merzig-]Hilbringen teil und einen Tag später sprach er vor Mitarbeiterinnen und Mitarbeitern der Keramikfabrik Villeroy & Boch. Milicent Prinzessin zu Solms-Hohensolms-Lich (*1937) teilte mit, dass ihre Mutter Béatrice von Boch-Galhau geborene Dodd (1914–2011), Komturdame mit Stern des Ritterordens vom Heiligen Grab zu Jerusalem, eine Heimstätte für Waisenkinder schaffen wolle und mit verschiedenen Trägern korrespondierte. Schließlich kam der Kontakt zu Hermann Gmeiner (1919–1986) zustande, den Begründer der SOS-Kinderdörfer. 1957 wurde sie Mitinitiatorin der Arbeit der SOS-Kinderdörfer an der Saar und 1959 Mitgründerin des SOS-Kinderdorfes Saar in Hilbringen.

> Im Saarland erfuhr das Mettlacher Industriellen-Ehepaar Béatrice und Luitwin von Boch-Galhau 1957 durch Zufall von der SOS-Kinderdorf-Idee.
> Luitwin von Boch war Generaldirektor der Keramischen Werke Villeroy & Boch, des damals größten Arbeitgebers an der unteren Saar. Die Familie war sehr sozial engagiert und Béatrice, selbst Mutter von fünf Kindern [Luitwin Gisbert, Milicent, Christoph, Wilfried, Alexander], hat sich sofort für das Konzept begeistert. Sie fuhr nach Tirol, sprach mit Gmeiner, schaute sich um – und kam zurück: „Das machen wir auch!"[34]

Als in Hilbringen in der Bevölkerung Widerstand gegen die Errichtung eines SOS-Kinderdorfes aufkam, hatte Béatrice von Boch die rettende Idee. Der gesamte Gemeinderat wurde im Omnibus ins erste deutsche Kinderdorf an den Ammersee transportiert und anschließend nach Imst/Tirol in das erste SOS-Kinderdorf, wo in zwanzig Häusern mittlerweile 170 Kinder lebten.

Das Haus „Mosaik" im SOS-Kinderdorf Saar wurde von V & B-Mitarbeiterinnen und Mitarbeitern finanziert. In seiner Ansprache zur Einweihung des SOS-Kinderdorfes in Hilbringen am 11. September 1960 nannte Pater Manfred die Förderin „Mutter Béatrice". Einen Tag später sprach er zu Werksangehörigen der Firma Villeroy & Boch in Mettlach. Der Wortlaut seiner Ansprache ist überliefert im Nachlass Manfred Hörhammer im Bischöflichen Diözesanarchiv Aachen:

> Künstlervolk hier in Mettlach bei Villeroy & Boch an der Arbeit wir grüßen Euch!
> Wenn nur in Eure Hand, in Eure formenden wirkenden Hände der Friede aller Welt gelegt wäre, nachdem was ich hier bei Euch gesehen, wäre die Arbeit nicht nur in vollem Gang, wären neue Modelle friedlicher Zusammenarbeit längst entstanden, nachdem Ihr eines der Unternehmen seid, wo man Hand in Hand, wo man sich in die Hände zuarbeiten

---

34 SOS-Kinderdorf Saar e. V. (Hg.)/Traudl Brenner (Red.): 50 Jahre SOS-Kinderdorf Saar, Merzig 2009, S. 15. Vgl. Traudl Brenner: Das SOS-Kinderdorf Saar in Hilbringen, in: Jahrbuch für den Kreis Merzig-Wadern 2 (2011), S. 232–242.

muss, um ein vollendetes Dokument dieser gemeinsamen Arbeit in Händen zu haben. Wir grüßen in Euch die Vorarbeiter des Friedens, schöpferische Gestalter vielfacher Möglichkeiten... Ihr, das Künstlervolk an der Saar.

Wir grüßen Euch um so mehr als wir Euch jetzt, wörtlich genommen, auf die Finger schauen dürfen, wie dieses seltsame Etwas, noch unförmig und ohne Gestalt unter der Zauberkraft Eurer Hände entsteht. Wir danken Euch, daß Ihr, obwohl mitten in der Arbeit, uns alle aus nah und fern, aus Deutschland und Frankreich, aus England und Afrika, einer kommt aus Ghana (in Afrika), aus Holland, Spanien und Italien gerne zusehen lasset. Seid versichert, dass Eure Arbeit, sowieso schon weit und weltberühmt durch diese unmittelbare Schau und Erfahrung noch eindringlicher herauskommen und durch die Welt, die wir vertreten, gehen wird. Wir danken an dieser Stelle nicht nur Euch, sondern denen, die Namen und Verantwortung, Initiative und Kraft diesem Werk gegeben haben, Herr und Frau von Boch, unseren liebenswürdigen und großmütigen Gastgebern, die uns in diesen Tagen so herzlich aufgenommen haben. Wir werden morgen früh Ihrer aller, groß und klein, alt und jung, beim Gottesdienst in Dankbarkeit gedenken.

Uns beeindruckt Euer Werk um so mehr als es uns ein Zeichen ist des mühseligen, langwierigen und zähen Dienstes und Kampfes um die Verständigung zwischen den Völkern, Nationen, Rassen und Kontinenten. Diese Fahrt, 10 Tage zu Fuß, in der glühenden Hitze, zu Fuß und mit dem Rucksack beladen, ist auch ein Zeichen dafür: Bitte. Im Gebet füreinander und miteinander: Junge Deutsche wie Franzosen, deren Väter noch vor 15 Jahren einander gegenüberlagen, junge Engländer wie Afrikaner, Spanier wie Holländer und Italiener: All dies ist zwar schon einmal als Völkerversammlung am Pfingstmorgen in Jerusalem damals Wirklichkeit gewesen – aber inzwischen haben sie ja als kultivierte Christen barbarische Kriege geliefert ... im Laufe der Jahrhunderte mit verschiedenen Vorzeichen, auch mit Christuszeichen, leider Gottes – später wurden es Macht- und Wirtschaftskriege – heute in der einen Welt ist dies alles sinnlos geworden. Diese junge Schicht, die nachher durch Ihren Betrieb gehen wird, ist entschlossen allem Krieg untereinander zu wehren, ihn als Idee und Form durch bessere schöpferische Formen zu ersetzen. Wenn das Wortspiel erlaubt ist: Wir haben – leider Gottes – auf England mit V1-a Waffen geschossen – weiß Gott keine 1a Leistung – Was hier von Mettlach aus in die Welt gesteuert und gestrahlt wird mit dem Zeichen VB, hat einen anderen gestaltenden schöpferischen Charakter. In der Linie muss es weitergehen. Wer A sagte, muss jetzt B sagen. Die Generation, die den Krieg erlebt und ihn nicht verhindern konnte, sie ist im Gewissen verpflichtet, um ein neues Zusammenwohnen – ich denke hier an Ihr Kinderdorf, Frau [Béatrice] von Boch, – ein Zusammenwohnen zu ermöglichen. Neue Modelle z. B., dass zwei oder mehrere Sprachen wie in der Schweiz legitim in Freiheit wirklich und nicht fiktiv nebeneinander existieren könnten. Wer Euch z. B. schon einmal an der Drehscheibe dieses Stück unförmigen Tons hat aufnehmen sehen und inne geworden, wie rasch ein kleines Kunstwerk, eine Schale oder ein Krug daraus wird, um nur dieses Beispiel herauszugreifen, fast als wäre es gezaubert, der kann eigentlich nie mehr restlos pessimistisch sein, was die schöpferischen Kräfte in der Welt angeht. Wir haben einfach die Klumpen dieser Welt in die Hände zu nehmen und dabei ehrfürchtig und behutsam Gott auf die Hände zu sehen, wie Er es macht und damit wie mit einem Talent umzugehen. Wir sind in allen Bereichen des Daseins, in Politik und Wirtschaft gefordert, neue Kader,

Rahmengefüge zu erfinden, damit nicht mehr solche Skandale von ⅔ Mehrheit verhungernder Menschen und Kinder in Indien, China (und anderswo), auch in Europa (nochmals) möglich werden. Wir haben alle positiven Methoden und Mittel kameradschaftlich zusammenzulegen, zu coordinieren, damit dem Volk das Leben im Frieden, Arbeit und Brot in Freiheit gesichert werden könne. Das wäre alles möglich, wenn wir nur alle zusammenhelfen. Der Herr des Lebens, Gott, das Genie par excellence hat den Aposteln dies nicht durchgehen lassen, als sie vor dem Massenproblem kapitulieren und die Verantwortung abwälzen wollten. Gebt Ihr ihnen zu essen. So ist das Geheimnis, dass Gott ein Mensch geworden ist, unlösbar verknüpft mit der Tatsache, dass es Menschenrechte gibt. Sie sind im Namen der Menschwerdung von uns allen zu vertreten. Das ist das Thema, Künstlervolk von Mettlach, das diese Jungen und Mädchen auf ihrer Friedensfahrt nach Trier bewegt. In dem Sinn, glaube ich, sind wir mit Euch allen wie in einer großen Familie solidarisch. Wir glauben, dass zum Frieden mehr Tapferkeit und mehr ritterlicher Mut gehört als zum Krieg. Gott denkt auch nicht in Gedanken des Zuschlagens, sondern der Verständigung. Wir bringen Ihnen ins Haus, unsern verehrten Gastgebern wie der ganzen Künstlerfamilie, die Ihr es seid, das Zeugnis unserer Bereitschaft, Tag um Tag, (Stunde um Stunde), wie Ihr auch zu ersinnen, zu erfinden, zu formen und zu gestalten, was dem schöpferischen Frieden unter den Rassen wie Konfessionen, unter den Kontinenten wie Nationen dient. In dem Sinn hat hier bei Euch in Mettlach, weiß Gott und das walte Gott, „die Zukunft bereits begonnen".

Auch in den Folgejahren war Pater Manfred ein gern gesehener Gast im Hause von Boch, was auch aus Einträgen im Zelebrationsbuch der Hauskapelle „St. Joseph"[35] ersichtlich ist. Eine Predigt konnte er nur unter starken Schmerzen halten, weshalb er anschließend im privaten Mettlacher Krankenhaus behandelt und zu einer Hüftoperation in der Universitätsklinik Homburg/Saar überwiesen wurde.

Letzte Lebensjahre

Von jedem Guardian des Klosters St. Anton in München ließ sich Pater Manfred Sondervollmacht erteilen. Er entwickelte dabei eine Selbstständigkeit, die so weit ging, dass er selbst bei genehmigungspflichtigen Reisen keine Erlaub-

35 Die neugotische Kapelle St. Joseph hatte Barbe Céphalie Thierry geborene de Lasalle de Louisenthal (1799–1870) im Jahre 1864 zum Andenken an ihren 1850 verstorbenen Mann Henry in Wallerfangen errichten lassen. Architekt Franz Georg Himpler (1833–1916) ließ sich von der Sainte Chapelle in Paris inspirieren. Die Kapelle wurde abgetragen und 1882 über der von Boch'schen Familiengruft wieder aufgebaut. Vgl. Rupert Schreiber: Ein neugotisches Kleinod mit „bewegter Geschichte". Die Kapelle St. Josef in Mettlach, in: Saargeschichten (2017/2), S. 17–23.

nis mehr beantragte. Ein beliebter Aufenthaltsort für Pater Manfred war das Dominikanerinnenkloster von Grignan im Département Drôme.

1974/75 führte er zwei Exerzitien für Priester und vier Kurse für Familien durch. 1975/76 hielt er Exerzitien bei den Benediktinern in Hamburg, den Kapuzinern in Wien, den Franziskus-Schwestern in Viersen, den Christkönigsschwestern in Meitingen und war in der Pfarrei Mettlach eingesetzt. Darüber hinaus war er an der Religiösen Woche in Blieskastel beteiligt und hielt eine Maipredigt in Wien.

Vom 6. bis 20. Juni 1981 unternahm Pater Manfred eine private Reise mit drei Begleiterinnen ins Heilige Land. Die vierköpfige Gruppe wurde von dem israelischen Friedensaktivisten

Abb. 14: Hörhammer 1980 [ABKPAö]

Reuven Moskovitz (1928–2017) geführt. Überliefert sind Aufzeichnungen zum Reiseverlauf von Maria Erl, die bereits 1975 eine Israelreise unternahm, welche Pfarrer Martin Neppig (1918–2006) geleitet hatte. Sie begegneten dem damaligen rheinland-pfälzischen Ministerpräsidenten Bernhard Vogel (*1932) und der Staatssekretärin im bayerischen Kulturministerium, Mathilde Berghofer-Weichner (1931–2008).

Abb. 15: Hörhammer 1981, Berg der Seligpreisungen [ABKPAö]

Pater Manfred erhielt für sein Engagement bei Pax Christi hohe staatliche und kirchliche Auszeichnungen. 1966 wurde ihm das Verdienstkreuz 1. Klasse und 1975 das Große Verdienstkreuz des Verdienstordens der Bundesrepublik Deutschland verliehen. 1977 erfolgte die Verleihung des Ordens „Pour le Mérite" der Französischen Republik. Am 25. Juni

1976 wurde Pater Manfred zum Erzbischöflichen Geistlichen Rat des Erzbistums München-Freising ernannt. Anlässlich seines 70. Geburtstages erschien eine Festschrift.

Zuletzt ließen seine körperlichen und geistigen Kräfte nach. Am 6. September 1984 erfolgte seine Einweisung in die Klinik Neuwittelsbach in München. In der Maria-Theresia-Klinik München wurde eine Darmkrebsoperation durchgeführt. Am 1. Januar 1985 nahmen ihn die Barmherzigen Schwestern im Altenheim in Planegg auf, was für Pater Manfred eine sehr schwierige Zeit wurde, weil er nicht mehr seinen vielfältigen Aktivitäten nachgehen konnte. Er starb am 12. August 1985 und wurde am 16. August 1985 auf dem Klosterfriedhof St. Anton in München beerdigt.

Abb. 16: Hörhammer Beerdigung [ABKPAö]

Die Menschen, die ihre Trauer bekundeten, hatten Pater Manfred in unterschiedlichen Zeiten oder Anlässen kennen gelernt und blieben ihm freundschaftlich verbunden. Beispielsweise teilte eine Frau aus St. Wendel mit, dass ihr

Mann mit ihm einige Zeit Soldat war. Das Ehepaar wurde 1936 in Völklingen von ihm getraut und arbeitete von Anfang an bei Pax Christi im Saarland mit. Ein Mann aus Dillingen/Saar kannte Pater Manfred seit seiner Tätigkeit an der Saar in den Dreißigerjahren, „wo er uns in unserer Jugendzeit ein Vorbild besonderer Art war. Er hat noch sehr viele Freunde hier." Aus Brebach-Fechingen wurde von einem Briefschreiber mitgeteilt, dass Manfred Hörhammer und er vor, während und nach dem letzten Krieg gute Freunde waren.

Fazit

Neben seinem rastlosen Einsatz für die deutsch-französische Aussöhnung innerhalb Pax Christi zählt Pater Manfred auch zu den Mitgründern des Bensberger Kreises, der von 1966 bis 2004 bestand, und des 1958 gegründeten Bischöflichen Hilfswerkes „Misereor". Pax Christi war durch seinen Vizepräsidenten Alfons Erb maßgeblich an der Gründung des Maximilian-Kolbe-Werkes 1973 beteiligt, das ehemalige Opfer des NS-Regimes finanziell und materiell unterstützt.

In einem Gedenkartikel anlässlich des 25. Todestages Pater Manfreds schrieb Karl Grüner, dass das Zugabteil seine Klosterzelle gewesen sei. Er habe sich um Kriegsdienstverweigerer gekümmert, lange bevor die offizielle Kirche sich ihrer annahm.

> Der internationale Bauorden war seine Initiative und MISEREOR. Zur Vorbereitung des Marianischen Jahres 1954 hat er eine Fastenaktion mit dem Motto „Der Fremde – mein Bruder" vorgeschlagen. „Wenn wir schon der Mutter der Menschwerdung gedenken", sagte er, „sollte man gleichzeitig die Menschenrechte neu ausrufen." Pax Christi begann mit der Aktion, der BDKJ schloss sich an, ebenso Kolping und die anderen Verbände. Am Schluss ist MISEREOR daraus geworden.[36]

Das Abdriften mancher Pax-Christi-Mitglieder nach links wollte Pater Manfred nicht gutheißen, wie aus einem Brief an Änne Meier vom 24. Januar 1977 hervorgeht:

---

36 Karl Grüner: Das Zugabteil war seine Klosterzelle. Vor 25 Jahren ist P. Manfred Hörhammer gestorben. Ein Pilger für Frieden und Versöhnung, in: Münchner Kirchenzeitung vom 27. November 2005, S. 13.

Ich war doch sehr bestürzt, wie weit viele alte Freunde links bis zur KP abgerutscht sind. Hören die denn nicht die SOS-Warnrufe von Solschenizyn: Archipel Gulag und so vieles müßte einem die Augen öffnen – Zum Menschen – im Einzelnen Ja – Zuhören usf. – Zum System: nein. Die Leute sind blind uninformiert, als ob dies die bessere Welt wäre.[37]

In einem Nachruf in der Zeitschrift „Christ in der Gegenwart" wird erwähnt, dass das Genie der Freundschaft aus der Liebe Christi, das er war, auch Leiden, Vergeblichkeit und Scheitern bedeutet habe. Er sei begeistert aus der katholischen Jugendbewegung des Quickborn gekommen, die den ganzen Menschen aus dem Geist eines christlichen Glaubens, der sich in der Kirche beheimatet wusste, erneuern wollte. Das Zweite Vatikanische Konzil wurde zum Höhepunkt dieser Bewegung.

Doch schon bald machte sich bei Pater Manfred Enttäuschung breit: er sah vieles neu in einer hoffnungslos liberalen Flachheit versanden. Er stand nicht auf der Seite jener kirchlichen Autorität, die nur Gehorsam und Unterwerfung verlangte, aber auch nicht bei jenen, die nun alles in Frage stellten. Er geriet zwischen die verschiedenen Pole, deren „Streit"-Methoden er mehr als gräßlich empfand. War dies ein Bild jener Kirche der Liebe, der er sich verpflichtet fühlte? Wir wissen es nicht, wie Pater Manfred in all diesen Jahren gelitten hat, aber wir können es ahnen. [...] Er liebte das unverbindliche Friedensgeplauder ebensowenig wie eine starrsinnige Festlegung auf gewisse Ideologien. So stand er auch hier zwischen „links" und „rechts", versuchte er, allen alles zu sein. Jetzt beim Todes-Gedenken wurde deutlich, daß diese Haltung nicht vergeblich war. Wir werden für diesen großen Seelsorger mehr als ein ehrendes Gedenken einlegen. Wir trauern um ihn, wir vermissen ihn, unseren lieben Freund.

In seinem letzten Willen heißt es:

Für mich aber betet, daß ich glücklich lande – heim finde in den Frieden des Herrn, an den ich biblisch geschichtlich geglaubt und dem getreu geblieben zu sein ich hoffe – Ihm wie Seiner Kirche, womit weder Apparat und Institution, sondern jene heimliche Gemeinde in Ihm gemeint ist.[38]

---

37 Brief Manfred Hörhammers an Änne Meier vom 24. Januar 1977. Archiv des Adolf-Bender-Zentrums St. Wendel.
38 BKPAö (wie Anm. 12).

Beiträge

„Schlimmster Punkt" und „ruhige Insel"?

Die Revolution von 1848/49 in Saarbrücken und Trier – Ein Vergleich

Von Markus Lay

Zu Aachen auf dem Posthausschild,
Sah ich den Vogel wieder,
Der mir so tief verhaßt! Voll Gift
Schaute er auf mich nieder.

Du häßlicher Vogel, wirst Du einst
Mir in die Hände fallen,
So rupfe ich Dir die Federn aus
Und hacke Dir ab die Krallen.

Du sollst mir dann in luft'ger Höh
Auf einer Stange sitzen,
Und ich rufe zum lustigen schießen herbei
Die rheinischen Vogelschützen.

Heinrich Heine – Deutschland. Ein Wintermärchen

Ob die Trierer Bürger im Revolutionsjahr 1848 diese Verse von Heinrich Heine aus seinem vier Jahre zuvor veröffentlichten *Deutschland. Ein Wintermärchen* kannten und als Handlungsanweisung verstanden, wird wohl für immer im Nebel der Geschichte verborgen bleiben. Der „Neimerder", so die lokale Bezeichnung des preußischen Adlers, wurde jedenfalls während der Demonstrationen im März 1848 in Trier und umliegenden Gemeinden teils am helllichten Tage von den Regierungsgebäuden der Stadt gerissen. Allein der Name deutet hierbei bereits das Verhältnis der Stadtbevölkerung zur preußischen Regierung an. „Neimerder" bezeichnet im moselfränkischen Dialekt eine gehässige und missgünstige Person.[1] Weniger radikal ging es im Revolutions-jahr in Saarbrücken und St. Johann[2] zu. Hier unternahm man den Versuch den Grenzpfahl zu Frankreich an der Goldenen Bremm mit den „deutschen Farben" zu schmücken, statt die preußischen Staatssymbole bestehen zu lassen, ließ sich diese Aktion jedoch von behördlicher Seite untersagen.[3]

Dies sind nur wenige Beispiele der Ereignisse, welche die gänzlich unter-schiedliche Qualität im Vorgehen der Revolutionäre in Saarbrücken und Trier illustrieren. Eine grundsätzliche Aversion gegen Gewalt kann man den Be-wohnerinnen und Bewohnern der Saarstädte jedoch nicht nachsagen. Während größere gewaltsame Auseinandersetzungen im vormärzlichen Trier und seiner Umgebung nicht bekannt sind, kam es in St. Johann zwischen dem 4. und 12. Mai 1833 zu mehreren gewaltsamen Auseinandersetzungen zwischen Bürgern und Soldaten.[4] Im Frühjahr 1848 war von diesem radikalen Vorgehen an der mittleren Saar jedoch nichts zu merken, während es in Trier zu Barrika-denkämpfen kam. In seiner 1929 veröffentlichten Dissertation spricht Richard Noack davon, dass „von einem wesentlichen Einfluß des radikalen Trier auf das Saargebiet [...] keine Rede sein" kann und dass die Saargegend „wie eine ruhige Insel [...] zwischen Frankreich, der Pfalz und dem Moselland" lag.[5] Franz August Eichmann, Oberpräsident der Rheinprovinz von 1845 bis 1850, bezeichnete Trier hingegen schon kurz nach Ausbruch der Revolution als „schlimmste(n) Punkt in der Provinz".[6]

---

1 Guillermo Luz-Y-Graf: 1848/49 in Trier und Umgebung. Revolution und Revolutionskultur einer Stadt und ihres Umlandes, in: Elisabeth Dühr (Hg.): „Der schlimmste Punkt in der Provinz". Demokratische Revolution 1848/49 in Trier und Umgebung, S. 239–353, hier S. 280.
2 Die Erwähnung Saarbrückens wird im Folgenden St. Johann miteinbeziehen.
3 Peter Burg: Saarbrücken im Aufstieg zum Zentrum einer preußischen Industrieregion (1815–60), in: Rolf Wittenbrock (Hg.): Geschichte der Stadt Saarbrücken Bd. 1. Von den Anfängen zum industriellen Aufbruch (1860), Saarbrücken 1999, S. 519–698, hier S. 537.
4 Klaus Ries: Die preußischen Saarkreise im Umfeld von Julirevolution und Hambacher Fest, in: Gerhard Heckmann (Hg.): Das ganze Deutschland sollt es sein. Politische Kultur in St. Wendel und der Saarregion 1830–1850, St. Wendel 1992, S. 9–50, hier S. 22–24; vgl. auch James M. Brophy: Popular culture and the public sphere in the Rhineland, 1800–1850, Cambridge 2007, S. 236–240.
5 Richard Noack: Die Revolutionsbewegung von 1848/49 in der Saargegend, in: Mitteilungen des Historischen Vereins für die Saargegend 18 (1929), S. 129–284, hier S. 182.
6 Bericht des Oberpräsidenten Eichmann an Innenminister v. Auerswald. Koblenz 1848 April 24, in: Joseph Hansen/Heinz Boberach (Hg.): Rheinische Briefe und Akten zur Geschichte der politischen Bewegung 1830–1850. Bd. 2.2: April – Dezember 1848, Bonn 1976, S. 87.

Im Folgenden soll es um die Gründe gehen, warum die Revolution von 1848/49 solch unterschiedliche Qualitäten in Saarbrücken und Trier hatte und ob im Falle von Saarbrücken wirklich von einer „ruhigen Insel" die Rede sein kann. Der Fokus liegt dabei auf dem jeweiligen Stadtgebiet und der unmittelbaren Peripherie. Die vergleichende Untersuchung der beiden Städte bietet sich an, da diese eine ähnliche Bedeutung für die Region und den preußischen Staat hatten: Trier war u. a. Sitz der Bezirksregierung und Saarbrücken u. a. Sitz des Bergamtes, welches für die staatlichen Saargruben verantwortlich war. Gleichzeitig beherbergten beide Städte weitere staatliche Institutionen, sodass der preußische Staat stets präsent war.[7] Beide Städte hatten in der napoleonischen Zeit ähnliche Erfahrungen gemacht und das als Errungenschaft von den Bewohnern angesehene französische Recht behielt, wie in der restlichen Rheinprovinz auch, unter dem Namen der „Rheinischen Institutionen" weiterhin seine Gültigkeit. Beide Städte waren ebenfalls Garnisonsstädte, wobei die Anzahl an Soldaten in Saarbrücken mit 300 Offizieren und Mannschaften immens kleiner war als Trier. Für die Saarregion war die Besatzung der Festungsstadt Saarlouis bedeutender.[8] Neben der räumlichen Nähe sowie Ähnlichkeiten in Verwaltung und Recht, gilt es im Folgenden daher ebenfalls die Unterschiede politischer, ökonomischer sowie konfessioneller Natur hervorzuheben, die zu den Ereignissen der Revolution in beiden Städten führte. Jedoch ist eine augenscheinliche Divergenz, welche die unterschiedliche Intensität der Revolution in Trier und Saarbrücken erklären könnte, vorneweg auszuräumen. Trier hatte um 1848 zwar mit 17 140 Menschen fast doppelt so viele Einwohnerinnen und Einwohner wie Saarbrücken mit etwa 9000.[9] Tatsächlich aber stieg die Anzahl der Protestaktionen nicht parallel zur Einwohnerzahl der Städte.[10]

---

7 Johannes Schmitt: Agrarische Krise und industrieller Aufbruch. Die Sozialtopographie des Saarraums im frühen 19. Jahrhundert, in: Johannes Schmitt (Hg.): Revolutionäre Saarregion 1789–1850. Gesammelte Aufsätze, St. Ingbert 2005, S. 275–289, hier S. 288; Burg: Saarbrücken (wie Anm. 3), S. 522.

8 Burg: Saarbrücken (wie Anm. 3), S. 609.

9 Jürgen Herres: Einleitung, in: Elisabeth Dühr (Hg.): „Der schlimmste Punkt in der Provinz". Demokratische Revolution 1848/49 in Trier und Umgebung, Trier 1998, S. 13–30, hier S. 15.

10 Manfred Gailus: Straße und Brot. Sozialer Protest in den deutschen Staaten unter besonderer Berücksichtigung Preußens, 1847–1849, Göttingen 1990, S. 90 f. Hier geht es in erster Linie zwar um den Unterschied zwischen Stadt und Land, durch die Unterscheidung der Einwohnerzahl in dem Protestsample lassen sich jedoch Schlüsse über Verteilung von Protestaktionen in Hinblick auf die Stadtgröße ziehen.

Einem direkten Vergleich wurden die beiden Städte in Bezug zur Revolution von 1848/49 bisher nicht unterzogen. Und wenngleich Jubiläen dazu anregen historische Ereignisse neu zu betrachten, ist die Anzahl an Publikationen zu 1848/49 zum aktuellen 175. Jubiläumsjahr überschaubar.[11] Ein möglicher Grund dafür kann die rege Publikationstätigkeit zum 150. Jubiläum sein, welche das Thema unter anderem in regionaler Perspektive stark behandelt hat. So ist für die Revolution in Trier an erster Stelle der Sammelband bzw. der Ausstellungskatalog von Elisabeth Dühr zu nennen.[12] Für die Saargegend gibt es ebenso zahlreiche Untersuchungen, welche sich unter anderem gegen die These Noacks der „ruhigen Insel" zu wehren versuchen.[13] Auf Saarbrücken allein bezogen lässt sich nur der Beitrag Peter Burgs in der „Geschichte der Stadt Saarbrücken" nennen, der aufgrund seines Bearbeitungszeitraumes von 1815 bis 1860 die Revolution von 1848/49 nur geringfügig behandelt.[14] Daher müssen Informationen zu den Saarstädten aus Überblickswerken und Einzeluntersuchungen zur Rheinprovinz, dem Regierungsbezirk Trier und der Saargegend extrahiert werden, wie es in Bezug auf Trier teilweise auch geschieht. Die Quellenlage hinsichtlich der Revolution 1848/49 ist sehr gut, wobei hier an erster Stelle die Quellenedition Joseph Hansens zur politischen Bewegung der Rheinprovinz zu nennen ist. Private Dokumente wie Tagebücher oder

---

11 Vgl. bspw. Christopher M. Clark: Revolutionary spring. Fighting for a new world, 1848–1849, London 2023; Alexandra Bleyer: 1848. Erfolgsgeschichte einer gescheiterten Revolution, Ditzingen 2022; Mike Rapport: 1848/49. Ursachen, Entwicklung und Erbe einer europäischen Revolution, in: Aus Politik und Zeitgeschichte 73 (2023), S. 11–16. Für eine umfassende Übersicht über den aktuellen Forschungsstand zu 1848/49 vgl. auch: Theo Jung: Fragen an 1848/49, in: Aus Politik und Zeitgeschichte 73 (2023), S. 17–23.
12 Dühr, Elisabeth (Hg.): „Der schlimmste Punkt in der Provinz". Demokratische Revolution 1848/49 in Trier und Umgebung. Trier 1998.
13 Johannes Schmitt: Der Politisierungsprozess und die Revolution von 1848/49 an der Saar. Vom Vereinswesen zur Bildung politischer Parteien, in: Johannes Schmitt (Hg.): Revolutionäre Saarregion 1789 – 1850. Gesammelte Aufsätze St. Ingbert 2005, S. 309–325, hier S. 309; Gerhard Heckmann: Tumulte, Demonstrationen, Petitionen. Politische Kultur der Revolution von 1848/49 in der Saarregion, in: ders. (Hg.): Das ganze Deutschland sollt es sein. Politische Kultur in St. Wendel und der Saarregion 1830–1850, St. Wendel 1992, S. 245–267, hier S. 245; Gerhard Heckmann: Die Revolution von 1848/49 in den preußischen Saarkreisen, in: Klaus Ries (Hg.): Revolution an der Grenze. 1848/49 als nationales und regionales Ereignis, St. Ingbert 1999, S. 147–190, hier S. 147.
14 Burg: Saarbrücken (wie Anm. 3).

Briefe sind seltener, aber vorhanden, werden allerdings in dieser Untersuchung eine eher untergeordnete Rolle spielen.[15]

Im ersten Teil des Aufsatzes wird zunächst auf die politischen (1.1), ökonomischen (1.2) und konfessionellen (1.3) Voraussetzungen eingegangen, die zur Revolution von 1848/49 im Untersuchungsgebiet führten, da hier entscheidende Gründe für die unterschiedliche Intensität der Revolution in den behandelten Städten lagen. Der zweite Teil behandelt die Hochzeit der Revolution im Untersuchungsgebiet von den ersten revolutionären Ereignissen im März 1848 bis zur Auflösung der Preußischen Nationalversammlung im Dezember desselben Jahres. Zunächst wird die Organisation der Bevölkerung in (politischen) Vereinen untersucht (2.1) sowie darauffolgend die Einflussnahme auf die politische Willensbildung durch Presse und andere Kommunikationskanäle (2.2). Abschließend soll gezeigt werden, durch welche Mittel und Protestformen sich die Stimmung in der Bevölkerung neben Petitionen und Protestnoten manifestierte (2.3).

1. Politische, ökonomische und konfessionelle Voraussetzungen im Vormärz

1.1 Politische Voraussetzungen

„Am Anfang war Napoleon".[16] Dieser einleitende Satz von Nipperdeys Werk „Deutsche Gesellschaftsgeschichte" mag für die linksrheinischen Gebiete zutreffender als für andere deutsche Staaten erscheinen. Doch bevor Napoleon sehen konnte, „dass es gut war", wurde seine Herrschaft von Preußen und deren Alliierten beendet, worauf nach dem neuordnenden Wiener Kongress 1815 die nun so benannte „Rheinprovinz" unter preußische Herrschaft gestellt wurde. Sein Vermächtnis, der „Code Civil" bzw. „Code Napoléon", blieb den Rheinländern weiterhin als „Rheinisches Recht" oder auch „Rheinische Institu-

---

15 Bspw. Tagebuch von Felix Müller, preußischer Kommissar in Trier, aus den Jahren 1848–49. Aus dem Italienischen übertragen von Gregor Scherf, in: Elisabeth Dühr (Hg.): „Der schlimmste Punkt in der Provinz". Demokratische Revolution 1848/49 in Trier und Umgebung, Trier 1998, S. 365–415.
16 Thomas Nipperdey: Deutsche Geschichte 1800–1866. Bürgerwelt und starker Staat, München 1998 (Broschierte Sonderausgabe), S. 11.

tionen" erhalten, womit den Bewohnerinnen und Bewohnern gewisse Grundrechte garantiert waren. Ein politisches Mitbestimmungsrecht war darin jedoch nicht enthalten.[17] Dieses Rheinische Recht blieb vom preußischen Staat unangetastet und dessen Fortbestehen wurde von den Rheinländern mit Argusaugen bewacht. Preußen stand nun vor der schwierigen Aufgabe die neuen Gebiete mit ihren unterschiedlichen Gesetzen und anders gearteten Voraussetzungen zu regieren.[18] Eine verwaltungstechnische Integration der Provinzen wurde zwar angestrebt, diese sollten jedoch nicht zu einem einheitlichen Staat assimiliert werden.[19]

Trier und Saarbrücken lagen beide in der Rheinprovinz, im gleichen Regierungsbezirk und am westlichsten Rande Preußens, an der Grenze zu Frankreich und beherbergten deshalb Garnisonen des preußischen Militärs.[20] Die Integration in das preußische Verwaltungsgefüge war nicht nur aufgrund der militärischen Bedeutung wichtig, sondern auch in bürokratischer Hinsicht. Trier war der Sitz der Bezirksregierung, Saarbrücken war Sitz des Bergamtes und besaß Steuer- und Hauptzollamt, Bau- und Forstinspektion sowie Landratsamt und Postverwaltung. Der dadurch bewirkte Zuzug von Beamten nach Saarbrücken[21] und auch der in Trier erhöhte die Anzahl des Bildungsbürgertums. Höhere Ämter sollten mit Bürgern, teilweise auch adeligen Beamten, aus den altpreußischen Provinzen besetzt werden, denen man von Seiten der lokalen Bevölkerung zunächst Misstrauen entgegenbrachte.[22] Im Saargebiet betrieb man eine andere Verwaltungspolitik als in der übrigen Rheinprovinz: In den Verwaltungsämtern in Saarbrücken war man bestrebt, Beamtenstellen nach und nach mit Personen aus der näheren Umgebung und weniger aus

---

17 Johannes Schmitt: Die Revolution von 1848/49 an der Saar, in: Johannes Schmitt (Hg.): Revolutionäre Saarregion 1789–1850. Gesammelte Aufsätze, St. Ingbert 2005, S. 291–307, hier S. 291.
18 Gerhard Brunn: Zentrale und Provinz in der preußischen Geschichte vom Wiener Kongreß bis zur Revolution von 1848, in: Dieter Kastner (Hg.): Die Rheinlande und Preußen. Parlamentarismus, Parteien und Wirtschaft, Köln 1990, S. 27–39, hier S. 27; Gabriele B. Clemens: Trier in Französischer Zeit. Zwischen Annexion und Akkulturation, in: Armin Heinen (Hg.): Tour de France. Eine historische Rundreise; Festschrift für Rainer Hudemann, Stuttgart 2008, S. 183–190, hier S. 189.
19 Nipperdey: Deutsche Geschichte (wie Anm. 16), S. 335.
20 Luz-Y-Graf: 1848/49 in Trier (wie Anm. 1), S. 244; Hans Schwarz: Das Vereinswesen an der Saar bis zur Mitte des 19. Jahrhunderts. Der Verein als Medium der sozialen Kommunikation, Saarbrücken 1992, S. 25; Burg: Saarbrücken (wie Anm. 3), S. 609.
21 Schwarz: Vereinswesen (wie Anm. 20), S. 20.
22 Luz-Y-Graf: 1848/49 in Trier (wie Anm. 1), S. 243.

Preußen selbst zu besetzen, um eine bessere Eingliederung der Bevölkerung in den Verwaltungsapparat zu gewährleisten.[23] Ziel war es die Kooperationswilligkeit der Notabeln vor Ort mit der neuen Regierung zu erhöhen. Rücksicht auf die Mittel- oder Unterschichten nahm man dabei keine.[24] Der neue Bergamtsleiters Leopold Sello, der ob seiner außergewöhnlich langen Amtszeit (1816–1857) eine besondere Rolle in der Regionalgeschichte einnimmt, ließ schon 1822 eine Bergschule einrichten, um die Bevölkerung mit den nötigen Kenntnissen für eine Beamtenstelle auszustatten.[25]

Die Integration der preußischen Beamten in das Stadtbürgertum wurde in Saarbrücken zusätzlich durch die gleichen konfessionellen Schichtungen der Bevölkerung begünstigt, da sie eine unkompliziertere Heiratspolitik erlaubte. Dem protestantischen Leopold Sello gelang es beispielsweise in die ebenfalls protestantische Familie des Glashüttenbesitzers Carl Philipp Vopelius einzuheiraten. Seine Kinder vermählte er gleichermaßen mit Mitgliedern der Saarbrücker Oberschicht.[26] Auch in der Saarbrücker Casinogesellschaft fanden die zugezogenen Beamten schnellen Anschluss an das gesellschaftliche Leben der Stadt. Zwar war das alteingesessene Bürgertum darauf bedacht stets die Kontrolle zu behalten, Beamte und Offiziere wurden letztendlich aber willkommen geheißen.[27]

Politische Themen, die in Trier diskutiert wurden, waren der Schutz des Rheinischen Rechts, Pressefreiheit, die Mahl- und Schlachtsteuer, sowie die Möglichkeit der politischen Partizipation und Organisation, welche sich im Vormärz in zahlreichen Petitionen wiederfanden.[28] Auch in Saarbrücken und St. Johann war man an einer Öffnung der Presse interessiert und tat dies in

---

23 Schwarz: Vereinswesen (wie Anm. 20), S. 20.

24 Gabriele B. Clemens: Franzosenfreunde, Kollaborateure oder Patrioten? Die saarländischen Notabeln in Zeiten disruptiven Wandels, in: Eva Kell/Sabine Penth (Hg.): Vom Empire zur Restauration. Die Saarregion im Umbruch 1814–1820, Saarbrücken 2016, S. 163–186, hier S. 167.

25 Ralf Banken: Von Leopold Sello bis Ottmar Fuchs. Die Leiter des preußischen Bergbaus zwischen unternehmerischer Initiative und staatlichem Reglement 1816–1919, in: Zeitschrift für die Geschichte der Saargegend 52 (2005), S. 67–82, hier S. 71.

26 Ebda., S. 72.

27 Schwarz: Vereinswesen (wie Anm. 20), S. 24–26.

28 Jürgen Herres: Vereinsbildung als Gesellschaftsform. Die Anfänge politischer Parteien in Trier 1848–1851, in: Elisabeth Dühr (Hg.): „Der schlimmste Punkt in der Provinz". Demokratische Revolution 1848/49 in Trier und Umgebung, Trier 1998, S. 459–501, hier S. 462.

Petitionen kund.[29] Die Mahl- und Schlachtsteuer war hingegen der größte Dorn im Auge beider Städte. Der ärmere Teil der Bevölkerung litt unter den gestiegenen Lebensmittelpreisen. Gerade Trier hatte einen großen Armenanteil an der Bevölkerung. Obendrein wurden nicht alle Städte im Rheinland gleich besteuert, weshalb man sie als Ungerechtigkeit wahrnahm.[30] In Saarbrücken versuchte man erfolglos diese Steuer in eine Klassensteuer umzuwandeln, indem man eine Petition mit über 500 Unterschriften an den preußischen König richtete.[31] In Trier entlud sich der Unmut in gewaltsamen Drohungen gegen Regierungsbeamte, die von Regierungsseite durchaus ernst genommen wurden.[32]

Das Verbot politischer Vereine von 1832 wurde von den preußischen Behörden streng überwacht. In Trier kam es im Vormärz dennoch zu einigen Vereinsgründungen, die als durchaus politisch klassifiziert werden können. Die Turnbewegung fasste dort mit einem direkten Schüler des Turnvater Jahn Fuß: Franz Heinrich Rumschöttl. Die Mitgliederzahlen wuchsen schnell an und setzten sich aus allen Bevölkerungsschichten Triers zusammen. Ziel war es, ein Gemeinschaftsgefühl unter den Mitgliedern auszubilden. Im Gegensatz zum Berliner Ur-Verein trug der Trierer Zweig schon erste demokratische Züge, indem Rumschöttl die Aufnahme neuer Mitglieder zur Wahl stellte, statt allein darüber zu entscheiden.[33] Wo die Turngemeinde anfangs noch finanzielle Unterstützung durch die Behörden erfuhr, wurde sie mit zunehmender nationalistischer Prägung ein Störfaktor für die Regierung. Im Zuge des Turnverbots wurde auch der Trierer Zweig 1820 aufgelöst und Rumschöttl aus dem Staatsdienst entlassen.[34] Die Turnbewegung in Trier war allerdings nicht gänzlich zum Erliegen gekommen und konnte später durch Peter Immandt reanimiert werden. Durch den neuen Vorstehenden fand der Verein in der Revolution 1848/49 schnell Anschluss an die radikalen Demokraten.[35] In Saar-

---

29 L. Camphausen an O. Camphausen in Trier. Düsseldorf und Köln 1843 Juni 14, in: Joseph Hansen (Hg.): Rheinische Briefe und Akten zur Geschichte der politischen Bewegung 1830–1850. Bd. 1: 1830–1845. Neudr. d. Ausg. 1919, Bonn 1967, S. 540.
30 Luz-Y-Graf: 1848/49 in Trier (wie Anm. 1), S. 287.
31 Ries: Saarkreise (wie Anm. 4), S. 32–34.
32 Brophy: Popular culture (wie Anm. 4), S. 152 f.
33 Thomas Schnitzler: Die Trierer Turnbewegung, eine Keimzelle der Revolution, in: Elisabeth Dühr (Hg.): „Der schlimmste Punkt in der Provinz". Demokratische Revolution 1848/49 in Trier und Umgebung. Trier 1998, S. 502–515, hier S. 503–505.
34 Ebda., S. 506 f.
35 Ebda., S. 510 f.

brücken kam es ungleich später zur Gründung eines Turnvereins, welcher aus dem 1847 gegründeten Gesangsverein „Elysium" hervorging. Auch hier war es das Ziel, nationale Gefühle zu erwecken und ein Gemeinschaftsgefühl unter den aus allen Schichten stammenden Mitglieder zu entwickeln. Die Rolle des Vereins war in der Revolution allerdings kaum von Bedeutung.[36]

1.2 Ökonomische Voraussetzungen

Mit der durch den Code de Commerce erhaltenen Gewerbefreiheit stand Napoleon ebenso am Anfang der wirtschaftlichen Entwicklung innerhalb der Rheinprovinz. Des Weiteren war die gesamte Provinz, und damit gleichsam Saarbrücken und Trier von den Auswirkungen des Pauperismus betroffen. Die lokale wirtschaftliche Ausgangslage war in den beiden Städten jedoch unterschiedlich und damit die Auswirkungen auf die finanzielle Situation der Bevölkerung, wenngleich die Armut sowohl an der Saar als auch an der Mosel drastisch anstieg. Durch den Übergang von Frankreich zu Preußen gab es einen tiefgreifenden wirtschaftlichen Einschnitt für den Regierungsbezirk Trier. Die Wirtschaftspolitik Napoleons, von der vor allem Manufakturen profitierten, traf auf die liberale Wirtschaftspolitik Preußens. Ein unter Frankreich bestehender Absatzmarkt von 25 Millionen Menschen wich einem deutlich kleineren mit 10 Millionen Einwohnern, der obendrein territorial getrennt war: Über die Hälfte der Konsumenten Preußens lebte in den östlichen Provinzen.[37] Der preußische Staat war dementsprechend an einer wirtschaftlichen Integration der neuen Provinzen interessiert und versuchte dies mittels einheitlicher Währung sowie Maßeinheiten und einem neuen Zollgesetz zu bewirken, allerdings konnte dieses Interesse nicht gleichermaßen auf alle Gebiete verteilt werden.[38]

---

36 Schwarz: Vereinswesen (wie Anm. 20), S. 48–50.
37 Gabriele B. Clemens: Trier im beginnenden 19. Jahrhundert. Wirtschafts- und sozialgeschichtliche Aspekte, in: Elisabeth Dühr (Hg.), „Für Bürger und Fremde, die auf Eleganz halten". Trierer Porzellan, Trier 2000, S. 191–200, hier S. 192; Hans-Ulrich Wehler: Deutsche Gesellschaftsgeschichte. Bd. 2.: Von der Reformära bis zur industriellen und politischen „Deutschen Doppelrevolution" 1815–1845/49, München ⁴2005/2008, S. 10 f.
38 Manfred A. Koltes: Preußische Wirtschaftspolitik nach der „Besitzergreifung". Staatliche Konzeption, Umsetzung und Reaktion der Betroffenen. Das Problem der Integration, in: Dieter Kastner (Hg.): Die Rheinlande und Preußen. Parlamentarismus, Parteien und Wirtschaft, Köln 1990, S. 63–81, hier: S. 72–74.

Für Trier spielte die napoleonische Wirtschaftspolitik eine erhebliche Rolle, da sie der Stadt einen erneuten wirtschaftlichen Aufschwung ermöglichte. Durch die Flucht des kurfürstlichen Hofstaates im Zuge der Französischen Revolution wurde zunächst ein wichtiger wirtschaftlicher Standortfaktor zerstört. Die Nationalgüterverkäufe unter Napoleon ermöglichten dem Bürgertum jedoch neue Investitionsmöglichkeiten, die rege genutzt wurden.[39] Für den wirtschaftlich prägenden Weinbau, wie auch die restliche Landwirtschaft, war dies von Vorteil. Unvorteilhaft waren hingegen die schlechten klimatischen Bedingungen, unfruchtbare Böden und veraltete Arbeitstechniken.[40] Zunächst profitierte der Weinbau von den preußischen Zollgesetzen, da ein Anbau in den nördlich gelegeneren Ostprovinzen Preußens nicht möglich war. Der Trierer Wein hatte, insbesondere im Vergleich zur französischen Zeit, wenig Konkurrenz. Mit der Gründung des Deutschen Zollvereins 1834 allerdings wurden die Moselweine schnell von der Konkurrenz aus Hessen-Darmstadt und den Süddeutschen Staaten verdrängt, die unter anderem gerade wegen des Weinhandels an diesem Zusammenschluss interessiert waren.[41] Der Moselwein war aufgrund seiner minderen Qualität, welche weithin bekannt war, nicht konkurrenzfähig.[42] Von preußischer Seite wollte man keine Hilfe gewähren, trotz des Eigeninteresses der altpreußischen Beamten, die meist selbst größere Weingüter besaßen. Das Problem sollte sich gesundschrumpfen.[43] Die Folge war eine massive Verarmung der Bevölkerung: Die Bewirtschaftung kleinerer Weingüter konnte nicht aufrechterhalten werden und Tagelöhner fanden keine Anstellung mehr.[44] „Das wichtigste an der Mosel ist die Aussicht auf ein gutes Weinjahr", schrieb Otto Camphausen an seinen Bruder 1842. „In

---

39 Clemens: Trier 19. Jahrhundert (wie Anm. 37), S. 191–193. Siehe dazu auch: Gabriele B. Clemens: Trier unter dem Hammer – die Nationalgüterverkäufe, in: Elisabeth Dühr (Hg.): Unter der Trikolore. Trier in Frankreich – Napoleon in Trier, 1794–1814, Trier 2004, S. 383–395 sowie Gabriele B. Clemens: Immobilienhändler und Spekulanten. Die sozial- und wirtschaftsgeschichtliche Bedeutung der Grosskäufer bei den Nationalgüterversteigerungen in den rheinischen Departements (1803–1813), Boppard a. R. 1995.
40 Luz-Y-Graf: 1848/49 in Trier (wie Anm. 1), S. 240, 244.
41 Annette Winter-Tarvainen: Moselweinkrise und Revolution von 1848, in: Elisabeth Dühr (Hg.): „Der schlimmste Punkt in der Provinz". Demokratische Revolution 1848/49 in Trier und Umgebung, Trier 1998, S. 439–454, hier S. 439, 441 f.
42 Otto Camphausen an L. Camphausen. Trier 1842 Juli 20, in: Hansen: Bd. 1 (wie Anm. 29), S. 352.
43 Winter-Tarvainen: Moselweinkrise (wie Anm. 41), S. 443 f.
44 Ebda., S. 450.

zweiter Linie steht die Dampfschifffahrt".[45] Der Handel mit anderen landwirtschaftlichen Erzeugnissen stockte ebenso wie derjenige mit Wein. Ohnehin handelten nur einige wenige vermögende Kaufmannsfamilien mit Holz oder anderen Ressourcen. Schuld daran waren fehlende Investitionen in die Infrastruktur. Die Handelswege nach Westen waren aufgrund hoher Zölle blockiert, die Mosel konnte nur saisonal genutzt werden und die erste Eisenbahnlinie nach Trier wurde erst Ende der 1850er Jahre fertiggestellt.[46]

Der einzig andere große Wirtschaftszweig in Trier war das Handwerk. Die wenigen frühindustriellen Fabriken und Manufakturen mussten in der Folgezeit der preußischen Besitznahme geschlossen werden, da sie keinen Profit mehr erzielten.[47] Der einzige größere Betrieb, der seine Beschäftigtenzahl von 1816 bis 1841 fast vervierfachen konnte, war die Quinter Eisenhütte mit 214 Arbeitern. Neben der Eisenhütte konnte die Lederindustrie Gewinne verzeichnen und bot Beschäftigung für etwas mehr als 100 Arbeiter.[48] Das Handwerk steckte in einer ähnlichen Krise. Seit der französischen Zeit waren die Zünfte abgeschafft und die Gewerbefreiheit eingeführt. Folglich konnte jeder gegen eine gewisse Summe ein Gewerbe anmelden. In Ermangelung anderer Betätigungsfelder führte dies zu einer Überbesetzung des Handwerks.[49] Um daraufhin eine Abschaffung der Gewerbefreiheit, oder zumindest Hilfe zur Linderung ihrer sozialen Folgen zu fordern, versuchten sich die Trierer Handwerker seit 1838 zu Vereinen zusammenzuschließen; ein Unterfangen, das jedoch von den preußischen Behörden bekämpft wurde.[50]

Diese für Trier spezifischen Bedingungen wurden durch die Krisen im Vormärz noch weiter verschlechtert: Im Jahr 1845 gehörten gut 70 Prozent der Stadtbevölkerung zur Unterschicht.[51] Die soziale Not war groß und man fühlte sich vom Staat im Stich gelassen. Diese Verbitterung war ein Faktor für anti-

---

45 Otto Camphausen an L. Camphausen. Trier 1842 Juli 20, in: Hansen: Bd. 1, (wie Anm. 29), S. 352.
46 Clemens: Trier 19. Jahrhundert (wie Anm. 37), S. 193, 198 f.
47 Luz-Y-Graf: 1848/49 in Trier (wie Anm. 1), S. 244.
48 Gert Fischer: Wirtschaftliche Strukturen am Vorabend der Industrialisierung. Der Regierungsbezirk Trier 1820–1850, Köln 1990, S. 329, 331–333.
49 Clemens: Trier 19. Jahrhundert (wie Anm. 37), S. 192 f.
50 Herres: Vereinsbildung (wie Anm. 28), S. 462 f.; Regierungspräsident v. Schaper an den Minister des Innern v. Rochow. Trier 1841 Nov. 1, in: Hansen: Bd. 1, (wie Anm. 29), S. 292 f.
51 Jürgen Herres: Städtische Gesellschaft und katholische Vereine im Rheinland 1840–1870, Essen 1996, S. 69.

preußische Ressentiments, worin einer der Gründe dafür lag, dass Arbeiter und Handwerker die größte Trägerschicht der Revolution darstellen sollten. So berichtet Regierungsrat von Gaertner an den Oberpräsidenten der Rheinprovinz, dass die Straßen von Trier im April des Jahres 1848 voll von Tagelöhnern und Handwerkern „ohne Beschäftigung teils einzeln, teils in Gruppen" stünden und es viele andere Bewohner nicht mehr wagen würden „ohne Waffen ihr Haus zu verlassen."[52]

Saarbrücken hingegen war, vor allem der Saarkohle wegen, von größerer wirtschaftlicher Bedeutung. Zwar lagen die Kohlebergwerke, Eisenhütten, Glashütten und Keramikwerke außerhalb der Stadtgrenze, dennoch liefen die Fäden in Saarbrücken zusammen. Die Bevölkerung profitierte von der guten Infrastruktur und zentralen Lage der Stadt. Sie war ein Umschlagplatz für alle Erzeugnisse der näheren Umgebung, zudem erleichterten die geringen Entfernungen das Pendeln zu Betrieben und Gruben.[53] Mit der Zeit spezialisierten sich in Saarbrücken viele Betriebe auf die Herstellung und Versorgung von Gütern, die in den umliegenden Fabriken und Gruben gebraucht wurden. Die Handwerker konnten somit später als Fachpersonal in den Betrieben selbst angestellt werden.[54]

Die Umstellung auf neue Handelswege nach Osten und der Verlust der alten nach Westen traf die Saarstädte ebenso. Allein die direkte Grenzlage war nun von Vorteil. Der Handel nach Frankreich kam niemals gänzlich zum Erliegen und das in Saarbrücken eingerichtete Hauptzollamt stellte eine neue Einnahmequelle und eine kleine Zahl Erwerbsstellen dar. Viele Handelswege nach Frankreich aus dem Deutschen Bund verliefen über die Grenzstadt, was Kaufleuten und Spediteuren Erwerbstätigkeiten im Transithandel ermöglichte.[55] Für den Bergbau spielten die neuen Grenzen ohnehin eine untergeordnete Rolle, da Frankreich aufgrund des eigenen Bedarfs keinerlei Einfuhrzölle für diese wichtige Ressource erhob. 1816 betrug die Anzahl der Beschäftigten 916 Bergleute und die Fördermenge an Kohle 100 000t. Bis 1832 erhöhte sich die Anzahl der Beschäftigten kaum, wohingegen die Kohleförderung um mehr

---

52 Bericht des Regierungsrates v. Gaertner an den Oberpräsidenten Eichmann. Koblenz 1848 April 20, in: Hansen: Bd. 2.2 (wie Anm. 6), S. 71.
53 Schmitt: Revolution (wie Anm. 17), S. 292.
54 Burg: Saarbrücken (wie Anm. 3), S. 558; Ralf Banken: Die Industrialisierung der Saarregion 1815 –1914. Bd. 1: Die Frühindustrialisierung 1815–1850, Stuttgart 2000, S. 466–471.
55 Burg: Saarbrücken (wie Anm. 3), S. 557, 569.

als 50 Prozent gesteigert werden konnte. Aufgrund von Investitionen in neue Technik wie Dampfmaschinen oder politischen Neuerungen wie zum Beispiel dem Deutschen Zollverein, der Süddeutschland als Absatzmarkt für Saarkohle erschloss, konnte die Förderung bis 1850 auf 600 000t erhöht werden und 4600 Bergleuten ein Beschäftigungsverhältnis in den Gruben geboten werden.[56]

Als sich 1846 und 1850 Agrar- und Gewerbekrise überschnitten, hatte dies für Saarbrücken ebenso katastrophale Folgen wie für Trier. Die Arbeitslosigkeit stieg, die Fabriken der Umgebung mussten auf Halde produzieren und die Kohleförderung sank 1848 auf 483 000t.[57] Unter den Bergleuten regte sich in dieser Zeit einerseits Unmut, andererseits waren die Lebensumstände insgesamt besser als beispielsweise in Trier, weswegen sich dieser „lediglich" in Petitionen mit sozialen Forderungen entlud. Die Bergarbeiter dürfen ohnehin nicht als „homogen-solidarische Masse" verstanden werden. Das Reglement des Bergamtes bedingte eine Entsolidarisierung der Belegschaft, mit der man Streiks und andere Unruhen verhindern wollte. Die Beschäftigten wurden in ständige und unständige Arbeiter eingeteilt. Erstere Gruppe besaß mehr Rechte und versuchte diese zu bewahren, während die zweite Gruppe versuchte durch entsprechend gutes Verhalten in die ständige Belegschaft integriert zu werden. Die daraus resultierenden Spannungen verhinderten die Entwicklung einer übergreifenden Arbeiterbewegung unter den Saarbergleuten für eine lange Zeit.[58] Das Verhältnis von ständigen zu unständigen Bergarbeitern auf den Saargruben betrug 1848 etwa 30 Prozent zu 70 Prozent.[59] Wenngleich der Agrarsektor bei den Beschäftigungszahlen immer noch dominierte, war der Anteil der erwerbsfähigen Bevölkerung in den neuen Industriezweigen an der Saar im Vergleich zu Restdeutschland groß. Die der Revolution vorangegangene Wirtschaftskrise wirkte sich jedoch auch hier negativ auf die Beschäftigungszahlen aus.[60] Dennoch war die „Saarwirtschaft" im Vergleich zu Trier für die Krise besser gewappnet und konkurrenzfähiger, konnte die soziale Not

---

56 Schmitt: Krise (wie Anm. 7), S. 283–285.
57 Heckmann: Tumulte (wie Anm. 13), S. 248; Wehler: Gesellschaftsgeschichte (wie Anm. 37), S. 627.
58 Schmitt: Revolution (wie Anm. 17), S. 295; Heckmann: Tumulte (wie Anm. 13), S. 264. Eine ähnliche Betriebspolitik wurde auch in der zweiten Jahrhunderthälfte bspw. in der Eisenindustrie durchgesetzt. Vgl. Fabian Trinkaus: Arbeiterexistenzen und Arbeiterbewegung in den Hüttenstädten Neunkirchen, Saar und Düdelingen, Luxemburg (1880–1935/40), Saarbrücken 2014.
59 Banken: Frühindustrialisierung (wie Anm. 54), S. 135.
60 Ebda., S. 472–476.

allerdings lediglich lindern und nicht lösen. Durch die Bedeutung der Betriebe und gerade der Kohlegruben war die Investitionsfreudigkeit größer: So war der Bau der Eisenbahnlinie Bexbach-Saarbrücken nicht nur eine Arbeitsbeschaffungsmaßnahme, sondern gleichzeitig auch eine sinnvolle Investition in die Zukunft.[61]

1.3 Konfessionelle Voraussetzungen

Bistum und Stadt Trier waren nicht die einzigen Orte, an denen der preußische Staat und die katholische Kirche in Konflikten aufeinandertrafen. Tatsächlich war der Großteil der Rheinprovinz katholisch und mit der Eingliederung der linksrheinischen Gebiete gehörten 1816 nun fast 40 Prozent der Gesamtbevölkerung eines bis dato fast ausschließlich protestantischen Preußens der katholischen Konfession an.[62] Die katholische Kirche und ihre Mitglieder wurden dadurch zu einer – durchaus großen – Minderheit und standen einem sich als protestantisches Gemeinwesen verstehenden Staates gegenüber. Andauernde Auseinandersetzungen gab es bei Themen wie der Besetzung von geistlichen Ämtern, Gerichtsbarkeit, Schulaufsicht und der Mischehenfrage, aber auch bei der Zuteilung von Kirchengebäuden. In Trier kam es beispielsweise zu Streitigkeiten, als die Regierung ein Kirchengebäude für die protestantische Bevölkerung einrichten wollte, der Stadtrat sich diesem Unternehmen allerdings in den Weg stellte. Letztendlich konnte keinerlei Lösung gefunden werden, weshalb die Jesuitenkirche in Trier ab 1819 als Simultaneum genutzt wurde. Die Streitigkeiten waren damit keineswegs vom Tisch und sollten die Bevölkerung noch bis zur Revolution 1848 und darüber hinaus begleiten.[63]

Von staatlicher Seite aus wollte man prinzipiell Zurückhaltung üben. Während Regierung und König hinsichtlich der neuen katholischen Untertanen keine Unterschiede machten, brachten sie der katholischen Kirche als Institution ein erhebliches Misstrauen entgegen. So schrieb der preußische Kultusminister Eichhorn in einem Brief, dass „die kirchliche Polemik gleich

---

61 Schmitt: Krise (wie Anm. 7), S. 282.
62 Vgl. hierzu die Zahlen bei Brunn: Zentrale (wie Anm. 18), S. 27; Wehler: Gesellschaftsgeschichte (wie Anm. 37), S. 10.
63 Luz-Y-Graf: 1848/49 in Trier (wie Anm. 1), S. 281.

anfangs sowohl durch die Zensur als durch die polizeilichen Gesetze für beide Konfessionen gleichmäßig auf das theologische Gebiet beschränkt und das hineinziehen der artiger Erörterungen in die Politik ausdrücklich verboten" wurde, es aber eine spezifische „Polemische Schule des Ultramontanismus in allen gemischten deutschen Staaten" gebe.[64] Die Katholiken hingegen fühlten sich benachteiligt und sahen eine klare Bevorteilung der protestantischen Presse, weshalb die Pressefreiheit auch ihr Anliegen war.[65]

1843 wurde vom preußischen Landtag ein neues Strafgesetzbuch vorgeschlagen. Dieses sah vor, Geistliche bei Verstößen ebenso wie Staatsbeamte belangen zu können. Ein solches Gesetz hätte einen massiven Einschnitt in die rechtliche Stellung der katholischen Kirche bedeutet. Man legte das Gesetzesvorhaben als Überheblichkeit Preußens aus und Vertreter des politischen Katholizismus verbündeten sich mit liberalen Vertretern, zumal diese Auseinandersetzung das Rheinische Recht betraf. Die Frage nach der Erziehung von Kindern aus Mischehen war ein weiteres allgemeines Streitthema zwischen Kirche und Staat. Preußen bezog klare Stellung für die protestantische Konfession. Der König hatte durch eine Kabinettsorder von 1825 seine Beamten dazu verpflichtet, ihre Kinder in der Konfession des Vaters taufen zu lassen, während die katholischen Geistlichen sich für eine Taufe ihres Glaubens aussprachen. Zu einem Eklat in der Mischehenfrage kam es schließlich, als preußische Behörden den Erzbischof von Köln aufgrund seines Standpunktes in der Angelegenheit 1837 verhaften ließ, was nicht allein als Akt staatlicher Willkür gesehen wurde, sondern ebenso einen Verstoß geltenden Rechts darstellte.[66]

Ein für Trier spezifisches Ereignis und Ärgernis für die Regierung in Berlin war die Heilig-Rock-Wallfahrt von 1844. Initiator war der Trierer Bischof Arnoldi, der den preußischen Behörden wegen seiner Umtriebigkeit suspekt war. Anfang des Jahres 1837 machte er die Mischehenfrage zum Thema einer Fastenpredigt und hob darin insbesondere die Bedeutung der katholischen Kindererziehung hervor – eine Auffassung, die den staatlichen Vorgaben diametral gegenüberstand. Zum anderen hatte er sich im Vorfeld der Bischofswahl

---

64 Der Kultusminister Eichhorn an den Ministern des Innern Grafen v. Arnim. Berlin 1845 Januar 18, in: Hansen: Bd. 1, (wie Anm. 29), S. 723 f.
65 Herres: Städtische Gesellschaft (wie Anm. 51), S. 182.
66 Brunn: Zentrale (wie Anm. 18), S. 36–38; Nipperdey: Deutsche Geschichte (wie Anm. 16), S. 131.

zusammen mit zwei weiteren Domkapitularen mit der Bitte um Ratschläge an den Papst gewandt, dies ohne den gesetzlich vorgegebenen „Umweg" über das preußische Kultusministerium. Im daraufhin eingeleiteten Disziplinarverfahren weigerte er sich, preiszugeben, wie der Brief nach Rom gelangte, es erfolgte eine Ordnungsstrafe von 50 Talern. Dies war unter anderem der Grund dafür, dass seine 1839 erfolgte Wahl zum Bischof erst 1840 durch den neuen preußischen König Friedrich Wilhelm IV. bestätigt wurde. Der ungeahnte Erfolg der Pilgerfahrt mit einem Zustrom von 500 000 bis 750 000 Menschen – Zeitgenossen sprachen von einer Million Teilnehmerinnen und Teilnehmern[67] – führte zu einer weiteren politischen Verstimmung mit dem preußischen Staat. Der Regierung missfiel eine solch öffentliche Demonstration von Frömmigkeit, da sie die Störung des konfessionellen Friedens befürchtete und zudem ultramontane Strömungen hinter der Aktion vermutete. Die Loyalität der katholischen Beamtenschaft blieb unter Beobachtung. Der trierische Regierungspräsident und spätere Oberpräsident der Rheinprovinz, Eduard von Schaper, stellte nach einer Fronleichnamsprozession 1840 mit Genugtuung fest, dass „namentlich von den Mitgliedern der hiesigen Regierung, obgleich ich ihnen die Teilnahme ganz freigestellt hatte, niemand daran teilgenommen" habe.[68] Durch die Folgen der Heilig-Rock-Wallfahrt sah man sich gezwungen, eine strengere Zensur und Polizeikontrolle hinsichtlich konfessioneller Angelegenheiten auszuüben, um den Frieden gewahrt zu wissen. Schon ein knappes Jahr später meinte man durch die gebotene Strenge unmittelbare Probleme wie Ausschreitungen während Prozessionen unterbunden und die Wogen geglättet zu haben.[69] In der Revolution traten die Differenzen erneut hervor und die katholische Kirche in Trier wurde während dieser Ereignisse politisch aktiv.[70]

---

67 Maike Jung: „Eine Epoche, in welcher [...] Mariensäulen ohne Zahl aus der Erde emporwuchsen?" Marienverehrung, Frömmigkeit und Katholizismus im Bistum Trier zwischen Vormärz und Reichsgründung, in: Gabriele B. Clemens/Stephan Laux (Hg.): Reformation, Religion und Konfession an der Saar (1517–2017), Saarbrücken 2020, S. 229–254, hier S. 234; Bernhard Schneider: Wilhelm Arnoldi (1852–1864), in: Ders./Martin Pietsch (Hg.): Geschichte des Bistums Trier. Bd. IV: Auf dem Weg in die Moderne (1802–1880), S. 74–84.

68 Regierungspräsident v. Schaper an den Minister des Innern v. Rochow. Trier 1840 Juli 1, in: Hansen: Bd. 1, (wie Anm. 29), S. 184.

69 Regierungspräsident Frhr. v. Spiegel an den Minister des Innern Grafen v. Arnim. Düsseldorf 1845 Februar 12, in: Hansen: Bd. 1, (wie Anm. 29), S. 736.

70 Für einen Überblick über die Volksfrömmigkeit im Bistum Trier und ihr Stellenwert als Protestform über die Revolution von 1848 hinaus vgl. Jung: Mariensäulen (wie Anm. 67). Bernhard Schneider fasst die konfessionellen Konflikte an der Saar sowie Trier in der Revolution und da-

Saarbrücken hatte mit einer protestantischen Mehrheit der Bevölkerung ein geringeres konfessionelles Konfliktpotential. Selbst die bis 1817 bestehenden zwei getrennten protestantischen Gemeinden konnten durch einen Aufruf der preußischen Regierung ohne Probleme zusammengeführt werden. Als sich nach der Heilig-Rock-Wallfahrt 1845 aus Protest auch in Saarbrücken eine Gemeinde Deutschkatholiken bildete – einer Abspaltung der katholischen Kirche, die Reliquienverehrung und päpstlichen Einfluss auf die Politik ablehnte[71] – wurde dies von der protestantischen Gemeinde begrüßt. Man stellte ihnen freiwillig ein Kirchengebäude zur Verfügung und unterstützte sie finanziell. Die Katholiken wiederum versuchten mit der Annahme der deutschkatholischen Glaubensströmung einen besseren Anschluss an das wirtschaftlich erfolgreichere und einflussreichere protestantische Bürgertum zu finden. Katholische Vereine spielten hier während der Revolutionsjahre keine Rolle.[72]

2. Die Revolution in Trier und Saarbrücken

2.1 Politische Vereine, Organisation und Wahlen

Entgegen den Befürchtungen des preußischen Staates, brachen im März 1848 trotz der Grenzlage zu Frankreich keine gewaltsamen Proteste in Saarbrücken und Trier aus, wenngleich erste Petitionen bereits Anfang März an den König nach Berlin gesandt wurden. Man war besorgt, dass die Revolution schnell über die Grenze nach Deutschland käme. Gleichfalls stand in den preußischen Regierungsstellen das Szenario eines freiwilligen Anschlusses der Grenzgebiete an Frankreich oder gar das Schreckgespenst einer erneuten französischen Invasion wie schon 1792 im Raum. Die Kriegssorge wurde von der Bevölkerung geteilt, hatte man doch wenig Interesse an den zerstörerischen Auswirkungen einer Auseinandersetzung. Dieser Umstand wurde rasch auf

---

vor prägnant zusammen, vgl. Bernhard Schneider: Identitätssuche in Umbruchszeiten. Der Katholizismus an der preußischen Saar bis zum Kulturkampf, in: Gabriele B. Clemens/Stephan Laux (Hg.): Reformation, Religion und Konfession an der Saar (1517–2017), Saarbrücken 2020, S. 195–227, hier S. 200–206.
71 Hermann-Josef Scheidgen: Der deutsche Katholizismus in der Revolution von 1848/49. Episkopat, Klerus, Laien, Vereine, Köln 2008, S. 15 f., 78.
72 Burg: Saarbrücken (wie Anm. 3), S. 592–594 ; Schwarz: Vereinswesen (wie Anm. 20), S. 51–53.

Anweisung der preußischen Regierung in Berlin von den örtlichen Behörden instrumentalisiert, um die Grenzbewohner zu kontrollieren und an Ausschreitungen zu hindern.[73]

In Trier wurde eine Petition des Gemeinderates und Oberbürgermeisters Goertz bereits am 8. März entworfen und an den König nach Berlin geschickt. Hierin fanden sich die typischen Märzforderungen: Einigung Deutschlands, Einrichtung einer allgemeinen Volksvertretung und Verfassung, Presse- und Versammlungsfreiheit sowie eine umfassende Volksbewaffnung. Letzteres wurde mit der drohenden Gefahr eines äußeren, aber auch inneren Feindes gerechtfertigt. Bemerkenswert an dieser ersten Petition mit Hinblick auf die spätere Entwicklung ist, dass man noch zum preußischen Staat hielt und sich nicht loslösen wollte, um einen eigenständigen deutschen Staat zu gründen.[74] Nur zwei Tage später folgte die gemeinsame Petition der Gemeinderäte aus Saarbrücken und St. Johann, die ebenso wie in Trier die typischen Märzforderungen erfüllt sehen wollten. Hinzu kamen Forderungen eines gerechteren Steuersystems, eines gemeinsamen und für ganz Deutschland geltenden Rechts, Religionsfreiheit, sowie die Trennung von Kirche und Staat. Die Petition besaß einen im Vergleich unterwürfigeren, d.h. mehr bittenden als fordernden, Ton und gilt auch heute noch als eine der „differenziertesten der gesamten Rheinprovinz".[75] Der Wunsch nach Volksbewaffnung wurde mit der Grenzlage gerechtfertigt und sollte durch die Verteidigungsbereitschaft ein Festhalten an Deutschland und Preußen signalisieren. Eine Kopie der Petition schickte man an die Stadt Königsberg an der Grenze zu Russland. Man wollte sich solidarisieren und hoffte gemeinsam Flagge zeigen zu können. Mit über 700 Unterschriften wurde die Petition nach Berlin gesandt.[76]

---

73 Heckmann: Revolution (wie Anm. 13), S. 153 f.; Konrad Canis: Konstruktiv gegen die Revolution. Strategie und Politik der preußischen Regierung 1848 bis 1850/51, Paderborn 2022, S. 8.

74 Adresse des Oberbürgermeisters Goertz und des Gemeinderats der Stadt Trier an den König Friedrich Wilhelm IV. Trier 1848 März 8, in: Joseph Hansen (Hg.): Rheinische Briefe und Akten zur Geschichte der politischen Bewegung 1830–1850. Bd. 2.1: Januar 1846 – April 1848, Bonn 1942, S. 537–539.

75 Heckmann: Tumulte (wie Anm. 13), S. 254. Zur Genese der Petition vgl. auch den Beitrag von Kaja Hauser in diesem Band.

76 Saarbrücker Petition, beraten auf der außerordentlichen Versammlung der Gemeinderäte der Städte Saarbrücken und St. Johann vom 10. März 1848, vgl. Heckmann: Revolution (wie Anm. 13), S. 169–171.

Am 12. März wurde erneut eine Petition in Trier unterzeichnet. Dieses Mal handelte es sich um eine Adresse der Bürger an den König mit Forderungen, die in einer Volksversammlung gemeinsam diskutiert und beschlossen worden war. Die Volksversammlung stellte einen ersten Akt des Protestes dar, war das Versammlungsverbot doch noch nicht aufgehoben. In der Adresse schloss man sich dem Gemeinderat der Stadt Trier an, dessen Forderungskatalog erweitert wurde. Schon zu Beginn hatten die Forderungen wesentlich sozialere Züge. Die Not in Trier machte die Erfordernis von „Maßregeln, wodurch das Wohl aller Klassen, insonderheit derjenigen gesichert wird, die nichts weiter als ihre Arbeitskräfte und den Willen, sie nützlich zu gebrauchen, besitzen" notwendig.[77] Weitere Punkte waren der Wunsch nach einer Verfassung sowie die Vereidigung aller Bürger, insbesondere des Militärs, auf selbige, die „Wiederherstellung der rheinischen Institutionen", eine progressive Einkommenssteuer anstelle bisheriger Abgaben und zuletzt Amnestie für die bisher politisch Verurteilten und Verfolgten. Die Berechtigung dieser Forderungen wurde damit begründet, dass die Bürger schließlich ihr Leben und das ihrer Söhne für die Verteidigung Deutschlands aufbieten würden.[78]

Diese erste Petitionswelle stellte allerdings nur den Beginn eines einsetzenden Politisierungsprozesses dar, welcher sich in beiden Städten vollzog, wenn auch mit unterschiedlicher Geschwindigkeit. So kam es in Trier schon im April zur Gründung zweier Vereinigungen, welche die politischen Richtungen diktieren sollten. Im September 1848 wurde in Trier ein zusätzlicher katholischer Verein gegründet, dessen Mitglieder sich von den übrigen Vereinen nicht zufriedenstellend vertreten fühlten. In Saarbrücken versuchte man hingegen einen Bruch der Bürgerschaft in verschiedene Lager dringlichst zu vermeiden und sah lange keine Notwendigkeit einer solchen Assoziation. Erst im November kam es zur Gründung eines gemeinsamen Vereins, der sich jedoch wenige Tage später in einen demokratischen Bürgerverein in St. Johann und einen konstitutionellen Bürgerverein in Saarbrücken aufspaltete, was auch mit der Konkurrenz der beiden Saarstädte sowie dem unterschiedlichen sozialen Milieu zu tun hatte.[79] Aufgabe all jener Vereine war die Ausarbeitung der Petitionen

---

77 Adresse von Bürgern der Stadt Trier an den König Friedrich Wilhelm IV. Trier 1848 März 12, in: Hansen: Bd. 2.1 (wie Anm. 74), S. 560.
78 Ebda., S. 559–561.
79 Heckmann: Revolution (wie Anm. 13), S. 162; Schmitt: Revolution (wie Anm. 17), S. 300 f.

an die Nationalversammlungen, die Organisation der Mitglieder und anderer Vereine sowie öffentliche Diskussion und Information zum Zwecke der politischen Mobilisierung der gesamten Bürgerschaft.

In Trier wurde am 11. April in einer Volksversammlung ein Bürgerausschuss gewählt, der die Wahlen für die Nationalparlamente am 1. Mai organisieren sollte. Innerhalb der nächsten drei Tage kam es zu einer Aufspaltung dieses gemeinsamen Bürgerausschusses in den Konstitutionellen und den Demokratischen Verein. Der Demokratische Verein zeichnete sich von Beginn an durch eine wesentlich bessere Organisation aus, da es bereits im Vormärz einen geheimen Demokratischen Club gab, in welchem sich Mitglieder zum Austausch politischer Ideen trafen und an dessen Vorarbeit man anknüpfen konnte[80] Einer der größeren organisatorischen Erfolge war die Mobilisierung der umliegenden Ortschaften des Regierungsbezirks Trier durch die Gründung von Vereinen unterschiedlicher Art. Ziel war es nicht allein Zweigstellen des Demokratischen Vereins zu gründen, sondern ebenso andere Assoziationsformen, welche die Bürger politisch schulen sollten. Ein überregionales Kommunikationsnetz zum Zwecke der besseren Organisation wurde errichtet. Der Demokratische Verein Trier wurde von vielen anderen Vereinen als Zentralverein in der Region gesehen, so auch im Großherzogtum Luxemburg. Die Wahlkämpfe für die Nationalversammlungen in Berlin und Frankfurt konnten dadurch effektiver geführt werden und der direkte Kontakt zur umliegenden Bevölkerung diente als wichtiger Stimmungsindikator für die Abgeordneten. So bestand beispielsweise Ludwig Simon, der demokratische Abgeordnete des Trierer Wahlbezirks in Frankfurt, auf einen direkten Kontakt mit seinen Wahlmännern.[81]

Der Demokratische Verein konnte einen Großteil der Bevölkerung von seiner Agenda überzeugen. Hatte der Verein in den ersten Wochen nach der Konstituierung schon gut 300 Mitglieder, stieg diese Zahl bis zum Ende des Jahres fast auf das Fünffache. Bei einer männlichen Bevölkerung in Trier und Umgebung von ungefähr 7600 Personen waren dies fast 20 Prozent. Allerdings muss dazu gesagt werden, dass diese Zahlen einer männlichen Bevölkerung ab 16 Jahren entsprachen, welche im Verein eine Mitgliedschaft erwerben konnten. Für Frankfurt wahlberechtigt waren hingegen nur alle Männer

---

80 Herres: Vereinsbildung (wie Anm. 28), S. 470.
81 Ebda., S. 476–478, 494.

ab 21 Jahren, für Berlin alle ab 24 Jahren, und beide Gruppen durften keine Armenfürsorge in Anspruch nehmen. Damit waren für Frankfurt immer noch etwa 90 Prozent der Trierer Männer wahlberechtigt.[82]

Den fehlenden Mitgliederlisten des Vereins zum Trotz ist die Annahme gerechtfertigt, dass es sich überwiegend um Handwerker und Männer aus der Arbeiterschaft handelte. Der Demokratische Verein setzte sich von Beginn an für die arbeitenden Schichten und deren Belange ein, was sich im Wahlprogramm widerspiegelte. Kommunistische Absichten hatte der Verein aus der Geburtsstadt Karl Marx' trotz alledem nicht, selbst wenn den Demokraten dies teilweise von katholischer oder der Regierungsseite vorgeworfen wurde. Mit diesen Vorwürfen konfrontiert wurde beispielsweise der Demokrat Karl Grün, welcher Hauptredakteur der Trier'schen Zeitung war, die tatsächlich eine sozialistische Position einnahm.[83] Dessen Rolle innerhalb des Vereins war jedoch nicht dermaßen vereinnahmend, dass dies Eingang in das Wahlprogramm gefunden hätte. Seine Einflussnahme auf das Programm beschränkte sich auf die bereits von den Handwerkern gestellten Forderungen. Umstürzlerische Reden oder Absichten, die ihm vorgeworfen wurden, existierten ebenso nur in den Gedanken, Befürchtungen und Polemiken seiner Gegner. Sein Ziel war es den Wandel auf friedliche Weise herbeizuführen.[84]

Die Führungsschicht des Vereins entstammte einerseits aus den akademischen Kreisen der Bürgerschaft Triers, andererseits aus den Mitgliedern des alteingesessenen Handwerks und Gastronomiegewerbes. Das Verhältnis der beiden Gruppierungen war ausgewogen. Ein anfängliches Problem war, dass sich gerade die akademischen Führer wegen des unterschiedlichen Sprachniveaus ihrer Wählerschaft nicht verständlich machen konnten. Die Anpassungsfähigkeit einiger Mitglieder gereichte dem Verein gegenüber seinen Kon-

---

82 Herres: Vereinsbildung (wie Anm. 28), S. 465, 476 f., 489.
83 Ebda. S. 475, 485; Bischof W. Arnoldi von Trier an den Minister v. Bodelschwingh. Beschwerde über die Trierische Zeitung. Trier 1847 November 11, in: Hansen: Bd. 2.1 (wie Anm. 74), S. 365 f.; Bericht des Regierungsrates v. Gaertner an den Oberpräsidenten Eichmann. Koblenz 1848 April, in: Hansen: Bd. 2.2 (wie Anm. 6), S. 71 f; Dieter Dowe: Die erste sozialistische Tageszeitung in Deutschland. Der Weg der „Trierischen Zeitung" vom Liberalismus über den „wahren Sozialismus" zum Anarchismus (1840–1851), in: Archiv für Sozialgeschichte 12 (1972), S. 55–107, hier S. 59 f.
84 Herres: Vereinsbildung (wie Anm. 28), S. 481.

kurrenten jetzt zum Vorteil. Der Rechtsanwalt Ludwig Simon konnte auch hier wieder durch seine Bürgernähe viele Sympathien auf sich ziehen.[85]

Das Demokratische Wahlprogramm, auch als „Volksprogramm" bekannt, wurde per Flugblatt am 16. April 1848 in Trier verteilt, zwei Tage nach dem das als „Unser Programm" bezeichnete konstitutionelle Programm veröffentlicht wurde. In ersterem wurden alle Forderungen festgehalten, die der Demokratische Verein Trier im Falle einer Wahl seiner Kandidaten verwirklichen wollte. Das Volksprogramm eröffnete mit einer klaren Aussage: „Das Vertrauen in die bisherigen Zustände ist vernichtet, mit ihm Ruhe und Ordnung."[86] Es müsse ein neu errichtetes Deutschland her, welches durch die Nationalversammlung in Frankfurt geschaffen werden sollte. Dieser Umstand ist bemerkenswert, wird doch mit keinem Wort die Preußische Nationalversammlung in Berlin erwähnt. Liest man das Programm weiter, findet man schon im zweiten Passus die Forderung nach der „naturgemäßen Abgliederung in Volksstämme mit demokratischen Verfassungen; sofortige Beseitigung aller entgegenstehenden Hoheitsrechte".[87] Punkt zwei bedeutete demnach nichts weiter als eine Abtrennung der Rheinprovinz von Preußen. Das Geschichtsverständnis einiger Demokraten unterstützte diesen Grund: Viele machten den Hohenzollern-Staat für die wirtschaftliche Misere der neueren Zeit verantwortlich und manch einer sah die Trierer in der Vergangenheit als ein eigenes Volk.[88] Man forderte zudem ein demokratisches Wahlrecht und Abschaffung adliger Hoheitsrechte, die Unabhängigkeit der Kirche vom Staat und die Einführung einer progressiven Einkommensteuer anstelle des alten Systems. In den beiden letzten Punkten war man demnach noch mit den Forderungen vom 11. April einverstanden. Letztendlich wurde hervorgehoben, dass all diese Rechte und Forderungen Mittel zur Lösung der sozialen Frage sein sollten und all dies „auf dem friedlichen Wege des Geistes gelöst werden kann, nicht auf dem gewaltsamen der Verletzung von Personen und Eigentum".[89]

Eine massive antipreußische Stimmung und die Forderung der Abtrennung der Rheinprovinz aus dem Preußischen Staat gab es zu diesem Zeitpunkt

---

85 Ebda., S. 473, 478.
86 Demokratisches Wahlprogramm. Trier 1848 April 16, in: Hansen: Bd. 2.2 (wie Anm. 6), S. 55.
87 Ebda.
88 Herres: Vereinsbildung (wie Anm. 28), S. 476.
89 Demokratisches Wahlprogramm. Trier 1848 April 16, in: Hansen: Bd. 2.2 (wie Anm. 6), S. 56.

nur in Trier.[90] Das am 14. April ebenfalls als Flugblatt veröffentlichte Wahl-programm des Konstitutionellen Vereins stand in keinem Vergleich zu der Radikalität des demokratischen Pendants. Deshalb veröffentlichte man am 22. April ein neues „Unser Programm". Die erste Auflage nahm noch Bezug auf die Preußische Nationalversammlung in Berlin, deren Erwähnung in der überar-beiteten Auflage fehlte, ganz so wie im demokratischen „Volksprogramm". Im Gegensatz zu den Demokraten wurde eine konstitutionelle Monarchie mit selbst gewähltem Oberhaupt gefordert. Gemeinsame Punkte waren hingegen die Unabhängigkeit von Kirche und Staat, sowie das Wohl der Arbeitenden.[91] Der Einfluss der Kirche in Trier war zu groß und der Zustand der Unterschicht zu verheerend, als dass man in diesen Punkten unterschiedlicher Meinung sein konnte. Allein über die Vorgehensweise bei der Problemlösung war man sich uneins.

Diese anfängliche Zurückhaltung spiegelt sich in den Berichten der Regie-rungsmitglieder wider. In einem Bericht an den Oberpräsidenten der Rhein-provinz wird von zwei Parteien gesprochen: „eine konstitutionelle und eine republikanische. An der Spitze der Ersteren, welche die bessere Bürgerschaft in sich begreift, stehen der Advokat Regnier, der Advokat Zell usw., und die Führer der republikanischen Partei, welche fast ausschließlich aus Taglöh-nern, Handwerksgehülfen usw. besteht, sind der Landgerichtsrat Graeff, der Landgerichtsassessor Schilly und der bekannte sozialistische Schriftsteller Grün. [...] Die Konstitutionellen bezeichnet man als die Preußen, die Republi-kaner als die Deutschen."[92] Abgesehen davon, dass der Demokratische Verein nicht wirklich republikanisch war, zeigt sich hier noch die Fürsprache der Regierung gegenüber dem Konstitutionellen Verein.[93] Die Mitglieder des Vereins stammten in der Tat hauptsächlich aus der lokalen Kaufmannsschicht, der Beamtenschaft, dem Militär und Geistlichen, darunter auch der Trierer Bischof Arnoldi.[94]

---

90 Herres: Vereinsbildung (wie Anm. 28), S. 368.
91 Konstitutionelles Wahlprogramm. Trier 1848 April 14, in: Hansen: Bd. 2.2 (wie Anm. 6), S.46–48.
92 Bericht des Regierungsrates v. Gaertner an den Oberpräsidenten Eichmann. Koblenz 1848 April 20, in: Hansen: Bd. 2.2 (wie Anm. 6), S. 71.
93 Herres: Vereinsbildung (wie Anm. 28), S. 479–481.
94 Ebda., S. 467, 478; Bericht des Vertreters des Regierungspräsidenten, Oberregierungsrat Nirck, an den Innenminister v. Auerswald. Trier 1848 April 22, in: Hansen: Bd. 2.2 (wie Anm. 6), S. 75 f.

Die Regierung war sich der extremen antipreußischen Stimmung in Trier bewusst, sodass auch der Konstitutionelle Verein wissen musste, dass man sich in Trier zurief: „Wer Preuße bleiben wolle, der gehe zu dem andern konstitutionellen Verein."[95]

Wohl wegen dieses Stimmungsbildes in der Bevölkerung beschloss man ein neues Wahlprogramm zu veröffentlichen, das nach wie vor die konstitutionelle Monarchie als Staatsform vorsah und ebenso die meisten anderen alten Forderungen beinhaltete, die Abtrennung der Rheinprovinz von Preußen nun aber zumindest ansatzweise in Aussicht stellte. So hieß es im dritten Punkt des neuen Programms: „Diejenigen, welche zu einem Volksstamme gehören, werden sich vereinigen und einen Staat bilden; es muß geschehen, wenn das Volk es in seiner gesetzlichen Vertretung will. Wenn aber einer der bisherigen Staaten sich nicht auflösen will, so haben wir kein Recht, Gewalt gegen ihn zu üben. Ebensowenig darf man unnatürlich verbundene Teile Deutschlands zwingen, zusammen zu bleiben. Auf diesem Wege wird sich auch das Schicksal der Rheinprovinz entscheiden."[96] Man sah also auf der einen Seite das Recht des Volkes und auf der anderen Seite das Recht des Staates.

Die Organisation des Konstitutionellen Vereins war im Vergleich zu den Demokraten schlechter. Zwar hatten die Mitglieder aufgrund ihres Standes bessere Verbindungen und Kenntnisse in der Kommunalpolitik, um die Bürger von ihrem Programm zu überzeugen, half dies jedoch wenig. Ein Führungskomitee des Vereins wurde am 17. April gewählt. Dieses diente allerdings nur zur Organisation der Wahlen. Den Aufbau zu einem regionalen Kommunikationsnetz versäumte man und hatte daran auch kein Interesse. Die Notwendigkeit, sich zu einer tatsächlichen Mitgliederorganisation zu konstituieren, entstand erst Ende des Jahres 1848. Ohnehin hatte der Konstitutionelle Verein mit etwas mehr als 200 Mitgliedern nur einen Bruchteil der Unterstützer des Demokratischen Vereins.[97]

Die katholische Kirche in Trier unterstützte zu Beginn der Revolution beide Vereine. Bischof Arnoldi begrüßte die Gelegenheit die Rechte der Kirche stärken zu können, musste aber aufgrund seiner offiziellen Position zurück-

---

95 Ebda., S. 76.
96 Wahlaufruf des Konstitutionellen Vereins. Trier 1848 April 22, in: Hansen: Bd. 2.2 (wie Anm. 6), S. 78.
97 Herres: Vereinsbildung (wie Anm. 28), S. 468, 492 f.

haltend agieren. Gewalttätige Aufstände lehnte er ebenso wie die anderen Parteien ab. Der Klerus sollte sich auf sein Geheiß nur in die politischen Diskussionen einschalten, in denen es um die Rechte der Kirche oder die Schulaufsicht ging. Einer Partei sollte der Klerus nicht beitreten, um damit möglichen Schaden von der Kirche abzuwenden.[98] Eine direkte „Koalisierung", wie es in einem Bericht an den Oberpräsidenten Eichmann heißt, mit dem Demokratischen Verein fand nicht statt.[99]

Nichtsdestotrotz entstanden mit der Spaltung der Trierer demokratischen Bewegung verschiedene Präferenzen. Zu Beginn unterstützten vor allem die höheren kirchlichen Posten den Konstitutionellen Verein, darunter auch Bischof Arnoldi selbst. Der Seminarprofessor Jakob Marx stand ebenso auf Seiten des Konstitutionellen Vereins. Auf der einen Seite unterstützte er den Wunsch nach einer konstitutionellen Monarchie, auf der anderen Seite war er für seine offenen antipreußischen Ansichten in den ersten Monaten der Revolution bekannt. Letzteres war aufgrund des neuen Wahlprogramms der Konstitutionellen kein absoluter Widerspruch mehr.[100] Unterstützung für den Demokratischen Verein gab es gerade wegen seiner antipreußischen Haltung. In der Rheinprovinz im Allgemeinen fühlten sich die katholischen Geistlichen eher den Demokraten als den Konstitutionellen zugehörig, kümmerten sich erstere doch umfassender um die Soziale Frage. In Trier musste diese allerdings auch von den Konstitutionellen erörtert werden, wollten sie sich nicht jegliche Chancen auf eine Wahl zu ihren Gunsten zunichtemachen. In der Kirche aktive Mitglieder standen also auf beiden Seiten der demokratischen Bewegung in Trier.[101]

Mit dem Demokratischen Verein kam es schlussendlich zum Bruch. Wo das Parteiprogramm der Kirche schon einiges an Kompromissbereitschaft abverlangte, konnte man die Differenzen in der Schulaufsichtsfrage nicht ignorieren. Eine Petition der Trierer Katholiken vom 14. Juni 1848 an die Deutsche Nationalversammlung forderte eine klare Trennung von Kirche und Staat sowie die Forderungen nach kirchenspezifischen Rechten. Von der Schulfrage war darin

---

98 Scheidgen: Katholizismus (wie Anm. 71), S. 92, 98 f.

99 Der Regierungspräsident (i. V. Birk) an den Oberpräsidenten Eichmann in Koblenz und an den Minister des Innern A. v. Auerswald in Berlin. Trier 1848 März 29, in: Hansen: Bd. 2.1 (wie Anm. 74), S. 687.

100 Herres: Vereinsbildung (wie Anm. 28), S. 487; Scheidgen: Katholizismus (wie Anm. 71), S. 220.

101 Scheidgen: Katholizismus (wie Anm. 71), S. 218 f., 225.

keinerlei Rede, dennoch lehnten die Mitglieder des Demokratischen Vereins die Forderungen mit Hinblick auf den gesellschaftlichen Einfluss der Kirche ab.[102] Gegen den Einfluss der Kirche auf die Schulpolitik und den Unterricht gab es im Besonderen eine Lobby unter den Schullehrern der Umgebung. Am 3. August 1848 ging in der Deutschen Nationalversammlung die Petition von Lehrern aus den Saarkreisen und Trier ein, die sich klar gegen eine Schulaufsicht der Kirche stellten und die mit den Unterschriften eines Großteils der Lehrerschaft aus besagten Kreisen versehen war. Das Recht, den Religionsunterricht zu leiten, wollten sie den Geistlichen nicht absprechen, wohl aber die „Knechtung der Lehrerschaft" verhindern. Untermauert wurden die Argumente kurioserweise mit Bibelzitaten und deren Interpretationen sowie einer geschichtlichen Sicht: „Schon vor der christlichen Zeitrechnung, unter den heidnischen Völkern blühten Volksschulen; sie wurden nicht von dem christlichen Klerus geschaffen."[103]

Durch die Differenzen zwischen der Kirche und den Demokraten entstand im September ein Katholikenverein, den man in Hoffnung auf einen größeren Zulauf von Mitgliedern nach dem amtierenden Papst Pius IX. benannte. Bereits im Frühjahr 1848 wurde ein solcher Piusverein in Mainz gegründet, der als Vorbild diente. Die Mitgliederzahl lag Ende des Jahres bei über 300, welche sich aus Tagelöhnern, Kleinsthandwerkern, aber auch den Mitgliedern des Priesterseminars zusammensetzte. Geführt wurde der Verein von Geistlichen, Akademikern und mittelständischen Handel- und Gewerbetreibenden. Die Zusammensetzung des Piusvereins war damit sehr heterogen.[104] Die Vereinsgründung war notwendig geworden, weil sich die Kirche von der demokratischen Bewegung und der Nationalversammlung in Frankfurt nicht ausreichend vertreten fühlte. In einer Petition nach Frankfurt kritisierte der Verein die Beschlüsse zu den Grundrechten vehement, wurde darin doch den kirchlichen Rechten kaum Beachtung geschenkt. An erster Stelle stand hier erneut das

---

102 Herres: Vereinsbildung (wie Anm. 28), S. 488; Katholische Petition an die Deutsche Nationalversammlung. Trier 1848 Juni 14, in: Hansen: Bd. 2.2 (wie Anm. 6), S. 241–243.

103 Petition der Vertreter der Lehrer der Kreise St. Wendel, Ottweiler, Saarlouis, Merzig, Bernkastel und Trier an die Deutsche Nationalversammlung. Hermeskeil/Krs. Trier 1848 August 3, in: Hansen: Bd. 2.2 (wie Anm. 6), S. 341–343.

104 Herres: Vereinsbildung (wie Anm. 28), S. 488–490; Gabriele B. Clemens: Politische Kommunikation im revolutionären Trierer Handwerkermilieu des Jahres 1848, in: Neues Trierisches Jahrbuch 48 (2008), S. 39–48, hier S. 43.

kirchliche „Recht auf Erziehung und Unterricht". Der §18 Artikel IV der Grundrechte beispielsweise würde laut Aussage der Katholiken gegen die Glaubens- und Gewissensfreiheit verstoßen, da dieser das genannte Recht nicht zugestehe. Man verlangte mindestens das „Recht der Mitoberaufsicht", sei die Schule doch „eine Tochter der Kirche; letztere hat auf erstere ein natürliches Recht."[105] Die katholischen Hoffnungen in die Revolution wurden enttäuscht und es verwundert nicht, dass die dahingehend entgegenkommende Verfassung Friedrich Wilhelms IV. von kirchlicher Seite begrüßt wurde.[106]

In Saarbrücken wurden politische Vereine erst zu einer Zeit gegründet, in der „der Sinn für Ordnung, Gesetzlichkeit und konstitutionelle Mäßigung überall feste Wurzeln [schlug]".[107] Grund der Vereinskonstitution war der Aufruf des Saarbrücker Abgeordneten für die Preußische Nationalversammlung in Berlin, Friedrich Hesse. Dieser wünschte sich, ebenso wie Ludwig Simon in Trier, ein klareres Bild des Bürgerwillens.[108] Die Gründung war also in erster Linie zur Artikulation des politischen Willens in Hinblick auf die Preußische Nationalversammlung in Berlin gedacht. Ein Impuls zur politischen Vereinsgründung im Juli durch den konstitutionellen Verein der Stadt Köln blieb an der Saar zunächst ohne Wirkung.[109]

Insgesamt 160 Personen konstituierten am 4. November schließlich den „Bürgerverein im Kreise Saarbrücken" und wählten am 12. November seinen Vorstand. Mitglied des Vereins konnte „jeder Wähler im gesammten deutschen Vaterlande werden".[110] Anders als in Trier war also die Vollendung des 21. Lebensjahres notwendig.[111] Die einfachen Mitglieder des Bürgervereins setzten sich zum größten Teil aus den unteren Schichten zusammen, die Führungsschicht bestand, mit den Anwälten Dietzsch und Winsweiler, Dr. Jordan, dem Notar Reusch und dem katholischen Pfarrer Faß, welcher Mitbegründer

105 Petition des Pius-Vereins an die Deutsche Nationalversammlung. Trier 1848 Dezember 3, in: Hansen: Bd. 2.2 (wie Anm. 6), S. 575–578.
106 Herres: Vereinsbildung (wie Anm. 28), S. 491.
107 Bericht des Vertreters des Regierungspräsidenten, Oberregierungsrat Sebaldt, an Oberpräsident Eichmann. Trier 1848 Dezember 15, in: Hansen: Bd. 2.2 (wie Anm. 6), S. 599.
108 Schmitt: Revolution (wie Anm. 17), S. 300.
109 Schmitt: Politisierungsprozess (wie Anm. 13), S. 311.
110 Protokoll über die Gründungsversammlung des Bürgervereins am 4. November 1848, in: Schmitt: Revolutionäre Saarregion (wie Anm. 7), S. 329.
111 Schmitt: Politisierungsprozess (wie Anm. 13), S. 312.

der deutsch-katholischen Gemeinde in Saarbrücken war, aus Mitgliedern des Bildungsbürgertums.[112]

Als Mitte November der Steuerverweigerungsbeschluss der Preußischen Nationalversammlung auf den Tagesordnungen der Vereinsversammlungen stand, kam es zur Aufspaltung des Vereins. Die 23 Personen, die schon kurz nach der Gründungsveranstaltung des Bürgervereins aufgrund von Meinungsverschiedenheiten aus Protest austraten, gründeten am 25. November den Konstitutionellen Bürgerverein zu Saarbrücken.[113] Dieser bezog sich auf den im Juli erfolgten Aufruf des „Cölner Bürgervereins" und orientierte sich auch an demselben. Über die Frage der politischen Ausrichtung ließ der Konstitutionelle Bürgerverein keinerlei Zweifel, er forderte die konstitutionelle Monarchie. Die Aufnahme von Mitgliedern war ähnlich der des Konkurrenzvereins, mit dem Unterschied, dass diese nicht aus ganz Deutschland stammen durften, sondern Bewohner der Stadt oder Umgebung sein sollten und keine Mitgliedschaft in einem anderen politischen Verein innehatten.[114] Die Mobilisierung der Wähler gelang den Konstitutionellen weniger erfolgreich. Konnte der Bürgerverein aufgrund seines Ansehens, vor allem dem des Vorstandes, bis zum März des Jahres 1849 insgesamt 431 Mitglieder vorweisen, lag die Zahl des Konstitutionellen Bürgervereins bei etwa 160 Mitgliedern, die sich aus Beamten, Akademikern, vermögenden Kaufleuten und auch wenigen Handwerkern zusammensetzten.[115]

Trotz der klaren Position des neu gegründeten Vereins gab es kein eindeutiges Parteiprogramm des Bürgervereins im Kreise Saarbrücken, das mit dem „Volksprogramm" oder „Unser Programm" der politischen Vereine in Trier vergleichbar gewesen wäre. Bei den Wahlen zu den preußischen und deutschen Nationalversammlungen in Berlin und Frankfurt bestand in Saarbrücken keiner der beiden Vereine. Jedoch wurde durch das Stimmverhalten in den Versammlungen deutlich, dass man hinter dem Konzept der Volkssouveränität stand. Eine parlamentarische Monarchie sollte idealerweise am

---

112 Ebda. S. 315; Bericht des „landrathlichen Commissars Rennen über den Bürgerverein vom 15. November 1848, in: Schmitt: Revolutionäre Saarregion (wie Anm. 7), S. 330.

113 Schmitt: Politisierungsprozess (wie Anm. 13), S. 312–314.

114 Protokoll über die Gründung des Constitutionellen Bürgervereins zu Saarbrücken am 25. November, in: Schmitt: Revolutionäre Saarregion (wie Anm. 7), S. 333 f.

115 Schmitt: Politisierungsprozess (wie Anm. 13), S. 315, 319; Schwarz: Vereinswesen (wie Anm. 20), S. 83, 90.

Ende der Verfassungsbildung stehen.[116] Einen wirklichen Bruch zwischen den beiden Saarbrücker Vereinen gab es nicht. Zu sehr waren die Mitglieder in das gesellschaftliche Leben der Stadt eingebunden und trafen sich regelmäßig in anderen Vereinen wie dem Casino, Gesangsvereinen etc. oder auch in kommunalpolitischen Gremien. Man sah sich nicht als erbitterte Feinde, sondern pflegte Freundschaften. Schlussendlich führte dieser Umstand zu einem Zusammenarbeiten der Vereine, als die Revolution in der Reichsverfassungskampagne zu Ende ging.[117]

Für den Wahlkreis Saarbrücken-Ottweiler-St. Wendel zogen der liberale Carl Philipp Cetto und der demokratische Ferdinand Dietzsch als Abgeordnete in Frankfurter Parlament ein. Dietsch zog ins Parlament ein, obwohl die meisten Wahlmänner des Kreises liberal gesinnt waren. Dies ist auf das hohe Ansehen zurückzuführen, dass man dem Advokaten Dietzsch trotz seiner republikanischen Einstellungen entgegenbrachte. Ab Oktober 1848 folgte ihm der Saarlouiser Justizrat Ludwig Heusner als Abgeordneter nach Frankfurt. Beide waren Angehörige der Linken im „Deutschen Hof", letzterer schloss sich später der ebenfalls linken Fraktion „Württemberger Hof" an, welche sich für die großdeutsche parlamentarische Monarchie einsetzte.[118] Nach Berlin wurden der Saarbrücker Landrat Friedrich Hesse und der katholische Geistliche Johann Hansen gewählt, die sich dort beide der linken Fraktion Rodbertus anschlossen und sich für eine konstitutionelle Monarchie stark machen sollten.[119] Die Wahlen zu den preußischen Kammern spielten in Saarbrücken eine untergeordnete Rolle, da der Aufruf zum Wahlboykott bei den Bürgern auf offene Ohren stieß.[120]

In Trier wurden die beiden Anhänger des Demokratischen Vereins, Ludwig Simon und Leopold Wencelius, „mit überwältigender Mehrheit [...] gewählt".[121] Ersterer wurde als Abgeordneter nach Frankfurt, letzterer als Abgeordneter nach Berlin gesandt, wo sie sich den Linken Fraktionen der Parlamente an-

---

116 Ebda., S. 315.
117 Schwarz: Vereinswesen (wie Anm. 20), S. 57 f., 95 f.
118 Heinrich Best/Wilhelm Weege: Biographisches Handbuch der Abgeordneten der Frankfurter Nationalversammlung 1848/49, Düsseldorf 1996, S. 125, 185. Zur Paulskirchenlinken vgl. auch Christian Jansen: Einheit, Macht und Freiheit. Die Paulskirchenlinke und die deutsche Politik in der nachrevolutionären Epoche, 1849–1867, Düsseldorf 2000.
119 Schmitt: Revolution (wie Anm. 17), S. 297 f.
120 Schwarz: Vereinswesen (wie Anm. 20), S. 95 f.
121 Herres: Vereinsbildung (wie Anm. 28), hier S. 469.

schlossen.[122] Ludwig Simon war zunächst, ebenso wie Dietzsch und Heusner, Mitglied im „Deutschen Hof". Ende Mai 1848 aber gehörte er zu den Mitbegründern der radikaleren Fraktion „Donnersberg", die sich für eine Demokratie ohne Adelsmacht einsetzte. Ohnehin gehörte Simon zu den aktiveren Revolutionären, die beispielsweise vor der Teilnahme am Frankfurter Aufstand im September 1848 oder noch im Juni 1849 am Badischen Aufstand nicht zurückschreckten. Schlussendlich war er dadurch gezwungen ins Schweizer Exil zu fliehen.[123]

2.2 Presse und öffentliche Kommunikation

Die Presse war in der Revolution eines der wichtigsten Mittel, um Einfluss auf die Bevölkerung zu nehmen. In Trier existierte die Trier'sche Zeitung, welche ab 1837 bis 1851 sechs Mal wöchentlich erschien. Sie galt unter dem Demokraten Karl Grün als Organ der Demokratischen Partei.[124] Hinzu kamen gelegentliche Beilagen der Zeitung, wie beispielsweise das „Amphitheater für Unterhaltung, Kunst und Politik", welche ebenso politische Inhalte hatten. Die Artikel der Zeitungen waren sozialistisch geprägt, was auf ihren Redakteur Grün zurückgeht, der den Ideen des Sozialismus nahestand. Gleichzeitig wurde Grün von dem berühmten Sohn der Stadt Trier, Karl Marx, scharf für seine Ausprägung der sozialistischen Idee kritisiert.[125] Die Trier'sche Zeitung hatte von Beginn an das gleiche Problem wie der Demokratische Verein: Ihre Ausdrucks- bzw. Schreibweise war für die einfachen Handwerker und Arbeiter der Stadt zu kompliziert. Aus diesem Grund erschien ab dem 23. April das Volksblatt, welches sich durch einen wesentlich radikaleren Ton und einfachere Sprache auszeichnete.[126] Das drei- bis fünfmal wöchentlich erscheinende Volksblatt verriet im Zeitungstitel dem Leser gleich, dass diese Zeitung

---

122 Ebda. S. 469; Heinz-Günther Böse: Köpfe der Revolution von 1848/49 in Trier und im Trierer Raum. Biographien, in: Elisabeth Dühr (Hg.): „Der schlimmste Punkt in der Provinz". Demokratische Revolution 1848/49 in Trier und Umgebung, Trier 1998, S. 136–216, hier S. 169 f.
123 Best/Weege: Handbuch (wie Anm. 118), S. 320 f.
124 Dowe: Tageszeitung (wie Anm. 83), S. 92 f.
125 Herres: Vereinsbildung (wie Anm. 28), S. 475; Emil Zenz: Geschichte der Stadt Trier im 19. Jahrhundert. Vom Beginn der französischen Herrschaft bis zum Ende der Revolution 1848 (1794–1850), Trier 1979, S. 149.
126 Ebda., S. 149, Dowe: Tageszeitung (wie Anm. 83), S. 86–88.

speziell für die arbeitenden Klassen der Bevölkerung erschien: „Motto: Jeder arbeite, aber der Arbeit werde ihr gebührender Lohn. Losung: Alles mit dem Volke, durch das Volk und für das Volk."[127]

Die gemäßigteren Mitglieder des Konstitutionellen Vereins besaßen mit dem „Trier'schen Intelligenzblatt" ebenfalls ein Sprachrohr, dass bereits im Vormärz täglich erschien. Dabei handelte es sich allerdings um ein unkritisches Mitteilungsblatt, welches erst ab April 1848 über politische Ereignisse berichtete und zuvor nur Informationen über Ereignisse veröffentlichte, die für die Region relevant waren.[128] Wegen dieser unkritischen Berichterstattung eignete sich das Intelligenzblatt weniger als Organ des Konstitutionellen Vereins. Diese Aufgabe sollte die „Saar- und Moselzeitung" ab Juni 1848 übernehmen, die bis 1853 sechsmal wöchentlich erschien und danach als „Neue Trier'sche Zeitung" weiter verlegt wurde. Im Vergleich zum Konstitutionellen Bürgerverein Saarbrücken wird der entschlossenere Ton des Konstitutionellen Vereins in Trier im einleitenden Satz der Erstausgabe deutlich: „Wir halten den absoluten Staat für immer beseitigt und begrüßen das Entstehen einer wahren Volksvertretung aus vollem Herzen."[129] Den Anschluss an die unteren Schichten hatte der Verein auch hier wieder verpasst. Erst im Januar 1849 wurden die „Constitutionellen Flugblätter" veröffentlicht, welche den „schlichten Bürger und Bauersmanne" ansprechen und informieren sollten.[130] Die Flugblätter wandten sich gegen die antipreußische Stimmung in der Bevölkerung und das sozialistische Gedankengut. Letztendlich ließ sich damit auch der geringe Absatz erklären, da das Interesse der Bevölkerung fehlte und die Blätter ohnehin nur für die Wahlen gedruckt wurden.[131]

Der Pius-Verein bzw. die katholischen Interessenvertreter Triers bemühten sich schon seit den 1840er Jahren eine Tageszeitung zu veröffentlichen. Kurzfristig gelang ihnen dies auch, wegen des mangelnden Absatzes musste der Druck aber schnell wieder eingestellt werden. Zunächst existierte nur die katholisch geprägte Koblenzer „Rhein- und Moselzeitung", in der politische Ausein-

---

127 Z.n. Franz Gunther: Trierer Zeitungen in den Jahren 1848–1850, in: Elisabeth Dühr (Hg.), „Der schlimmste Punkt in der Provinz". Demokratische Revolution 1848/49 in Trier und Umgebung, Trier 1998, S. 531–537, hier S. 534 f.
128 Zenz: Trier (wie Anm. 125), S. 150; Gunther: Zeitungen (wie Anm. 127), S. 533 f.
129 Z. n. Gunther: Zeitungen (wie Anm. 127), S. 534.
130 Z. n. ebda.
131 Ebda.

andersetzungen abgedruckt wurden. Am 25. August erschien dann jeden Sonntag „Der katholische Volksbote für Stadt und Land". Ab 1. Juni 1849 nannte sich das Blatt „Trier'scher Volksbote für Stadt und Land". Erst ab diesem Zeitpunkt handelte es sich um eine katholisch-politische Tagespresse, die sechsmal wöchentlich erschien, aber nur etwa ein Jahr verlegt werden konnte.[132]

In Saarbrücken spielte das Pressewesen zu Beginn der Revolution eine vergleichsweise geringe Rolle.[133] Die Vorgängerin der *Saarbrücker Zeitung* nannte sich zur Zeit der Revolution *Saarzeitung*. Bereits im Vormärz erschienen darin gelegentlich liberal-politisch motivierte Artikel. Die Beiträge blieben gemäßigt, nur ein kurzes Intermezzo in der Redaktion brachte einen eher radikaleren Ton mit sich. Am 22. September 1848 übernahm der aus St. Wendel stammende Advokat Carl Winsweiler die Redaktion. Der Demokrat und Nationalist behauptete in einem Leitartikel am Tag seiner Übernahme der Redaktion, Preußen müsse in Deutschland aufgehen, wolle es nicht gänzlich untergehen. Einzelne Provinzen würden sich abspalten. Durch Meinungsverschiedenheiten mit dem gemäßigteren Verleger des Blattes, Anton Hofer, musste Winsweiler die Leitung der Redaktion bereits am 7. Oktober 1848 wieder abgeben. Ab Oktober war die Saarzeitung tendenziell dem konstitutionellen Lager zuzuordnen. *Der Bote von der Saar* bzw. ab 1. Juli *Saarbote* war dem demokratischen Lager zuzuordnen und unterstützte noch im Jahr 1849 in Artikeln den pfälzischen Aufstand.[134]

Neben der Aufgabe der Information über geschehene Ereignisse, die wegen der politischen Zugehörigkeiten niemals objektiv sein konnten, sollten die Zeitungen zur politischen Willensbildung beitragen, über Versammlungen informieren oder Debatten in die Öffentlichkeit tragen. In Trier gab es beispielsweise eine öffentliche Zeitungsdebatte über die Zugehörigkeit der Rheinprovinz zu Preußen.[135] In Saarbrücken wurden hitzige Auseinandersetzungen erst bei den Wahlen zu den preußischen Kammern 1849 geführt.[136] Dass diese Dispute und andere Berichte der Zeitungen tatsächlich von den unteren Schichten und

---

132 Herres: Vereinsbildung (wie Anm. 28), S. 482, 486 f.
133 Schmitt: Revolution (wie Anm. 17), S. 296.
134 Peter Burg: Unter neuen Herren. Die Saarregion zwischen 1815 und 1850, in: Hans-Christian Herrmann/Johannes Schmitt (Hg.): Das Saarland. Geschichte einer Region, St. Ingbert 2012, S. 148 f.
135 Herres: Vereinsbildung (wie Anm. 28), S. 482 f.
136 Burg: Saarbrücken (wie Anm. 3), S. 541.

damit auch von Nichtwahlberechtigten verfolgt wurden, zeigt der Brief der Handwerkertochter Margarete Hubertys an einen Freund. In diesem berichtet sie über die revolutionären Ereignisse in Trier, deren Schilderungen aus dem Volksblatt der demokratischen Partei abgeschrieben wurden.[137] Ohnehin war die Alphabetisierungsrate durch die im Erzbistum Trier schon während des 18. Jahrhunderts eingerichteten Schulen vergleichsweise hoch. Ähnliches gilt auch für die anderen rheinischen Erzbistümer Mainz und Köln. [138] Zudem gab es in beiden Städten Lesevereine, in denen über Zeitungsartikel diskutiert wurde. Meist wurde daraus vorgelesen, was den Zugang für Bevölkerungsschichten ohne Lesekenntnis erleichterte.[139]

Neben Lesevereinen bzw. Lesekabinetten existierten noch Handwerker-, Turn-, Gesangs-, Landwehr- und Sicherheitsvereine, welche während der Revolution allesamt politisch aktiv waren. Die Gesangsvereine verbreiteten politisches Liedgut, während die Turnvereine schon früh auf die nationale Einigung Deutschlands drängten und Teil der demokratischen Bewegung waren. Die Sicherheitsvereine bzw. die Bürgerwehr arbeiteten in Saarbrücken und Trier mit den demokratischen Vereinen zusammen. Bis auf den Trierer Landwehrverein existierten alle anderen Assoziationen in beiden Städten.[140] Der Landwehrverein bestand aus 600 Mitgliedern, meist Reservisten der preußischen Armee, und hatte ebenso wie andere Trierer Vereine eine massive antipreußische Einstellung.[141] In Saarbrücken entstanden die Vereine im Vergleich sehr spät oder waren nur von kurzer Lebensdauer, wie der Verein der Bauhandwerker, der nur wenige Petitionen ausarbeitete und nur die ersten Revolutionsmonate bestand hatte.[142]

Insgesamt war also die politische Infrastruktur durch Vereinswesen und Presse in den beiden Städten unterschiedlich stark ausgeprägt. Durch den späten Politisierungsprozess in Saarbrücken spielten die Vereine, ähnlich wie die Presse, eine untergeordnete Rolle. Dabei müssen jedoch die personellen

---

137 Clemens: Kommunikation (wie Anm. 104), S. 46.
138 Brophy: Popular culture (wie Anm. 4), S. 23.
139 Herres: Vereinsbildung (wie Anm. 28), S. 479; Burg: Saarbrücken (wie Anm. 3), S. 598.
140 Der Regierungspräsident (i. V. Birk) an den Oberpräsidenten Eichmann in Koblenz und an den Minister des Innern A. v. Auerswald in Berlin. Trier 1848 März 29, in: Hansen: Bd. 2.1 (wie Anm. 74), S. 686; Herres: Vereinsbildung (wie Anm. 28), S. 478 f.
141 Bericht über den Rheinischen Demokratenkongress. Köln 1848 August 13/14, in: Hansen: Bd. 2.2 (wie Anm. 6), S. 360.
142 Schmitt: Politisierungsprozess (wie Anm. 13), S. 310.

Verflechtungen in Saarbrücken beachtet werden. Meist waren die Mitglieder der beiden politischen Vereine schon längere Zeit gemeinsam in anderen Assoziationen aktiv. Daraus resultierte eine bessere Kommunikation, aber auch größere Achtung gegenüber der Meinung des Anderen, sodass es nie zu einer wirklichen Feindschaft zwischen den Vertretern der beiden politischen Meinungen in Saarbrücken kam und man um ein gemeinsames Miteinander bemüht war.[143] In Trier waren es vor allem die Demokraten, welche an andere bereits bestehende Vereine anknüpfen konnten und dadurch eine bessere Infrastruktur auszubilden vermochten als die Konstitutionellen.[144]

Abgesehen von Presse und Vereinen waren Predigten, Gerüchte und informelle Kommunikation für Trier von Bedeutung. Aktive Mitglieder der katholischen Kirche verbreiteten so bspw. ihre Meinung über die Barrikadenkämpfe in Berlin mittels Predigten über die Märzgefallenen.[145] Wenngleich Fahnenweihen in der Regel in weltlichem Zeremoniell abgehalten wurden, so ist aus Trier ein Fall bekannt, in der eine solche während einer Messe durch Geistliche geweiht wurde. Religiöse Symbolik und Metaphern hatten ebenfalls in politisch motivierteren Messen und Predigten ihren Platz und sollten die Proteste der Bevölkerung religiös legitimieren. So wurde der Kaufmann Philipp Blattau, dem Wucher vorgeworfen wurde, als Antichrist bezeichnet, der durch die Straßen des revolutionären Triers wandelte und das Volksgericht in Trier zum Gottesgericht erhoben.[146] Informell trafen sich die Mitglieder der unteren Schichten in Wirtshäusern, wo sie über die aktuellen Ereignisse und ihre Ansichten sprachen.[147] Gerüchte bzw. Missverständnisse spielten bei der Entwicklung von Aufständen in Trier eine nicht unbedeutende Rolle. Nach Ausschreitungen im April 1848 gegen den Kaufmann Philipp Blattau und andere honorige Stadtbürger kam am Folgetag das Gerücht auf, man versammele sich zu neuen Aktionen gegen den Kaufmann Kirn und den Rittergutsbesitzer Nell. Letztendlich kam es aber nicht dazu, da es keine wirkliche Planung dazu

---

143 Ebda., S. 316.
144 Herres: Vereinsbildung (wie Anm. 28), S. 476.
145 Der Regierungspräsident (i. V. Birk) an den Oberpräsidenten Eichmann in Koblenz und an den Minister des Innern A. v. Auerswald in Berlin. Trier 1848 März 29, in: Hansen: Bd. 2.1 (wie Anm. 74), S. 686 f.
146 Luz-Y-Graf: 1848/49 in Trier (wie Anm. 1), 327 f.; Clemens: Kommunikation (wie Anm. 104), S. 40 f.
147 Scherf: Tagebuch (wie Anm. 15), S. 367; Luz-Y-Graf: 1848/49 in Trier (wie Anm. 1), S. 316 f.

gab.[148] Bei den Wahlen im Mai kam es zu den größten Ausschreitungen in Trier, in deren Folge Barrikaden in den Straßen errichtet wurden. Grund dafür waren zum einen Ungenauigkeiten bei der Wahl im Bezirk der Maximin Kaserne und das Aufbauschen eines Vorfalls, der sich um die preußischen Nationalfarben drehte: Es ging das Gerücht um, in der Kaserne hinge, statt der deutschen, nun wieder die preußische Fahne. Dabei ließ nur eine kleine Gruppe von Soldaten die preußische Fahne aus einem Fenster hängen. Außerdem seien zwei ortsfremde Bataillone unterwegs, welche die stationierten ortsansässigen Soldaten ablösen sollten, was die Gemüter der Aufständischen weiter anheizte.[149] Trotz einiger Fehleinschätzungen waren Gerüchte bzw. inoffizielle Informationen oftmals zutreffender als man es ihnen zugestehen würde. Zeitungen konnten von aktuellen Ereignissen nur mit einiger Verspätung berichten, während die Kunde davon bereits durch Reisende, insbesondere Handwerksgesellen auf Wanderschaft, in die Ortschaften getragen wurde.[150]

2.3 Unruhen, Protestformen und Gegenmaßnahmen

Trier wurde schon einen Monat nach Ausbruch der Revolution vom Oberpräsidenten der Rheinprovinz Eichmann als der „schlimmste Punkt in der Provinz" bezeichnet.[151] In der Tat nahm die Gewaltbereitschaft während der Proteste in den Monaten März bis Mai zu. Nach dem Höhepunkt der Ausschreitungen während der Maiwahlen sind nur noch je eine gewalttätige Auseinandersetzung im August 1848 sowie im Mai 1849 bekannt. Deutschlandweit und auf die Konfliktfälle im Vergleich zur Einwohnerzahl gesehen, befand sich Trier auf dem ersten Platz der konfliktreichsten Orte.[152] Manfred Gailus bezeichnet Residenz- und Garnisonsstädte als prädestiniert für Konflikte zwischen Militär und Bürgern und in der Tat sind die meisten Auseinandersetzungen dieser Kate-

---

148 Bericht des Vertreters des Regierungspräsidenten, Oberregierungsrat Birck, an den Innenminister v. Auerswald. Trier, 1848 April 8, in: Hansen: Bd. 2.2 (wie Anm. 6), S. 18.

149 Bericht des Vertreters des Regierungspräsidenten, Oberregierungsrat Birck, an den Innenminister v. Auerswald. Trier 1848 Mai 1, in: Hansen: Bd. 2.2 (wie Anm. 6), S. 106 f.; Luz-Y-Graf: 1848/49 in Trier (wie Anm. 1), S. 295.

150 Luz-Y-Graf: 1848/49 in Trier (wie Anm. 1), S. 317–319.

151 Bericht des Oberpräsidenten Eichmann an Innenminister v. Auerswald. Koblenz 1848 April 24, in: Hansen: Bd. 2.2 (wie Anm. 6), S. 87.

152 Gailus: Straße (wie Anm. 10), S. 94.

gorie zuzuordnen.[153] Dennoch setzten sich Trierer Bürger für jene Soldaten ein, welche die revolutionären Bestrebungen der Bevölkerung unterstützen. Trier war zwar keine Residenzstadt im klassischen Sinne, beherbergte aber den Sitz der Bezirksregierung. Saarbrücken war immerhin Sitz des Bergamtes und beherbergte einige andere Regierungsinstitutionen. Mit der in Saarbrücken stationierten Garnison, die mit 300 Mann deutlich kleiner als jene in Trier war, gab es keine Auseinandersetzung und auch für die Festungsstadt Saarlouis sind während der Revolutionsmonate keine gewaltsamen Konflikte zwischen Bürgern und Soldaten belegt. Hier fürchteten die Notabeln ähnlich wie in Saarbrücken um ihren Besitz, sollten sich Revolutionsbestrebungen in der Unterschicht entwickeln.[154] Friedliche Demonstrationen freiheitlich-demokratischer Gesinnung in Form von Feiern und Weihen gab es hier aber dennoch.

Wie eingangs erwähnt hatte die friedliche Stimmung in den Saarstädten nichts mit einer grundsätzlichen Aversion gegen Gewalt oder Loyalität zum Preußischen Staat zu tun. In St. Johann kam es im Mai 1833 zu einer Straßenschlacht, in der sich Spannungen zwischen den Bürgern St. Johanns und dem stationierten Militär entluden. Stein des Anstoßes war eine Kneipenschlägerei zwischen einem Zivilisten namens Rau, der den Husar Arens und andere Soldaten beleidigte. In der Bevölkerung nahm man dem Militär in Saarbrücken das Einrücken in St. Wendel während der Demonstrationen im Umfeld des Hambacher Festes übel. Bis zum 12. Mai gab es zahlreiche Racheaktionen und die Situation eskalierte in einer Straßenschlacht zwischen Husaren und St. Johanner Bürgern, in der zahlreiche Teilnehmer verletzt wurden, und die erst durch herbeigerufene Offiziere beendet werden konnte. Die Gewaltbereitschaft ging so weit, dass die Soldaten mit Messern attackiert wurden. Bemerkenswert sind zudem antipreußische Beleidigungen wie „Lumpen-" oder „Schlappenpreußen", die während der Straßenschlacht zu hören waren. Ähnliche Beleidigungen und Konflikte können 15 Jahre später nicht nachgewiesen werden. Von Regierungsseite sah man den Grund der Auseinandersetzung in der Herkunft der zivilen Unruhestifter, die man einerseits im Schmugglermilieu verortete und die sich durch die Störung der Ruhe Vorteile für ihre Geschäft er-

---

153 Ebda., S. 96, 181.
154 Alois Prediger: Geschichte des Landkreises Saarlouis. Band 2: Im Zeitalter von Liberalismus und Industrialisierung (1848–1890), Saarbrücken 2004, S. 33–43.

hofften, andererseits waren einige der Angreifer als freiheitlich-demokratische Agitatoren aktenkundig.[155]

In den Oberschichten behandelte man die preußischen Regierungsmitglieder mit größerem Respekt und übte nur verhalten Kritik an aktuellen Vorgängen. Während man 1834 im Trierer Casinostreit während eines Stiftungsfest die Marseilleise sang, was zu einer Spaltung der Trierer Oberschicht führte, ehrte man im Saarbrücker Casino 1841 in Festreden das Rheinische Recht.[156] Es muss bei beiden Ereignissen angenommen werden, dass Teile der preußischen Beamtenschaft anwesend waren oder diese zumindest Kenntnis von den Ereignissen hatten, waren sie doch in die bessere Gesellschaft der Casinos beider Städte eingeflochten.

Bei Ausbruch der Revolution 1848 war die Stimmung in beiden Städten nicht anders als im übrigen Deutschland. Der Saarbrücker Landrat Hesse berichtet an den Regierungspräsidenten von Auerswald in Trier bereits ab dem 1. März über die Ereignisse in Folge der Februarrevolution in Frankreich. Schon am 2. März gab es demnach eine größere Unruhe unter den Bürgern, es wäre aber lediglich zu „Arbeiteraufregungen in Wirtshäusern geringer Klasse" gekommen, die keinen Grund zur Besorgnis böten.[157] Die Stimmung sollte sich im Großen und Ganzen nicht weiter ändern: Unruhe in der Bevölkerung sei zu erkennen gewesen, allerdings kam es zu keinen größeren Tumulten oder Demonstrationen. Von Landrat Hesse wurden erste Gegenmaßnahmen vorgeschlagen: Er erkannte, dass wenn es zu Tumulten kommen sollte, diese von den arbeitenden Schichten der Bevölkerung getragen werden würden. Die Entlassung deutscher Arbeiter beim Bau der Metzer Eisenbahn und der stagnierende Absatz der Produktionsgüter aus umliegender Industrie machte ihm Sorgen und er empfahl dringendst Arbeitsmaßnahmen zu schaffen.[158] Zusammen mit Bergamtsdirektor Leopold Sello forderte er den Beginn der Bauarbeiten an der Eisenbahnlinie Bexbach-Saarbrücken, die kurze Zeit später tatsächlich begonnen wurden. Eine Bewilligung des Streckenbaus wurde von der preußi-

---

155 Ries: Saarkreise (wie Anm. 4), S. 22; Brophy: Popular culture (wie Anm. 4), S. 236–240.
156 Clemens: Trier (wie Anm. 18), S. 190; Heckmann: Revolution (wie Anm. 13), S. 152.
157 Auszüge aus den Berichten des Saarbrücker Landrates Hesse an den Trierer Regierungspräsidenten von Auerswald über die Lage an der Grenze, 1.–11. März 1848, vgl. Heckmann: Revolution (wie Anm. 13), S. 167.
158 Ebda., S. 167 f.

schen Regierung schon im November 1847 gestellt.[159] Zwar konnte durch diese Maßnahmen das Problem der Arbeitslosigkeit nicht gelöst werden, es setzte jedoch ein wichtiges Signal an die Bevölkerung: Man kümmerte sich um die Belange und versuchte die Probleme zu lösen. Ein weiteres Signal gab das Bergamt, indem es auf die Petitionen der Bergleute einging und ihnen eine Lohnerhöhung gewährte.[160]

Nachdem es in Trier am 12. März zu einer illegalen Volksversammlung kam, in der eine Adresse der Bürger an den König verfasst wurde, zogen am nächsten Morgen Handwerker, Arbeiter, Schiffer sowie weitere Bewohner durch die Straßen der Stadt, während sie die Marseillaise sangen. Regierungspräsident Auerswald berichtete davon, dass man öfter den Ruf hörte, man wolle weiter zu Preußen gehören. Dies erscheint mit Blick auf die kurz darauffolgenden Ereignisse wie Beamtenprosa oder war zumindest eine Fehleinschätzung, durch gezielte Beschwichtigung seitens der Bevölkerung. Die Demonstrationszüge wiederholten sich am 14. März, daraus resultierend wurde der Ausgangspunkt der Tumulte, das Göschelsche Wirtshaus, vorerst geschlossen und die Polizeikontrollen verstärkt. Ein Eingreifen des Militärs schloss Auerswald nicht aus. Zwar übernahm er den Vorschlag Hesses Arbeitsmaßnahmen anzuordnen, doch mussten diese aufgrund fehlender Mittel im Mai wieder eingestellt werden und konnten wegen der schieren Masse der Arbeitslosen in Trier kaum Wirkung erzielen.[161] Vergleicht man in diesen ersten Maitagen also die Reaktionen und Empfehlungen der entsprechenden Regierungsstellen in Saarbrücken und Trier, so fällt auf, dass in Trier schon zu Beginn der Einsatz des Militärs erwogen wurde. Beim Bau der Eisenbahnstrecke Saarbrücken-Bexbach wurde zwar auf Militär zurückgegriffen, um Übergriffe und Tumulte zu verhindern, in Saarbrücken selbst wollte man die Sicherheit durch Gründung eines Sicherheitsvereins in Bürgerhand wissen.[162] Eine Bürgerwehr konstituierte sich Ende März auch in Trier. Diese schloss sich allerdings sofort der demokratischen Bewegung an und sollte sich in der

---

159 Heckmann: Tumulte (wie Anm. 13), S. 248; Burg: Saarbrücken (wie Anm. 3), S. 572.
160 Heckmann: Revolution (wie Anm. 13), S. 159.
161 Regierungspräsident R. v. Auerswald an den Oberpräsidenten Eichmann in Koblenz. Trier 1848 März 14, 15, in: Hansen: Bd. 2.1 (wie Anm. 74), S. 569–571; Bericht des Vertreters des Regierungspräsidenten, Oberregierungsrat Birck, an Innenminister v. Auerswald. Trier 1848 Mai 17, in: Hansen: Bd. 2.2 (wie Anm. 6), S. 152 f.
162 Schmitt: Revolution (wie Anm. 17), S. 296.

Folgezeit als gewollt wenig effektiv in der Aufrechterhaltung von Ruhe und Ordnung erweisen.[163]

Am 19. März kam in der Stadt das Gerücht auf, das hiesige Regiment solle abgezogen und durch neue ortsfremde Soldaten aus Altpreußen ersetzt werden. Tatsächlich sollten die Soldaten nur das Zeughaus in Prüm vor Übergriffen schützen. Am Brückentor versperrten die Bürger den Soldaten den Weg über die Brücke und beleidigten diese. Einige der Soldaten sollen daraufhin auf Zivilisten geschossen haben, wobei ein Bauer ums Leben kam und die Lage eskalierte. Erste Barrikaden wurden errichtet, doch durch Hinzuziehen des Regierungspräsidenten konnte die Situation entschärft werden. Die Soldaten wurden in die Kaserne zurückbeordert. Durch Einvernehmen zwischen Stadtrat und Regierungspräsidenten wurde daraufhin zur Gründung einer Bürgergarde aufgerufen.[164] Die Stimmung blieb weiterhin gespannt. Das erste Blut der Revolution war vergossen worden und die Gemüter in Trier waren erhitzt. Am 21. März wurde für den getöteten Matthias Weiland ein Leichenzug veranstaltet, auf dem demonstrativ die Symbole der Revolution präsentiert wurden. Am 24. März traf die Proklamation des Königs aus Berlin ein, deren Passus „Preußen gehe in Deutschland auf" so interpretiert wurde, als hätte Preußen bereits gänzlich aufgehört zu existieren. Die Freude darüber war groß und nun entlud sich sämtliche aufgestaute antipreußische Stimmung in der Zerstörung von Regierungssymbolen und der Zahlungsverweigerung der verhassten Mahl- und Schlachtsteuer. Nicht nur der preußische Adler wurde in Mitleidenschaft gezogen, sondern ebenso die Büste des Königs auf dem Hauptmarkt. Die Zerstörungen preußischer Staatssymbole am helllichten Tag illustriert die Intensität der antipreußischen Ressentiments unter den Trierer Bürgern, die sich in den vorigen Jahren des wirtschaftlichen Niedergangs aufgestaut und in den Ereignissen der vergangenen Tage gesteigert hatten.[165] Am 25. März hatte der Vorfall am Brückentor ein Nachspiel: Eine größere Gruppe von Bürgern befreite einen inhaftierten Soldaten aus dem Gefängnis, der dort einsaß, weil er behauptete, es sei auf Befehl geschossen worden, was von Regierungsseite

---

163 Der Regierungspräsident (i. V. Birk) an den Oberpräsidenten Eichmann in Koblenz und an den Minister des Innern A. v. Auerswald in Berlin. Trier 1848 März 29.
164 Regierungspräsident R. v. Auerswald an den Oberpräsidenten Eichmann in Koblenz. Trier 1848 März 19 (J. Hansen Bd. 2.1), S. 594–596.
165 Luz-Y-Graf: 1848/49 in Trier (wie Anm. 1), S. 256, 280–282.

dementiert wurde.[166] Man vertraute den offiziellen Aussagen nicht und nahm gleichzeitig Soldaten in Schutz, die auf der Seite der Revolution zu stehen schienen.[167] Derweil musste das Regierungspräsidium resigniert zuschauen, wie sich die Zustände in Trier verschlechterten. Man glaubte die Loslösung der Rheinprovinz stünde kurz bevor und man fühlte sich ohnmächtig gegenüber den Ereignissen. Die Bürgergarde stand größtenteils auf Seiten der radikalen Demokraten, sodass das Militär als letztes Mittel zur Wiederherstellung der Ordnung gesehen wurde. Zunächst wollte man es nur als Mittel der Abschreckung einsetzen.[168]

In Saarbrücken wurde etwa zur gleichen Zeit die schwarz-rot-goldene Fahne auf dem Rathaus gehisst. Am 26. März sollte sie feierlich geweiht werden. Teilnehmer waren nicht nur die Bürger Saarbrückens und St. Johanns, sondern auch Teile der Beamtenschaft und die Offiziere der Garnison. Gemeinsam feierte man und sang ein für diesen Anlass komponiertes Lied, in welchem von Freiheit und Brüderlichkeit die Rede war. Das Tragen der neuen Nationalfarben war nun in Mode und man präsentierte sich jederzeit mit nationalen Symbolen. Neben der Feierstimmung verbreitete sich die Angst über eine mögliche französische Invasion unter den Saarbrückern. Diese konnte von Regierungsseite instrumentalisiert werden, sodass das Bild von Soldaten in der Stadt weniger bedrohlich erschien.[169]

Die Monate April und Mai waren in Trier erneut von schweren Ausschreitungen geprägt. Die Demolierung des Blattauschen Anwesens stand im Zeichen der Bestrafungsaktion gegen Profiteure der preußischen Herrschaft. Der Kaufmann Blattau hatte den Butterpreis in der Stadt hochgetrieben, indem er sämtliche Buttervorräte und -lieferungen aufkaufte und sie an die Depots der preußischen Armee weiterveräußerte. Seine Fenster wurden mit Steinen zerworfen, die Einrichtung des Hauses demoliert und die Arbeiter Blattaus, die sich den Bürgern in den Weg stellten, wurden bekämpft. Nach vollbrachter Tat sollte das Haus des Bürgermeisters Goertz ebenfalls in Mitleidenschaft gezogen werden, der daraufhin einen längeren Urlaub beantragte, um sich und

---

166 Ebda., S. 245 f.
167 Ebda., S. 301.
168 Der Regierungspräsident (i. V. Birk) an den Oberpräsidenten Eichmann in Koblenz und an den Minister des Innern A. v. Auerswald in Berlin. Trier 1848 März 29, in: Hansen: Bd. 2.1 (wie Anm. 74), S. 685–687.
169 Heckmann: Revolution (wie Anm. 13), S. 153 f.

seine Familie in Sicherheit zu bringen. Die Ausschreitungen konnten durch Hinzuziehen des Militärs unblutig beendet werden, da die anwesende Bürgergarde nichts unternahm und sich teilweise auf die Seite der Aufrührer stellte.[170] Im Zuge der Wahlen Anfang Mai kam es zu den größten Aufständen und zur Errichtung von über 100 Barrikaden innerhalb der Stadt. Resultierend aus dem Einrücken des 26. Infanterie-Regiments aus Magdeburg in Trier und Unstimmigkeiten im 12. Wahlbezirk, in welchem der demokratische Gerber Heis ungerechtfertigt des Wahllokals verwiesen worden sei, versuchte man sich am 2. Mai an der Befreiung der Soldaten, die ihm zur Seite gestanden hatten. Während der Befreiungsaktion kam es zu Auseinandersetzungen und dem Tod zweier Bürger. Über Nacht errichtete man Barrikaden in der Stadt, jedoch konnte die Situation schnell durch das Militär unter Kontrolle gebracht werden: Man drohte damit, die Stadt mit Artillerie zu beschießen, sollten die Barrikaden nicht verschwinden. Schließlich war man auf Bürgerseite nicht bereit, dieses Risiko einzugehen. Resultierend aus den Ereignissen wurde die Bürgergarde entwaffnet und die Mahl- und Schlachtsteuer wieder eingeführt. Die Maiaufstände in Trier waren, noch mehr als die vorherigen Tumulte, durch den Hass auf alles Preußische gekennzeichnet.[171] Saarbrücken sah im Monat Mai gleichermaßen einen Aufstand. Dieser ereignete sich gleichwohl nicht in der Stadt selbst, sondern in der Gemeinde Dudweiler außerhalb Saarbrückens. Die am Eisenbahnbau eingesetzten unständigen Bergleute versuchten eine Lohnerhöhung zu erzwingen. Bevor sich der Aufstand weiter ausbreiten konnte, war es einem Entsatz aus der Garnison Saarbrückens möglich diesen zu unterdrücken.[172]

In der Folgezeit kehrte wieder Ruhe in Trier ein und die Stimmung im Volk wurde auf friedlichem Wege durch Feste aller Art ausgedrückt. Die Huldigungsfeier für den neuen Reichsverweser Erzherzog Johann von Österreich wurde am 6. August vor allem deswegen abgehalten, um die antipreußische

---

170 Bericht des Vertreters des Regierungspräsidenten, Oberregierungsrat Birck, an den Innenminister v. Auerswald. Trier, 1848 April 8, in: Hansen: Bd. 2.2 (wie Anm. 6), S. 28.; Luz-Y-Graf: 1848/49 in Trier (wie Anm. 1), S. 292–294.

171 Bericht des Vertreters des Regierungspräsidenten, Oberregierungsrat Birck, an den Innenminister v. Auerswald. Trier 1848 Mai 1, in: Hansen: Bd. 2.2 (wie Anm. 6), S. 106 f.; Luz-Y-Graf: 1848/49 in Trier (wie Anm. 1), S. 295–297.

172 Bericht des Vertreters des Regierungspräsidenten, Oberregierungsrat Birck, an Innenminister v. Auerswald. Trier 1848 Mai 17, in: Hansen: Bd. 2.2 (wie Anm. 6), S. 153.

Einstellung der Einwohner offen zu demonstrieren.[173] Kurz darauf sollte es wieder zu Ausschreitungen zwischen Soldaten und Zivilisten kommen, welche von ersteren ausgelöst wurden und ohne größere Anzahl von Verletzten beendet werden konnten.[174]

Der Aufforderung der Preußischen Nationalversammlung zur Steuerverweigerung kam man in beiden Städten nach. Die Art und Weise, wie diese Aufforderung durchzusetzen sei, war allerdings grundverschieden. Der Bürgerausschuss in Trier rief dazu auf, die Staatssteuern zu verweigern und notfalls Gewalt gegen die Beamten einzusetzen, da man andernfalls selbst zum Hochverräter würde.[175] Der Saarbrücker Bürgerverein hingegen proklamierte, dass in „jedem Falle [...] jede ungesetzliche Handlung, jede Widersetzlichkeit, jede Gewaltthätigkeit vermieden [werden müsse]".[176] Zu größeren gewalttätigen Ausschreitungen kam es nicht mehr. Lediglich während der Reichsverfassungskampagne stürmten einige Trierer Bürger am 18. Mai 1849 das Zeughaus in Prüm, um mit den Waffen den Kampf gegen die Preußischen Truppen zu unterstützen. Der Beschluss dazu wurde von den Trierer Demokraten in Geheimer Sitzung während der Massenkundgebung auf der Marienburg bei Bullay am 13. Mai gefasst. Die Regierung hatte davon erst nach dem Sturm Kenntnis und traf sofort Maßnahmen zur Verteidigung weiterer Depots. Das Unternehmen scheiterte letztendlich an mangelnder Unterstützung der Bevölkerung. Die Revolution war zu Ende und man sehnte sich wieder nach Ruhe und Ordnung.[177]

3. Fazit

Im Vergleich zu Trier muss Saarbrücken in der Revolution wohl als „ruhige Insel" gelten, was wiederum nicht heißt, dass man in den Saarstädten politisch

---

173 Herres: Vereinsbildung (wie Anm. 28), S. 482 f.
174 Bericht des Vertreters der Oberpräsidenten, Regierungspräsident v. Massenbach, an Innenminister Kühlwetter. Koblenz 1848 August 17, in: Hansen: Bd. 2.2 (wie Anm. 6), S.370 f.
175 Aufruf des Bürgerausschusses. Trier 1848 November 19, in: Hansen: Bd. 2.2 (wie Anm. 6), S. 541.
176 Beschluss des Bürgervereins zur „Steuerverweigerung" vom 19. November 1848 (Schmitt, Revolutionäre Saarregion), S. 332.
177 Herres: Vereinsbildung (wie Anm. 28), S. 495; Bericht des Regierungspräsidenten v. Massenbach an den Innenminister Frh. v. Manteuffel. Koblenz 1849 Mai 20 (J. Hansen Bd. 3), S. 234 f.

untätig war. Bei den Wahlen gewannen in beiden Städten die Demokraten. Die Forderungen waren in den grundlegenden Fragen übereinstimmend. Auch in Saarbrücken wollte man sich um die sozialen Missstände kümmern, auch dort wollte man das Rheinische Recht geschützt wissen und auch dort verlangte man Pressefreiheit, eine Volksversammlung sowie die Einigung Deutschlands. Sogar die Forderung nach Trennung von Kirche und Staat war ähnlich. In Trier hatte diese Frage aufgrund der konfessionellen Voraussetzungen lediglich ein gänzlich anderes Gewicht. Die einzigen, aber entscheidenden Unterschiede zeigten sich in der Frage nach der Staatsform und dem Schicksal der Rhein-provinz. Der Saarbrücker Abgeordnete Dietzsch im Deutschen Hof und dann Heusner im Württemberger Hof tendierten zur parlamentarischen Monarchie, während der Trierer Abgeordnete Simon zur radikalen Fraktion Donnersberg gehörte und die Monarchie abschaffen wollte. Die Eigenständigkeit der Rhein-provinz stand in allen Wahlprogrammen Triers, während man in Saarbrücken in keinem der Bürgervereine oder -ausschüsse eine Loslösung von Preußen forderte.

Die Wurzeln der unterschiedlichen Radikalität, mit der diese Forderungen gestellt wurden, können schon im Vormärz gefunden werden.[178] Die Integra-tion der preußischen Beamtenschaft in das gesellschaftliche Leben Saar-bückens verlief wesentlich besser als in der Moselstadt. Die konfessionellen Schranken sowie daraus resultierende Streitthemen, waren hier nicht vorhan-den. Die wirtschaftliche Ausgangslage Saarbrückens und seines Umlandes war besser und somit war die Stadt interessanter für den preußischen Staat. Inves-titionen in neue Technologien sowie Infrastruktur und damit in die ersten Ansätze der Industrialisierung der Region wurden schneller getätigt als in Trier und der Unmut der Arbeiterschaft konnte durch Arbeitsbeschaffungs-maßnahmen gemindert werden. Trier musste hingegen das volle Ausmaß der Agrar- und Gewerbekrisen ertragen. Der Preisverfall des Moselweins bewirkte

---

178 Vgl. dazu auch die neuerschienene Dissertation von Katharina Thielen, welche die Stadträte in Aachen, Düsseldorf, Koblenz, Köln und Trier untersucht: Katharina Thielen: Politische Partizi-pation in der preußischen Rheinprovinz 1815–1845. Eine Verflechtungsgeschichte, Köln 2023, S. 473–482. Für Saarbrücken ist die Untersuchung hinsichtlich politischer Partizipation und Stadtrat in der ersten Jahrhunderthälfte bisher ein Desiderat. Für die zweite Jahrhundert-hälfte vgl. Susanne Schmolze: Der Aufstieg des Saarbrücker Bürgertums im 19. Jahrhundert, in: Zeitschrift für die Geschichte der Saargegend (2017/2018), S. 73–113.

eine erhöhte Arbeitslosenzahl und Einbußen im Handel, Investitionen wurden kaum getätigt und Verkehrswege waren nur saisonal zu nutzen.

Die tragende Schicht der Revolution war die der Handwerker und Arbeiter. Dies galt sowohl für Trier als auch für Saarbrücken und erklärt den größeren Erfolg der demokratischen Vereine gegenüber den konstitutionellen Parteien. Die Unzufriedenheit dieser Bevölkerungsgruppe war jedoch aufgrund der schlechten wirtschaftlichen Verhältnisse in der Moselstadt größer. Daran konnte der Demokratische Verein anknüpfen. Durch seine hervorragende Organisationsstruktur und Kooperation mit Vereinen der Umgebung sowie der Presse war es möglich einen großen Teil dieser Schicht zu mobilisieren. Diesen Organisationsgrad erreichte in Saarbrücken keiner der Vereine. Die Organisation und Kommunikation der Trierer Arbeiterschaft untereinander entwickelte eine Dynamik, welche für die Ausschreitungen in den ersten Monaten der Revolution mitverantwortlich war. Die Zerstörung von Staatssymbolen, die Demolierung des Eigentums missliebiger Personen und die Anfeindungen gegenüber Soldaten sind als explizite Aktionen gegen den preußischen Staat selbst zu werten, die wiederum harte Gegenmaßnahmen der Regierung hervorriefen. Arbeitsbeschaffungsmaßnahmen konnten in Trier nicht effektiv durchgesetzt werden, da die Investitionen aus dem Vormärz fehlten und es dort kaum industrielle Betriebe gab.

Letztendlich spiegelte sich die unterschiedliche Radikalisierung der Bevölkerung ebenso im Schicksal der von ihnen gewählten Abgeordneten der Paulskirche.[179] Während Ferdinand Dietzsch weiterhin Mitglied der Stadtverordnetenversammlung und ab 1856 Gemeinderat in Saarbrücken war[180] und Ludwig Heusner Notar und Justizrat in Saarlouis blieb[181], musste Ludwig Simon ins schweizerische Exil fliehen.[182] Viele folgten seinem Beispiel, wenn sie nicht Gefahr laufen wollten verhaftet und daraufhin unter Umständen hingerichtet zu werden. Die Revolution war verloren und in der Rheinprovinz kehrte wieder vorrevolutionäre Ruhe ein, sodass auch Heinrich Heine 1850 resigniert zugeben musste, dass die Hoffnungen in ein einiges, freies Deutschland enttäuscht wurden:

---

179 Vgl. Jansen: Paulskirchenlinke (wie Anm. 118), S. 55–73.
180 Best/Weege: Handbuch (wie Anm. 118), S. 125.
181 Ebda., S. 180.
182 Ebda., S. 320 f.

Gemütlich ruhen Wald und Fluß,
Von sanftem Mondlicht übergossen;
Nur manchmal knallt's - Ist das ein Schuß? -
Es ist vielleicht ein Freund, den man erschossen.

Vielleicht mit Waffen in der Hand
Hat man den Tollkopf angetroffen.
(Nicht jeder hat so viel Verstand
Wie Flaccus, der so kühn davon geloffen.)

Heinrich Heine – Im Oktober 1849

Die Saarbrücker Petitionen im März 1848 – Ein Vergleich

Von Kaja Hauser

Am 11. März 1848 erschien in einer Beilage des Saarbrücker Anzeigers eine Petition der Gemeinderäte von Saarbrücken und St. Johann.

> „Am Tag zuvor schon, und dies ist wohl die erste Petition aus der Saargegend, hatten die Gemeinderäte von Saarbrücken und St. Johann in einer ‚Eingabe‘, von Mitgliedern des Stadtrates und ‚durch eine zahlreiche Deputation der Bürgerschaft‘ angeregt, eine gemeinsame Adresse an den preußischen König verabschiedet, die die Einstellungen und Gesinnungen der gesamten Bürgerschaft repräsentiere.“[1]

Der spätere demokratische Abgeordnete Ferdinand Dietzsch soll diese Petition verfasst haben.[2] Diese Beobachtung gehört zu den wenigen Forschungsergebnissen zur Revolution von 1848/49 in Saarbrücken. Sie scheint sich darin zu erschöpfen, denn auf den ersten Blick soll Saarbrücken eine „ruhige Insel“[3] gewesen sein.[4] Bei näherer Betrachtung zeigt sich jedoch, dass dieses pauschale Urteil zu kurz greift.[5] Im Folgenden soll gezeigt werden, dass sich

---

1 Johannes Schmitt: Revolutionäre Saarregion 1789–1850. Gesammelte Aufsätze, St. Ingbert 2005, S. 293.
2 Vgl. u. a. Schmitt: Revolutionäre Saarregion (wie Anm. 1); Peter Burg: Saarbrücken im Aufstieg zum Zentrum einer preußischen Industrieregion (1815–60), in: Rolf Wittenbrock (Hg.): Geschichte der Stadt Saarbrücken, Saarbrücken 1999; Peter Wettmann-Jungblut: Rechtsanwälte an der Saar 1800–1960: Geschichte eines bürgerlichen Berufsstandes, Blieskastel 2004.
3 Richard Noack: Die Revolutionsbewegung von 1848 in der Saargegend, in: Mitteilungen des historischen Vereins für die Saargegend 18 (1929), S. 129–284, hier S. 182.
4 Vgl. u. a. Konrad Repgen: Märzbewegungen und Maiwahlen des Revolutionsjahres 1848 im Rheinland, Bonn 1955.
5 Gerhard Heckmann konstatiert, dass „[a]uch für das Saargebiet […] das Nebeneinander und die Interdependenz der unterschiedlichsten Handlungsebenen und Aktionsformen typisch“ war. Die These der „ruhigen Insel“ führt er auf die Dissertation von Richard Noack aus dem Jahr 1927 zurück und verweist darauf, dass zwar seit den 1970er-Jahren die „Position“ Noacks hinsichtlich „Einzelaspekten“ hinterfragt wurde, eine „überfällige neue Gesamtinterpretation“ allerdings nicht erfolgt sei. Gerhard Heckmann: Die Revolution von 1848/49 in den preußischen Saarkreisen, in: Klaus Ries: Revolution an der Grenze. 1848/49 als nationales und regionales Ereignis, St. Ingbert 1999, S. 147–190, S. 147.

die Bürgerinnen und Bürger in Saarbrücken im März 1848 durchaus den revolutionären Bewegungen in der Region anschlossen und dass die lokalen Erscheinungsformen der Revolution vor Ort differenziert zu bewerten sind. Dabei wird die Petition des Saarbrücker Abgeordneten Dietzsch eine zentrale Rolle spielen, weil sie streng genommen nicht die erste ihrer Art war. Um diese in der Forschung bisher vernachlässigte Beobachtung zu belegen, werden vier zentrale Quellen in den Fokus gerückt: zwei Bürgerpetitionen vom 9. und 10. März 1848 aus St. Johann und Saarbrücken, das Protokoll einer außerordentlichen Versammlung der Gemeinderäte von St. Johann und Saarbrücken sowie die darin enthaltene Petition, welche am 11. März 1848 im Saarbrücker Anzeiger veröffentlicht und Dietzsch zugeschrieben wurde.[6]

Als einer der Ersten hat Konrad Repgen für die Petitionen in Mittel- und Kleinstädten Preußens konstatiert, dass die zentrale Forderung der Menschen im Rheinland in der Einberufung eines Vereinigten Landtages bestand und „spezieller formulierte Wünsche" nicht die Regel gewesen seien. Lediglich in Saarbrücken habe man eine der „reifsten Adressen" mit einem „eingehend ausgearbeitete[n] politische[n] Programm" formuliert.[7] Auch wenn diese Feststellung aus der heutigen Forschungsperspektive keineswegs auf alle Orte in der Rheinprovinz zutrifft, ist die Art und Weise, wie die Forderungen in Saarbrücken formuliert wurden, hervorzuheben. In Anlehnung an die anerkannte Bedeutung historischer Grundbegriffe und die neueren Erkenntnisse aus dem Forschungsfeld der „Neuen Politikgeschichte" wird dabei der genaue Wortlaut

---

6   Stadtarchiv Saarbrücken, Bürgermeisterei Alt-Saarbrücken, Nr. 649 [im Folgenden „Bürgerpetition Alt-SB"], Bl. 10–13; Stadtarchiv Saarbrücken, Bürgermeisterei Alt-SB, Nr. 649 [im Folgenden „Bürgerpetition St. Johann"], Bl. 35–37; Stadtarchiv Saarbrücken Bürgermeisterei St-Johann, Nr. 1384 [im Folgenden „Protokoll der Außerordentlichen Versammlung der Gemeinderäte der Städte"]; Beilage zum Saarbrücker Anzeiger Nr. 31, 11. März 1848, online unter: https://www.ub.uni-koeln.de/cdm/compoundobject/collection/_ZTG9/id/12235/rec/1 [letztmals abgerufen am 30.07.2023]. Es handelte sich bei diesen Petitionen jedoch nicht um die einzigen im Saargebiet. In Neunkirchen wurde beispielsweise am 14. März 1848 die Saarbrücker Petition übernommen und auch der Saarlouiser Gemeinderat beteiligte sich am 28. März 1848 mit „eine[r] Petition an die preußische Ständeversammlung" an der Petitionsbewegung. Heckmann: Die Revolution von 1848/49 (wie Anm. 5), S. 152.
7   Repgen: Märzbewegungen (wie Anm. 4), S. 58 f. Repgen betont allerdings, dass diese Adresse, wenngleich sie als besonders bewertet wird, nicht für eine Revolutionsbegeisterung in der Saarregion spricht. Vgl. ebda.

der Petitionen in den Fokus gerückt, um die dahinterstehenden Ideen einschätzen zu können.[8]

Die Bürger-Petitionen aus Saarbrücken und St. Johann

Am 9. März 1848 erging ein „Aufruf an unsere Mitbürger" im Saarbrücker Anzeiger, um „die Ansichten, welche wir für die Entwicklung unseres Vaterlandes im Angesichte der großen Zeitereignisse hegen, unserem verehrten Stadtrathe mit dem Ersuchen vorzulegen, dieselben berathen und an die höchste Behörde gelangen lassen zu wollen."[9] Diese Petition wurde am selben Tag an den „Wohllöblichen Gemeinderath der Stadt St. Johann" gesendet und von 208 Männern unterschrieben.[10] Am 10. März 1848 erging eine weitere von 186 Bürgern unterzeichnete Eingabe an den „Wohllöblichen Stadtrath in Saarbrücken".[11] Die Forderungen stimmten erstaunlicherweise bis auf zwei Ausnahmen wörtlich überein. Auf den ersten Blick umfassten die Petitionen die üblichen Märzforderungen: Bildung eines Vereinigten Landtags, Wahlen einer Volksvertretung, Abschaffung des stehenden Heeres, allgemeine Volksbewaffnung, Schutz vor Polizeigewalt, Änderungen im Steuerwesen sowie Religions-, Rede-, Presse- und Vereinigungsfreiheit.[12] Diese Reformen wurden innerhalb einer überregionalen Massenpetitionsbewegung in den ersten Märzwochen gefordert.[13]

Zusätzlich wurden die Stadträte dazu aufgefordert, eine dementsprechende Adresse an den König zu verfassen und die vorgebrachten Wünsche somit auf offiziellem Weg weiterzugeben.[14]

---

8 Vgl. hierzu grundlegend die Reihe Otto Brunner/Werner Conze/Reinhart Koselleck (Hg.): Geschichtliche Grundbegriffe. Historisches Lexikon zur politisch-sozialen Sprache in Deutschland, 8 Bde., Stuttgart 1972–1997 und einführend Ute Frevert/Heinz-Gerhard Haupt (Hg.): Neue Politikgeschichte. Perspektiven einer historischen Politikforschung, Frankfurt a. M. 2005.
9 Saarbrücker Anzeiger Nr. 30, 7. März 1848 (wie Anm. 6).
10 Bürgerpetition St. Johann (wie Anm. 6), Bl. 35.
11 Bürgerpetition Alt-SB (wie Anm. 6), Bl. 10.
12 Bürgerpetition Alt-SB (wie Anm. 6), Bl. 10f. sowie Bürgerpetition St. Johann (wie Anm. 6), Bl. 35f.
13 Vgl. Jürgen Herres: Köln in preußischer Zeit 1815–1871, Köln 2013, S. 255.
14 Vgl. Bürgerpetition Alt-SB (wie Anm. 6), Bl. 10 sowie Bürgerpetition St. Johann (wie Anm. 6), Bl. 36.

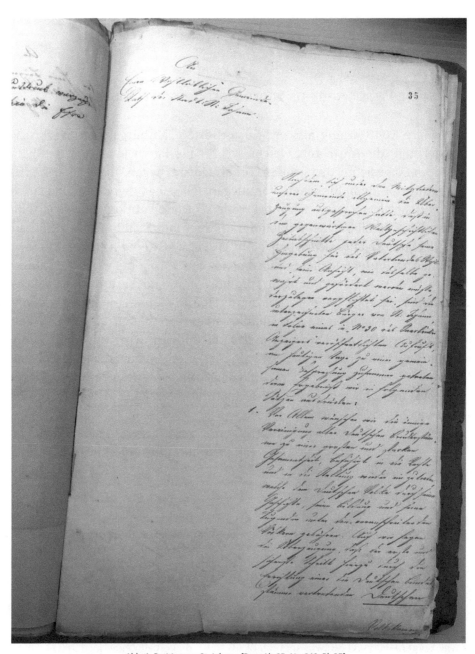

Abb. 1: Petition aus St. Johann [Bgm Alt-SB, Nr. 649, Bl. 35]

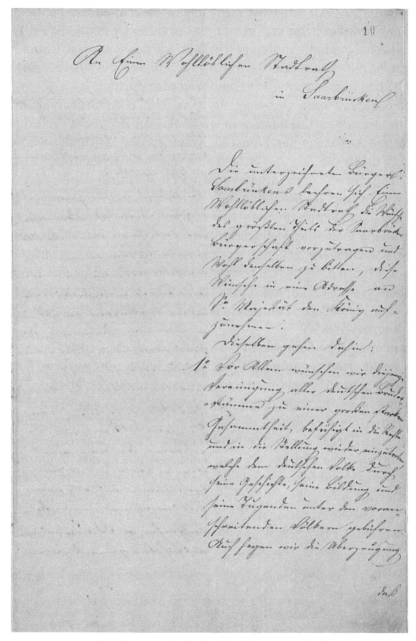

Abb. 2: Petition aus Saarbrücken [Bgm Alt-SB, Nr. 649, Bl. 10]

Dieser Auftrag war zunächst nicht ungewöhnlich, da das Petitionswesen eine lange Tradition hatte und gerade das preußische Petitionsrecht im Vormärz zeitweise dahingehend eingeschränkt worden war, dass Bitten aus der Bevölkerung nur durch ihre Vertretung, d. h. durch die Oberbürgermeister, Stadt- und Landräte nach Berlin gesendet werden durften.[15]

Die Forderung nach „Vereinigung aller deutschen Bruderstämme" und „einer die deutschen Bruderstämme vertretenden deutschen Volkskammer" eröffnete die Auflistung der Wünsche. Argumentativ begründet wurde diese Forderung durch die das „deutsche Volke" einende „Geschichte, [...] Bildung und [...] Tugenden". Ferner argumentierten die Verfasser damit, dass das Ziel dieser „Vereinigung" die Schaffung einer „großen starken Gesammtheit", welche ebendieser „Geschichte", „Bildung" und „Tugend" gerecht würde. Es wird deutlich, dass eine einheitliche, deutsche Volksvertretung und ein daraus resultierendes geeintes Deutschland zu den Hauptanliegen in Saarbrücken und St. Johann gehörten. Der patriotische Grundton wurde in beiden Bürgerpetitionen beibehalten und spiegelt sich sowohl in der zeitgenössischen Publizistik als auch in anderen Petitionen, beispielsweise der Petition aus Elberfeld (heute Wuppertal), wider.[16]

Besonders erscheint hingegen die Vielzahl an Verweisen auf bereits bestehendes Recht oder versprochene Rechte. So leitete der nächste Punkt der Bürgerpetitionen mit einem Verweis auf das Gesetz vom 22. Mai 1815 über die „Verordnung über die zu bildende Repräsentation des Volkes" ein;[17] die Bürger forderten die Ausführung des Gesetzes „durch eine Volksvertretung, in welcher jeder Bürger die Rechte des Wählers und der Wählbarkeit genießt". Diese demokratische „Volksvertretung" sollte „entscheidende Stimmrechte [...] in Gesetzgebung und Steuerbewilligung" sowie „Verantwortlichkeit der Minister" besitzen.[18] Indem sie die Forderung durch den Verweis argumentativ als rechtmäßig auswiesen, rekurrierten sie geschickt auf die Verfassungsbewegung zu Beginn der Herrschaftsphase. Denn nach der Neuordnung Europas auf

---

15 Vgl. grundlegend Herbert Obenaus: Anfänge des Parlamentarismus in Preußen bis 1848, Düsseldorf 1984, S. 189–193.

16 Bürgerpetition Alt-SB (wie Anm. 6), Bl. 10 sowie Bürgerpetition St. Johann (wie Anm. 6), Bl. 35.

17 Gabriele Clemens/Katharina Thielen: Frühliberale Strömungen an der Saar – Möglichkeiten der politischen Partizipation, Gabriele Clemens/Eva Kell (Hg.): Preußen an der Saar. Eine konfliktreiche Beziehung (1815–1914), Saarbrücken 2018, S. 15–42, S. 25.

18 Bürgerpetition Alt-SB (wie Anm. 6), Bl. 10 sowie Bürgerpetition St. Johann (wie Anm. 6), Bl. 35.

dem Wiener Kongress 1815 wurde die baldige Einführung einer Verfassung in Artikel 3 der Bundesakte festgeschrieben und auch vom preußischen König Friedrich Wilhelm III. versprochen. Da dieser das Versprechen im Gegensatz zu den benachbarten Fürsten in den süddeutschen Staaten nicht einlöste, wurden die Bürger und Stadträte zahlreicher Städte in der Rheinprovinz in den Jahren 1817/1818 und darüber hinaus nicht müde, ihn durch Petitionen daran zu erinnern. Bei dem Verweis in den Bürgerpetitionen handelt es sich demnach um ein wiederkehrendes Legitimationsmuster für Forderungen, die längst überfällig schienen.[19]

Darüber hinaus ermöglichte der Rekurs auf bestehende Gesetze eine sachliche Begründung, die auch auf den dritten Wunsch der Bürgerpetitionen angewandt wurde. Die anschließende Forderung bezog sich auf „das Allerhöchste Patent vom 5ten April 1815", in dem der Abbau des „stehenden Heeres" anvisiert wurde.[20] Die Saarbrücker Bürger forderten anstelle eines „stehenden Heeres", die „allgemeine Volksbewaffnung" einzuführen.[21] Während die St. Johanner Bürger diese Maßnahme „jetzt"[22] forderten, formulierten die Saarbrücker ihre Bitte, „baldmöglichst"[23] die Änderungen vorzunehmen, etwas zurückhaltender. Beide blieben nicht ohne verbitterten Unterton, es sei dies nach „33 Friedensjahren" umsetzbar und nähme „dem unter Steuerlast erdrücktem Volke eine so schwere Bürde".[24] Hieraus ergibt sich ein weiteres wichtiges Thema, das sowohl den Inhalt der Adressen aus Saarbrücken und St. Johann als auch zahlreicher anderer Petitionen im März 1848 bestimmte: Das Thema Steuern wird mehrfach direkt mit der anwachsenden Armut verbunden, um die soziale Dimension der Politik in den Vordergrund zu stellen.[25]

Der vierte Punkt der Bürgerpetitionen enthält gleich eine Reihe an Forderungen, „[d]amit unter dem Schutze des Staates jede gute Kraft und jeder edle Keim zur Entfaltung komme": Die „Freiheit der Rede und der Presse" sowie das

19 Vgl. hierzu ausführlich Katharina Thielen: Politische Partizipation in der preußischen Rheinprovinz. Eine Verflechtungsgeschichte, Köln u. a. 2023.
20 Bürgerpetition Alt-SB (wie Anm. 6), Bl. 10f. sowie Bürgerpetition St. Johann (wie Anm. 6), Bl. 35.
21 Bürgerpetition Alt-SB (wie Anm. 6), Bl. 10.
22 Bürgerpetition St. Johann (wie Anm. 6), Bl. 35.
23 Bürgerpetition Alt-SB (wie Anm. 6), Bl. 11.
24 Ebda., Bl. 10f. sowie Bürgerpetition St. Johann (wie Anm. 6), Bl. 35.
25 Zur sozialen Lage in Saarbrücken vgl. Heckmann: Die Revolution von 1848/49 (wie Anm. 5), S. 155 f. sowie Schmitt: Revolutionäre Saarregion (wie Anm. 1), S. 275–288.

„Recht der freien Vereinigung", ferner auch „ein Gesetz zur Sicherstellung der persönlichen Freiheit gegen Übergriffe der Polizei-Gewalt" und die „Ausfertigung eines die in Obigem dargelegten Grundsätze achtenden und anerkennenden Strafgesetzbuches".[26] Dieses Strafgesetzbuch sollte „unter entscheidender Mitwirkung sämmtlicher Volksvertreter"[27] erstellt werden und stellte ebenfalls einen jahrelangen Anspruch der Einwohnerinnen und Einwohner der preußischen Rheinprovinz dar, der beispielsweise in den Provinziallandtagen gestellt wurde.[28] Die Verfasser charakterisierten diese Entwicklungen als Voraussetzungen für ein fortschrittliches Staatswesen und bedienten sich somit einer Argumentationsweise, die im Petitionswesen üblich war.

In der anschließenden Forderung wird die Frage der Besteuerung abermals aufgegriffen und mit der steigenden Armut verbunden. Sowohl die Bürger St. Johanns als auch die Bürger Saarbrückens konstatierten, dass die „Besteuerung [...] nicht nur Unzufriedenheit erregt", sondern „selbst nicht wenig zu der Anhäufung der großen Kapitalien auf der einen, und der furchtbarsten Verarmung auf der andern Seite wesentlich mitgewirkt" habe.[29] In der daraus resultierenden Forderung gründet der zweite inhaltliche Unterschied der Bürgerpetitionen. Laut den Saarbrücker Bürgern sollte die „Einführung eines neuen Steuergesetzes, nach welchem ein Jeder im Verhältniß seines Vermögens und seines Einkommens belastet werde, und dieses mit steigender Scala"[30] diese Situation verbessern. Die hier gemeinte Einführung einer Vermögens- bzw. Einkommenssteuer entsprach den Märzforderungen zahlreicher anderer Städte und Gemeinden und geht auf latente Kritik an der preußischen Steuerpolitik zurück, die seit der Einführung der Mahl- und Schlachtsteuer in den 1820er-Jahren bestand.[31] Auffällig ist jedoch, dass in Saarbrücken nicht explizit die Abschaffung der Besteuerung von Mahlwaren und Fleisch gefordert wurde, obwohl diese auch in anderen Städten vorgeschlagene Maßnahme in der ersten Petition

---

26 Bürgerpetition Alt-SB (wie Anm. 6), Bl. 11 sowie Bürgerpetition St. Johann (wie Anm. 6), Bl. 35f.
27 Bürgerpetition Alt-SB (wie Anm. 6), Bl. 11 sowie Bürgerpetition St. Johann (wie Anm. 6), Bl. 35f.
28 Die Ausarbeitung eines neuen Entwurfs des Strafgesetzbuches wurde bereits 1843 durch den rheinischen Provinziallandtag gefordert. Vgl. Gustav Croon: Der Rheinische Provinziallandtag bis zum Jahre 1874, Düsseldorf 1918, unveränderter Nachdruck 1974, S. 160.
29 Bürgerpetition Alt-SB, (wie Anm. 6), Bl. 11 sowie Bürgerpetition St. Johann (wie Anm. 6), Bl. 36.
30 Bürgerpetition Alt-SB (wie Anm. 6), Bl. 11.
31 Jonathan Sperber: Rhineland Radicals. The democratic Movement and the Revolution of 1848–1849, Princeton 1991, S. 61 sowie Thielen: Politische Partizipation (wie Anm. 19), S. 162–175.

von St. Johann erwähnt wird. Die St. Johanner baten explizit „um Abschaffung der Schlacht- und Mahlsteuer" und „um sofortige Einführung der von der Regierung proponierten Einkommenssteuer mit steigender Skala."[32] Wie noch gezeigt werden wird, überging der Gemeinderat diese entscheidende soziale Forderung, die sich mutmaßlich auf den Steuerertrag zugunsten des Gemeindehaushalts zurückführen lässt und mit der Abschaffung der Steuer im November 1848 hinfällig wurde.[33] Doch die St. Johanner Bürger-Forderungen bezüglich der Änderung der Besteuerung waren noch radikaler: Sie forderten die „Befreiung der Proletarier von jeder Steuerverrichtung".[34] Aus diesem inhaltlichen Unterschied wird nicht nur die unterschiedliche Sozialtopographie der vereinigten Städte Saarbrücken und St. Johann, sondern auch ihr eigener Repräsentationsanspruch deutlich.

Zusammenfassend lässt sich festhalten, dass die Petitionen der Bürger im Großen und Ganzen den überregionalen Märzforderungen entsprachen und sich dabei einerseits auf sachliche Verweise auf geltendes Recht sowie historische „Fakten" stützten. Andererseits lässt sich ein zukunftsorientierter Fortschrittsgedanke finden, der auf die angestrebte Schaffung eines deutschen Nationalstaats bezogen wurde. Während einzelne Termini partiell stark vom Diskurs abweichen, z. B. hinsichtlich des Steuerrechts in der Saarbrücker Bürgerpetition, weisen andere Formulierungen wie etwa die Einheit durch „Bildung" und „Tugend" eine erstaunliche Übereinstimmung mit überregionalen Petitionen auf. Besonders hervorzuheben ist aber die radikale Forderung der St. Johanner Bürger nach einer gänzlichen Steuerbefreiung für die Arbeiterschaft. In jedem Fall beinhalteten die beiden Bürgerpetitionen politische Ideen, welche an andere Adressen aus den größeren Städten der Rheinprovinz anschließen. Ein besonderes Lokalkolorit fällt zunächst nicht auf.

Der Umstand, dass ähnliche Forderungen in zahlreichen anderen Städten gestellt wurden, verweist auf die Tatsache, dass die Urheber der Saarbrücker

---

32 Bürgerpetition St. Johann (wie Anm. 6), Bl. 36.
33 Vgl. Protokoll der Außerordentlichen Versammlung der Gemeinderäte der Städte (wie Anm. 6). Zur Forderung siehe exemplarisch die Adresse aus Solingen, abgedruckt in der Stadt-Aachener Zeitung Extra-Beilage Nr. 79, 19.3.1848, abgerufen unter: https://zeitpunkt.nrw/ulbbn/periodical/zoom/6996663 [letztmals abgerufen am 30.07.2023]. Unter StA Alt-Sb 651, Protokoll vom 10.11.1848, wird die mit der Abschaffung der Steuer verbundene Einführung der Einkommenssteuer in Saarbrücken und St. Johann angegangen.
34 Bürgerpetition St. Johann (wie Anm. 6), Bl. 36.

und St. Johanner Adressen von den Petitionen aus den umliegenden Städten und Gemeinden wussten. Ein Blick in die Saarbrücker Tagespresse im März 1848 bestätigt diese Annahme, da nahezu alle großen Provinzstädte vergleichbare Forderungen bereits in der vorangegangenen Woche formuliert und in der Presse publiziert hatten. Bereits am 7. März 1848 erschien im Saarbrücker Anzeiger eine Meldung über die von Bürgern an den Gemeinderat von Köln gerichtete Bittschrift, die als „Forderungen des Volkes" abgedruckt waren.[35] Am 9. März 1848 teilte der Saarbrücker Anzeiger mit, dass in Aachen und Koblenz ebenfalls Eingaben an den König ergangen waren. Über Adressen aus Frankfurt, Leipzig und München wurde auch berichtet. Der Inhalt der entsprechenden Petitionen wurde teils wörtlich wiedergegeben, teils zusammengefasst und stimmte mit den Bürgerpetitionen von der Saar inhaltlich überein.[36] Die vorliegenden Petitionen entstanden demnach in dem Wissen, welche Forderungen auf welchen Wegen und mithilfe welcher Argumente bereits in großen Städten des Rheinlandes und der umliegenden Gebiete kursierten. Weitere nach den beiden Bürgerpetitionen veröffentlichte Adressen, z. B. aus Düsseldorf, Elberfeld, Krefeld und Magdeburg, erschienen als die ersten vier Meldungen des Saarbrücker Anzeigers vom 11. März und könnten den Verfassern an der Saar – beispielsweise durch andere ausländische Zeitungen – bereits bekannt gewesen sein.[37] Persönliche Kontakte, Gerüchte und Flugblätter kamen hinzu, sodass das Petitionswesen in der unmittelbaren Umgebung, beispielsweise in Trier, beobachtet werden konnte.[38]

---

35 Saarbrücker Anzeiger Nr. 29, 7. März 1848 (wie Anm. 6).
36 Vgl. Saarbrücker Anzeiger Nr. 30, 9. März 1848 (wie Anm. 6).
37 Vgl. Saarbrücker Anzeiger Nr. 31, 11. März 1848 (wie Anm. 6).
38 In der Akte finden sich zum Beispiel zahlreiche Korrespondenzen mit den Gemeinderäten der Rheinprovinz. Gemeint ist die am 8.3.1848 verfasste Adresse des Trierer Stadtrats, die der Saarbrücker Anzeiger Nr. 32 am 14. März 1848 erst verspätet abdruckte. Vgl. Saarbrücker Anzeiger Nr. 32, 14. März 1848 (wie Anm. 6) sowie Christl Lehnert-Leven: Trierer Revolutionschronik, in: Elisabeth Dühr (Hg.): „Der schlimmste Punkt in der Provinz". Demokratische Revolution 1848/49 in Trier und Umgebung, Trier 1998, S. 37–65, S. 41.

Die Gemeinderats-Sitzung

Am 10. März berief der Saarbrücker Bürgermeister Ludwig Wagner eine außerordentliche Sitzung der Gemeinderäte von Saarbrücken und St. Johann ein und hielt vor ihrer offiziellen Eröffnung eine Rede. In dieser findet sich der in Teilen viel zitierte Satz:

> „Im Laufe des gestrigen Tages ist mittels einer von 13 Mitgliedern des Gemeinderathes der Stadt Saarbrücken unterzeichneten Eingabe, so, wie durch eine zahlreiche Deputation der Bürgerschaft St. Johann das Ansuchen an mich gestellt worden, die Gemeinderäthe beider Städte sofort zu versammeln, um über eine, an des Königs Majestät wegen einzelner Desiderien in den politischen und socialen Verhältnissen Deutschlands zu richtende Adresse zu berathen."[39]

Anlass für die Gemeinderatssitzung war demnach die Petition der St. Johanner Bürger vom 9. März 1848, die zusammen mit der Saarbrücker Bürgerpetition an den Gemeinderat gestellt worden war. Hinzu kam eine Eingabe von 13 Gemeinderäten der Stadt Saarbrücken.[40] Aus dem Bericht des Bürgermeisters wird deutlich, dass sowohl in den Gemeinderäten als auch in der Bürgerschaft der beiden Städte der dringende Wunsch vorlag, sich an der Märzrevolution zu beteiligen und die genannten Wünsche auf einen Nenner zu bringen. Da es in den vorangegangenen Wochen bereits in allen großen Provinzstädten zu Petitionsbewegungen gekommen war, ist dies nicht verwunderlich.

Die Wünsche der Bürger beider Gemeinden und der Gemeinderäte Saarbrückens führte Wagner in seinem Vortrag aus und konstatierte, dass sie sowohl „der Gesinnung der gesammten Bürgerschaft beider Städte" entsprächen als auch inhaltlich in den wesentlichen Punkten übereinstimmten. Die erhobenen Ansprüche der „Eingabe" der Gemeinderäte und der „Deputation" aus St. Johann waren weitgehend deckungsgleich mit der Bürgerpetition aus Saarbrücken und wurden durch den Bürgermeister Ludwig Wagner verlesen:

---

39 Protokoll der Außerordentlichen Versammlung der Gemeinderäte der Städte (wie Anm. 6).

40 Vgl. ebda. Die Eingabe der Gemeinderäte wurde unterzeichnet von A. Reusch, Ed. Koch, Carl Schultz, Ch. Zix, Carl Schmidborn, Johann Jacob, Carl Haldy, J. A. Knipper sowie J. A. Knipper junior, Ch. Moellinger, J. B. Müller, Sebastian Franz Kiepel und Ferdinand Dietzsch. Letzterer war also nicht nur vermeintlich federführend bei der Petition der Gemeinderäte, sondern hatte sich bereits im Vorfeld der Sitzung für die Abfassung einer Petition an den König engagiert. Vgl. StA SB, Bürgermeisterei Alt-SB, Nr. 649 [im Folgenden „Eingabe der Gemeinderatsmitglieder"], Bl. 40.

„Verminderung bis zur gänzlichen Abschaffung des stehenden Heeres, [...] Vertretung und Wählbarkeit aller Bürger ohne Unterschied in Staate und Gemeinde. Volksrepräsentation [...] ein deutsches Parlament; Gestattung der Preßfreiheit [...] Recht der freien Versammlung [...] Vollkommene Religions- und Gewissensfreiheit [...] Nichteinführung des Strafgesetz-Entwurfs [...] Nicht nur Abschaffung der Mahl- und Schlachtsteuer, sondern auch der Classensteuer; Einführung einer Einkommenssteuer".[41]

Die darauffolgende Diskussion und die Erstellung der Petition an den König ergeben sich ebenfalls aus dem Protokoll. In dieser Diskussion waren die Gemeinderatsmitglieder Ferdinand Dietzsch und Leopold Sello von zentraler Bedeutung. Während Dietzsch, welcher bereits bei der Eingabe der Gemeinderatsmitglieder unterzeichnet hatte, sich dafür aussprach, die vorgebrachten „Desiderien zu dicutieren" und über einen Entwurf für eine Petition abzustimmen, erhob Sello „Bedenken hinsichtlich der dem Gemeinderathe nach seiner Ansicht abgehenden Befugniß" über einen solchen Gegenstand zu beraten, da die Gemeinde-Ordnung dies nicht zulasse.[42] Mit diesem Einwand lag er richtig, denn durch den Paragraphen 61 der seit 1845 gültigen Kommunalordnung war der Gemeinderat nicht befugt, selbstständig über Inhalte, welche sich nicht auf die Gemeinde bezogen, zu diskutieren und zu entscheiden.[43] Die „Bürgerschaft" selbst sei „dazu berufen",[44] eine solche Petition abzufassen. Dietzsch und Ludwig Bonnet jedoch argumentierten unter Verweis auf bereits in anderen rheinischen Städten verabschiedete Petitionen für die Diskussion der Wünsche und eine Abfassung einer Eingabe an den preußischen König. Als ausgewiesene Juristen traten sie dafür ein, nicht hinter dem „Drang der Zeitverhältniße"[45] zurückzubleiben. Dieser Wille, sich über ein Gesetz hinwegzusetzen, verdeutlicht die überregionale Bedeutung der Märzbewegung und das Selbstbewusstsein der Stadträte. Sie unterlagen demnach einem gewissen

---

41 Protokoll der Außerordentlichen Versammlung der Gemeinderäte der Städte (wie Anm. 6); vgl. Eingabe der Gemeinderatsmitglieder (wie Anm. 40), Bl. 40.
42 Protokoll der Außerordentlichen Versammlung der Gemeinderäte der Städte (wie Anm. 6).
43 Die am 23. Juli 1845 verabschiedete Gemeindeordnung regelte auch, welche Sachverhalte im Gemeinderat besprochen werden durften. In Gemeindeangelegenheiten war der Gemeinderat befugt, Beschlüsse zu fassen. Über nicht gemeindebezogene Themenbereiche hingegen durften die Mitglieder jedoch nur dann beraten, wenn „besondere Gesetze" oder „Verfügungen der Regierung" sie dazu befähigten. Gesetzessammlung für die preußischen Staaten 1845, S. 538, online unter: https://www.digitale-sammlungen.de/en/view/bsb10509549?page=554, 555&q=Gemeinderath [letztmals abgerufen am 30.07.2023].
44 Protokoll der Außerordentlichen Versammlung der Gemeinderäte der Städte (wie Anm. 6).
45 Ebda.

Druck, sich an der Revolution zu beteiligen, zumal ihre Kollegen an den Regierungssitzen der Rheinprovinz dies in der vorangegangenen Woche bereits getan hatten.

Sello wurde im weiteren Verlauf der Sitzung nahegelegt, den Versammlungsraum zu verlassen, was er auch tat. Daraufhin wurde sein Stellvertreter Carl Schlachter einberufen. Nach diesem Wechsel der Personalien wurden „die beiden, von den [Bürgern der] Stadtgemeinden eingereichten Petitionen" und im Anschluss der Entwurf der Gemeinderäte verlesen.[46] Diese Petition des Gemeinderats kann jedoch nicht als die erste Adresse an der Saar gelten, da sowohl in Saarbrücken als auch in St. Johann bereits Bittschriften durch die Bürger formuliert worden waren. Erst im Anschluss wurde der Entwurf von Dietzsch einstimmig angenommen und die eingangs erwähnte Aufforderung zur Weiterleitung der Adresse an den König erfüllt. Auf diese Art und Weise wurden die Gemeinderäte ihrer Aufgabe als Vermittlungs- und Repräsentationsorgan der Bürgerschaft gerecht.[47]

„Dietzschs Petition"

> „Allerdurchlauchtigster, Großmächtigster König! Allergnädigster König u[nd] Herr! Noch einmal hat die Weltgeschichte ihr Richteramt geübt; noch einmal hat sie die große Lehre verkündet, daß nicht Wälle und Bajonette, sondern die Herzen des Volkes das Bollwerk der Regierungen sind."[48]

Mit dieser emotionsgeladenen Ansprache eröffneten die Saarbrücker Gemeinderäte die Petition an König Friedrich Wilhelm IV. Das Zitat verdeutlicht die Bedeutung, die der Bevölkerung als Legitimation für die Regierung zugesprochen wurde, denn die „verblendete, egoistische Regierung in Frankreich" sei in nur drei Tagen durch eine Revolution „vernichte[t]" worden.[49] Der direkte Bezug zur französischen Februarrevolution und die Verwendung der Kriegs-Metaphorik verdeutlicht die legitimierende Rolle der Bevölkerung und deutet auf die Idee der Volkssouveränität hin.

---

46 Ebda.
47 Ein Abgleich mit der im Generalstaatsarchiv Preußischer Kulturbesitz befindlichen Petition bietet sich an dieser Stelle an und steht für weitere Forschung noch aus.
48 Protokoll der Außerordentlichen Versammlung der Gemeinderäte der Städte (wie Anm. 6).
49 Ebda.

Erstaunlich ist die äußert positive Bewertung der Geschehnisse in Frankreich innerhalb der Petition: „Der Deutsche kann sich freuen über den Sieg seines Nachbarvolkes." Wenngleich durch die Trennung in „Deutsche" und „Nachbarvolk" eine Verbindung von vorneherein ausgeschlossen wurde, impliziert diese Formulierung doch eine gewisse Bewunderung für die Entwicklungen in Frankreich, da das „Volk bisheran sich selbst beherrscht" habe.[50]

Trotzdem oder gerade deshalb betonte Dietzsch die Liebe für das Vaterland und deren Bedeutung, denn nur diese sei ein Schutz, „wenn die einmal vorhandene Bewegung [aus Frankreich] überfluthe" und damit das „Vaterland gefährde". Doch ebendiese Liebe zum Vaterland wähnte der Verfasser in Gefahr, da sich „der Deutsche vergebens nach einer gemeinsamen Fahne um[sah], um die er sich scharen könnte" und er „vergebens nach einem Bande, welches die Kraft der einzelnen Glieder verbände", tastete. Die Zeilen muten ebenso pathetisch wie patriotisch an und spielen auf die gewünschte (Ver-)Einigung der deutschsprachigen Gebiete an. Auf diese Art wird klar herausgestellt: Die Saarbrücker identifizierten sich mit einem geeinten Deutschland, ohne die bekanntlich noch in der Diskussion stehenden Grenzen dieser Nationsidee zu definieren. Allerdings wird in dem darauffolgenden Abschnitt eine gewisse Enttäuschung von der bisherigen Vertretung – von dem Deutschen Bund – artikuliert. Die „Nation" hätte kein „Vertrauen" mehr „und die tiefe Kluft, die er [der Deutsche Bund] durch seine Thätigkeit, wie durch seine Unthätigkeit während 33 Jahren zwischen sich und den Herzen des Volkes eröffnet hat[te], w[urde] durch die schönen Worte nicht ausgefüllt, welche er in diesen Tagen an die Nation gerichtet" hatte. Die Verfasser kritisierten, dass „der hohe deutsche Bund [...] die gerechten Erwartungen der Nation auf nationale Geltung bisher nicht erfüllt" hatte. Die Verweise auf die „Unthätigkeit" und die Enttäuschung der „gerechten Erwartungen der Nation" schlossen sich der Forderung in der Bürgerpetition an und gingen mit diesen Vorwürfen über diese hinaus. Denn die Bürger hatten in erster Linie die Umsetzung von Gesetzen erwartet, die durch den Deutschen Bund nicht ausgeführt wurden.[51]

Im Unterschied zu den Bürgerpetitionen wird die regionale Besonderheit der Grenzlage in der von Dietzsch entworfenen Stadtrats-Eingabe also explizit

---

50 Ebda.
51 Ebda.

herausgestellt: „Dieser Zustand [war] verhängnißvoll für Deutschland", vor allem aber für die Bevölkerung an der „äußersten Grenze". Diese sehnten sich „vielleicht tiefer und lebendiger [...], als im Herzen des Landes" nach einem „zum Schutze aller seiner Kinder gekräftigten Deutschland".[52] Das bewusst eingesetzte Lokalkolorit zeugt auf den ersten Blick von einer gewissen Angst vor den vermeintlichen Einflüssen Frankreichs und erinnerte den König an seine herrschaftspolitische Schutzfunktion als Landesherr. Bei näherer Betrachtung verleiht es der Nationsidee mehr Gewicht, die in der Identitätsfrage gipfelte. Es erscheint argumentativ sinnvoll, sich auf die französischen Errungenschaften zu beziehen und die Warnung vor einer Expansion Frankreichs als Rückversicherung für dieses Urteil einzusetzen, um nicht den Anschein zu erwecken, als Teil Frankreichs von diesen profitieren zu wollen. Die besondere Bedeutung einer „gemeinsamen Fahne" als sichtbares Zeichen für einen Nationalstaat bestätigt dies und erhielt so eine ebenso emotionale wie sicherheitspolitische Relevanz, die seit der sogenannten „Rheinkrise" im Jahr 1840 im Raum stand.[53] Diese scheinbar paradoxe Verbindung zwischen einer Begeisterung für die Revolution unter Verweis auf eine von Frankreich ausgehende Kriegsgefahr findet sich ebenso in anderen Märzpetitionen, zum Beispiel in den Adressen aus Speyer und Mannheim.[54]

Vor Beginn der konkreten Forderungen wurde darauf verwiesen, dass die formulierten Wünsche für „Theile unserer deutschen Brüder" gälten und dass zum „Schutze" „alle[r] Söhne des großen Vaterlandes" diese für alle deutschen Gebiete umgesetzt werden sollten.[55] Dieser versteckte Hinweis auf die in den benachbarten Staaten Baden, Württemberg und Hessen bereits geltenden Verfassungen eröffnete den Stadträten eine weitere Argumentationslinie, die nicht nur auf die bereits erwähnte Verfassungsbewegung anspielte, sondern auch auf die rechtliche Gleichstellung mit diesen Gebieten abzielte.

Zuvorderst wurde die „Vertretung des deutschen Volkes" gewünscht und somit ein gegenüber den in anderen Städten verbreiteten Begriffen wie

---

52 Ebda.
53 Zur Rheinkrise vgl. einführend Ansgar S. Klein: Mythos Rhein aus Sicht der Deutschen und Rheinländer, in: Internetportal Rheinische Geschichte, online unter: https://www.rheinische-geschichte.lvr.de/Epochen-und-Themen/Themen/mythos-rhein-aus-sicht-der-deutschen-und-rheinlaender/DE-2086/lido/57d124853b7bd1.35175552 [letztmals abgerufen am 28.07.2023].
54 Heckmann: Die Revolution von 1848/49 in den preußischen Saarkreisen (wie Anm. 5), S. 151.
55 Protokoll der Außerordentlichen Versammlung der Gemeinderäte der Städte (wie Anm. 6).

„National-Repräsentation"[56] oder „Bundesparlament"[57] eher offener Begriff gewählt. Der König sollte „dahin dringend und unablässig wirken"[58], was den Nachdruck dieser Forderung verdeutlicht und eine Parallele zu den Bürgerpetitionen darstellt. Sowohl in den Bürgerpetitionen als auch in der Adresse des Gemeinderates wurde einführend die Schaffung eines „Parlaments" bzw. einer „Volkskammer" in Vertretung der gesamten Bürgerschaft gefordert.[59]

An zweiter Stelle stand die Bitte um Pressefreiheit und somit ein für den Vormärz typisches Streitthema zwischen Bevölkerung und Regierung. Da die Presse seit den Karlsbader Beschlüssen 1819 massiv eingeschränkt und durch die Zensurbehörden kontrolliert wurde, erscheint der Verweis auf die in der Bundesakte von 1815 festgelegte „noch immer nicht gewährte Preßfreiheit"[60] ungewöhnlich.[61] Im Vergleich zur Bürgerpetition sticht heraus, dass der Wunsch nach Pressefreiheit – ebenso wie andere Forderungen – nicht mit verschiedenen weiteren Anliegen zusammengefasst wurde, sondern für sich stand.[62] Dies unterstreicht die Wichtigkeit, die der Pressefreiheit zugeschrieben wurde, was mit zahlreichen anderen Petitionen im deutschsprachigen Raum korrespondiert. Sie lässt sich auch damit erklären, dass die bedingungslose Pressefreiheit auch von offizieller Seite per Bundesbeschluss vom 3. März 1848 zur zentralen Märzforderung erhoben wurde.[63] Der Verweis auf die Bundesakte steht exemplarisch für die Legitimation der Forderungen durch bereits zugesicherte Rechte.

---

56 In einer Adresse, welche am 3. März 1848 bei einer Bürgerversammlung in Ulm verlesen wurde, wurde die „Herstellung einer Deutschen National-Repräsentation" gefordert. Stadt-Aachener Zeitung Nr. 69, 9. März 1848 (wie Anm. 37).

57 So lautete beispielsweise in Köln die Forderung laut Reinicke. Christina Reinicke: „Forderungen des Volkes. Petitionen im Rheinland 1848/49", in: Ottfried Dascher/Everhard Kleinertz (Hg.): Petitionen und Barrikaden. Rheinische Revolution 1848/49, Münster 1998, S. 101–105, S. 101.

58 Protokoll der Außerordentlichen Versammlung der Gemeinderäte der Städte (wie Anm. 6).

59 Ebda., Bürgerpetition Alt-SB (wie Anm. 6), Bl. 10 sowie Bürgerpetition St. Johann (wie Anm. 6), Bl. 35.

60 Protokoll der Außerordentlichen Versammlung der Gemeinderäte der Städte (wie Anm. 6).

61 Kerstin Peters: Publizistik und Pressefreiheit 1848/49, in: Jürgen Herre/Guido Müller (Hg.): Aachen, die westlichen Rheinlande und die Revolution 1848/49, S. 215–252, S. 215.

62 Vgl. Protokoll der Außerordentlichen Versammlung der Gemeinderäte der Städte (wie Anm. 6) sowie Bürgerpetition (wie Anm. 6), Bl. 11.

63 Vgl. Heinz Boberach: Presse und Revolution 1848/49 im Rheinland, in: Stephan Lennartz/Georg Mölich (Hg.): Revolution im Rheinland. Veränderung der politischen Kultur 1848/49, Bielefeld 1998, S. 47–61, S. 47.

Ebenso einzeln aufgeführt wurde im darauffolgenden Abschnitt die „Rückgabe des uralten deutschen Volksrechtes der freien Versammlung und freien Vereinigung zu jedem gesetzlichen Zwecke." Diese Zweckgebundenheit verdeutlicht, dass der gesetzliche Rahmen berücksichtigt werden sollte und mutet wie eine Art Relativierung des eigenen Wunsches an. Auch dass sich auf die „Rückgabe des uralten Volksrechtes" berufen wurde, reiht sich in die argumentative Taktik zur Legitimierung der Ersuche ein und rekurriert auf die Rechtsprechung. Das britische Staatswesen galt Dietzsch und den Stadträten hier als weitere Vergleichsfolie und Vorbild: „England hat dieses Volksrecht sich bewahrt und ist dabei groß geworden. Deutschland hat es in die Hände der Polizeigewalt gerathen lassen, und ist dabei verkümmert." Klar wurde formuliert, dass die Einschränkung des Versammlungs- und Vereinigungsrechtes sich negativ auf die staatliche Entwicklung ausgeübt habe. Zeitgleich wurde dadurch ein Zukunftsnarrativ eröffnet, weil die Analogie impliziert, dass sich das „verkümmerte" Deutschland durch die „Rückgabe des uralten Volksrechtes" erholen werde.[64]

Die vierte Bitte der Adresse des Gemeinderates umfasst die „Repräsentation des Volkes" und die weitere Kritik an dem bisherigen Staatswesen. „Preußen hat eine Verfassung", konstatierten die Verfasser. Darin stünde nicht der „Mensch" an erster Stelle, sondern es kämen „materielle Interessen, Geld, Geburt und andere Außendinge zur Geltung, die im sittlichen Bewußtsein des Volkes nicht wurzeln". Das waren harte Worte, die die nachfolgenden Bitten zurückhaltend erscheinen lassen, obwohl sie es streng genommen nicht waren: „Wir bitten um das Recht der Wahlfähigkeit und Wählbarkeit jedes Staatsbürgers ohne Unterschied; um entscheidende Stimme der Volksrepräsentation in der Gesetzgebung, um Verantwortlichkeit der Minister."[65] Hieraus ergibt sich, dass sich die Argumentation für die Volkssouveränität auf die Gegenwart und eine aktive Kritik stützte, wohingegen sich die Bürgerpetitionen auf das Gesetz vom 22. Mai 1815 beriefen und keine klare Kritik hervorgebracht hatten. Darüber hinaus fällt auf, dass die Bürgerpetitionen die Volksrepräsentation als „zuvorderst nothwendig"[66] deklarierten, während der Gemeinderat das Anliegen als Bitte äußerte. Der Verweis auf die Verfassung

---

64 Protokoll der Außerordentlichen Versammlung der Gemeinderäte der Städte (wie Anm. 6).
65 Ebda.
66 Bürgerpetition Alt-SB (wie Anm. 6), Bl. 10 sowie Bürgerpetition St. Johann (wie Anm. 6), Bl. 35.

knüpft also nicht an die Tradition an, sich die Umsetzung eines gesetzlich garantierten Rechts einzufordern – vielmehr handelt es sich um einen devot aber unmissverständlich formulierten Zukunftsauftrag.

Im nächsten Punkt wurde die „Reform der ganzen Steuergesetzgebung" erbeten, da die Steuern „mit unbilliger Last auf den armen und mittleren Theile[n] der Bevölkerung ruht[en]." Parallel zur Bürgerpetition wurde die zeitgenössische Steuergesetzgebung für das „Anwachsen des Pauperismus" angeklagt. Diese Anklage konnte geschickt relativiert werden, indem die vom Volk gewünschte „Reform auf der Grundlage der Leistungsfähigkeit und jener wahrhaft freisinnigen Prinzipien" bereits durch die königliche Regierung anerkannt worden sei. Das Nicht-Umsetzen derselben ging auf den „Mangel wahrhafter Volksvertretung" in der „Ständeversammlung" und somit auf die Defizite des preußischen Parlamentarismus zurück.[67]

Anschließend wurde ebenso wie in der Bürgerpetition unter Verweis auf das „Allerhöchste Patent vom 5. April 1815"[68] die Bitte um dem Abbau des stehenden Heeres formuliert und als Ersatz dessen „[v]olksthümliche Institutionen und allgemeine Volksbewaffnung"[69] in Vorschlag gebracht. Neben diesem erneuten Rekurs auf die Gesetzeslage unterscheidet sich die weitere Begründung des Anliegens jedoch: Während die Bürgerpetition eine Steuerentlastung für das Volk als Grund für den Abbau des stehenden Heeres anbringt, konstatierte Dietzsch, dass diese Maßnahme „dem Lande größere Kraft und Sicherheit geben [...] und seine Grenzen gegen Außen mit einem schützenden Walle umgeben" werde.[70] Auch hier handelt es sich um eine Strategie zur Validierung der Bitte durch patriotische Muster und Fortschrittlichkeit. Nicht die Bevölkerung sollte Profiteur von der Umsetzung des Patents werden, der Schutz des „Vaterlandes" wird als Begründung angeführt.

Der siebte Punkt der Adresse enthielt eine Reihe an Forderungen hinsichtlich der „Religions- und Cultusfreiheit". Diese sollte „ohne Einmischung der Polizeigewalt" gewährt werden.[71] In den Bürgerpetitionen lässt sich lediglich der Wunsch nach „vollständige[r] Gleichheit aller Bürger und aller religiösen

---

67 Protokoll der Außerordentlichen Versammlung der Gemeinderäte der Städte (wie Anm. 6).
68 Ebda., Bürgerpetition Alt-SB (wie Anm. 6), Bl. 10 sowie Bürgerpetition St. Johann, Bl. 35.
69 Protokoll der Außerordentlichen Versammlung der Gemeinderäte der Städte (wie Anm. 6).
70 Ebda.
71 Ebda.

Bekenntnisse in allen Staatseinrichtungen" finden.[72] Der Gemeinderat hingegen plädierte einerseits für die „Gleichheit aller Staatsbürger" vor „politischen
und Gemeinderechten" unabhängig von ihrer Religion, andererseits jedoch auch
für eine „völlige Trennung der Kirche vom Staat".[73] Der Aspekt der Religionsfreiheit wird somit als unveräußerliches Menschenrecht ausgewiesen, das unmittelbar mit dem Begriff des „Staatsbürgers" verbunden war. Die Wortwahl
erscheint insofern erwähnenswert, dass der Begriff in den linksrheinischen
Gebieten unmittelbar auf die Zeit der französischen Herrschaft und die Ideale
der Französischen Revolution zurückgeht. Die in der französischen Gesetzgebung festverankerten Rechte und Pflichten des „citoyen" standen dem in
Preußen nach wie vor üblichen Untertanengeist im Rahmen der altherge-
brachten Ständeordnung fundamental entgegen.[74] Es lässt sich daher dem
Kalkül von Dietzsch und anderen Juristen im Stadtrat zurechnen, dass sie den
in der Bürgerpetition verwendeten Status des einfachen „Bürgers" um seine
rechtlichen Dimensionen erweiterten.

Die Bürgerrechte Religionsfreiheit, Pressefreiheit und Vereinigungsfreiheit
wurden in den Bürgerpetitionen zusammengefasst und mit der Bitte um Einführung eines Strafgesetzbuches verknüpft, das ebenjene Grundsätze berück-
sichtige. In der Adresse der Gemeinderäte wurden diese Inhalte aufgelöst und
getrennt voneinander gefordert. Begründbar ist diese Auflösung einerseits
durch eine stärkere Gewichtung der Einzelaspekte, andererseits jedoch auch
als eine Art Verschleierungstaktik. Deutlich wurde bereits, dass Dietzsch wohl
darauf bedacht war, die formulierten Wünsche stets zu legitimieren. Statt eine
umfassende Forderung nach grundlegenden Menschen- und Bürgerrechten,
die insbesondere in Frankreich und England eine lange Tradition hatten, zu
stellen, wurden diese entzerrt und separat aufgeführt.

Dementsprechend bildete auch die „Nicht Einführung des Strafgesetz-Ent-
wurfes" einen weiteren Einzelaspekt, der in der Petition der Gemeinderäte
aufgelistet wird. Obwohl die (gleichwohl französische) Strafgesetzgebung seit
den 1830er-Jahren in der öffentlichen Diskussion stand, weil sie durch Preußen

---

72 Bürgerpetition Alt-SB (wie Anm. 6), Bl. 11 sowie Bürgerpetition St. Johann (wie Anm. 6), Bl. 35.
73 Protokoll der Außerordentlichen Versammlung der Gemeinderäte der Städte (wie Anm. 6).
74 Vgl. Johannes Paulmann: Globale Vorherrschaft und Fortschrittsglaube. Europa 1850–1914,
   München 2019, S. 339–341. Zur rechtlichen Dimension der Staatsbürgergesellschaft in er-
   weiterter Langzeitperspektive siehe ebda., S. 338–346.

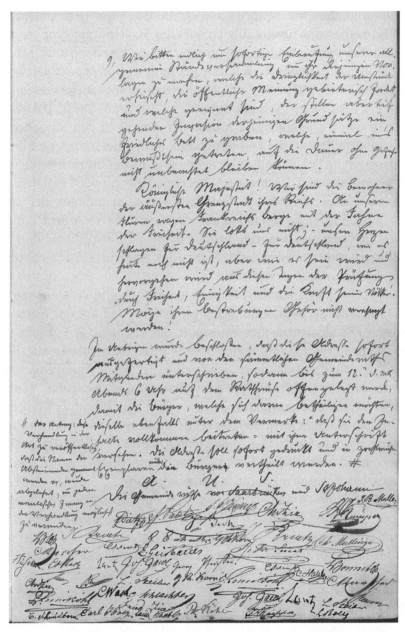

Abb. 3: Ausschnitt aus dem Protokoll der Sitzung der Gemeinderäte
[Bgm St.-Johann, Nr. 1384 letzte Seite der Gemeinderatssitzung vom 11.3.1848]

geändert werden sollte, wiesen die Stadträte nicht auf diese in der Publizistik und im Provinziallandtag geführten Diskussionen hin, sondern begründeten den Wunsch mit dem „Bildungsstande" und den „sittlichen und politischen Bedürfnissen" der Bevölkerung. Aus diesem Grunde wurde die „Herstellung einer gemeinsamen Strafgesetzgebung mit ganz Deutschland" erbeten.[75]

Zuletzt, und dies ist wohl der größte inhaltliche Unterschied zu den Adressen der Bürger, baten die Gemeinderäte um die „sofortige Einberufung" der „allgemeinen Ständeversammlung, um ihr diejenigen Vorlagen zu machen, welche die Dringlichkeit der Umstände" verlangten. Die Verantwortung für die Umsetzung der Forderungen lag somit nicht in den Händen des Königs. Nachdruck wurde der Bitte durch die Warnung verliehen, dass die „öffentliche Meinung" die Änderungen „gebieterisch fordert[e]". Den „Grundsätzen" sollte „ein friedliches Bett" gegraben werden, da sie „einmal in's Bewusstsein getreten, auf die Dauer ohne Gefahr nicht unbeachtet bleiben können."[76]

Ebenso patriotisch wie die Einleitung gestalteten sich die Schlussworte der Petition. Der Verfasser appellierte an die „Königliche Majestät". Erneut wurde auf die Herkunft der Bittsteller verwiesen, welche aus der „äußersten Grenzstadt [des] Reiches" kamen. Die letzten Zeilen fangen das Lokalkolorit der Saarregion ein: „An unseren Fluren ragen Frankreichs Berge mit der Fahne der Freiheit. Sie lockt uns nicht", versicherten die Verfasser. Die „Herzen" der Bürger Saarbrückens schlügen für „Deutschland – für Deutschland, wie es heute noch nicht ist, aber wie es sein wird". Das Bekenntnis zu Deutschland „wie es sein wird" verdeutlicht die offene Zukunftsperspektive und das Narrativ des Fortschritts. Dieses zum Positiven veränderte Deutschland sollte hervorgehen aus „der Prüfung durch Freiheit, Einigkeit und die Kraft seiner Völker."[77]

Fazit

Die semantische Gegenüberstellung der Petitionen der Bürger Saarbrückens und St. Johanns sowie der darauf aufbauenden Adresse des Gemeinderats wies ebenso große inhaltliche Gemeinsamkeiten wie stilistische Unterschiede auf.

---

75 Protokoll der Außerordentlichen Versammlung der Gemeinderäte der Städte (wie Anm. 6).
76 Ebda.
77 Ebda.

Diese Beobachtung verweist auf die Erfahrungen der Gemeinderäte, die es im Vormärz gewöhnt waren, politische Forderungen zu vertreten und als rechtmäßig auszuweisen. Sie lässt sich auch auf andere Städte übertragen, da sich zum Beispiel der Kölner Stadtrat „im Gegensatz zu den Forderungen [der Bürger] auf allgemeine politische Themen" konzentrierte und im Ausdruck angeblich „zurückhaltender" war.[78] Die Bürger Saarbrückens und St. Johanns setzten in ihren Adressen Strategien zur Legitimation ihrer Anliegen wie Verweise auf bestehendes Recht und ein Fortschrittsnarrativ ein, doch in der Petition der Gemeinderäte waren diese zahlreicher und boten einen taktischen Interpretationsspielraum.

Erstens wurde die Verschleierung umfassender Forderungen durch die Dekonstruktion in Einzelaspekte und Relativierungen der Bitten unter Verweis auf größere Desiderien erwirkt. Zweitens legitimierte der Gemeinrat die Forderungen mit Hilfe des französischen, britischen und bundesdeutschen Staatswesens. Sie rekurrierten dabei geschickt auf die Verfassungsbewegung und den Begriff des Staatsbürgers sowie die daran geknüpften Menschen- und Bürgerrechte. Drittens wurden diese Verweise eingeflochten in ein Narrativ, das die Forderungen als sinnvoll für die zukünftige Entwicklung des Staates deklarierte und damit ein Fortschrittsdenken aufgriff. Ein zentrales Anliegen der St. Johanner Bürger – die Abschaffung der Mahl- und Schlachtsteuer – wurde hingegen, wenn überhaupt, nur zwischen den Zeilen weitergeleitet. Dabei sind mögliche Einflüsse anderer Petitionen auf die vorliegenden Adressen bereits angeklungen, deren nähere Untersuchung lohnenswert scheint. Zu Recht hat die geschichtswissenschaftliche Forschung auch die Erfahrungen mit dem Petitionswesen im Umfeld der Provinziallandtage 1841, 1843 und 1845 betont.[79]

Abschließend bleibt festzuhalten, dass die Petitionsinitiative im März 1848 nicht nur von dem späteren Abgeordneten Ferdinand Dietzsch oder dem Gemeinderat ausging, sondern von den Bürgern St. Johanns und Saarbrückens und ihren eigenständigen Repräsentationsansprüchen.

---

78 Reinicke: „Forderungen des Volkes" (wie Anm. 57), S. 101.
79 Heckmann: Die Revolution 1848/49 in den preußischen Saarkreisen (wie Anm. 5), S. 152.

Hundert Jahre Schulreform an der Saar – Die Volksschule unter der Herrschaft der Regierungskommission

Von Werner F. Morgenthal

1. Vorbemerkungen

Vor über hundert Jahren wurde das Land an der Saar als „Saargebiet" aufgrund des Versailler Vertrages vom Deutschen Reich abgetrennt und erhielt unter der Aufsicht des Völkerbundes eine eigene Verwaltung. Das Jahr 1920, als der Versailler Vertrag in Kraft trat, gilt als Geburtsstunde des Saarlandes. Das Historische Museum Saar griff dieses Jubiläum auf, indem es vom 18. Oktober 2019 bis 30. August 2020 eine Ausstellung unter dem Titel „Die 20er Jahre – Leben zwischen Tradition und Moderne im internationalen Saargebiet (1920–1935)" auf die Beine stellte. Der Begleitband[1], den das Historische Museum 2020 veröffentlichte, enthält Aufsätze zu den Themen Politik, Recht, Wirtschaft, Presse und Kultur. Mit Hilfe dieser Themen wird das Leben an der Saar in den 20er Jahren näher beleuchtet. Nur ein Beitrag beschäftigt sich mit dem Thema Schule. Er trägt den Titel „Kinder und Kulturkampf: Die Domanialschulen".[2] In seinem Aufsatz vermittelt Paul Burgard den Lesern einen Überblick über den Streit um die französischen Grubenschulen. Vor hundert Jahren besuchten noch fast alle saarländischen Kinder die Volksschule. Weil deren Existenz aus Perspektive der Saarbevölkerung von den neu errichteten Domanialschulen bedroht wurde, entstand im national aufgeheizten Klima der Nachkriegszeit ein regelrechter Kulturkampf.

---

1 Vgl. Simon Matzerath/Jessica Siebeneich (Hg.): Die 20er Jahre – Leben zwischen Tradition und Moderne im internationalen Saargebiet (1920–1935), Petersberg 2020.
2 Vgl. Paul Burgard: Kinder und Kulturkampf: Die Domanialschulen, in: Matzerath/Siebeneich: Die 20er Jahre (wie Anm. 1), S. 66–73.

In der saarländischen Geschichtsforschung fanden bisher die Themen Politik und Wirtschaft viel Beachtung, zumal das Land an der Saar der Wirtschaft seine zeitweilige Eigenständigkeit zu verdanken hatte. Über saarländisches Schulwesen insgesamt und speziell in der Mandatszeit findet man vergleichsweise nur wenig Literatur. Deshalb hat der Verfasser dieses Aufsatzes vor rund zehn Jahren über saarländische Volksschulen aus Perspektive des Religionsunterrichts eine Dissertation[3] angefertigt, die von der Reformationszeit bis zur Jahrtausendwende reicht. Weil sich 2022 die große Schulreform mit der Einführung des „Bildungs- und Arbeitsplans für die achtklassigen Volksschulen des Saargebiets"[4] zum 100. Mal jährt, hat der Autor diesen Aufsatz geschrieben.

In seinen Ausführungen stützt er sich auf o. g. Dissertation sowie weitere Quellen, die er inzwischen auf dem Gebiet der Schulgeschichte erkundet hat. Der Autor möchte das Wesen des Unterrichts der damaligen Zeit und damit auch die Schulreform für die Augen der Leser möglichst sichtbar machen. Um die Darstellung übersichtlich und verständlich zu halten, geht der Autor exemplarisch vor.

Die politischen Rahmenbedingungen der Mandatszeit sind relativ gut erforscht. Die für Schule relevanten Entwicklungen zum Thema „Kirche und Kultur im Spannungsfeld einer Grenzregion" hat der Autor in seiner Dissertation bereits unter die Lupe genommen. Deshalb möchte er beide Themenfelder in diesem Aufsatz nur insoweit beleuchten, wie sie Einfluss auf das saarländische Volksschulwesen ausgeübt haben.

Der Titel des vorliegenden Aufsatzes lautet „Hundert Jahre Schulreform an der Saar. Die Volksschule unter der Herrschaft der Regierungskommission". Die Bewältigung dieses Themas ist nur in verständlicher Weise lösbar, wenn der Autor einen kurzen Ein- und Überblick über den Stand des Schulwesens gegen Ende der Monarchie an der preußischen und bayerischen Saar vermittelt. Die Schulbestimmungen der Weimarer Reichsverfassung und die Schulreform in Preußen stehen zur Schulreform an der Saar in einem ursächlichen Verhältnis. Deshalb geht der Autor auf Reformen in der Weimarer Republik und Preußen

---

3   Vgl. Werner F. Morgenthal: Evangelischer Religionsunterricht an Volksschulen in der Saarregion. Ein geschichtlicher Abriss, Aachen 2010.
4   Vgl. Karl Lichthardt u. a.: Bildungs- und Arbeitsplan für die achtklassigen Volksschulen des Saargebiets. Grundlegend dargestellt von praktischen Schulmännern, Saarbrücken 1922.

ein, bevor er sich der eigentlichen Schulreform an der Saar zuwendet. Der Verfasser nimmt zuerst die Rahmenbedingungen (Organisation und Verwaltung, Schulträger, Schulpflicht ...) der Volksschule unter die Lupe. Erst darauf aufbauend widmet er sich der konzeptionellen Gestaltung von Unterricht.

Um die Tragweite der Umbrüche vor 100 Jahren zu verdeutlichen, unternimmt der Verfasser einen Ausblick auf die Entwicklung der saarländischen Regelschulen in der Zeit nach dem Zweiten Weltkrieg. Im Zuge dieser Spurensuche stößt er ohne große Schwierigkeiten auf Traditionslinien, welche die Schulreformer an der Saar vor 100 Jahren festgelegt haben.

2. Die politischen Rahmenbedingungen nach 1918

Das Ende des Ersten Weltkrieges

Der Erste Weltkrieg endete mit dem Abschluss des Waffenstillstandes am 11. November 1918 und der deutschen Niederlage. Gegen Ende des Krieges gründeten radikalisierte Arbeiter und desertierte Soldaten Arbeiter- und Soldatenräte. Diese übernahmen am 9. November 1918 in saarländischen Städten die Exekutivgewalt. Während sich die Räte vorwiegend auf Arbeitnehmerfragen beschränkten, blieb die „alte Ordnung" (Landräte und Bürgermeister) weitgehend unbehelligt in Kraft. Bereits am 22. November 1918 besetzten französische Truppen die Saargegend und lösten die Arbeiter- und Soldatenräte auf. Die preußischen Saarkreise kamen unter französische Militärverwaltung. Deshalb kann in dieser kurzen Episode der saarländischen Geschichte von einer „Revolution" im eigentlichen Sinne nicht die Rede sein![5]

---

5 Vgl. Hans-Walter Herrmann/Georg Wilhelm Sante: Geschichte des Saarlandes, Würzburg 1972, S. 31–33; Gerhard Paul: Von der Bastion im Westen zur Brücke der Verständigung. Politische Geschichte 1815–1957, in: Das Saarland. Politische, wirtschaftliche und kulturelle Entwicklung, Saarbrücken 1989, S. 23–50, hier S. 28; Dominik Schmoll: Das Land an der Saar zwischen Kaiserreich und Völkerbund, in: Matzerath/Siebeneich: Die 20er Jahre (wie Anm. 1), S. 20–25, hier S. 20 f.

Der Versailler Vertrag

1919 schlossen die alliierten Siegermächte mit dem Deutschen Reich den Versailler Vertrag[6] ab. Diejenigen Teile dieses Vertrages, die die Saar betreffen, werden als „Saarstatut" bezeichnet. Dieses Statut fungierte als Verfassung und verwandelte das Saargebiet in ein separates politisches Territorium, das die ehemals preußischen Kreise Saarbrücken, Ottweiler und Saarlouis und Teile der Kreise Merzig und St. Wendel sowie die ehemaligen bayerischen Bezirksämter Homburg und Zweibrücken umfasste. Das Saarstatut unterstellte dieses Gebiet dem Völkerbund als Treuhänder. Grundlage der Grenzziehung für das etwa 1 900 qkm große Gebiet war die Vereinigung des Industriegebietes im Süden des Saarbeckens mit dem nördlich davon gelegenen Arbeitereinzugsbereich.

Sämtliche Kohlegruben des Saarbeckens fielen als Wiedergutmachungsleistung für den Ersten Weltkrieg an den französischen Staat. Die Regierungsgeschäfte führte eine fünfköpfige Regierungskommission (je ein Franzose und ein Saarländer sowie drei Mitglieder anderer Staaten), deren Entscheidungen nicht an den Willen der Bevölkerung oder ihrer gewählten Vertreter gebunden waren.[7] Wirkliche demokratische Beteiligungsrechte besaß die Saarbevölkerung nur auf kommunaler Ebene.[8] Das Saarstatut gestand der Saarbevölkerung das Recht zu, nach Ablauf von fünfzehn Jahren über die weitere Zugehörigkeit des Saargebietes zu entscheiden. Zur Wahl standen folgende drei Möglichkeiten: Die Beibehaltung der gegenwärtigen Rechtsordnung, die Rückkehr zu Deutschland oder die Vereinigung mit Frankreich.

Nach §14 der Anlage zum Saarstatut besaß Frankreich das Recht, Schulen für das Grubenpersonal und deren Kinder zu gründen. §23 bestimmte, dass die Gesetze und Verordnungen, die im Saarbeckengebiet zum Zeitpunkt des Waffenstillstandes in Kraft waren, gültig blieben. §28 garantierte den Saareinwohnern ihre religiösen Freiheiten, ihre Schulen und ihre Sprache. Schließlich sprach §33 der Regierungskommission in Streitfällen das alleinige Interpretationsrecht zu, um zu einer Entscheidung zu gelangen.

---

6   Vgl. http://www.documentarchiv.de/wr/vv03.html, (Letzter Zugriff 03.02.2022).
7   Vgl. Ludwig Linsmayer: Politische Kultur im Saargebiet 1920–1932, St. Ingbert 1992, S. 19.
8   Vgl. Gabriele B. Clemens: Mandatsgebiet des Völkerbundes, in: Hans-Christian Herrmann/ Johannes Schmitt (Hg.): Das Saarland. Geschichte einer Region, St. Ingbert 2012, S. 217–259, hier S. 224.

Am 10. Januar 1920 trat der Versailler Vertrag in Kraft. Die Regierungs-kommission des Saargebietes nahm ihre Arbeit auf und löste am 26. Februar 1920 die französische Militärverwaltung ab.

Regionale Besonderheiten

Die Entwicklung der regionalen politischen Kultur an der Saar wurde u. a. von folgenden soziographischen Besonderheiten bestimmt:
- Überrepräsentanz der Katholiken (über 72 Prozent der Bevölkerung),
- unverhältnismäßig großer Anteil der Arbeiterschaft bei hauptberuflich Er-werbstätigen (über 55 Prozent),
- Bergbau als größter Beschäftigungszweig. Von diesem war direkt oder in-direkt ein Viertel der saarländischen Erwerbstätigen abhängig.
- die Hüttenindustrie als zweitwichtigster Arbeitgeber mit fünf großen regio-nalen Standorten,
- hohe Bevölkerungsdichte (1932: 427 Einwohner pro qkm),
- Leben der Bevölkerungsmehrheit in Siedlungen von einer Größe zwischen 2000 und 20 000 Einwohnern mit eher dörflichem Milieu,
- Betrieb einer kleinbäuerlichen Nebenerwerbswirtschaft durch viele Arbei-terfamilien,
- Quote der Hauseigentümer bei Bergleuten bei ca. 35 Prozent,
- eher ständisch orientiertes Bewusstsein bei Bergarbeitern,
- Einbindung eines Großteils der Arbeiter in dorfgemeindliche Zusammen-hänge,
- fehlende räumliche Trennung zwischen bürgerlichen und proletarischen Wohnvierteln,
- weit verbreitetes Freizeit- und konfessionelles Vereinswesen mit schichten-übergreifender Zusammensetzung.[9]

Demokratie auf Bewährung 1920–1935

Weite Teile der saarländischen Bevölkerung standen der Völkerbundsregierung ablehnend gegenüber, da sie die Abtrennung des Saargebietes von Deutschland

---

9   Vgl. Linsmayer: Politische Kultur (wie Anm. 7), S. 20 f.

als internationales Unrecht begriffen und hinter der Politik der Regierungskommission verdeckte Annexionsgelüste des französischen Nachbarn zu erkennen glaubten.[10] Die saarländische Gesellschaft „lebte damals im permanenten Ausnahmezustand", weil sie – von Deutschlang getrennt – sich aus eigener Perspektive von der französischen Siegermacht gedemütigt und den Übergriffen der Kultur des Siegers ausgesetzt fühlte.[11] Für einen Großteil der Saarländer blieben die Bestandteile des traditionellen deutschen Nationalbewusstseins, „die Verbundenheit mit der deutschen Nation als völkischer, sprachlicher und kulturell-historischer Einheit", erhalten. Diese offensiv-patriotische Eigenschaft ist an der „Abwehr jedes kulturellen französischen Einflusses" zu erkennen.[12] Andererseits begann sich seit der Mandatszeit eine eigene saarländische Mentalität herauszubilden. Durch den Versailler Vertrag empfand sich die Saarbevölkerung als Schicksalsgemeinschaft. Die nachfolgenden Ereignisse gaben diesem Zusammengehörigkeitsgefühl neue Nahrung.[13]

Victor Rault, Franzose und erster Präsident der Regierungskommission, verfolgte über längere Zeit hinweg einen politischen Kurs, der die institutionellen Bindungen der Saarländer zu Deutschland auf verwaltungs- und kulturpolitischem Gebiet so weit wie möglich zu lockern suchte. Wirtschaftspolitisch orientierte Rault die Saarregion auf den französischen Markt hin. Darüber hinaus unterdrückte er kritische Stimmen mit Hilfe des Polizeiapparates.

Nach Raults Ablösung 1926 nahm die Regierungskommission eine liberalere Haltung ein und verfolgte eine Politik der Neutralität, die versuchte, deutsche und französische Interessen an der Saar in Einklang zu bringen. Trotz dieser Bemühungen war das Band zwischen den Saarbewohnern und ihrer Regierung längst zerschnitten. Das Misstrauen gegenüber der Völkerbundsherrschaft war so groß, dass sogar kleinere politische Konflikte zu Vertrauenskrisen auszuwachsen drohten.[14] Alle Maßnahmen der Völkerbundsregierung zusammengenommen, vermittelten – auf den Prüfstand gestellt – der Saar-

---

10 Ebda., S. 19 f.
11 Vgl. Burgard: Domanialschulen (wie Anm. 2), S. 72.
12 Vgl. Maria Zenner, Parteien und Politik im Saargebiet unter dem Völkerbundsregime 1920–1935 (= Veröffentlichungen der Kommission für saarländische Landesgeschichte und Volksforschung, Bd. 3), Saarbrücken 1966, S. 319.
13 Vgl. Heinrich Küppers: Bildungspolitik im Saarland 1945–1955, Saarbrücken 1984, S. 32.
14 Vgl. Linsmayer: Politische Kultur (wie Anm. 7), S. 19 f.

bevölkerung den Eindruck, dass sie „von Franzosen regiert wurde."[15] Deshalb verwundert es uns nicht, dass die Saarbewohner am 1. Mai 1925 ihr Deutschtum in der sog. Rheinischen Jahrtausendfeier demonstrativ zur Schau stellten, indem die Zugehörigkeit zur deutschen Mutter eine tausendjährige Tradition aufweisen konnte.[16]

3. Die Zeit vor dem Sturm 1933/34

Seit der nationalsozialistischen Machtübernahme und den nachfolgenden Ereignissen im Deutschen Reich wurden an der Saar die Stimmen immer lauter, die dafür eintraten, die Rückkehr des Saargebietes zu verschieben, bis Deutschland wieder frei sein werde.[17] Das Zentrum vertrat die Interessen der römisch-katholischen Kirche. Die Haltung dieser Partei spielte bei der Volksabstimmung die Schlüsselrolle! Die scheinbare Annäherung zwischen braunem Ideologiestaat und katholischer Kirche durch die Kooperation bei der Wallfahrt zum Heiligen Rock in Trier und beim Abschluss des Reichskonkordates, das sich nicht auf das Saargebiet bezog, raubte der Saar ihre Überlebenschance. Viele Saarländer verließen die Zentrumspartei. Das Ende dieser Partei war nicht mehr aufzuhalten.[18]

1933 schlossen sich die bürgerlichen Parteien, das Zentrum und die NSDAP zur Deutschen Front zusammen. Diese Vereinigung kämpfte für die Rückkehr der Saar nach Deutschland. Trotz ihrer nach außen hin propagierten Überparteilichkeit wurde die Deutsche Front von den Nationalsozialisten dominiert. Im Zuge der weiteren Entwicklung kristallisierte sich als deutscher Verhandlungsführer Josef Bürckel, Gauleiter der Pfalz, heraus. Er wurde am 10. August 1934 zum Saarbevollmächtigten Hitlers ernannt.[19]

Am 4. Juli 1934 gründeten SPD und KPD die „antifaschistische Einheitsfront" zur Erhaltung des Status quo. Johannes Hoffmann, der bis Februar 1934 Redak-

---

15 Vgl. Clemens: Mandatsgebiet (wie Anm. 8), S. 224.
16 Ebda., S. 227.
17 Vgl. Herrmann/Sante: Geschichte des Saarlandes (wie Anm. 5), S. 34.
18 Vgl. Heinrich Küppers: Johannes Hoffmann (1890–1967). Biographie eines Deutschen (= Forschungen und Quellen zur Zeitgeschichte, Bd. 54), Düsseldorf 2008, S. 104 f.
19 Vgl. Herrmann/Sante: Geschichte des Saarlandes (wie Anm. 5), S. 38 f; Richard van Dülmen/ Jürgen Hannig/Ludwig Linsmayer (Hg.): Erinnerungsarbeit: Die Saar '33–'35, Ausstellung zur 50jährigen Wiederkehr der Saarabstimmung vom 13. Januar 1935, St. Ingbert 1985, S. 49 f.

teur der „Saarländischen Landeszeitung" gewesen war, gelang es, einen Teil der Geistlichen und der katholischen Bevölkerung für die Gründung einer christlichen Partei zu interessieren. Das Anliegen dieser Partei bestand darin, die Rückkehr der Saar in ein nationalsozialistisches Deutschland zu verhindern.[20]

Der Abstimmungskampf wurde in einer gespannten Atmosphäre ausgetragen. Die NSDAP, die in der Deutschen Front aufgegangen war, diktierte trotzdem die Methoden des politischen Kampfes. Zu diesem gehörten neben Argumenten Einschüchterung, Boykott und Terror gegen Andersdenkende. Die Völkerbundsregierung versuchte vergeblich, gegen diesen Terror anzukämpfen. Aus Furcht vor einem nationalsozialistischen Putsch forderte der Präsident der Regierungskommission beim Völkerbund die Entsendung internationaler Truppen zur Herstellung der Sicherheit für die Abstimmung an. Diesem Ersuchen entsprach der Völkerbundsrat am 5. Dezember 1934.

Am 13. Januar 1935 votierten 90,8 Prozent der Stimmberechtigten für die Wiedervereinigung mit Deutschland, 8,8 Prozent für den Status quo und 0,4 Prozent für die Vereinigung mit Frankreich. Am 18. Januar 1935 beschloss der Völkerbundsrat, dass das Saargebiet aufgrund des Abstimmungsergebnisses am 1. März 1935 an das Deutsche Reich zurückgegeben wird.[21]

Parteienlandschaft an der Saar

Am 24. März 1922 ordnete die Völkerbundskommission die Gründung des Landesrates an, eines „Parlamentes", das freilich nur beratende Funktion hatte. Hier und in den Kommunen hatten nur solche Parteien Chancen, nennenswerte Stimmenanteile bei Wahlen zu gewinnen, die zu einer deutschen „Mutterpartei" gehörten.[22] Diesen Parteien gelang es, auf dem Gebiet des Schulwesens und der Sozialgesetzgebung eine Angleichung an die Verhältnisse in Deutschland zu erreichen.[23]

Mit der Überrepräsentanz von Katholiken in der Bevölkerung korrespondierte die Führungsrolle der Zentrumspartei, deren Wähleranteil sich zwischen 43 und 47 Prozent bewegte. Das Zentrum war in allen Arbeiterkreisen verwur-

---

20 Vgl. Herrmann/Sante: Geschichte des Saarlandes (wie Anm. 5), S. 38 f.
21 Ebda., S. 39 f; Clemens: Mandatsgebiet (wie Anm. 8), S. 257.
22 Vgl. Linsmayer: Politische Kultur (wie Anm. 7), S. 21.
23 Vgl. Herrmann/Sante: Geschichte des Saarlandes (wie Anm. 5), S. 35.

zelt. Die Linksparteien SPD und KPD konnten nach der Novemberrevolution von 1918 nur vorübergehend die politische Führungsposition des Zentrums in Frage stellen. Zwischen 1924 und 1932 erhielten beide Parteien zusammen genommen nur ein Drittel der Wählerstimmen. Zentrum, SPD und KPD konnten zusammen mehr als drei Viertel der Wählerstimmen auf sich vereinigen. Neben diesen Parteien war nur die liberale DSVP (Deutsch-Saarländische Volkspartei) im Landesrat durchgängig vertreten. Die NSDAP konnte vor 1932 keine Abgeordneten in den Landesrat entsenden und spielte erst in der Zeit danach eine Rolle.[24]

Kulturelle Blüte

Betrachtet man die Ereignisse im Saargebiet, indem man versucht, die deutsch-französischen Gegensätze auszublenden, wird der Blick frei für die kulturelle Liberalität, Modernität und Internationalität sowie den sozialen und politischen Fortschritt, der hier vorhanden war.[25] In Saarbrücken wurde im Frühjahr 1919 der „Städtischer Ausschuss für Volksbildungspflege" gegründet, der sich bemühte, eine Volksbibliothek sowie die Durchführung von Volkshochschulkursen und Volksunterhaltungsabenden einzurichten. Für Saarbrücken bedeutete die Zeit zwischen 1922 und 1932 eine kulturelle Blütezeit. In dieser Zeitspanne wurden mehrere wichtige Bildungseinrichtungen geschaffen: die Stadtbibliothek bzw. Stadtbücherei, das Heimatmuseum, die Volkshochschule und die Städtische Bildstelle. Die Landeshauptstadt entwickelte sich um 1930 zu einem kulturellen Zentrum. Gegen Ende der Völkerbundzeit überschattete die nationale Frage die politische Kultur an der Saar jedoch nahezu vollständig.[26]

---

24 Vgl. Linsmayer: Politische Kultur (wie Anm. 7), S. 21 f.; Zenner: Parteien und Politik (wie Anm. 12), S. 335–337.
25 Vgl. Kurt Bohr: Ein besonderes Land. Politische Kultur im Saarland, in: Das Saarland. Politische, wirtschaftliche und kulturelle Entwicklung, S. 141–149. hier S. 145.
26 Vgl. Paul Burgard/Ludwig Linsmayer: Von der Vereinigung der Saarstädte bis zum Abstimmungskampf (1909–35), in: Rolf Wittenbrock (Hg.): Geschichte der Stadt Saarbrücken, Bd. 2, Saarbrücken 1999, S. 131–242, hier S. 225–230.

4. Kirche und Kultur im Spannungsfeld einer Grenzregion

Reformation, Gegenreformation und Revolution – ein Rückblick

1575 führten die Grafen von Nassau-Saarbrücken die lutherische Reformation ein; in den lothringischen und kurtrierischen Territorien blieben dagegen die alten Konfessionsverhältnisse in der Regel bestehen.[27] In der zweiten Hälfte des 17. Jahrhunderts erzielte die Gegenreformation durch die französische Besetzung der linksrheinischen Gebiete beachtliche Erfolge.[28] Die französische Verwaltung verpflichtete die Kinder katholischer Eltern zum Besuch der katholisch-französischen Schulen.[29] Während der Reunionszeit standen sich also zwei Gattungen von Bildungseinrichtungen gegenüber: katholisch-französische und lutherisch-deutsche Schulen.[30] Frankreich musste die reunierten Territorien im Frieden von Rijswijk (1697) zwar wieder zurückgeben, doch erreichte es, dass in den ehemals besetzten Gebieten die Erfolge der Gegenreformation erhalten blieben.[31]

Während der folgenden Besetzung der Saar durch französische Revolutionstruppen Ende des 18. Jahrhunderts wurden die niederen Bildungseinrichtungen unter der Bezeichnung „Primärschulen" durch die Verwaltung offiziell als Simultanschulen geführt,[32] was aber unterschwellig zur Katholisierung des Schulwesens führte.[33] Doch waren die Bindungen zwischen Schulen und Pfar-

---

27 Vgl. Werner F. Morgenthal: 500 Jahre Reformation, in: Eppelborner Heimathefte Nr. 18 (2017) S. 5–28, hier S. 17–19.

28 1680 gestand der französische König den Katholiken das Recht der freien Religionsausübung in den nassauischen Gebieten zu. Ein Jahr später erhielten die Kinder ab sieben Jahre das Recht, zum Katholizismus überzutreten. Erwachsene setzte man einem entsprechenden Zwang aus oder köderte sie mit Ehrenämtern. Der französische Intendant Antoine de la Goupillière versprach denjenigen, die zum katholischen Glauben übertraten, für vier Jahre die Aufhebung ihrer Lasten und Beschwerden. Die „Rückkehrer" wurden ab dem Zeitpunkt ihres Übertritts alle Einquartierungen los und waren von Steuern und Umlagen befreit. Vgl. Dieter Robert Bettinger: Die Verschiebung der Konfessionsverhältnisse im Saarland, in: Die Evangelische Kirche an der Saar gestern und heute, hg. von den Kirchenkreisen Ottweiler, Saarbrücken und Völklingen, Saarbrücken 1975, S. 202–220, hier S. 202 f.

29 Vgl. Paul Thomes: Der mühsame Weg zur absolutistischen Residenz (1635–1741), in: Rolf Wittenbrock (Hg.): Geschichte der Stadt Saarbrücken, Bd. 1, Saarbrücken 1999, S. 299–352, hier S. 347.

30 Vgl. Morgenthal: Evangelischer Religionsunterricht (wie Anm. 3), S. 4.

31 Vgl. Bettinger: Konfessionsverhältnisse (wie Anm. 28), S. 202 f.

32 Vgl. Morgenthal: Evangelischer Religionsunterricht (wie Anm. 3), S. 72.

33 Unterricht nach Glaubenssätzen von Religionsgemeinschaften war verboten. Hinter der Kulisse des Ersatzfaches „Sittenlehre" („morale") erteilten die Lehrkräfte vor Ort trotzdem weiterhin konfessionell-religiösen Unterricht. Ebda., S. 72.

reien offensichtlich so eng, dass die französische Besatzungsmacht nicht in der Lage war, flächendeckend Simultan- bzw. Gemeinschaftsschulen sowie das Verbot konfessionellen Religionsunterrichts durchzusetzen. Seit Ende des Ancien Regime hatte sich Kirche somit für die Saarbevölkerung konfessionsübergreifend zum Stabilitätsfaktor entwickelt![34] Nach dem Sieg über Napoleon beauftragten u. a. Preußen und Bayern die Traditionskirchen mit der Organisation und Beaufsichtigung der Volksschulen (die sog. geistliche Schulaufsicht). Dem entsprechend handelte es sich bei diesen Schulen grundsätzlich um Bekenntnisschulen.[35] Innerhalb des bayerischen Gesamtstaates war die Konfessionsschule die vorherrschende Schulform. Gemischte Schulen befanden sich vornehmlich in der Pfalz.[36]

In der ersten Hälfte des 19. Jahrhunderts war die Bevölkerung in den Kerngebieten der ehemaligen Nassau-Saarbrückischen Herrschaft, also in den Landkreisen Saarbrücken und Ottweiler, noch überwiegend evangelisch. Die rasche Industrialisierung der Saar zog viele Arbeitskräfte von außerhalb an. Da die Bevölkerung der meisten Nachbargebiete ausschließlich katholisch war, wanderten überwiegend Katholiken in die Saargegend ein. Im Verlauf des 19. Jahrhunderts kehrten sich in den genannten Landkreisen die Konfessionsverhältnisse um.[37] Das Ergebnis dieser Entwicklung bis Ende des Ersten Weltkrieges bestand darin, dass die saarländische Bevölkerung zu knapp drei Viertel katholisch geworden war.

Die neue Grenzlage zu Frankreich nach der Niederlage von 1918

Nach der Abtrennung Elsass-Lothringens von Deutschland befanden sich die rheinische und die pfälzische Landeskirche sowie die Bistümer Trier und Speyer in direkter Grenzlage zu Frankreich. Hier hatte sich seit den 1880er Jahren der

---

34 Ebda., S. 70–72, 77, 314 f., 317, 319, 330, 339.
35 Ebda., S. 317; Antje Roggenkamp: Das (zweite) deutsche Kaiserreich, in: Rainer Lachmann/ Bernd Schröder (Hg.): Geschichte des evangelischen Religionsunterrichts in Deutschland. Ein Studienbuch, Neukirchen 2007, S. 167–202, hier S. 175.
36 Vgl. Irmgard Bock: Gesamtdarstellung, in: Max Liedtke (Hg.): Handbuch der Geschichte des bayerischen Schulwesens, Regensburg 1993, S. 395–464, hier S. 412; Michael Landgraf: Entwicklung des Evangelischen Religionsunterrichts in der Pfalz seit 1816, Neustadt a. d. Weinstraße 2011, S. 3.
37 Vgl. Morgenthal: Evangelischer Religionsunterricht (wie Anm. 3), S. 88.

Laizismus zur Grundlage des französischen Schulwesens entwickelt; religiöse Unterrichtsgegenstände waren aus Lehrplänen und Lernmitteln verschwunden. Bürgerliche Moral hatte die religiöse Erziehung ersetzt. Ein Gesetz schrieb am 9. Dezember 1905 den Laizismus fest, der Staat und Religionsgemeinschaften voneinander trennte und die Privilegierung von Kirchen beendete.[38] Gemäß den drei Prinzipien des Laizismus hatte die moderne Schule der Dritten Republik kostenlos, verpflichtend und konfessionslos zu sein.

Nachdem der französische Einfluss auf die Saar durch den Versailler Vertrag festgeschrieben war, empfand die kirchentreue Saarbevölkerung den französischen Laizismus als Bedrohung ihrer kulturellen Eigenart, zu der die Konfessionsschulen gehörten.[39] Frankreich wiederum betrachtete mit Argwohn den Umstand, dass die betroffenen Landeskirchen und Bistümer ihre Konsistorien und Generalvikariate auf deutschem Boden hatten, und fasste den Plan, die Kirchen aus den angestammten Mutterkirchen herauszulösen, was die Kirchen ablehnten. Am 3. Juni 1923 veranstalteten die Katholiken in Saarbrücken einen saarländischen Katholikentag, der zu einem eindrucksvollen Treuebekenntnis zu den deutschen Mutterdiözesen wurde.[40]

Die gravierendste Folge der Novemberrevolution 1918 war für die evangelischen Kirchen in Deutschland das Ende der Monarchie und damit die Beseitigung des landesherrlichen Kirchenregiments. Durch Reform der Kirchenverfassungen suchten die evangelischen Kirchen einen Neuanfang. Die katholische Kirche wurde aufgrund ihrer Unabhängigkeit vom Staat von den o. g. Umwälzungen in ihrem Bestand nicht beeinträchtigt.[41] Die Verfassung der Rheinischen Provinzialkirche von 1923 wurde geprägt durch einen Antagonis-

---

38 Vgl. Bernd Schröder: Religion(en) und Schule in Frankreich, in: Theo-Web Nr. 4 (2005) Heft 2, S. 44–66, hier S. 44–48.
39 Vgl. Zenner: Parteien und Politik (wie Anm. 12), S. 100 f.
40 Vgl. Herrmann/Sante: Geschichte des Saarlandes (wie Anm. 5), S. 36; LA Saarbrücken. Best. Ministerium für Kultus Nr. 299 u. 396; Maxime Mourin: Le Saint Siège et la Sarre, in: Politique Étrangère 21 (1956) S. 411–426; Klaus Altmeyer: „Saardiözese" und „Evangelische Landeskirche des Saarlandes". Versuche zur Verselbständigung der Kirchen an der Saar nach den beiden Weltkriegen, in: Die Evangelische Kirche (wie Anm. 28), S. 261–278. Zur ev. Kirche in der Völkerbundzeit vgl. Joachim Conrad, Der saarländische Sonderweg 1919–1955, in: Evangelische Kirchengeschichte im Rheinland. Bd. 4 Krise und Neuordnung im Zeitalter der Weltkriege 1914–1948, hg. von Thomas Martin Schneider (= SVRKG 173), Köln 2013, S. 207–250, bes. S. 207–222.
41 Vgl. Bernd Joachim Faber: Kirche und Staat im Saarland. Eine staatskirchenrechtliche Untersuchung, Freiburg i.Br. 1981, S. 10 f.

mus von presbyterial-synodaler Ordnung und Obrigkeit. Ansonsten basierte das kirchliche Leben weiterhin auf den Einzelgemeinden.[42] In der am 20. Oktober 1920 in Kraft getretenen Verfassung der Kirche der Pfalz ersetzte der Landeskirchenrat das Königliche Konsistorium; die gewählte Synode beschloss die Kirchengesetze.[43] Da Konkordate der katholischen Kirche mit dem Staat eine lange Tradition hatten, folgten ihnen die mit den evangelischen Kirchen vereinbarten Staatskirchenverträge weitgehend.[44] Die Konkordate bzw. Staatskirchenverträge mit Preußen (1929 und 1931) und Bayern (1924) erlangten im Saargebiet keine Rechtsgültigkeit.[45]

Die Traditionskirchen vor der Volksabstimmung

Vor 1933 waren sich die für die Saar zuständigen Kirchen über die Konfessionsgrenzen hinaus mit der Saarbevölkerung darin einig, dass die Saar mit Deutschland wiedervereint werden soll.[46] Hitlers Machtergreifung polarisierte das Leben in beiden Traditionskirchen. Trotz der Appeasement-Strategie des Vatikans, die in das Reichskonkordat mit Hitler mündete, blieben die Bischöfe von Trier und Speyer bei ihrer nationalpatriotischen Überzeugung.[47] Und auf evangelischer Seite traten die „Deutschen Christen" (DC) für „eine größtmögliche Übereinstimmung zwischen Nationalsozialismus und Christentum" ein, während sich auf der anderen Seite erhebliche Widerstände der Pfarrerschaft im ehemals preußischen Teil der Saar formierten.[48] Die gegen die DC opponierenden Kreise an der Saar schlossen sich der „Bekenntnisgemeinschaft der

---

42 Vgl. Uwe Kaminsky: Die Evangelische Kirche im Rheinland 1918 bis 1989. Eine Übersicht, in: Evangelisch am Rhein. Werden und Wesen einer Landeskirche, hg. von Joachim Conrad u. a., Düsseldorf 2007, S. 96–120, hier S. 97.
43 Vgl. Gabriele Stüber: Die Verfassung der Pfälzischen Landeskirche, in: dies. (Hg.): Zeitbilder aus der Geschichte der protestantischen Kirche in der Pfalz von der Reformation bis zur Gegenwart, Speyer 1999, S. 102.
44 Vgl. Johannes Wallmann: Kirchengeschichte Deutschlands seit der Reformation, Tübingen, 5. Aufl. 2000, S. 263.
45 Vgl. Faber: Kirche und Staat (wie Anm. 41), S. 110 f.
46 Vgl. Altmeyer: „Saardiözese" (wie Anm. 40), S. 266 f.; Die Abstimmung an der Saar 1935. Quellensammlung für den Unterricht, hg. vom Staatlichen Institut für Lehrerfortbildung, Heft Nr. VI/1 (1985) S. 72, Q 6.1.
47 Vgl. Küppers: Johannes Hoffmann (wie Anm. 18), S. 104 f., 113 f.
48 Vgl. Fritz Jakoby: Die evangelische Kirche im Abstimmungskampf 1933 bis 1935, in: Die Evangelische Kirche (wie Anm. 28), S. 279–285, hier S. 279.

Deutschen Evangelischen Kirche" an. Das 1934 beschlossene „Barmer Bekenntnis" bildete die Grundlage für das Handeln der neu entstandenen „Bekennenden Kirche" (BK).[49] Zwischen diesen Bewegungen standen die Neutralen als dritte Kraft. Die Pfälzische Landeskirche wies eine ähnliche Zersplitterung auf, gab aber ihr Schicksal in die Hände der DC-geführten Reichskirche.[50] Im April 1934 ließen sich die Kirchen auf eine Vereinbarung mit der Deutschen Front ein, um allzu scharfe Auseinandersetzungen um kirchliche Probleme aus der Öffentlichkeit herauszuhalten. Im Gegenzug unterstützte die evangelische Pfarrerschaft öffentliche Äußerungen für die Rückkehr der Saar nach Deutschland.[51] In seiner Neujahrsbotschaft 1935 sprach sich sogar der Bruderrat der Evangelischen Bekenntnissynode im Rheinland für die Rückkehr der Saar nach Deutschland aus.[52] Anlässlich des Plebiszits vom 13. Januar 1935 formulierte die Bruderschaft einen Kanzelgruß mit ähnlichem Inhalt.[53] Wenn sich auch unterschiedliche Strömungen in der Haltung zum nationalsozialistischen Regime und seiner Ideologie in den Kirchen herausgebildet hatten, so herrschte trotzdem größtenteils Übereinstimmung in der nationalen Frage!

Bindung der Saarländer an ihre Kirchen

Nur drei Monate nach Ende des Zweiten Weltkrieges stellte die Saar-Direktive der französischen Besatzungsmacht zum Saar-Problem u. a. rückblickend fest: „Die starke Kirchenbindung der Gläubigen an die außerhalb des Saargebietes liegenden deutschen Bischofssitze sowie Frankreichs mangelnde ‚pénétration

---

49 Ebda., S. 283 f.; Hans-Walter Herrmann: Die beiden Saar-Synoden im Kirchenkampf, in: Zwischen Bekenntnis und Anpassung. Aufsätze zum Kirchenkampf in rheinischen Gemeinden, hg. von Günther van Norden (= Schriftenreihe des Vereins für Rheinische Kirchengeschichte, Bd. 84), Köln 1985, S. 462–478, hier S. 462–468; Joachim Beckmann/Hans Prolingheuer: Zur Geschichte der Bekennenden Kirche im Rheinland, Köln 1981, S. 17; Joachim Conrad: Die Erste Saarbrücker Bekenntnissynode vom 1. Juli 1934, in: MEKGR 58 (2009) S. 219–228.
50 Vgl. Harry Oelke: Die Pfalz im Gleichschritt? Die evangelische Kirche im Deutschen Reich und die Vereinigte Protestantisch-Evangelisch-Christliche Kirche der Pfalz 1933 bis 1945, in: Protestanten ohne Protest. Die evangelische Kirche in der Pfalz im Nationalsozialismus, Bd. 1, hg. von Christoph Picker u. a., Speyer/Leipzig 2016, S. 31–54, hier S. 39; Joachim Conrad, Die Selbstgleichschaltung der Pfälzischen Kirche und Eingliederung in die Reichskirche, in: Protestanten ohne Protest. Die evangelische Kirche der Pfalz im Nationalsozialismus, ebda., S. 106–116.
51 Vgl. Jakoby: Abstimmungskampf (wie Anm. 48), S. 283.
52 Vgl. Die Abstimmung an der Saar 1935 (wie Anm. 46), S. 71 u. 89, Q 6.25.
53 Vgl. Quellen zur rheinischen Kirchengeschichte, Bd. V (Das 20. Jahrhundert), hg. von Günther van Norden, Düsseldorf 1990, S. 196.

culturelle' habe damals eine politische Umorientierung der Bevölkerung verhindert."[54] 1948 schätzte das Informationsbüro Gilbert Grandvals die religiöse Situation in der ersten offiziellen Gesamtdarstellung über die dreijährige Tätigkeit Frankreichs an der Saar u. a. folgendermaßen ein: „Von 900 000 Einwohnern zählt das Saarland rund 650 000 Katholiken und 200 000 Protestanten, alle ihrem Glauben sehr zugetan; mit anderen Worten: die religiöse Frage spielt im Saarland eine Rolle erster Ordnung."[55]

Unterricht vor der Schulreform

Im Unterricht der Volksschule des 19. Jahrhunderts dominierte zunächst stumpfsinniges Auswendiglernen halb- oder sogar unverstandener Texte den Lernprozess. Meist bestand der Unterrichtsstoff aus Bibelstücken oder Teilen des Katechismus. Darüber hinaus begleiteten oftmals strenge Disziplinierungsformen den Schulalltag. Die schulpolitischen Reformen zu Beginn des Kaiserreiches u. a. in Preußen waren deshalb sehr bedeutsam.[56]

Die preußische Schulverwaltung verordnete zur Vereinheitlichung des Schulwesens die Allgemeinen Bestimmungen vom 15. Oktober 1872.[57] Ziel war u. a. der Ausbau möglichst vieler einklassiger Zwergschulen zu mehrklassigen Einrichtungen. Die Initiatoren dieser Schulreform gingen deshalb bei ihren Planungen von der mehrklassigen Volksschule als „Normalfall" aus. Durch die Allgemeinen Bestimmungen verlor der Religionsunterricht seine beherrschende Stellung im Fächerkanon der Volksschule zugunsten der neuen Realien-Fächer.[58]

---

54 Vgl. Judith Hüser: Saarkatholiken auf dem Sonderweg? Kirche und Konfession, Nation und Europa in einem deutsch-französischen Grenzland (1919–1959), in: Geschichte des Bistums Trier. Beharrung und Erneuerung 1881–1981, hg. von Martin Persch/Bernhard Schneider, Bd. 5, Trier 2004, S. 671–697, hier S. 673.

55 Vgl. Altmeyer: „Saardiözese" (wie Anm. 40), S. 269.

56 Vgl. Roggenkamp: Das (zweite) deutsche Kaiserreich (wie Anm. 35), S. 171.

57 Vgl. Gerhardt Giese: Quellen zur deutschen Schulgeschichte seit 1800, Berlin, Frankfurt 1961, S. 168–177.

58 Die Schulreformer setzten für Klassenräume eine Mindestgröße von 48qm und eine Höchstzahl von Kindern in diesen Sälen von jeweils 80 fest. Zwischen Stadt- und Landschulen bestanden weiterhin gravierende Entwicklungsunterschiede. Vgl. Hans-Georg Herrlitz/Wulf Hopf/Hartmut Titze/Ernst Cloer: Deutsche Schulgeschichte von 1800 bis zur Gegenwart, Weinheim 4. Aufl. 2005, S. 104; Hartwin Spenkuch/Rainer Paetau: Kulturstaatliche Intervention, schulische Expansion und Differenzierung, in: Acta Borussica. Neue Folge, 2. Reihe: Preußen als Kulturstaat, hg. von der Berlin-Brandenburgischen Akademie der Wissenschaften, Berlin 2010, S. 56–74, hier S. 61; Morgenthal: Evangelischer Religionsunterricht (wie Anm. 3), S. 319.

Die Anweisungen zu den einzelnen Fächern kamen Rahmenlehrplänen gleich. In weiterentwickelter Form galten die Allgemeinen Bestimmungen bis Anfang der 1920er Jahre.[59] Um die bis dahin verbreitetsten Unterrichtsmethoden, das Imitationsprinzip und das Auswendiglernen, einzuschränken, sollte bei der Behandlung von Unterrichtsthemen die Sokratik angewendet werden. Das Ziel der Sokratik bestand darin, bei der Behandlung von Themen die Denkfähigkeit des Kindes durch ein Verfahren zu wecken, in dem die Fragen des Lehrers das Kind zu eigenständigen Antworten befähigten. Den Sokratikern kam es darauf an, dass das Kind verstand, was es lernte.[60] „An die Stelle [...] der Wissensfragen und der Formfragen [...] treten die Denkfragen."[61]

In Bayern waren bis 1926 in formaler Hinsicht der „Lehrplan für die Königlichen Elementarschulen in Städten sowohl als auf dem Lande" von 1804 und seine revidierte Fassung von 1811 die einzigen zentralen juristischen Vorgaben für Unterrichtsinhalte. Beide Pläne teilten die Unterrichtsgegenstände in die sechs Kategorien I. Gott, II. Mensch, III. Natur, IV. Kunst, V. Sprache, VI. Zahl und Maßverhältnisse ein. In allen Klassen sollten sich diese Kategorien mit steigendem Anspruch wiederholen. Um sicher zu stellen, dass die Fülle des Lehrstoffes auch vermittelt werden konnte, engte die Schulverwaltung den Unterrichtsstoff 1811 ein. Für das ausgehende 19. Jahrhundert lautete der Schlüsselbegriff für die Unterrichtsmethode in Bayern „Anschauungsunterricht". Damit sollte die rein mechanische Aufnahme des Lernstoffes durch Auswendiglernen zugunsten einer verstandesmäßigen Aneignung der Unterrichtsinhalte eingeschränkt werden.[62]

Seit 1903 konnten Gemeinden auf freiwilliger Basis das achte Schuljahr einrichten und danach auch verpflichtend machen. Das achte Schuljahr als Abschlussklasse diente in erster Linie der Vorbereitung auf das Berufsleben. Als Vorbild diente die bayerische Metropole München; hier war Georg Kerschensteiner von 1895 bis 1919 als Stadtschulrat tätig. In den Schulen seines Spren-

---

59 Die Lehrpläne, die in den folgenden Jahren aufgrund der o. g. Rahmenpläne für die einzelnen Fächer ausgearbeitet wurden, waren Stoffpläne. Lehrkräfte erfüllten diese Pläne, wenn sie den darin enthaltenen Unterrichtsstoff abgearbeitet hatten. Ebda., S. 111.

60 Ebda., S. 104.

61 Vgl. Martin Schian: Die Sokratik im Zeitalter der Aufklärung. Ein Beitrag zur Geschichte des Religionsunterrichts, Breslau 1900, S. 304.

62 Vgl. Max Liedtke: Gesamtdarstellung, in: ders. (Hg.): Handbuch des bayerischen Schulwesens (wie Anm. 36), S. 11–133, hier S. 69–72 u. 75.

gels wurden Schulwerkstätten und Laboratorien für Buben- und Schulgärten sowie Küchen für Mädchenklassen eingerichtet.[63] Diese Einrichtungen konnten sich meist nur größere Kommunen leisten. Wegen dieses Stadt-Land-Gefälles befand sich das Schulwesen auch in Bayern auf höchst unterschiedlichem Niveau!

Exkurs: Schulreform in der Weimarer Republik und in Preußen

Revolutionärer Impetus

Nach Ende des Ersten Weltkrieges erzeugten die Revolutionsmonate 1918/19 u. a. in der Bildungspolitik eine Aufbruchsstimmung zur Reform des Schulwesens. Die Novembererlasse der preußischen Kultusbehörde zielten darauf ab, die Schulen von obrigkeitsstaatlichem Gedankengut zu befreien und den traditionellen Einfluss der Kirchen zu begrenzen. Eine bald einsetzende breite Opposition gegen diese Maßnahmen führte dazu, dass sie aufgehoben oder abgeschwächt wurden. Die Abschaffung der geistlichen Schulaufsicht und die Möglichkeit, seine Kinder vom Religionsunterricht befreien zu lassen, blieben aber bestehen.[64] Durch Anwendung reformpädagogischer Maßnahmen beabsichtigte man, die Fesseln des wilhelminischen Obrigkeitsstaates abzustreifen und den Unterricht zu verbessern. Dazu gehörte u. a. die Arbeitsschule. Etliche Schulreformer hätten die Schaffung eines einheitlichen Bildungswesens auf Reichsebene gerne realisiert.[65] Eine Reichsschulkonferenz sollte der Nationalversammlung zur Ausarbeitung einer neuen Verfassung das nötige Fachwissen zur Verfügung stellen. Aber die Konferenz fand erst verspätet zusammen und nahm ihre Arbeit erst im Juni 1920 auf, nachdem die neue Verfassung bereits fast ein Jahr fertig war.[66]

---

63 Vgl. Irmgard Bock: Gesamtdarstellung (wie Anm. 36), S. 413; Ulrich Hemel, Art. Georg Kerschensteiner, in: BBKL, Bd. 3 (1992) Sp. 1407–1412, hier Sp. 1408.
64 Vgl. Reinhold Zilch/Bärbel Holtz: Kulturstaat im partiellen Aufbau mit Verstaatlichung der Schule und Ausweitung der Erwachsenenbildung, in: Acta Borussica (wie Anm. 58), S. 93–122, hier S. 94–96.
65 Vgl. Edgar Christoffel: Die Geschichte der Volksschule im Raum des heutigen Regierungsbezirks Trier von den Anfängen bis zur Gegenwart, Bd. 1 Von den Anfängen bis 1932, Trier 1975, S. 351 f.
66 Vgl. Zilch/Holtz: Kulturstaat (wie Anm. 64), S. 97.

Kerschensteiner und die Arbeitsschule

Zu Beginn des 20. Jahrhunderts übte Georg Kerschensteiner den entscheidenden Einfluss auf die Arbeitsschulbewegung aus.[67] Im Zusammenhang mit der Realisierung einer nationalen Einheitsschule schwebte Kerschensteiner die Schaffung eines gegliederten Schulsystems vor. Er begründete sein Konzept u. a. entwicklungspsychologisch und betrachtete das 10. Lebensjahr als geeigneten Zeitpunkt zur Differenzierung, d. h. zur Wahl der für den jeweiligen Schüler geeigneten Schulform.[68] In der Auseinandersetzung um die Schulreform in Deutschland konnten sich die streitenden Parteien auf diesen konservativen Pädagogen einigen, da dieser einen gemäßigten Reformkurs vertrat. In einem Vortrag auf der Pestalozzifeier am 12. Juni 1908 verwendete Kerschensteiner den Namen „Arbeitsschule". Seitdem bekam dieser Begriff den Charakter eines Schlagwortes, hinter dem das „Kontrastprogramm zur herkömmlichen ‚Lern-' oder ‚Buchschule'" stand.[69]

Die kindlichen Erfahrungen mit der Realität und das durch Schule vermittelte Buchwissen durften in Zukunft nicht mehr unverbunden nebeneinanderstehen. Deshalb forderte Kerschensteiner, dass Schule zu einer Arbeitsschule wird, die sich an die „Spielschule der ersten Kindheit anschließt."[70] Zunächst sollte die Arbeitsschule manuelle Arbeit anbieten. Bei begabten Schülern konnte sich daraus eine geistige Betätigung entwickeln. Die Arbeitsschule diente dazu, die Schulkinder in Arbeitsgebiete einzuführen, die zu den Tätigkeitsfeldern der Eltern einen Bezug herstellen konnten. Durch die Arbeitsschule sollten die Schulkinder mit der altruistischen und sozialen Dimension von Arbeit vertraut werden. Diese Ideen bildeten die Grundlage für Kerschensteiners staatsbürgerliche Erziehung. Nicht das Buch war für Kerschensteiner Träger der Kultur, sondern Arbeit. Diese hatte im Dienst der Mitmenschen zu stehen. Kerschensteiner beabsichtigte nicht, die alte Buchschule abzuschaffen. Die Arbeitsschule benötigte weiterhin Lesen, Schreiben und Rechnen als Grundfertigkeiten wie

---

67 Vgl. Hemel: Art. Kerschensteiner (wie Anm. 63), Sp. 1409.
68 Vgl. Marianne Demmer: 1920–2020. Schulreform in Deutschland. Eine (un)endliche Geschichte?!, in: Eine für alle – Die inklusive Schule für die Demokratie, Heft 7 (Mai 2021) S. 61.
69 Vgl. Ulrich Kropač: Religionspädagogik und Offenbarung. Anfänge einer wissenschaftlichen Religionspädagogik im Spannungsfeld von pädagogischer Innovation und offenbarungstheologischer Position, Münster 2006, S. 104.
70 Ebda., S. 106.

das Aneignen von Wissen. Kerschensteiner verglich die Einführung der Arbeitsschule mit der kopernikanischen Wende. Wie die Sonne rückte das Kind in den Mittelpunkt, um den sich die Einrichtung Schule dreht.[71]

Die Schulartikel der Weimarer Reichsverfassung

Die 1919 beschlossene Weimarer Reichsverfassung (WRV) enthält zu „Bildung und Schule"[72] die Artikel 142 bis 150. Artikel 143 Abs. 2 bestimmt: „Die Lehrerbildung ist nach den Grundsätzen, die für die höhere Bildung allgemein gelten, für das Reich einheitlich zu regeln." Artikel 144 bestätigt die Säkularisierung der Schulaufsicht. In Artikel 145 werden die „allgemeine Schulpflicht" sowie die Unentgeltlichkeit von Unterricht und Lernmitteln festgeschrieben. Mit dem Auftrag, „das öffentlichen Schulwesen [...] organisch auszugestalten", indem sich „auf einer für alle gemeinsamen Grundschule [...] das mittlere und höhere Schulwesen" aufbauen, schreibt Artikel 146 der WRV das gegliederte Schulsystem in Deutschland fest und erwähnt die neue Schulform „Grundschule". Im nächsten Abschnitt dieses Artikels sichert die WRV das Weiterbestehen von Konfessionsschulen, indem „auf Antrag von Erziehungsberechtigten Volksschulen ihres Bekenntnisses oder ihrer Weltanschauung einzurichten [...] sind." Einzelheiten zur möglichen Einrichtung bzw. Beibehaltung von Konfessionsschulen werden an „die Landesgesetzgebung nach den Grundsätzen eines Reichsgesetzes" delegiert. Artikel 174 bestimmt dazu ausdrücklich, dass „es [...] bis zum Erlasse des [...] vorgesehenen Reichsgesetzes [...] bei der bestehenden Rechtslage [...] bleibt."

Obwohl „das gesamte Schulwesen [...] unter der Aufsicht des Staates [...] steht" (Artikel 144), enthält die neue Verfassung in Artikel 149 Abs. 1 einen Kompromiss mit den Traditionskirchen. Dieser besteht darin, dass „der Religionsunterricht [...] in Übereinstimmung mit den Grundsätzen der betreffenden Religionsgesellschaft unbeschadet des Aufsichtsrechts des Staates erteilt" wird. Durch die hier beschriebene Arbeitsteilung ist Religionsunterricht zur

---

71 Ebda., S. 104–106.
72 Vgl. Ernst Rudolf Huber (Hg.): Dokumente zur deutschen Verfassungsgeschichte, Bd. 4: Deutsche Verfassungsdokumente 1919–1933, Stuttgart/Berlin/Köln 3. Aufl. 1991, S. 151–179. Bei der Anführung weiterer Zitate der WRV verzichtet der Autor darauf, weitere Fußnoten zu setzen!

„res mixta", d. h. zur gemischten Angelegenheit, zwischen Staat und Kirche geworden.[73] Darüber hinaus gibt Artikel 149 für den Fortbestand des Religionsunterrichts eine Garantieerklärung ab, indem dieser als „ordentliches Lehrfach der Schule" bezeichnet wird.

Reichsgrundschulgesetz

Am 28. April 1920 beschloss die Nationalversammlung das Reichsgrundschulgesetz. Nach diesem Gesetz ist „die Volksschule [...] in den vier untersten Jahrgängen als die für alle gemeinsame Grundschule, auf der sich auch das mittlere und höhere Schulwesen aufbaut, einzurichten."[74] §2 des Gesetzes hob die Vorschulen auf. Bei diesen Bildungseinrichtungen handelte es sich um Vorbereitungsklassen für den Besuch mittlerer und höherer Schulen. Vorschulen kosteten Schulgeld. Artikel 145 WRV legte deutschlandweit die Schulpflicht und die Unentgeltlichkeit von Unterricht und Lernmitteln fest. Grundsätzlich diente „die Volksschule mit mindestens acht Schuljahren" der Erfüllung dieser Pflicht. Das Reichsgrundschulgesetz in Kombination mit den Schulartikeln der Weimarer Reichsverfassung war ein wichtiger „Schritt zur Demokratisierung des Schulwesens" und stieß deshalb auf „Widerstand der gehobenen Stände sowie der katholischen Kirche, die Trägerin vieler Vorschulen war."[75]

Im Vorfeld der Verabschiedung des Reichsgrundschulgesetzes gab es Streit über die Dauer der Grundschule. Der Deutsche Lehrerverein forderte die sechsjährige und die Schulreformer um Paul Oestreich und Fritz Karsen sogar die achtjährige Grundschule. Der „eher konservative Schulreformer" Georg Kerschensteiner trat für eine vier- bzw. fünfjährige Grundschule ein. Kerschensteiners Mittelposition ermöglichte die Einigung zwischen den „radikaleren Reformkräften", die eine Einheitsschule favorisierten, und den konservativen

---

73 Der Schulkompromiss in der WRV kam auf Druck der Zentrumspartei zustande, ohne die eine Mehrheit in der Nationalversammlung nicht möglich gewesen wäre. Weil das Zentrum als Koalitionspartner im Reich und in Preußen gebraucht wurde, konnte es in der Folgezeit den Beschluss eines Reichsschulgesetzes verhindern. Dadurch blieb die alte Rechtslage erhalten. Der Fortbestand der Konfessionsschule war gewährleistet. Vgl. Zilch/Holtz: Kulturstaat (wie Anm. 64), S. 97.
74 Vgl. Giese: Quellen zur deutschen Schulgeschichte (wie Anm. 57), S. 242 f., hier S. 242.
75 Vgl. Demmer: 1920–2020 (wie Anm. 68), S. 22, 28.

Gegnern dieser Schule. Schließlich entschieden sich die Parlamentarier für den „Grundschulkompromiss", der eine vierjährige Grundschule einführte.[76]

Richtlinien für die Grundschule und die oberen Jahrgänge der Volksschule

Das preußische Kultusministerium erließ 1921 „Richtlinien zur Aufstellung von Lehrplänen für die Grundschulen" und 1923 „[...] für die oberen Jahrgänge der Volksschule". Die Aufteilung der Volksschule in die beiden o. g. Abschnitte war dem jeweiligen Entwicklungsstand der Kinder geschuldet. Die Aufgabe der Grundschule bestand in der Vermittlung der grundlegenden Bildung für den weiteren schulischen Werdegang. Die Richtlinien für die oberen Jahrgänge der Volksschule hatten die Aufgabe, die Schulkinder auf eine Berufsausbildung vorzubereiten und ihnen die nötige Bildung für den Wechsel in eine Aufbauschule beizubringen.[77]

Die Richtlinien begriffen alle Unterrichtsfächer methodisch als „Arbeitsunterricht", der sich an die Prinzipien und Ideen der Arbeitsschule anlehnt.[78] Neben das Arbeitsprinzip trat der „heimatgebundene Unterricht".[79] Die Stoffauswahl für den Unterricht wurde „durch die Fassungskraft und das geistige Wachstumsbedürfnis der Kinder" sowie „durch ihre Bedeutung für das Leben bestimmt".[80] Die Richtlinien brachten für den Lehrer nicht nur „Freiheit bei der Gestaltung seines Stoffplanes", sondern auch „weitgehende methodische Freiheit".[81] Trotz der Fächerung des Unterrichts waren die Richtlinien bestrebt, die Verbindungen der Unterrichtsgegenstände untereinander nicht abreißen zu lassen. Um diesen Zusammenhang des Bildungskosmos zu betonen, sah die Grundschule als „Anfangsunterricht" einen „Gesamtunterricht" vor, in dem der „heimatkundliche Anschauungsunterricht [...] im Mittelpunkt" steht.[82]

---

76 Ebda., S. 22 f.
77 Vgl. Giese: Quellen zur deutschen Schulgeschichte (wie Anm. 57), S. 253–263.
78 Vgl. Rainer Lachmann: Die Weimarer Republik, in: Ders./Bernd Schröder: Religionsunterricht (wie Anm. 35), S. 211.
79 Vgl. Christoffel: Die Geschichte der Volksschule (wie Anm. 65), S. 356.
80 Vgl. Giese: Quellen zur deutschen Schulgeschichte (wie Anm. 57), S. 254.
81 Vgl. Christoffel: Die Geschichte der Volksschule (wie Anm. 65), S. 356.
82 Vgl. Giese: Quellen zur deutschen Schulgeschichte (wie Anm. 57), S. 254.

Unterrichtsgegenstände

Die Palette der Unterrichtsfächer, die wir in der Volksschule kennen, hatte sich im Verlauf des 19. Jahrhunderts herausgebildet.[83] Die Allgemeinen Bestimmungen von 1872 enthielten Stundentafeln für ein- sowie mehrklassige Volksschulen. Diese waren lediglich in Unter-, Mittel- und Oberstufe unterteilt. Die in den beiden o. g. Richtlinien enthaltenen Stundentafeln weisen eine Differenzierung nach den einzelnen Jahrgangsklassen auf. Im Großen und Ganzen deckte sich die Palette der Unterrichtsfächer mit derjenigen an der Saar nach der Schulreform.

Durch Erlass vom 28. März 1920 senkte die preußische Schulverwaltung die Dauer „für die normale Lehrstunde" auf fünfzig bzw. 55 Minuten.[84] In den Trierer Schulen wurde der Arbeitsschulgedanke nach Aussagen ehemaliger Lehrkräfte zunächst im Werkunterricht realisiert. Damals setzten die körperliche Betätigung und das Arbeiten in der Gemeinschaft eine große Begeisterung frei, die noch lange in Erinnerung geblieben ist. Schulgärten, Schulküchen und Werkunterricht lockerten im Zusammenspiel mit theoretischen Lektionen den Unterrichtsalltag erheblich auf. Heimatkunde nahm eine Sonderstellung unter den Fächern ein. Im ersten und zweiten Schuljahr wurde sie als „Heimatkundlicher Anschauungsunterricht" und im dritten und vierten Schuljahr als „Heimatkunde" nicht nur als Grundsatz, sondern auch als Fach vermittelt. In den höheren Klassen sollte „Heimatkunde" erhalten bleiben, aber nicht als Fach, sondern als Unterrichtsprinzip. In den oberen Klassen Preußens trat das Fach „Staatsbürgerkunde" hinzu. Nach Aussagen von damals aktiven Lehrern bestand der Unterricht dieses Faches leider nur überwiegend aus „Informationen [...] über den bestehenden Staat". Das einstündige Fach Staatsbürgerkunde wurde neben zwei Stunden Geschichte unterrichtet. Dies verursachte in wenig gegliederten Schulen oftmals organisatorische Schwierigkeiten.[85]

---

83 Vgl. Morgenthal: Evangelischer Religionsunterricht (wie Anm. 3), S. 102 f.
84 Vgl. Schulbestimmungen, enthaltend Gesetze, Erlasse und Verfügungen für die der Regierung Trier unterstellten Schulen, hg. von Stephan Gildemeister u. a., Saarbrücken 1931, S. 742.
85 Vgl. Christoffel: Die Geschichte der Volksschule (wie Anm. 65), S. 365 f.

5. Die Volksschule unter dem Mandat des Völkerbundes

Spielraum für eine eigenständige Schulpolitik

Die Schaffung eines separaten politischen Territoriums an der Saar machte die Einrichtung einer Zentralverwaltung u. a. für Schulwesen im Saargebiet notwendig. Und obwohl die Völkerbundskommission keinem Parlament Rechenschaft geben musste, musste sie sich doch an den Befindlichkeiten der Bevölkerung orientieren. Die Mehrheit der Menschen an der Saar hatte nach der aufgezwungenen Trennung von Deutschland ihr traditionelles deutsches Nationalbewusstsein nicht abgelegt und richtete ihr Interesse in erster Linie auf Vorgänge im Deutschen Reich. Deshalb galt auf vielen Gebieten die politische Entwicklung in der Weimarer Republik als erstrebenswert, um den Graben zur „deutschen Mutter" nicht noch zu vergrößern. Einen revolutionären Umbruch wie in anderen Teilen Deutschlands hatte es im Herbst 1918 an der Saar nicht gegeben. Das Band zwischen der Saarbevölkerung und den beiden Traditionskirchen war noch relativ eng geknüpft. Deshalb spielten sich hier die leidenschaftlichen Auseinandersetzungen um Konfessionsschule und Elternrechte wie in der Weimarer Republik nicht ab. Die Existenz der Bekenntnisschule stand nicht zur Disposition! Und wurde die Zentrumspartei in Deutschland und Preußen lediglich als Koalitionspartner gebraucht, so gab sie an der Saar als stärkste politische Kraft und verlängerter Arm der katholischen Kirche die Richtung der Bildungspolitik vor. Die saarländische Schulverwaltung respektierte an öffentlichen Schulen größtenteils die Grundsätze katholischer Pädagogik, wie sie im kanonischen Recht[86] vorgegeben waren. Die grundlegende Bedeutung von Religion und die damit verbundene bevorzugte Rechtsstellung der Kirchen im öffentlichen Erziehungsbereich blieben weitgehend unangetastet. Große Teile der Saarbevölkerung neigten dazu, „im Rahmen ständischer und autoritärer Wertekategorien zu entscheiden."[87]

---

86 Vgl. Codex Iuris Canonici 1917, c. 1374, in: http://www.internetsv.info/Text/CIC1917.pdf, (letzter Zugriff 28.02.2021); Canon 1374 des Kanonischen Rechtes von 1917 untersagte katholischen Kindern den Besuch nichtkatholischer, neutraler und gemischter Schulen ausdrücklich!
87 Vgl. Küppers: Bildungspolitik (wie Anm. 13), S. 42.

Die Leitung des Bildungsressorts

Die Geschäftsbereiche der Völkerbundsregierung waren von Februar bis April 1920 provisorisch zugeschnitten. Während dieser Zeit leitete der Däne Léon Albin Gebhardt Graf von Moltke-Huitsfeld die Ressorts „Unterricht und Kultus, Wohlfahrts- und Gesundheitswesen". Nach der regulären Verteilung der Geschäftsbereiche übernahm er im April 1920 die Ressorts „Justiz, Unterricht und Kultus". Innerhalb seines Ministeriums war die Abteilung für Kultus und Schulwesen für das Bildungswesen zuständig. Sein Nachfolger von April bis August 1924 war der Spanier Carlos Espinosa de los Monteros y Bermejillo. Der Tschechoslowake Dr. Franz/František Vězeňský stand vom 1. Oktober 1924 bis 1932 an der Spitze der beiden Ressorts „Justiz, Kultus und Schulwesen". Als letzter Ressortleiter fungierte vom 1. April 1932 bis zur Rückgliederung der Jugoslawe Dr. Milovan Zoričić.[88] In den fünfzehn Jahren Völkerbundherrschaft standen vier verschiedene Personen an der Spitze des Bildungsministeriums, aber nie ein Saarländer.

Aufbau der Schulverwaltung

Direktor der Abteilung für Kultus und Schulwesen war von 1920 bis 1931 der katholische Geistliche Prof. Dr. Matthias Notton. Als Mitglied der Zentrumspartei griff er Wünsche seiner Partei auf und trat für die Beibehaltung der Konfessionsschulen ein.[89] Aber er war auch den Domanialschulen wohl gesonnen und setzte der Loslösung der Saar aus den beiden deutschen Bistümern keinen Widerstand entgegen, weshalb ihn die Zentrumspartei 1924 aus ihren Reihen ausschloss.[90]

Die Schulabteilung untergliederte sich in folgende Referate:

1. Höheres Schulwesen, katholischer Kultus, Kunst und Wissenschaft, Leiter: Ministerialdirektor Dr. Colling,

---

88 Vgl. Herrmann/Sante: Geschichte des Saarlandes (wie Anm. 5), S. 77 f.; Zenner: Parteien und Politik (wie Anm. 12), S. 422 f.
89 Ebda., S. 110 u. 161.
90 Vgl. Bernhard Haupert/Franz Josef Schäfer: Saarländischer katholischer Klerus zwischen Anpassung und Widerstand 1933–1935, in: ZGS 46 (1998), S. 99–157, zu Prälat Prof. Dr. Matthias Notton S. 118–120, hier S. 118.

2. Katholisches Volks- und Mittelschulwesen, Leiter: Oberschulrat Dr. Licht-hardt,

3. Evangelisches Volksschulwesen, Leiter: Regierungsrat Conrad,

4. Berufsschulwesen, Leiter: Regierungs- und Gewerbeschulrat Martin.

Die neu geschaffene Zentralbehörde, die in der Alleestraße, der späteren Hin-denburgstraße und heutigen Franz-Josef-Röder-Straße, untergebracht war, übernahm die Aufgaben, die bisher das preußische Bildungsministerium in Berlin, der Oberpräsident der Rheinprovinz, das Provinzialschulkollegium in Koblenz und die Regierung in Trier ausgeübt hatten. Innerhalb des ehemaligen bayerischen Landesteils des Saargebietes besaß die Schulbehörde die Kom-petenzen des bayerischen Staatsministeriums für Unterricht und Kultus sowie der bayerischen Regierung der Pfalz, Kammer des Innern in Speyer.[91]

Allgemeine Entwicklung des Volksschulwesens

Im Verlauf des Ersten Weltkrieges wurden viele Lehrer zum Kriegsdienst einberufen. Wegen dieses Lehrermangels wuchsen die Klassenstärken spürbar an. Bald häuften sich Klagen über den Zustand vieler Bildungseinrichtungen, ins-besondere der Volksschulen, über „Paukunterricht", „Disziplinschwierigkeiten", „Leistungsabfall" und „Schulversäumnisse". Der schlechte Versorgungs- und Er-nährungszustand der Kinder trug ebenfalls dazu bei. Vielerorts war von einer „Verwilderung" der Jungen die Rede.[92] Als 1918 „volle Friedensstundenpläne" verfügt wurden, hoffte man auf eine Verbesserung der Verhältnisse, „da die Schuljugend durch die viele freie Zeit zu verrohen drohte [...]."[93] Daher lag die vordringlichste Aufgabe der neuen Saarregierung zunächst in der Reorgani-sation des Schulwesens. Zur Motivation der Lehrkräfte übernahm sie durch „Verordnung betr. die persönlichen Volksschullasten" vom 24. November 1920 seit 1. April 1921 alle Personallasten für Volksschullehrer und verbot kommu-

91 LA Saarbrücken. Repertorium Kultus und Unterrichtsverwaltung.

92 Vgl. Gerhard Heckmann: Das zweite Heer des Kaisers. Schule und Jugend im Krieg, in: „Als der Krieg über uns gekommen war…". Die Saarregion und der Erste Weltkrieg, hg. vom Stadt-verband Saarbrücken, Saarbrücken 1993, S. 140–155, hier S. 152.

93 LA Saarbrücken. Best. Kreisschulamt St. Wendel Nr. 34 u. Chronik der Volksschule Urexweiler.

nale Sonderzuschläge.[94] Bis zu diesem Zeitpunkt hatten sich die Gehälter für Volksschullehrer aus zwei Komponenten zusammengesetzt, nämlich einem Landesanteil (Besoldung durch den Staat) und dem Schulgeld, das von den Eltern aufgebracht werden sollte. Die Erhebung von Schulgeld war gegen Ende des 19. Jahrhunderts abgeschafft worden.[95]

Die saarländische Lehrerschaft und die Parteien erblickten in der neuen Gehaltsregelung in erster Linie ein Mittel, die Abhängigkeit der Volksschullehrer von der Regierungskommission zu vergrößern. Sie engte zudem den Spielraum für eine eigenständige Schulpolitik größerer Kommunen – vor allem der Stadt Saarbrücken – ein. Deshalb wurde diese Maßnahme allgemein als „Raultscher Dirigismus" angesehen. Kleinere Gemeinden waren dagegen froh, Personalkosten einsparen zu können.[96] Andererseits erfüllte sich mit der Staatsbesoldung ein alter Wunsch der Lehrerschaft, der schon 1848 an die Frankfurter Nationalversammlung herangetragen worden war.[97] Der Vorteil der neuen Gehaltsregelung für die Allgemeinheit bestand darin, dass Kommunen als Sachkostenträger der Volksschulen nicht mehr dafür zuständig waren, sich meistbietend um fähige Lehrkräfte zu bemühen!

Die Versorgung der Schulen mit Lernmitteln war während der Mandatszeit überwiegend gut. Die Stadt Saarbrücken erhielt ein besonderes Lob für die Ausstattung ihrer Volksschulen. Im Gegensatz dazu konnten Landgemeinden, die weniger Einnahmen zu verzeichnen hatten, ihre Schulen nicht so umfangreich mit Lernmitteln ausstatten.[98] In seinem „Jahresbericht über den Fortgang des Schulwesens im Kalenderjahr 1933"[99] übte der Schulrat des Schulaufsichtsbezirks Illingen, Johann Thiel, folgende Kritik an der Versorgung mit Lernmitteln: „Nachdem der Staat den Gemeinden die Personallasten der Lehrer und Lehrerinnen abgenommen hat, hätte man erwarten sollen, dass die erheblich erleichterten Gemeinden nunmehr willfähriger in der Beschaffung von Lernmittel wären." Trotz mancher Unzulänglichkeiten ließ die Völkerbundsregie-

---

94 Amtsblatt der Regierungskommission des Saargebietes Nr. 3 (1921), S. 23; Zenner: Parteien und Politik (wie Anm. 12), S. 101.
95 Vgl. Morgenthal: Evangelischer Religionsunterricht (wie Anm. 3), S. 124, 337.
96 Vgl. Zenner: Parteien und Politik (wie Anm. 12), S. 101.
97 Vgl. Rüdiger Moldenhauer: Die Petitionen aus den preußischen Saarkreisen an die deutsche Nationalversammlung 1848–1849, in: ZGS 17/18 (1969/70), S. 38–111, hier S. 92–94.
98 Vgl. Morgenthal: Evangelischer Religionsunterricht (wie Anm. 3), S. 152.
99 LA Saarbrücken. Best. Kreisschulamt Illingen Nr. 18.

rung die bisherigen Regelungen zur Schulträgerschaft bestehen. Sowohl das preußische „Gesetz, betreffend die Unterhaltung der öffentlichen Volksschulen" vom 18. Juli 1906[100] als auch das bayerische Schuldotationsgesetz von 1861[101] bestimmten, dass die Gemeinden für die Unterhaltung der Schulen aufkommen mussten.

Auf dem Gebiet der Schulpflicht blieben die preußische Kabinettsorder vom 14. Mai 1825[102] und das bayerische Gesetz vom 4. Juni 1903[103] bis zur Rückgliederung in Kraft. Demnach waren Eltern verpflichtet, ihre Kinder vom 6. bis zum 14. Lebensjahr zur Schule zu schicken. In beiden Landesteilen kam auch der Schulpflicht nach, wer seine Kinder in andere öffentliche Schulen schickte oder ihnen Privatunterricht erteilen ließ.

Auf die Entwicklung der Schülerzahlen übten der Krieg und der Geburtenrückgang seit 1914 einen negativen Einfluss aus. Hinzu kam eine noch geringe Abwanderung von Volksschülern zu weiterführenden Schulen. Die Regierungskommission drängte, um Personalkosten zu sparen, auf Erhöhung der durchschnittlichen Klassenstärke auf mindestens vierzig. Die Stadt Saarbrücken stellte sich diesem Vorhaben entgegen, konnte sich aber bei gleichzeitig wieder steigenden Schülerzahlen und der Neugründung von Schulstellen nicht durchsetzen.[104] Für die Volksschulen der Stadt Saarbrücken waren u. a. folgende Zahlen maßgebend:[105]

Jahr	Schüler insgesamt	Zahl der Klassen	Durchschnittliche Klassenstärke
1925	11 340	353	32,1
1929	12 843	-	38,6
1932	14 922	-	45,9

---

100 LA Saarbrücken. Best. Landratsamt Saarbrücken Nr. 1525.

101 Vgl. Max Liedtke: Gesamtdarstellung, in: Handbuch (wie Anm. 36), S. 68.

102 Vgl. Anton Hansen: Gesetze und Verordnungen über das vaterländische Elementar-Schulwesen mit besonderer Rücksicht auf den Regierungs-Bezirk Trier, chronologisch geordnet und mit den erforderlichen Hinweisungen versehen, Saarlouis 1839, Nr. 22 (S. 42 f.) u. Nr. 50 (S. 81–84).

103 Denkschrift „Die französischen Domanialschulen im Saargebiet", Saarbrücken 1929, S. 66.

104 Vgl. Rolf Peter Zenner: Das Schulwesen der Stadt Saarbrücken, in: Karl Schwingel (Hg.): Saarbrücken 1909–1959. Saarbrücken – 50 Jahre Großstadt, Saarbrücken 1959, S. 239–263, hier S. 244.

105 Ebda., S. 244.

Im Saargebiet existierten 1928[106] insgesamt 448 Volksschulen, davon 315 katholische, 124 evangelische, zwei jüdische sowie sieben paritätische. Nur an Orten, an denen die Schülerzahl zur Unterhaltung eigener Konfessionsschulen zu gering war, bestanden Simultan- bzw. Gemeinschaftsschulen. Die Schülerzahlen verteilten sich im Saargebiet 1929[107] und 1934[108] folgendermaßen:

Jahr	Schulen		Schüler	Klassen	Durchschnittliche Klassenstärke
1929	453		100 956	2 377	42,5
		davon:			
		röm.-kath.	76 929		
		ev.	23 701		
		israelitisch	304		
1934	458		119 630	2 534	47,7
		davon:			
		röm.-kath.	91 999		
		ev.	27 113		
		israelitisch	394		

Die Klassenstärken hatten sich von den 1920er Jahren bis in die 1930er Jahre aufgrund der Weltwirtschaftskrise deutlich erhöht. Außerhalb Saarbrückens waren die Schulklassen in der Regel größer als in der Landeshauptstadt. Das Volksschulwesen an der Saar erreichte Mitte der 1920er Jahre das bisher höchste Niveau. Moderate Klassenstärken sowie die Schulreform von 1922 trugen dazu wesentlich bei.

Die Schulabteilung führte vom Beginn des Winterhalbjahres 1921 „an allen Volksschulen die geteilte Unterrichtszeit als normal" wieder ein.[109] Bis zur Rückgliederung blieb es in der Regel bei der geteilten Unterrichtszeit. Diese Entscheidung belastete das ohnehin schon strapazierte Verhältnis zwischen Saarbevölkerung und Völkerbundsregierung. Wegen der an der Saar verbrei-

---

106 Vgl. Faber: Kirche und Staat (wie Anm. 41), S. 48.
107 Vgl. Bericht des Statistischen Amtes des Saargebietes, 7. Heft (1929) S. 315.
108 Ebda., 12. Heft (1934) S. 189 f.
109 LA Saarbrücken. Best. Landratsamt Saarbrücken Nr. 1585.

teten Nebenerwerbslandwirtschaft wurden Kinder häufig zu bäuerlichen Tätigkeiten herangezogen. Bei der geteilten Unterrichtszeit blieben die Schüler länger in der Schule, so dass sich der Schultag bis weit in den Nachmittag erstreckte. Im Vergleich dazu erlaubte der preußische Bildungsminister am 30. Juli 1920 den ungeteilten Unterricht, wenn „[...] Eltern, Lehrer und Schuldeputationen übereinstimmend es wünschen und einen entsprechenden Antrag stellen [...]."[110]

1933 besuchten rund 92 Prozent der saarländischen Schüler die Volksschule. Auf die Mittelschule entfielen 1,15 Prozent und auf höhere Schulen insgesamt rund 7 Prozent.[111] Gegenüber den weiterbildenden Schulen nahm die Volksschule an der Saar eine beherrschende Stellung ein. Deshalb stand die Volksschule „im Zentrum der schul- und bildungspolitischen Diskussion".[112] Im selben Jahr 1933 wurde an der Saar die Einführung des 9. und 10. Schuljahres „als Mittel zur Behebung der Arbeitslosigkeit der Jugendlichen" erörtert. Dieses Vorhaben war nach Ansicht von Schulrat Johann Thiel wegen des Widerstandes der Eltern zum Scheitern verurteilt.[113]

Streit um Domanialschulen

Der französische Staat machte von seinem im Versailler Vertrag festgeschriebenen Recht Gebrauch, u. a. Volksschulen für die Kinder des Grubenpersonals zu gründen. In diesen Schulen wurde nach einem vom französischen Staat festgesetzten Lehrplan unterrichtet. Darüber hinaus konnte der Unterricht in französischer Sprache erteilt werden. Die französischen Schulen wurden nach ihrem Träger, der Bergbaugesellschaft „Mines Domaniales de la Sarre", als „Domanialschulen" bezeichnet.[114] Die französische Bergbaugesellschaft besaß als Arbeitgeber und Hauseigentümer von Grubenwohnungen Druckmittel gegenüber den Eltern, die im Bergbau beschäftigt und Mieter von Grubenwohnungen waren, ihre Kinder in die französischen Schulen zu schicken. Darüber hinaus herrschte

110 Vgl. Schulbestimmungen (wie Anm. 84), S. 742.
111 Vgl. Statistik des Saarlandes, Heft 2 (1936/37), Saarbrücken 1938, S. 68.
112 Vgl. Paul Burgard/Ludwig Linsmayer: Kultureller Aufbruch im Zeichen der „Volksbildung", in: Wittenbrock, Geschichte der Stadt Saarbrücken (wie Anm. 26), S. 225–232, hier S. 232.
113 LA Saarbrücken. Best. Kreisschulamt Illingen Nr. 18.
114 LA Saarbrücken. Best. Landratsamt Saarbrücken Nr. 1529.

an diesen Schulen Lernmittelfreiheit. Den Kindern dieser Bildungseinrichtungen stellte man ein großes Weihnachtsgeschenk in Aussicht. Aufgrund dieser Abfolge aus Zuckerbrot und Peitsche wechselten viele Kinder von saarländischen Volksschulen zu Grubenschulen.[115]

Die französische Bergbaugesellschaft eröffnete die ersten Domanialschulen im Sommer 1920 in Sulzbach und Saarlouis.[116] Am 10. Juli 1920 erweiterte die Völkerbundsregierung die Aufnahme in diese Schulen auf Kinder, deren Eltern nicht zum Grubenpersonal gehörten.[117] 1925 gab es im gesamten Saargebiet 21 Orte mit französischen Schulen. 5000 bis 5300 Kinder besuchten diese Schulen. Während der größten Ausbreitung der Grubenschulen hatten in dieser Schulform maximal lediglich 4,5 Prozent der Volksschüler Aufnahme gefunden.[118] Die Grubenschulen stellten für die saarländische Volksschule „in ihrer deutschen Eigenart" also nie eine ernsthafte Bedrohung dar.[119]

Der Streit um die Domanialschulen ist für die Darstellung der saarländischen Volksschule wegen folgender Behauptungen von Interesse:

- Die Gründung französischer Domanialschulen an der Saar greife in das hiesige Schulwesen ein. Eingriffe des französischen Nachbarn in das Schulwesen an der Saar hätten eine gewisse Tradition.
- Die Regierungskommission erweiterte die Aufnahme in die Grubenschulen auch auf Kinder, deren Eltern nicht im Bergbau beschäftigt waren. Diese Maßnahme gefährde grundsätzlich den Bestand saarländischer Konfessionsschulen.

---

115 Vgl. Otto Früh: Der französische Sprachunterricht in den Volksschulen des Saarlandes, in: Klaus Altmeyer u. a. (Hg.): Das Saarland. Ein Beitrag zur Entwicklung des jüngsten Bundeslandes in Politik, Kultur und Wirtschaft, Saarbrücken 1958, S. 281–285, hier S. 281; Horst Wilhelm: Die Schule im Dorf. Entwicklung der Schule in Heiligenwald im Spannungsfeld der Politik zwischen 1914 und 1945, nachgezeichnet auf der Grundlage eines bisher unveröffentlichten Manuskriptes von Nikolaus Schmitt (= Saarland-Reihe), Heiligenwald, Saarbrücken 1989, S. 20 f.
116 Vgl. Arnold Ilgemann: „Franzosenschulen". Die französischen Domanialschulen in der Völkerbundszeit, in: Beiträge zur Regionalgeschichte, hg. von der Geschichtswerkstatt St. Ingbert, Heft 4 (1990) S. 2–14, hier S. 3.
117 Vgl. Das Saargebiet unter der Herrschaft des Waffenstillstandsabkommens und des Vertrags von Versailles. Als Weißbuch von der deutschen Regierung dem Reichstag vorgelegt, Berlin 1921, Nr. 195 (S. 313).
118 Vgl. Ilgemann: „Franzosenschulen" (wie Anm. 116), S. 3.
119 Vgl. Zenner: Parteien und Politik (wie Anm. 12), S. 110.

- Nach der o. g. Ausweitung bildete sich eine breite Abwehrfront über Partei-, Konfessions- und Weltanschauungsgrenzen hinweg gegen Domanialschulen als Konkurrenzschulform zur saarländischen Volksschule heraus.

An dieser weit gefächerten Opposition gegen die Grubenschulen ist zu erkennen, wie beliebt die saarländische Volksschule in ihrer damaligen Gestalt war und welch dominante Rolle sie an der Saar spielte. Die Art und Weise, wie der Streit um die Domanialschulen beigelegt werden sollte, zeigt, dass es zunächst darauf ankam, dass der Präsident der Regierungskommission, Victor Rault, nach außen hin sein Gesicht wahren konnte. Die Saarbevölkerung fühlte sich aber auch in dieser wichtigen Schulfrage von ihrer Regierung nicht ernst genommen!

Sonderklassen

Um begabten Schülern, die – vornehmlich auf dem Lande – möglichst lange im Elternhaus wohnen und dort die Volksschule ihres Heimatortes besuchen, den Wechsel auf weiterführende Schulen zu erleichtern, beschloss die Schulabteilung, „Sonderklassen" zu bilden.[120] Die ersten Sonderklassen wurden seit Ostern 1923 an zentralen Orten eingerichtet. Als erste Fremdsprache war wie an höheren Schulen und Mittelschulen Französisch vorgesehen. Kinder, die zum humanistischen Gymnasium überwechseln wollten, konnten, wenn Kurse zustande kamen, Latein lernen. An zwei oder drei Nachmittagen in der Woche sollte der Unterricht in Sonderklassen stattfinden. Die Zugangsvoraussetzung für die dreijährigen Sonderklassen war der erfolgreiche Abschluss der Grundschule.[121]

Ende der geistlichen Schulaufsicht

Die geistliche Schulaufsicht war in einigen deutschen Ländern schon vor dem Ersten Weltkrieg beseitigt worden. 1918 schlossen sich Preußen und Bayern – bedingt durch die Revolution – diesem Schritt an.[122] An der Saar strebte die Regierungskommission den gleichen Rechtszustand an. Sie erhoffte sich eine

---

120 LA Saarbrücken. Best. Landratsamt Saarbrücken Nr. 1529.
121 Vgl. Zenner: Parteien und Politik (wie Anm. 12), S. 112 f.
122 Vgl. Lachmann: Die Weimarer Republik (wie Anm. 78), S. 205; Ernst Christian Helmreich: Religionsunterricht in Deutschland, Düsseldorf 1966, S. 154.

Verbesserung der Schulaufsicht, indem sie die Geistlichen durch Lehrpersonen mit pädagogischer Vorbildung ersetzte. Am 6. Oktober 1920[123] verordnete die Völkerbundsregierung, dass „die Kreisschulinspektoren und Bezirksschulräte [...] vom 15. Oktober 1920 ab die Amtsbezeichnung Schulrat führen". Die bisher üblichen Amtsbezeichnungen wurden aufgehoben. Die „Verordnung betr. Aufhebung der geistlichen Ortsschulinspektionen"[124] trat am 1. Juli 1921 in Kraft. Die Abschaffung der geistlichen Schulaufsicht erfolgte „nach dem Willen der Lehrerschaft"[125]. In Eingaben an die Frankfurter Nationalversammlung hatten saarländische Lehrer bereits am 3. August 1848 ihre Besoldung durch den Staat und die Freiheit von geistlicher Beaufsichtigung gefordert.[126]

Das Amt des Kreisschulrates

Die „Neuordnung der Schulaufsichtsbezirke des Saargebietes"[127] trat am 1. Mai 1923 in Kraft. Nach dieser Ordnung gliederte sich das Saargebiet in sechzehn Schulaufsichtsbezirke[128] mit jeweils einem Kreisschulrat an der Spitze: (1) Saarbrücken I (Land) – Schulrat Weber, (2) Saarbrücken II (Land) – Schulrat Bottler, (3) Saarbrücken III (Stadt) – Schulrat Bongard, (4) Saarbrücken IV (Stadt) – Schulrat Jöns, (5) Völklingen I – Schulrat Hirtz, (6) Völklingen II – Schulrat Valerius, (7) Saarlouis – Schulrat Pflügler, (8) Dillingen – Schulrat Resch, (9) Merzig – Schulrat Kell, (10) Sulzbach – Schulrat Reinemann, (11) Neunkirchen – Schulrat Steeg, (12) Illingen – Schulrat Thiel, (13) Ottweiler – Schulrat Heintz, (14) St. Wendel – Schulrat Röder, (15) St. Ingbert, (16) Homburg.

Die Kreisschulräte erhielten zur Erfüllung ihrer Aufgaben eine besondere „Dienstanweisung"[129]. Die Schulabteilung setzte diese „de jure" nicht in Kraft. Nach dem „Entwurf einer solchen Anweisung aus dem Jahre 1924" wurde aber

---

123 LA Saarbrücken. Best. Landratsamt Saarbrücken Nr. 1535.
124 Amtsblatt der Regierungskommission des Saargebietes Nr. 9 (25. 6. 1921) S. 97; LA Saarbrücken. Best. Kreisschulamt Neunkirchen Nr. 7.
125 Vgl. Zenner: Parteien und Politik (wie Anm. 12), S. 111.
126 Vgl. Moldenhauer: Die Petitionen (wie Anm. 97), S. 92–94.
127 LA Saarbrücken. Best. Landratsamt Saarbrücken Nr. 1535.
128 LA Saarbrücken. Best. Landratsamt Saarbrücken Nr. 1535; LA Saarbrücken. Best. Kreisschulamt Neunkirchen Nr. 4. Bei der Aufzählung in beiden Quellen fehlen die Aufsichtsbezirke St. Ingbert und Homburg.
129 LA Saarbrücken. Best. Landratsamt Saarbrücken Nr. 1535 mit Eingangsstempel: 08.01.1924 und LA Saarbrücken. Best. Kreisschulamt Neunkrichen Nr. 4.

„praktisch verfahren".[130] Die Überwachungstätigkeit des Schulrats erstreckte sich vor allem auf „die inneren Angelegenheiten der Schulen", d. h. die Überwachung des Unterrichts aller Fächer bis auf den Religionsunterricht. Hinzu kam die Feststellung „örtlicher Schulbedürfnisse" gegenüber dem Schulträger. Innerhalb des Behördenorganismus war der Schulrat in seinem Bezirk „Organ und Beauftragter" der Schulabteilung und vermittelte als nächster Vorgesetzter zwischen dieser und den Lehrkräften. Den Kreisschulämtern oblag die Führung der Personalakten der Lehrkräfte.[131] Wenn es um äußere Schulangelegenheiten ging, trat der Schulrat mit den lokalen Behörden in Kontakt (Landrat, Bürgermeister). Durch Aufhebung der Ortsschulinspektionen und die Umgestaltung des Rektorats gewannen die Kreisschulämter als Rechtsnachfolger der Kreisschulinspektionen an Aufgabenfülle und Bedeutung.

Aufsichtsbefugnisse der Kirche

Die „Ausführungsbestimmungen"[132] zur „Verordnung betr. Aufhebung der geistlichen Ortsschulinspektionen" von 1921 bestimmten „zur Wahrung der berechtigten Interessen der beiden christlichen Konfessionen an der religiös-sittlichen Erziehung der Kinder", dass Geistliche, die Religionsunterricht erteilen, „Sitz und Stimme in den Schulkonferenzen" haben und „zu allen allgemeinen Schulveranstaltungen" einzuladen sind. Die Ortspfarrer blieben „geborene Mitglieder der Schuldeputationen, Schulvorstände und Schulkommissionen". Diese Ausführungsbestimmungen gestanden beiden Traditionskirchen das Recht zu, den jeweiligen Religionsunterricht zu überwachen. Katholischer Religionsunterricht „wird in Uebereinstimmung mit den Grundsätzen der katholischen Kirche durch Personen, die vom Bischof dazu ermächtigt sind, erteilt." Für evangelischen Religionsunterricht galt der Grundsatz: „Die religiöse Unterweisung und Erziehung der Kinder erfolgt in evangelisch-christlichem Geiste und zwar unter Zugrundelegung des von den zuständigen kirchlichen Behörden gebilligten Lehrplans".

---

130 Schulen und Schulrecht im Saargebiet, in: Vierzig Jahre Neunkircher Zeitung. Sonderausgabe Silvester 1934.
131 LA Saarbrücken. Best. Kreisschulamt Illingen Nr. 26.
132 Amtsblatt der Regierungskommission des Saargebietes Nr. 9 (25. 6. 1921) S. 97.

Durch diese Einigung zwischen Staat und Kirche wurde der konfessionelle Religionsunterricht an der Saar – wie bereits beschrieben – zur „res mixta"[133], zur gemischten Angelegenheit von Staat und Kirche. Offenbar war der in Artikel 149 Abs. 1 WRV fixierte Kompromiss Vorbild für dieses Übereinkommen! Bis heute übt der Staat die allgemeine Aufsicht über die Schulen aus; die Kirchen nehmen nur die Fachaufsicht über den Religionsunterricht wahr.

An der Saar bedurfte das Fach Religion nicht der Garantieerklärung in Artikel 149 Abs. 1 WRV, dass „der Religionsunterricht [...] ordentliches Lehrfach der Schulen [...] ist". Aufgrund des engen Verhältnisses zwischen der Saarbevölkerung und den Traditionskirchen sowie der Stärke der Zentrumspartei war der Fortbestand von Religion als Pflichtfach auch in Zukunft eine Selbstverständlichkeit!

Befreiung vom Religionsunterricht

Am 1. Mai 1921 trat der „Erlass betr. Befreiung vom schulplanmäßigen Religionsunterricht"[134] in Kraft. Damit schuf der Gesetzgeber an der Saar die ausdrückliche Möglichkeit, dass Kinder von aus der Kirche ausgetretenen Eltern auf Antrag – „mit Ausnahme der Seminare und Präparandenanstalten" – fortan „vom schulplanmäßigen Religionsunterricht befreit werden" können. Im Falle einer Abmeldung hatten beide Elternteile einen eigenhändig unterschriebenen Antrag an den zuständigen Schulrat zu richten. Frühestens einen Monat nach Schuljahresbeginn konnte der Abmeldeantrag gestellt werden. Rechtswirksam wurde die Befreiung vom Religionsunterricht erst im Schulhalbjahr nach Antragstellung. Im benachbarten Regierungsbezirk Trier bestand die Möglichkeit der Abmeldung bereits seit Januar 1921 in stark vereinfachter Form.[135] Aufgrund der „Verordnung betr. die religiöse Kindererziehung"[136] von 1926 stand dem Kind nach Vollendung des 14. Lebensjahres die Entscheidung darüber zu, „zu welchem religiösen Bekenntnis es sich halten will". Mit der Verordnung

---

133 Vgl. Morgenthal: Evangelischer Religionsunterricht (wie Anm. 3), S. 156, 322.
134 LA Saarbrücken. Best. Landratsamt Saarbrücken Nr. 1529 u. Best. Kreisschulamt Neunkirchen Nr. 7.
135 Im Sinne des Artikels 149 Abs. 2 der WRV sollte das Recht der Abmeldung „in keiner Weise durch Formvorschriften eingeengt werden. [...] Der Schein einer absichtlichen Erschwerung (soll) vermieden werden." Schulbestimmungen (wie Anm. 84), S. 878.
136 LA Saarbrücken. Best. Landratsamt Saarbrücken Nr. 1529.

folgte die Regierungskommission dem gleichlautenden „Reichsgesetz über die religiöse Kindererziehung" vom 15. Juli 1921.[137]

Schulleitung und Schulvorstand

Die „Verfügung betreffend Neuordnung der Schulleitung"[138] vom 25. Mai 1921 bestimmte u. a., dass der Schulleiter „nicht der Vorgesetzte der Lehrer (innen)" ist. „Seine Stellung" war „als die eines erfahrenen Berufsgenossen und Ratgebers [...] aufzufassen". „Schulleitung und Lehrerkollegium" sollten eine „organische Einheit in ihrer Arbeit an der Schule" bilden. „Die Klassenbesuche des Schulleiters" trugen „nicht den Charakter der Revision" und konnten bei „endgültig angestellten Lehrern (-innen) [...] nur nach vorheriger Mitteilung geschehen."

Die Auswahl des Schulleiters erfolgte durch einen von der Schulabteilung berufenen Ausschuss zunächst auf fünf Jahre und bei Bewährung auf Lebenszeit. Eine Abänderung der o. g. Verfügung vom 4. Februar 1927[139] ließ die Wartezeit von fünf Jahren wegfallen. Durch die beschriebene Kompetenzverschiebung schlüpfte der Kreisschulrat in die Rolle als „der nächste Vorgesetzte der an einer Schule angestellten und beschäftigten Lehrkräfte".[140] In einem Schreiben vom 31. Oktober 1924[141] stimmte die Schulabteilung der „Führung von Dienstsiegeln durch Schulleiter" nicht zu. Sie hatte jedoch nichts dagegen einzuwenden, „wenn die Schulleiter einen Gummistempel benutzen mit dem Titel der ihnen unterstellten Schule".

Seit preußischer Zeit hatte sich an der Zusammensetzung des Schulvorstandes nichts geändert.[142] Dieser bestand nach einer Dienstinstruktion vom 9. September 1836[143] aus folgenden Personen: der Pfarrer, ein Mitglied des Presbyteriums, ein Mitglied des Gemeinderates sowie der Ortsvorsteher. Dem Schulvorstand oblagen u. a. folgende Aufgaben: Förderung der Entwicklung der Schule, Beseitigung lokaler Hindernisse sowie Achtung auf den pünkt-

---

137 http://de.wikipedia.org/wiki/Religionsm%C3%BCndigkeit, (letzter Zugriff 08.10.2007).
138 Amtsblatt der Regierungskommission des Saargebietes Nr. 9 (25. Juni 1921) S. 98 f.
139 LA Saarbrücken. Best. Kreisschulamt Illingen Nr. 10.
140 LA Saarbrücken. Best. Landratsamt Saarbrücken Nr. 1529.
141 Ebda., Nr. 1528.
142 Vgl. Morgenthal: Evangelischer Religionsunterricht (wie Anm. 3), S. 149.
143 LA Saarbrücken. Best. Landratsamt Saarbrücken Nr. 102; Hansen: Gesetze (wie Anm. 102), Nr. 87, S. 135–140.

lichen Ablauf des Unterrichts, auf strenge Schulzucht und regelmäßigen Schulbesuch. Hinzu traten die Überprüfung der Amtstätigkeit und des Lebenswandels der Lehrkräfte sowie die Überwachung der Reinlichkeit von Kindern und Schulräumen.[144]

Die Lehrkräfte

Die Königreiche Preußen und Bayern richteten zur Ausbildung zukünftiger Pädagogen Lehrerseminare ein. Als Voraussetzung für deren Besuch genügte der Volksschulabschluss. An der Saar gründete der preußische Staat folgende Lehrerseminare: das evangelische Lehrerseminar in Ottweiler (1874) sowie die katholischen Seminare in Merzig (1908) und St. Wendel (1911). Zur Vorbereitung auf die Ausbildung am Seminar kamen Präparandenanstalten hinzu, 1889 in Ottweiler, 1911 in St. Wendel und 1914 in Merzig.[145]

Nach Gründung der Weimarer Republik fand die überlieferte Volksschullehrerausbildung kaum noch Anhänger.[146] Artikel 143 Abs. 2 WRV strebte eine für Deutschland einheitliche Lehrerausbildung an, die sich nach den Grundsätzen für die höhere Bildung richtete. Zur Umsetzung dieses Ziels wäre ein Reichsgesetz nötig gewesen. Weil dieses nicht zustande kam, beschritten die Länder eigene Wege zur Lehrerausbildung. Für Volksschullehrer hätte die Umsetzung des o. g. Verfassungsartikels eine vollakademische Ausbildung zur Folge gehabt. Das Land Preußen entschied sich für die Ausbildung des Lehrernachwuchses an Pädagogischen Akademien.[147] Vorrausetzung für den Besuch dieses Bildungsganges war das Abitur. Die Ausbildung an Akademien stellte einen Kompromiss zwischen Hochschul- und Seminarbildung dar. Die angehenden Lehrkräfte wurden zwar akademisch ausgebildet, aber diese Ausbildung dauerte im Vergleich zu akademischen Ausbildungsgängen in anderen Berufen nur vier Se-

---

144 Vgl. Otto Früh: Über das Schulwesen im Landkreis Saarbrücken, in: Grenze als Schicksal. 150 Jahre Landkreis Saarbrücken, Saarbrücken 1966, S. 185–202, hier S. 196.

145 Vgl. Morgenthal: Evangelischer Religionsunterricht (wie Anm. 3), S. 119–122. 128.

146 Vgl. Andrea Klein: Historischer Abriss der Lehrerbildung, in: Karl Kuhn (Hg.): Die Geschichte der Volksschullehrerbildung im Saarland. Die Lehrerseminare von 1945–1964. Eine historisch-bildungspolitische Untersuchung, Lebach 1988, S. 17–37, hier S. 27.

147 Vgl. Lachmann: Die Weimarer Republik (wie Anm. 78), S. 213 f.

mester. Deshalb blieb das Problem der Isolierung der Volksschullehrerbildung weiterhin bestehen.[148]

Die Arbeit der Lehrerseminare im Saargebiet lief an Ostern 1924 aus.[149] Durch Verfügung der Völkerbundsregierung vom 8. April 1922 wurden an der Saar anstelle der auslaufenden Seminare Landesstudienanstalten gegründet, in Ottweiler für evangelische Knaben, in Merzig für katholische Knaben und in St. Wendel für katholische Mädchen. Die konfessionelle Vorgabe musste nicht strikt eingehalten werden.[150] Bezogen auf das Abitur als Bildungsziel waren die Landesstudienanstalten den Deutschen Oberschulen gleichgestellt. Nach Schließung der saarländischen Seminare existierte nur noch das Saarbrücker Lehrerseminar, das 1926 seinen Ausbildungsbetrieb einstellte. Seit dieser Zeit waren saarländische Lehramtskandidaten auf Ausbildungsstätten außerhalb ihres Landes angewiesen. Die Ausbildung erfolgte bei katholischen Aspiranten vorwiegend an der 1926 gegründeten Pädagogischen Akademie in Bonn.[151]

Zur Fortbildung schlossen sich Lehrer in Arbeitsgemeinschaften zusammen. Vor Ablegung der zweiten Lehrerprüfung war die Teilnahme an Fortbildungsveranstaltungen der Arbeitsgemeinschaften Pflicht. Darüber hinaus richteten die Lehrerverbände zur Fortbildung besondere Institutionen ein. Die wichtigsten Veranstalter von pädagogischen Vortragsreihen waren die Zweigstelle Saarbrücken des Deutschen Instituts für wissenschaftliche Pädagogik in Münster und die Saarbrücker Abteilung der Verwaltungsakademie Frankfurt a. M. Hinzu kamen Hochschulkurse der Lehrerkammer.[152] Auf dem Gebiet der Lehrerfortbildung war die Zusammenarbeit mit deutschen Institutionen eine Selbstverständlichkeit.

Saarländische Lehrkräfte waren vom „Erlass betr. Befreiung vom schulplanmäßigen Religionsunterricht" aus dem Jahre 1921 ausgenommen. In Präparandenanstalten und Seminaren war Religion Pflichtfach. In Deutschland hingegen

---

148 Vgl. Klein: Lehrerbildung (wie Anm. 146), S. 30.
149 Vgl. Karl-Horst Drumm/Ernst Halm/Norbert Warken: Zur Geschichte unserer Schule, in: Staatliches Aufbaugymnasium Ottweiler 1874–1974, Ottweiler 1974, S. 11–26, hier S. 16; Bernhard Krajewski: Lehrerseminare in St. Wendel 1824–1832, 1911–1924, in: Heimatbuch des Kreises St. Wendel Nr. 7 (1957/58) S. 117–120, hier S. 120.
150 Vgl. Klein: Lehrerbildung (wie Anm. 146), S. 30.
151 Vgl. Küppers: Bildungspolitik (wie Anm. 13), S. 104. Fußnote 218.
152 Vgl. Morgenthal: Evangelischer Religionsunterricht (wie Anm. 3), S. 164.

überließ Artikel 149 Abs. 2 WRV „die Erteilung religiösen Unterrichts und die Vornahme kirchlicher Verrichtungen [...] der Willenserklärung der Lehrer [...]."

Bei Erteilung des konfessionellen Religionsunterrichts im Volksschulbereich bestanden alte, von Standesdünkel durchsetzte Gewohnheiten. Geistliche unterrichteten in den oberen Klassen und Lehrer in unteren. Lehrer unterrichteten Biblische Geschichte und Pfarrer Katechismus. Für die Erteilung des evangelischen Religionsunterrichts besteht an der ehemals preußischen Saar bis heute die norddeutsche Tradition, nach der Religionslehrer im Normalfall alleine die Erteilung des schulischen Religionsunterrichts vornehmen. Bis heute folgt der ehemals bayerische Teil der Saar der süddeutschen Tradition, nach der Lehrer und Geistliche für die Erteilung des Religionsunterrichts zuständig sind.[153] Die Erteilung des katholischen Religionsunterrichts orientierte sich im gesamten Land an der süddeutschen Tradition, indem in erster Linie Geistliche den Katechismusunterricht erteilen. Eine typische Regelung konnte darin bestehen, dass Pfarrer für den Katechismusunterricht in der Bürgerschule und Kapläne für diesen Unterricht in der Grundschule verantwortlich waren.[154]

Als Folge der Weltwirtschaftskrise mussten Lehrer 1932 „eine fühlbare Kürzung der Gehaltsbezüge" hinnehmen. Ein Jahr später setzte die Völkerbundsregierung „den steuerfreien Teil des Einkommens" herab. Für die Lehrkräfte bedeutete dies eine Steuererhöhung.[155] Auch in der Weimarer Republik erlitten die Volksschullehrer Einkommensverluste.[156] Abstiegsängste begünstigten an der Saar und im übrigen Deutschland die Affinität von Lehrern zum Nationalsozialismus.[157]

Der Frauenanteil unter den vollbeschäftigten Lehrkräften an saarländischen Volksschulen lag von Ende der 1920er bis Mitte der 1930er Jahre konstant bei 39 Prozent mit leicht steigender Tendenz.[158] In den zwölf stadtnahen Bürger-

---

153 Ebda., S. 156 u. 323.
154 Chronik der Volksschule Urexweiler (wie Anm. 93).
155 LA Saarbrücken. Best. Kreisschulamt Illingen Nr. 18; Ludwig Linsmayer: Die Macht der Erinnerung, in: ders. (Hg.): Der 13. Januar. Die Saar im Brennpunkt der Geschichte, Historische Beiträge des Landesarchivs Saarbrücken Bd. 1, Saarbrücken 2005, S. 13–110, hier S. 78.
156 Vgl. Jörg Pfeiffer: Gleichschaltung der Lehrer, in: Horst Schiffler (Hg.): ABC und Hakenkreuz, Ottweiler 2002, S. 57–60, hier S. 57.
157 Vgl. Morgenthal: Evangelischer Religionsunterricht (wie Anm. 3), S. 166; Derselbe: Volksschule und Nationalsozialismus in der Bürgermeisterei Eppelborn, in: Eppelborner Heimathefte Nr. 19 (2019) S. 68–87, hier S. 75.
158 Errechnet aus folgenden Zahlen: Bericht des Statistischen Amtes, 7. Heft (1929) S. 315; Bericht des Statistischen Amtes, 12. Heft (1934) S. 190.

meistereien des Kreises Saarbrücken (Bischmisheim, Dudweiler, Friedrichs-thal, Gersweiler, Heusweiler, Kleinblittersdorf, Ludweiler, Püttlingen, Quier-schied, Sellerbach, Sulzbach und Völklingen) waren 1920/21 – ohne Rektoren und Hauptlehrer – an katholischen Volksschulen bereits rund 48 Prozent Frauen. An evangelischen Schulen lag ihr Anteil dagegen bei mageren 32 Pro-zent.[159] Diese Differenz ist vermutlich auf das damals konservative protestan-tische Frauenbild zurückzuführen. Wohingegen der Einsatz von Lehrerinnen in den katholischen Gebieten westlich des Rheins in der Tradition lehrender Ordensschwestern stand und in der Öffentlichkeit akzeptiert wurde.[160]

Die gesellschaftliche Stellung von Lehrkräften an Volksschulen verbesserte sich im Laufe der 1920er Jahre. Folgende Faktoren waren dafür in erster Linie verantwortlich: die vollständige Übernahme der Lehrkräfte in den saarländi-schen Staatsdienst und ihr neuer Status als Beamte mit einheitlicher Bezahlung. Parallel dazu wirkte sich das durch die Schulreform verbesserte Bildungs-niveau an Volksschulen auf das Ansehen der Pädagogen positiv aus.[161]

6. Schulreform an der Saar

Bildungs- und Arbeitsplan

1921 beauftragte die Schulabteilung eine „Kommission von Schulmännern"[162] unter der Leitung des Oberschulrats Dr. Karl Lichthardt[163] damit, eine Schul-reform auszuarbeiten. Im April 1922 stellte diese Kommission die „Grundsätze für den Bildungs- und Arbeitsplan der achtklassigen Volksschulen des Saarge-biets" vor. Dieser Bildungs- und Arbeitsplan hob sich von früheren Lehrplänen, die als Stoffpläne konzipiert waren und von dem zu behandelnden Unterrichts-stoff beherrscht wurden, ab. Um dem pädagogischen Miteinander von Lehrern und Schülern einen möglichst großen Freiraum zu bieten, verzichtete der Plan auf detaillierte Angaben zum Lernstoff. Vielmehr beabsichtigte er, die pädago-

---

159 Vgl. Morgenthal: Evangelischer Religionsunterricht (wie Anm. 3), S. 167 f.
160 Vgl. Michael Sauer: Volksschullehrerbildung in Preußen. Die Seminare und Präparanden-anstalten vom 18. Jahrhundert bis zur Weimarer Republik, Köln, Wien 1987, S. 170.
161 Vgl. Morgenthal: Evangelischer Religionsunterricht (wie Anm. 3), S. 167.
162 Vgl. Lichthardt: Bildungs- und Arbeitsplan (wie Anm. 4), S. 3.
163 LA Saarbrücken. Best. Ministerium des Innern. Pers. Akte Nr. 2531; diese Archivalie beinhal-tet nur einige Schreiben aus der Zeit ab 1945.

gische Tätigkeit der Lehrkräfte in Form von Grundsätzen und Problemen anzu-
deuten. Aus der Zielsetzung des jeweiligen Faches ergaben sich diese Grundsätze
von selbst. Aus diesen Grundsätzen wiederum ließen sich Einzelaufgaben
mühelos und ohne wesentliche Abweichungen vom Plan herleiten. Mit Hilfe
dieses Freiraumes versuchte der Plan, der Eigenart des Lehrers und der Verhältnisse vor Ort gerecht zu werden.

Der neue Lehrplan wurde über die Kreisschulämter an die Schulen verteilt.
Nachdem jede Schule einen Gesamtplan ausgearbeitet hatte, bedurfte dieser
der Genehmigung durch den Kreisschulrat, der die Durchführung der Reform
überwachte.[164] Bis auf das Fach Religion galt der Bildungs- und Arbeitsplan für
das gesamte Saargebiet. Der Bildungs- und Arbeitsplan unterteilte die Volksschule in Grund- (1. bis 4. Schuljahr) und Bürgerschule (5. bis 8. Schuljahr), um
für die Alterskohorten beider Schulformen jeweils differenzierte Entscheidungen für die Gestaltung des Unterrichts treffen zu können – je nach Reife der
Schüler. Darüber hinaus enthielt der neue Plan folgende formale Regelungen:[165]

- Die Vollstunden an Volksschulen dauern 50 Minuten.
- Die Knaben der Bürgerschule erhalten pro Woche einen „obligatorischen
  Spielnachmittag" zusätzlich, die Mädchen nur alle zwei Wochen. „In nicht
  industriellen Orten" kann der Spielnachmittag mit Genehmigung des Schul-
  rates entweder ganz oder alle zwei Wochen entfallen.
- Eine Gesangsstunde im 7. und 8. Schuljahr kann in mehrklassigen Schulen
  zum Choralgesang verwendet werden.
- Im 7. und 8. Schuljahr kommen zum evangelischen Religionsunterricht noch
  die pfarramtlichen Religionsstunden hinzu.
- Für Schüler, die am Französischunterricht teilnehmen, fallen jeweils eine
  Stunde Turnen, Zeichnen, Naturkunde und Schreiben aus.
- In Schulen, die die technischen Voraussetzungen erfüllen, kann Werkunterricht im 7. und 8. Schuljahr in Verbindung mit Zeichnen zu einem obligatorischen Fach werden. Die Schulverbände sollen den Werkunterricht so stark
  fördern, dass dieser ab Ostern 1926 an allen Knabenschulen als verpflichtendes Fach erteilt werden kann.

---

164 Vgl. Lichthardt: Bildungs- und Arbeitsplan (wie Anm. 4), S. 3 u. 13.
165 Ebda., S. 4.

- Sollte in Mädchenschulen die Möglichkeit zum Kochunterricht nicht bestehen, so ist der naturkundliche Unterricht um zwei Stunden zu erweitern. Diese sollen den Bedürfnissen des Haushaltes dienen.

Die Unterrichtsgegenstände

Die Stundentafel des Bildungs- und Arbeitsplanes unterschied zwischen den einzelnen Schulklassen. In einigen Fächern gab es in der Stundenzahl Unterschiede zwischen evangelischen und katholischen Volksschulen. In der Bürgerschule wurden die Wochenstundenzahlen getrennt nach Knaben- und Mädchenklassen ausgewiesen.

Der Bildungs- und Arbeitsplan sah folgende Stundentafel vor:[166]

Fächer	Grundschule				Bürgerschule							
					Kn.	M.	Kn.	M.	Kn.	M.	Kn.	M.
	1	2	3	4	5		6		7		8	
Religion: ev.	4	3	3	3	4	4	4	4	3	3	3	3
Religion: kath.	2	4	4	4			5	5	5	5	5	5
Deutsch: ev.			9	8	8	7	8	8	7	7	7	7
Deutsch: kath.			8	7			7					
Schreiben			2	2								
Anschauungsunterricht	10	12	4	4								
(Heimatkunde)		11										
Rechnen: ev.	4	4	4	4	4	4	4	4	4	4	4	4
Rechnen: kath.								3			3	3
Raumlehre: ev.								1		2	1	1
Raumlehre: kath.								1		-	1	-
Geschichte					2	2	2	2	2	2	2	2
Erdkunde					2	2	2	2	2	2	2	2
Naturkunde: ev.					2	2	3	2	4	3	4	1
Naturkunde: kath.									3		3	
Gesang	2	2	2	2	2	2	2	2	2	2	2	2
Turnen	2	2	2	3	2	2	2	2	2	2	2	2
Zeichnen				2								
Nadelarbeit			(2)	(2)		2		2		2		2
Haushaltskunde												4
Summe	18	22	26	28	28	28	30	30	30	30	30	32

Die obenstehende Stundentafel war für die achtklassige Schule vorgesehen. Für weniger gegliederte Schulen und gemischte Klassen konnte eine Änderung

---

166 Ebda., S. 4; Morgenthal: Evangelischer Religionsunterricht (wie Anm. 3), S. 151 f.

der Stundenverteilung vorgenommen werden. Die Wochenstundenzahl für einklassige Schulen betrug dreißig Stunden. Im ersten Schulhalbjahr des ersten Schuljahres wurde „Gesamtunterricht" erteilt. In einigen Klassenstufen teilte die Stundentafel den evangelischen Schulen in einzelnen Fächern (Rechnen, Deutsch, Heimat- und Naturkunde) mehr Wochenstunden zu als den katholischen. Die evangelische Seite verzichtete dafür auf ein bis zwei Wochenstunden Religion.

Die Stundentafel des Bildungs- und Arbeitsplanes enthält nicht das Fach Französisch. Dieser Unterricht begann im Herbst 1921 in Form von „freiwilligen Kursen im Französischen für Volksschüler von 10 bis 13 Jahren".[167] Sobald sich Schüler für Französisch entschieden hatten, wurde aus dem Wahl- ein Pflichtfach.[168] Frankreich besaß in seinen separaten Bildungseinrichtungen, die es selbst organisierte, wesentlich weitergehende Kompetenzen!

Saarländische Pädagogen brachten gegenüber der Einführung des französischen Unterrichts folgende Kritikpunkte vor:

- Das Argument, mit dem die Einführung des französischen Unterrichts offiziell begründet wurde, dass sich an der Saar zwei Wirtschaftsgebiete und Kulturen berühren, war fadenscheinig.
- Die Aufnahme der Schüler in diesen Unterricht geschah ohne Prüfung ihrer Begabung.
- Die Aufnahme hatte die Kürzung der Wochenstundenzahl anderer Fächer zugunsten dieses Unterrichts zur Folge.

Darüber hinaus betonte eine Denkschrift der Lehrerkammer, dass der Französischunterricht die saarländische Volksschule schädige und die Gefühle der Lehrerschaft verletze, da er „unter völliger Ausschaltung der Mitwirkung des Lehrers" eingeführt worden sei.[169]

---

167 Vgl. Das Saargebiet unter der Herrschaft des Waffenstillstandsabkommens und des Vertrages von Versailles, Nr. 199 (S. 317).
168 Vgl. Hans Bongard: Das Kulturleben an der Saar, in: Fritz Kloevekorn (Hg.): Das Saargebiet seine Struktur, seine Probleme, Saarbrücken 1929, S. 409–438, hier S. 421; Morgenthal: Evangelischer Religionsunterricht (wie Anm. 3), S. 151.
169 Ebda., S. 421.

Der Einfluss Kerschensteiners auf Religionsunterricht

Religionsunterricht nahm eine Sonderstellung ein und wurde u. a. deshalb auf der Stundentafel ganz oben aufgeführt, weil das Bekenntnis von Schülern und Lehrern die Art der Konfessionsschule bestimmte. Indem sich die Kirchen den Gedanken der Arbeitsschulpädagogik öffneten, hatte die Reform Aussicht, auch an der Saar realisiert zu werden. Im Zusammenhang mit der wertphilosophischen Begründung seiner Bildungstheorie erkannte Kerschensteiner dabei auch den Wert der Religion. Seine Gedanken zur Arbeitsschule wiesen den Weg, den Religionsunterricht aus seiner didaktischen Rückständigkeit herauszuführen und zu neuer Beliebtheit unter den Schulkindern zu verhelfen. Die Fuldaer Bischofskonferenz vom 18. August 1924 und die Autoren des Lehrplans für den katholischen Religionsunterricht von 1925 griffen den Arbeitsschulgedanken auf.[170] Neben der Behandlung traditioneller Pflichtthemen öffnete sich der evangelische Lehrplan gegenüber existentiellen Fragen der Schulkinder und beleuchtete aus religiöser Perspektive den Alltag des menschlichen Daseins.[171] Zusammen mit den anderen Unterrichtsfächern unternahm der evangelische Religionsunterricht den Versuch, Hilfestellungen in Lebenssituationen zu ermöglichen. Die evangelischen Lehrpläne der Rheinischen und Pfälzischen Kirche lehnten sich in ihrer konzeptionellen Gestaltung an Ideen des Religionspädagogen Otto Eberhard an.[172] Im ehemals bayerischen Teil der Saar ersetzte der Landeskirchenrat in Speyer den alten Lehrplan erst 1928 durch die „Anweisung zur Erteilung des protestantischen Religionsunterrichts an den Volkshauptschulen der Pfalz."[173] Dieser Plan öffnete sich nur sehr zurückhaltend gegenüber der Arbeits- und Heimatschulidee. Die Freiheiten für die Auswahl der Unterrichtsstoffe hielten sich in Grenzen.[174] Der im Bildungs- und Arbeitsplan enthaltene Lehrplan für den evangelischen Religionsunterricht konnte für den ehemals preußischen Teil des Saargebiets von der Schulabteilung verfügt werden, nachdem ihn das Konsistorium der Rheinischen Kirche genehmigt hatte.

---

170 Vgl. Hemel: Art. Kerschensteiner (wie Anm. 63), Sp. 1409.
171 Vgl. Lichthardt: Bildungs- und Arbeitsplan (wie Anm. 4), S. 22.
172 Vgl. Morgenthal: Evangelischer Religionsunterricht (wie Anm. 3), S. 327.
173 Anweisung zur Erteilung des protestantischen Religionsunterrichts an den Volkshauptschulen der Pfalz, hg. vom Protestantischen Landeskirchenrat der Pfalz, Speyer 1928; Morgenthal: Evangelischer Religionsunterricht (wie Anm. 3), S. 157.
174 Ebda., S. 162.

Der Lehrplan für den katholischen Religionsunterricht wurde an Pfingsten 1925 eingeführt.[175]

Die Grund- und Bürgerschule

Die Grundschule hatte die Aufgabe, „den allmählichen Uebergang aus dem Leben in die Schule" zu vermitteln. Aus diesem Grund ist „der heimatkundliche Anschauungsunterricht [...] Ausgangs- und Mittelpunkt des gesamten Unterrichts der Grundschule".[176] Die Bürgerschule wiederum baute auf der Grundschule auf und sollte den Übergang aus der Schule ins Leben herstellen. Deshalb hatten die Lehrer die Aufgabe, die Schüler „in berufsethischer Hinsicht" auf „den schweren Ernst und die entscheidende Bedeutung der Berufswahl als einer Lebenswahl" hinzuweisen. Für den Fall, dass Kinder zu mittleren oder höheren Bildungseinrichtungen überwechseln wollten, bestand seit 1923 die Möglichkeit, begleitend zur Bürgerschule Sonderklassen zu besuchen.

In der Bürgerschule beabsichtigte der Plan, die Ansätze der Persönlichkeitsbildung des Kindes zur Entwicklung zu bringen. „Alle Motive, die für das sittliche Leben des Kindes" relevant sind, sollten die Pädagogen „immer wieder systematisch und unmittelbar zur Geltung" kommen lassen. Die Lehrer hatten die Rolle als „Jugendbildner" anzunehmen und als solche ihre Schüler auf den Weg des künftigen Staatsbürgers zu geleiten. Damit der Bildungsauftrag der Schule gelingen konnte, regte der Plan den Zusammenschluss von Lehrkräften, Kindern und Eltern zu „einer dauernden Arbeitsgemeinschaft" an. Dazu gehörten Elternabende, die „möglichst im Rahmen der einzelnen Klasse" zu organisieren waren.[177]

Die in §2 des Reichsgrundschulgesetzes enthaltene Aufhebung kostenpflichtiger Vorschulen fand an der Saar keine Erwähnung. Die Eltern nahmen für ihre Kinder private Vorschulen wegen des überwiegend schichtenübergreifenden Gesellschaftslebens nur selten in Anspruch. Eine Beseitigung dieser Einrichtungen wurde deshalb als nicht notwendig erachtet.

---

175 LA Saarbrücken. Best. Kreisschulamt Illingen Nr. 8.
176 Vgl. Lichthardt: Bildungs- und Arbeitsplan (wie Anm. 4), S. 66 f., 15.
177 Ebda., S. 65–67.

Die Arbeitsschulidee

Die Arbeitsschule forderte eine neue Form des Lernprozesses. „[...] An die Stelle des vorwiegend aktiven Lehrers und des mehr oder minder zu passiver Aufnahme verurteilten Schülers" setzte die Arbeitsschule „den aktiven Schüler und den leitenden Lehrer [...]". Das Bildungsziel der neuen Schule bestand in der „Umwandlung der alten Erziehungsschule in eine Selbsterziehungsschule" mit dem Ziel, das Kind zu einem tüchtigen Individuum und wertvollen Gemeinschaftswesen zu erziehen. In Bezug auf Stoffauswahl und -anordnung forderte die Arbeitsschule, dass sich der Lehrer mehr nach dem „Entwicklungsgang der Kindesseele [...]" richtet. Mit dem „Entwicklungsgang der Kindesseele" sind wohl Ergebnisse der Entwicklungspsychologie gemeint. „Im Interesse der Selbsttätigkeit" der Schüler drängte der neue Lehrplan die Pädagogen zur „Stoffbeschränkung". Ferner empfahl der Plan, Stoff aus „dem täglichen Leben der räumlichen und seelischen Heimat des Kindes" zu entnehmen.[178]

Die Heimatschulidee

Weil das Arbeitsprinzip „nur in der Heimatschule zur vollen Auswirkung gelangen" konnte, erhob der Bildungs- und Arbeitsplan Heimatkunde „zum Lehrgrundsatz". „Um zu den Tiefen des kindlichen Gemütes vorzudringen, muß gleich neben das religiöse Erziehungsziel das soziale der Heimatschule treten." Der Bildungs- und Arbeitsplan erwartete, dass sich „diese Bewußtseinslage des Kindes" im Erwachsenenalter „als Bewußtsein der Bodenständigkeit" festigen werde. Dem entsprechend hatte die Lehrkraft darauf achtzugeben, dass die Stoffauswahl einen Bezug zur Heimat aufwies. Da die Verhältnisse vor Ort unterschiedlich waren, wies der Arbeitsplan jeder Schule ein „Sondergepräge" auf. Der heimatliche Anschauungsunterricht hatte die Aufgabe, „das Kind in seiner Welt seelisch heimisch zu machen". Wenn das Kind „seinen heimatlichen Anschauungskreis" selbst durchwandern und mit den eigenen Sinnen auffassen und wiedergeben konnte, war dieses Ziel erreicht.[179]

---

178 Ebda., S. 5, 7.
179 Ebda., S. 11–13, 15.

Der Gesamtunterricht

Die Lehrkräfte erhielten die Anweisung, im ersten Schulhalbjahr des ersten Schuljahres „in voll ausgebauten Schulen [...] Gesamtunterricht [...] zu erteilen." In wenig gegliederten und einklassigen Schulen schrieb die Verwaltung in den ersten Monaten mindestens vier Stunden Gesamtunterricht wöchentlich vor. Im Gesamtunterricht fand ein zwangloser Wechsel aller Fächer statt. Der Inhalt des Unterrichts ergab sich „organisch aus dem Erlebnis einer breitangelegten Sachunterrichtseinheit". Auch „der Gesamtunterricht entnimmt den Stoff der räumlichen und seelischen Umgebung des Kindes" und ist deshalb „heimatkundlicher Anschauungsunterricht".[180]

7. Erfahrungen mit dem Bildungs- und Arbeitsplan – dokumentiert in Revisionsberichten

Die saarländische Schulreform fand in Protokollen zu Unterrichtsbesuchen von Schulleitern und Schulräten ihren Niederschlag. Protokolle von Rektoren dienten in erster Linie dazu, den pädagogischen Fortschritt des Unterrichts an der eigenen Schule zu dokumentieren. Dagegen hatten Protokolle von Schulräten vor allem die Aufgabe, Lehrpersonen zu beurteilen.

Im Bericht von Rektor Julius Hoffmann über seine Klassenbesuche im Winterhalbjahr 1924 an der katholischen Volksschule Urexweiler finden sich u. a. folgende Bemerkungen: „[...] das Lesestück ‚Gott sieht alles' [von Lehrerin Barbara Heimes] sachgemäß nach dem Arbeitsschulprinzip behandelt. Das Lesen der Kinder war gut. Die Beteiligung der Kinder war sehr lebhaft. [...]" In der Klasse von Petronella Randerath lautete „das Thema, welches [...] vorgeführt wurde, [...]: Eine Fahrt mit dem Vater in die Grube". Der Schulleiter charakterisierte die Unterrichtsstunde u. a. folgendermaßen: „Dem Arbeitsschulgedanken wurde auch in dieser Klasse Rechnung getragen. Die Beteiligung der Kinder war recht lebhaft, und die Leistungen der Klasse waren gut. [...]" In einer weiteren Klasse behandelte Lehrer Josef Schlicker „das Teilen durch Dezimalbrüche". Der Schulleiter kommentierte diese Stunde folgendermaßen: „Ange-

---

180 Ebda., S. 8 f.

wandte und andere gestellte Aufgaben wurden an den Kindern zufriedenstellend gelöst. Aufmerksamkeit und Beteiligung am Unterricht waren gut. [...]"[181]

Turnusmäßig besuchte der Schulrat die Volksschulen seines Sprengels und kontrollierte u. a. die Unterrichtstätigkeit von Lehrkräften. Am 11. Juni 1925 weilte Schulrat Johann Thiel in der katholischen Volksschule Eppelborn. Beim Thema „Anwendung des Gleichnamigmachens der gewöhnlichen Brüche" in der 6. Klasse lautete sein Kommentar zum Unterricht des Schulamtsbewerbers Karl Bröckerhoff: „Die Klasse arbeitet befriedigend mit [...]."[182] Am 7. März 1922 überprüfte Schulrat Philipp Bottler die evangelische Volksschule in Gersweiler. Beim Besuch der ersten Klasse, die aus 37 Schülern bestand, behandelte Lehrer Otto Früh im Anschauungsunterricht „das Märchen vom Hühnchen u. Hähnchen". In Rechnen beschäftigte sich die Klasse mit dem „Übergang über 10", und in Deutsch lasen die Schüler „das ‚Vogelnest', und nach Diktat" schrieben sie „kleine Sätzchen". Die Beurteilung durch den Schulrat lautete: „Die Klasse macht einen durchaus erfreulichen Eindruck, in allen Fächern sind die Kinder gut gefördert. Im Rechnen verfährt der Lehrer besonders anschaulich, dabei regt er die Selbständigkeit der Kinder an."[183]

Diese Überprüfungsbeispiele zeigen, dass sich das Hauptaugenmerk des jeweiligen Revisors auf unterrichtliche Aktivitäten der Schüler richtete. Das Lehrgeschick der Lehrkräfte bestand hauptsächlich darin, die Aktivitäten der Schüler anzuregen und ihnen eine Richtung zu geben. Es kam also darauf an, dass Lehrkräfte den Lernprozess beeinflussend begleiteten. Die Komponenten, die in den Beurteilungen hervorstechen, sind „Aufmerksamkeit" und „Beteiligung" der Schüler, ihre „Leistungen", Anschaulichkeit des Unterrichts sowie „Selbständigkeit der Kinder".

8. Vergleich mit der Schulreform in Preußen

Der Bildungs- und Arbeitsplan enthält Elemente des Reichsgrundschulgesetzes sowie Regelungen der preußischen Richtlinien. Im Bildungs- und Arbeitsplan wird die Sonderstellung der ersten vier Volksschulklassen innerhalb der acht-

---

181 LA Saarbrücken. Best. Kreisschulamt St. Wendel Nr. 16.
182 LA Saarbrücken. Best. Ministerium für Kultus. Pers. Akte Karl Bröckerhoff.
183 Ebda. Pers. Akte Otto Früh.

klassigen Volksschule, die in Deutschland durch das Reichsgrundschulgesetz herbeigeführt worden ist, herausgestellt. Dagegen übernimmt der Bildungs- und Arbeitsplan keine Bestimmungen des Reichsgrundschulgesetzes gegenüber kostenpflichtigen Vorschulen.

Zu den Übereinstimmungen zwischen den preußischen Richtlinien und dem Bildungs- und Arbeitsplan gehört in erster Linie die Übernahme reformpädagogischer Ideen, die hauptsächlich auf Georg Kerschensteiner zurückgehen. Die preußischen und saarländischen Pläne teilen die Volksschule in zwei Teile auf. Den Begriff „Grundschule" verwenden beide. Die preußischen Richtlinien nennen den zweiten Teil der Volksschule neutral „die oberen Jahrgänge" und der Bildungsplan „Bürgerschule". Mit dieser Namensgebung stellen die saarländischen Bildungsreformer die staatspädagogische Aufgabe der Volksschuloberstufe bereits in der Überschrift heraus. Diese besteht darin, die angehenden Jugendlichen zu Staatsbürgern zu erziehen, die in der Lage sind, ein konstruktives Verantwortungsgefühl für die Gemeinschaft zu entwickeln. Trotzdem ist die Zielsetzung der beiden Volksschulteile in beiden Plänen weitgehend identisch.

Der Bildungs- und Arbeitsplan ist wesentlich umfangreicher als die preußischen Richtlinien für beide Volksschulteile zusammengenommen, weil die preußischen Richtlinien lediglich Rahmenbedingungen zur Aufstellung separater Lehrpläne enthalten. Der Bildungs- und Arbeitsplan enthält sowohl allgemeine Grundsätze (Arbeitsschule, Heimatschulidee, Stundentafel) als auch besondere Grundsätze, die beim Unterricht in den einzelnen Fächern zu beachten sind. Darüber hinaus sind im Bildungs- und Arbeitsplan noch einige Beispiele für Arbeitspläne sowie eine Lehrprobe und Übungsstoffe zu finden. Der Bildungs- und Arbeitsplan endet mit einem fünfzigseitigen z. T. kommentierten Literaturverzeichnis.

Als weitere Gemeinsamkeiten sind die Arbeitsschul- bzw. Heimatschulidee und der Gesamtunterricht zu nennen. In der saarländischen Stundentafel fehlen dagegen die Fächer „Staatsbürgerkunde" sowie „Moralunterricht" bzw. „Unterricht in Lebenskunde", die in den preußischen Richtlinien zu finden sind.[184] An der Saar gab es keine bekenntnisfreien Schulen. Das hat mit dem großen Einfluss der Kirchen zu tun. In der Stundentafel der Richtlinien kommt das Fach

---

184 Vgl. Giese: Quellen zur deutschen Schulgeschichte (wie Anm. 57), S. 255 u. 263.

Französisch nicht vor. Im Bildungs- und Arbeitsplan ist dieses Fach ebenfalls nicht zu finden, obwohl es an der Saar unterrichtet wurde.

Sowohl der Arbeitsplan als auch die Richtlinien differenzieren in den Klassen fünf bis acht zwischen Mädchen- und Jungenklassen.[185] In der Stundentafel einer wenig gegliederten Volksschule im Raum Trier findet eine solche Differenzierung bereits im dritten und vierten Schuljahr statt.[186]

Evangelischer Religionsunterricht an der ehemals preußischen Saar steht aufgrund seiner konzeptionellen Gestaltung mit den anderen Unterrichtsfächern in engem Zusammenhang.[187] Die enge Zusammenarbeit mit den anderen Fächern hat der saarländische Religionsplan vermutlich von den preußischen Richtlinien übernommen. An der Konzeption beider Pläne ist „die eigenartig deutsche Ausprägung des Christentums" zu erkennen. Diese „innere Durchdringung von Religion und Kultur" ist für den deutschen Protestantismus typisch.[188] Das Bistum Trier bringt wie die Rheinische Kirche auch den katholischen Religionsunterricht in den Gesamtunterricht ein, die Protestantische Kirche der Pfalz dagegen nicht.[189]

9. Ausblick. Die Zeit nach dem Zweiten Weltkrieg

Konfessionsschule und gegliedertes Schulwesen

Nach dem Zweiten Weltkrieg stellte sich die Sinnfrage neu, um dem Wiederaufbau des öffentlichen Lebens eine Zukunftsperspektive zu geben. Die laizistisch eingestellte Besatzungsmacht hätte an der Saar das Schulwesen gerne nach französischem Vorbild aufbauen lassen. Wegen der engen Bindungen zwischen der Saarbevölkerung und den beiden Traditionskirchen spielte die religiöse Frage für die französische Besatzungsmacht eine Schlüsselrolle. Die Kirchen wurden „als Garant für die so dringend notwendige moralische Neuorientierung" angesehen und „sollten auch die schulische Entwicklung mit-

---

185 Ebda., S. 263.
186 Vgl. Christoffel: Die Geschichte der Volksschule (wie Anm. 65), S. 363.
187 Vgl. Morgenthal: Evangelischer Religionsunterricht (wie Anm. 3), S. 321.
188 Vgl. Lachmann: Die Weimarer Republik (wie Anm. 78), S. 212 f.
189 Vgl. Lichthardt: Bildungs- und Arbeitsplan (wie Anm. 4), S. 18; Morgenthal: Evangelischer Religionsunterricht (wie Anm. 3), S. 162.

prägen".[190] Da die Zustimmung der Saarbevölkerung zur Bekenntnisschule als sicher galt, fand hier über die Konfessionalität der Volksschule keine Abstimmung statt wie in den anderen Teilen der französischen Besatzungszone. An der Saar wurde im Herbst 1945 wieder die 1937 beseitigte Bekenntnisschule eingeführt.[191] Im Zuge der Erarbeitung einer Saarländischen Verfassung setzte sich die Partei des zukünftigen Ministerpräsidenten Johannes Hoffmann, die Christliche Volkspartei (CVP), mit der Festschreibung der öffentlichen Volksschulen als Bekenntnisschulen durch.[192] Indem Artikel 27 der Saarländischen Verfassung von 1947[193] bestimmte, dass „Mittelschulen, Berufsschulen und höhere Schulen [...] christliche Gemeinschaftsschulen [...] sind", knüpfte die saarländische Schulverwaltung an Artikel 146 WRV an, der von einem gegliederten Schulwesen ausging. Als die Phase des Wiederaufbaus weitgehend abgeschlossen war und mit ihr eine stetige Erhöhung des Lebensstandards einherging, änderten sich die gesellschaftlichen Rahmenbedingungen seit den 1960er Jahren. Im Zuge dieser Entwicklung wandte sich die Bevölkerung stärker dem Konsum zu. Auch im Saarland lockerte sich das Verhältnis zwischen den Menschen und den Traditionskirchen. Diese verloren ihre gesellschaftliche Monopolstellung. Der demokratische Staat suchte weitere Stützen im pluralistischen Gesellschaftssystem. Die saarländische Landesregierung schaffte 1965 die Bekenntnisschule als Regeltyp der Volksschule ab und gab 1969 die konfessionell gegliederte Volksschule zugunsten von „Gemeinsamen Schulen" auf.[194]

Status des Religionsunterrichts

Nach dem Zweiten Weltkrieg ist Religionsunterricht an der Saar ein fester Bestandteil des Unterrichtsrepertoires geblieben, wie es Artikel 149 WRV bestimmt hatte. Artikel 29 der Saarländischen Verfassung von 1947 und Artikel 7 Abs. 3 GG[195] haben bis heute den konfessionellen Religionsunterricht als „or-

---

190 Vgl. Christian Grethlein: Religionspädagogik, Berlin/ New York 1998, S. 424.
191 Vgl. Werner F. Morgenthal: Wiederaufbau des Volksschulwesens nach Ende des Zweiten Weltkrieges, in: Eppelborner Heimathefte Nr. 20 (2021) S. 60–80, hier S. 67.
192 Verfassung des Saarlandes. Kommentar, Saarbrücken 2009, S. 224.
193 Die Verfassung des Saarlandes. Mit den Konventionen über das Steuer-, Haushalts- und Justizwesen, Saarbrücken 1948.
194 Vgl. Morgenthal: Evangelischer Religionsunterricht (wie Anm. 3), S. 310 f., 316 f.
195 Grundgesetz für die Bundesrepublik Deutschland, Stand Juli 2017, Bonn 2017.

dentliches Lehrfach" an öffentlichen Schulen festgeschrieben. Doch analog zum gesellschaftlichen Bedeutungsverlust von Kirche senkten die Schulverwaltungen im Laufe der Zeit die Anzahl der wöchentlichen Religionsstunden ab.

Auch in der Frage der Aufsicht über den Religionsunterricht knüpften die Autoren der Saarländischen Verfassung und des Grundgesetzes an die Rechtstradition der Weimarer Reichsverfassung an. Der Kompromiss zwischen Staat und Kirche war in Artikel 149 WRV und in den Ausführungsbestimmungen zur „Verordnung betr. Aufhebung der geistlichen Ortsschulinspektionen" von 1921 nach deutschem Vorbild festgelegt worden. Artikel 29 der Saarländischen Verfassung und Artikel 7 Abs. 3 GG bestimmen, dass Religionsunterricht trotz der allgemeinen Schulaufsicht des Staates an kirchliche Vorgaben gebunden ist. Religionsunterricht ist demnach weiterhin eine „res mixta" zwischen Staat und Kirche.[196]

Im „Schulwort" der EKD von 1958 bekundeten die Landeskirchen ihre Bereitschaft, die schulische Erziehung von kirchlicher Bevormundung zu befreien. In der zweiten Hälfte der 1960er Jahre gaben sie dem kritischen Zeitgeist bei Neuorganisation der Schulen zu simultanen Bildungseinrichtungen nach. Sie öffneten seit Anfang der 1970er Jahre die Lehrpläne in Religion, indem sie zunehmend vom traditionellen Lernstoff abrückten und sich auf neu konzipierte Lehrpläne einließen.[197] 1971 wurde der erste curriculare Lehrplan für die Grundschule[198] fertiggestellt. Dieser galt ab dem Schuljahr 1971/72 probeweise für die Bundesländer Rheinland-Pfalz und Saarland. Innerhalb des Saarlandes war dieser Lehrplan sowohl für den Bereich der Rheinischen als auch den der Pfälzischen Landeskirche gültig. Die Lehrpläne in evangelischer Religion, die seit dieser Zeit herausgegeben werden, gelten für das gesamte Saarland.[199]

In Punkto „Abmeldemöglichkeit vom schulplanmäßigen Religionsunterricht" besteht im Saarland bis heute eine Sonderregelung. Nach Artikel 29 Abs. 2 der Saarländischen Verfassung können sich Jugendliche erst „selbst" von diesem Unterricht befreien lassen, „wenn sie das 18. Lebensjahr vollendet haben". Diese Vorschrift war bereits in der Saarländischen Verfassung, wie sie am 15. De-

---

196 Vgl. Morgenthal: Evangelischer Religionsunterricht (wie Anm. 3), S. 310 f., 322.
197 Ebda., S. 315.
198 Vgl. Lehrplan für die Grundschule der Länder Rheinland-Pfalz u. Saarland, Grünstadt o.J. (1971).
199 Vgl. Morgenthal: Evangelischer Religionsunterricht (wie Anm. 3), S. 293 f.

zember 1947 beschlossen worden war, enthalten. Deshalb handelt es sich um „Recht, das auf dem Gebiet der konkurrierenden Gesetzgebungszuständigkeit vor Inkrafttreten des Grundgesetzes früheres Reichsrecht abgeändert hat". Somit ist es nach Artikel 125 Abs. 2 GG „partielles, auf das Saarland beschränktes Bundesrecht" geworden.[200] Nach Bundesrecht außerhalb des Saarlandes sind Jugendliche nach § 5 des „Gesetzes über die religiöse Kindererziehung"[201] schon ab 14 Jahren bei der Abmeldung vom Religionsunterricht nicht mehr auf die Einwilligung der Erziehungsberechtigten angewiesen. In den alten Bundesländern können sich Schüler nur in Bayern und dem Saarland erst ab 18 Jahren selbst vom Religionsunterricht befreien lassen.[202]

Die Volksschule

Nach dem Zweiten Weltkrieg knüpfte die saarländische Schulverwaltung nicht nur an die Konfessionsschule der Vorkriegszeit und den Kompromiss mit den Traditionskirchen im Hinblick auf den Religionsunterricht an, sondern auch an den Bildungs- und Arbeitsplan von 1922. Zunächst behalfen sich die mit dem Aufbau des Schulwesens beauftragten Pädagogen mit Provisorien. Erst 1948 wurde der neue „Lehrplan für die Volksschulen des Saarlandes"[203] fertig gestellt. Wie der Bildungs- und Arbeitsplan von 1922 fungierte der neue Plan als „Rahmenplan". Für jede Schule musste ein „Gesamtplan" erstellt werden. Jeder Lehrer nahm für seine Klasse die Verteilung des Lernpensums (Stoffverteilungsplan) vor. Der o. g. Rahmenplan gewährte den Lehrkräften einen größeren Spielraum in der Ausgestaltung des Unterrichts als reine Stoffpläne.

Wie in der Zwischenkriegszeit spielte z. B. „Heimatkunde" unter den Fächern eine besondere Rolle. Der Fächerbereich „Anschauungsunterricht", „Heimatkunde", „Geschichte" und „Erdkunde" bot eine weitere Parallele zum Lehrplan von 1922. Die Stundentafel für das Schuljahr 1950/51 bot in den ersten beiden

---

200 Vgl. Verfassung des Saarlandes, Kommentar (wie Anm. 192), S. 239 f.
201 https://www.gesetze-im-internet.de/kerzg/BJNR009390921.html, (letzter Zugriff 26.12.2021). Von nachträglichen Änderungen abgesehen, hat dieses Gesetz den gleichen Wortlaut wie das „Reichsgesetz über die religiöse Kindererziehung" von 1921 bzw. die saarländische „Verordnung betr. die religiöse Kindererziehung" von 1926.
202 https://www.gesetze-bayern.de/Content/Document/BaySchO2016-27, (letzter Zugriff 15.03.2022).
203 Vgl. Lehrplan für die Volksschulen des Saarlandes, Saarbrücken, o. J. (1948).

Schuljahren „Anschauungsunterricht" an. In den beiden darauffolgenden Klassen wurde dieses Fach zur „Heimatkunde". Ab Klassenstufe 5 erfolgte die Aufspaltung von „Heimatkunde" in „Geschichte" und „Erdkunde". Nach dem Konzept der Pläne von 1922 und 1948 sollten sich die Schulkinder zunächst mit ihrer engeren Umgebung vertraut machen und intensiv auseinandersetzen. Heimatliebe, statt eines falsch verstandenen Patriotismus und Nationalismus, gehörte u. a. zu den erklärten Unterrichtszielen.[204]

Durch Nationalsozialismus und Krieg hatte das Unterrichtsniveau so sehr gelitten, dass in den 1950er Jahren die Unterweisung an Volksschulen in ihrer methodischen Darbietung immer noch auf dem Stand der 1920er Jahre verharrte.[205] Unter Ministerpräsident Johannes Hoffmann hatte Artikel 27 der Saarländischen Verfassung noch die Existenz konfessioneller Zwergschulen garantiert und somit den weiteren Ausbau von Volksschulen behindert. Bis 1957 blieb die Oberstufe der Volksschule, was Lerninhalte und Didaktik anbelangt, „in den Rahmen eines autonomen Provinzialismus" eingezwängt, weil keine Verbindung zur Erziehungswissenschaft im deutschsprachigen Raum bestand und eine ernst zu nehmende Kommunikation mit der französischen Reformpädagogik nicht festzustellen war.[206] Der konfessionelle Religionsunterricht befand sich dagegen in einer ungleich besseren Situation als die anderen Fächer, da die hiesigen Traditionskirchen ihren Sitz in Deutschland haben.[207]

Nach dem Zweiten Weltkrieg versuchte Frankreich weiterhin, seinem kulturellen Einfluss auf die Saar mit Hilfe der eigenen Sprache Geltung zu verschaffen. Zu diesem Zweck gab die französische Besatzungsmacht den Anstoß zur Einführung des Faches Französisch an saarländischen Schulen. Über 90 Prozent der Schulkinder des Schulaufsichtsbezirks Ottweiler nahmen im November 1945 bereits an diesem Unterricht teil. Zu Beginn des Schuljahres 1946/47 wurde Französisch vom zweiten Schuljahr an als verpflichtendes Hauptfach eingeführt. Aufgrund des französisch-saarländischen Kulturabkommens von 1948 erhielt Französisch an allen Schulen den absoluten Vorrang gegenüber

---

204 Vgl. Morgenthal: Wiederaufbau des Volksschulwesens (wie Anm. 191), S. 64 f., 69 f.
205 Vgl. Morgenthal: Evangelischer Religionsunterricht (wie Anm. 3), S. 242.
206 Vgl. Berthold Peter Meiser: Die Entwicklung der Volksschuloberstufe im Saarland, Rheinland-Pfalz und Hessen seit 1945. Gleichzeitig ein Vergleich mit der Entwicklung in Österreich, Salzburg 1970, S. 128.
207 Vgl. Morgenthal: Evangelischer Religionsunterricht (wie Anm. 3), S. 238.

anderen Fremdsprachen. Französisch wurde vor Beitritt des Saarlandes zur Bundesrepublik durch Schuloffiziere bzw. Inspekteure streng kontrolliert.[208]

Trotz der durch den Beitritt des Saarlandes zur Bundesrepublik notwendig gewordenen Anpassung der Saarländischen Verfassung[209] an den grundgesetzlichen Rahmen schrieb Artikel 27 weiterhin das gegliederte Schulwesen in der Sekundarstufe I fest. Zur Palette der Schulformen gehörten Mittelschulen und höhere Schulen. Infolge der „kleinen Wiedervereinigung" zum 1. Januar 1957 kam die Verbindung zur Pädagogik im deutschsprachigen Raum wieder zustande, so dass Netzwerke der Zusammenarbeit entstehen konnten. Das Saarland schloss sich dem „Düsseldorfer Abkommen" an. Die Länder der Bundesrepublik hatten diese Vereinbarung am 17. Februar 1955 „zur Vereinheitlichung des Schulwesens" geschlossen.[210] Im Sine dieses Abkommens verlegte das Saarland Beginn und Ende des Schuljahres wieder auf den Ostertermin. Diese Regelung trat 1957 in Kraft. Nachdem das Saarland Bundesland geworden war, setzte eine Konzentration der Schulstandorte ein.[211]

Mit der Verlängerung der Volksschulzeit von acht auf neun Jahre im Schuljahr 1958/59 setzte die saarländische Schulverwaltung einen Plan um, der bereits 1933 an der Saar diskutiert worden war. Mit dieser Schulzeitverlängerung lag die saarländische Administration auf einer Linie mit dem Schulwort der EKD von 1958. Bei der Verlängerung der Schulzeit ging es in erster Linie darum, den Übergang der Jugendlichen in die Berufswelt zu erleichtern.[212] Laut Stundentafel des „Bildungs- und Unterrichtsplans für das Abschlussjahr der Volksschule"[213] von 1958 war der Klassenlehrer für den Gesamtunterricht, in dem die vier Lebensbereiche „Familie, Berufswelt, Gemeinde, Volk und Staat" im Mittelpunkt standen, sowie die Kernfächer zuständig. Fachlehrer erteilten Kursunterricht.

Am 1. Juli 1965 trat das „Gesetz Nr. 812 zur Ordnung des Schulwesens im Saarland"[214] (Schulordnungsgesetz) in Kraft. Dieses Gesetz bündelte weite Bereiche des Schulrechts, setzte preußische (Volksschulunterhaltungsgesetz) und

---

208 Ebda., S. 214 f., 238.f., 241; Morgenthal: Wiederaufbau des Volksschulwesens (wie Anm. 191), S. 70.
209 Amtsblatt des Saarlandes Nr. 139 (31.12.1956), S. 1657–1659.
210 Vgl. Morgenthal: Evangelischer Religionsunterricht (wie Anm. 3), S. 266; Amtliches Schulblatt für das Saarland Nr. 8, Jg. 12 (20.6.1956) S. 21.
211 Vgl. Morgenthal: Evangelischer Religionsunterricht (wie Anm. 3), S. 268 f., 282.
212 Ebda., S. 267.
213 Amtliches Schulblatt für das Saarland, Sondernummer, Jg. 14 (05.03.1958) S. 1–3.
214 Amtsblatt des Saarlandes Nr. 56 (1. Juni 1965) S. 385–395.

bayerische Schulgesetze („Bayerisches Schulbedarfsgesetz [...]" und „Bayerisches Gesetz über die Schulverwaltung, Schulleitung und Schulaufsicht an den öffentlichen Volksschulen[...]") außer Kraft und vereinfachte damit das saarländische Schulrecht.[215] 1969 änderte der saarländische Landtag das Schulordnungsgesetz und bestimmte u. a., dass „Grund- und Hauptschulen [...] selbständige Schulen" sein können, was zur institutionellen Trennung beider Schulformen führte.[216]

Die Grundschule

Vor Beitritt des Saarlandes zur Bundesrepublik wurden die ersten vier Schuljahre der Volksschule in Stundentafeln nicht als Grundschule bezeichnet. Trotzdem fungierte die Unterstufe der Volksschule als Regelschule, weil sie alle Schüler aufnehmen musste. Darüber hinaus existierte keine nennenswerte Konkurrenz zu dieser Schulform. Das Schulangebot verzweigt sich bis heute erst nach der Grundschule.[217]

Die Richtlinien und Rahmenlehrpläne vom 26. Februar 1959[218] griffen Bestimmungen der WRV und des Reichsgrundschulgesetzes auf, indem sie innerhalb der „Volksschule" wieder zwischen der „Oberstufe der Volksschule" und der „Grundschule" differenzierten. „Die Volksschule führt als einzige Schule alle Kinder unseres Volkes in der Grundschule zusammen und vermittelt ihnen ihre erste planmäßige Bildung." In der Grundschule „wird das Kind allmählich von der Welt des Spiels her in jene des planvollen Tuns, der schulgemäßen Arbeit geführt, zum Einfügen in die Gemeinschaft erzogen und so in seinen Anlagen entfaltet, mit Kenntnissen ausgestattet und in seinen Fertigkeiten entwickelt, daß es mit Gewinn am Unterricht der Oberstufe oder an dem der weiterführenden allgemeinbildenden Schulen teilnehmen kann. [...]." An dieser Stelle gehen o. g. Richtlinien – an Artikel 146 WRV anknüpfend – von einem gegliederten Schulwesen aus. In allen Klassen der Grundschule empfahlen o. g. Richt-

---

215 Vgl. Morgenthal: Evangelischer Religionsunterricht (wie Anm. 3), S. 265 f.
216 Amtsblatt des Saarlandes Nr. 26 (11.8.1969) S. 482–484; Morgenthal: Evangelischer Religionsunterricht (wie Anm. 3), S. 272.
217 Vgl. Morgenthal: Evangelischer Religionsunterricht (wie Anm. 3), S. 270 f.
218 Richtlinien u. Rahmenlehrpläne, hg. vom Minister für Kultus, Unterricht und Volksbildung im Saarland, S. 5, 7 f., 12.

linien z. B. „nach Möglichkeit gesamtunterrichtlich" zu arbeiten. Heimatlicher Anschauungsunterricht bildete den Kern des Gesamtunterrichts.

Die Stundentafel der Grundschule von 2005 weist für die Klassenstufen 1 und 2 zur Orientierung „grundlegenden Unterricht" aus.[219] Dieser „soll fächerübergreifend-ganzheitlich unterrichtet werden." Die angegebenen Stundenvorgaben „sind kein starres zeitliches Schema." Auch an dieser Stelle wird die Ähnlichkeit zu den Richtlinien zur Aufstellung von Lehrplänen für die Grundschule von 1921 in Preußen und zum saarländischen Bildungs- und Arbeitsplan von 1922 augenscheinlich.

Der saarländische Landtag verabschiedete am 11. Mai 2005 ein Gesetz[220], das eine umkämpfte Strukturreform der Grundschulen zu Beginn des Schuljahres 2005/06 in Gang setzte. Seit diesem Zeitpunkt müssen Grundschulen zumindest zweizügig geführt werden. Damit ist das Saarland das erste Flächenbundesland der Bundesrepublik, das für diese Schulform Zweizügigkeit fordert. Viele Grundschulen hatten zu wenige Schüler, um eine Zweizügigkeit pro Klassenstufe zu erreichen. Deshalb wurden sie geschlossen oder als Dependance einer anderen Grundschule zugeteilt. Diese Strukturreform dünnte das Netz der verfügbaren Grundschulen an der Saar aus. Die Landesregierung begründete die Reorganisation der Grundschule mit der demografischen Entwicklung.[221]

Nach der deutschen Wiedervereinigung entwickelten sich die deutschfranzösischen Beziehungen zu einer Partnerschaft auf Augenhöhe. Die neue Qualität dieser Beziehungen wirkte sich auf den deutsch-französischen Kulturaustausch positiv aus. Die saarländische Landesregierung fördert die französische Sprache wegen der Grenzlage der Saar, ihrer engen Beziehungen zur Partnerregion Lothringen und zahlreicher binationaler Vereinbarungen zur deutsch-französischen Zusammenarbeit im Schulwesen. 1992 wurde Französisch an saarländischen Grundschulen ab Klassenstufe 3 Pflichtfach.[222]

---

219 Verordnung – Schulordnung – über die Grundschule der Zukunft vom 7. Juli 2005, hg. vom Minister für Bildung, Kultur und Wissenschaft, S. 2 f.

220 Amtsblatt des Saarlandes Nr. 19 (12.05.2005) S. 687 f.

221 Vgl. Gerhard Mohr: Saarland: Grundschulstrukturreform und Qualitätsentwicklung, in: Schulverwaltung. Zeitschrift für Schulleitung, Schulaufsicht und Schulkultur, Ausgabe Hessen, Rheinland-Pfalz und Saarland, 9. Jg. (Juli/August 2005) Nr. 7/8, S. 221 f.

222 http://www.fapf.de/html/lv/saarland/Sarre.htm, (letzter Zugriff 26.12.2021).

Hauptschule

Das Kultusministerium erließ am 27. Mai 1966 „Richtlinien zum Aufbau der Hauptschule", die an die Stelle der Volksschule trat. Die Hauptschule umfasste die Klassen 5 bis 9. Ihr Aufbau sollte „schrittweise" erfolgen. Die Schulbehörde empfahl als Örtlichkeit für Hauptschulen Gemeinden, „die raumordnungsmäßig eine Zentralität" aufweisen. Aufgrund des Erlasses „betr. vorläufige Stundentafel für die Klassenstufen 7–9 der Hauptschule" traten zum Kernunterricht noch Kursunterricht sowie Arbeitsgemeinschaften hinzu.[223]

Der Hauptschulabschluss berechtigte u. a. zum Eintritt in ein freiwilliges 10. Schuljahr, zum Besuch des Berufsgrundbildungsjahres, zur dualen Berufsausbildung, zum Besuch der Abendberufsaufbauschule sowie zum Besuch von 2-jährigen Berufsfachschulen.[224] Aufgrund der zunehmenden Konkurrenz anderer Schulformen in der Sekundarstufe I entwickelte sich die Hauptschule bis in die 90er Jahre zu einer Schulform „der sozialen Isolation und der minderen Lebenschancen". Deshalb beschloss das Präsidium des Saarländischen Städte- und Gemeindetages am 30. September 1994 einstimmig ein Positionspapier, in dem es zur Lösung dieses Problemfalles die Möglichkeit ins Auge fasste, „die Hauptschule in der traditionellen Form, also als selbständige Schule", aufzugeben.[225]

Gesamtschule

1969 veröffentlichte der Deutsche Bildungsrat Empfehlungen der Bildungskommission zur Einrichtung von Schulversuchen mit Gesamtschulen. Ein Wesensmerkmal der Gesamtschulen besteht u. a. darin, „[...] die früheren Formen unverbunden nebeneinanderstehender Schulen hinter sich [...]" zu lassen. In der Regel sollten Gesamtschulen als Ganztagsschulen eingerichtet werden.[226]

---

223 „Erlaß von Richtlinien zum Aufbau der Hauptschule" und „Erlaß betr. vorläufige Stundentafel für die Klassenstufen 7-9 der Hauptschule", in: Amtliches Schulblatt für das Saarland (1966), S. 90 f. 63.

224 Bildungswege im Saarland, hg. vom Ministerium für Bildung und Sport, Saarbrücken 14. Aufl. 1991, S. 10 f.

225 Situation der Hauptschulen im Saarland, in: Saarländische Kommunalzeitschrift, 44. Jg. Heft 12 (Dezember 1994) S. 266–277, hier S. 266. 270.

226 Empfehlungen der Bildungskommission. Einrichtung von Schulversuchen mit Gesamtschulen, Verabschiedet auf der 19. Sitzung der Bildungskommission am 30./31. Januar 1969, S. 3 f.

Zwei Faktoren bestimmten die innere Organisation von Gesamtschulen: eine Fachleistungsdifferenzierung auf zwei Anspruchshöhen ab Klassenstufe 7 und das Team-Kleingruppen-Modell, das vor 1985 nur an undifferenzierten Schulen erprobt worden war.[227] Die Gesamtschule als Bildungseinrichtung für Schüler aus allen Bevölkerungsschichten, an der alle Abschlüsse möglich sind, stand für mehr Bildungsgerechtigkeit. Am 27. November 1969 fasste die Kultusminister-konferenz den Beschluss, der Empfehlung des Bildungsrates zu folgen.[228] Ab 1971 beteiligte sich das Saarland an diesem Experimentalprogramm (Modell-versuch Dillingen, ab 1977 Modellversuch Saarbrücken-Rastbachtal). Kultus-minister Werner Scherer beabsichtigte mit der Einführung von Gesamtschulen nicht, das überkommene dreigliedrige Sekundarschulsystem zu beseitigen. Das gegliederte Schulsystem sollte lediglich modernisiert und zu mehr Chancen-gerechtigkeit durchlässiger ausgestaltet werden. Scherers Schulkonzeption lautete „Bildung in Stufen".[229]

Wechsel der Schulformen in der Sekundarstufe I

Kultusminister Diether Breitenbach löste nach dem Machtwechsel 1985 sein Versprechen ein, mehr Gesamtschulen einzurichten. Bis 1993 wurden dreizehn Gesamtschulen neu gegründet. An die Stelle von Hauptschulen bzw. Schulzen-tren traten Gesamtschulen. Die Opposition wehrte sich gegen diese Entwicklung und zog vor den Verfassungsgerichtshof. Dieser gab daraufhin eine „institutio-nelle Garantie" für die Hauptschule ab. 1991/92 zeichnete sich ein Paradig-menwechsel ab, bei dem es um die zukünftige Struktur der Sekundarstufe I ging. Dabei hätten die Hauptschulen in dieser neuen Struktur aufgehen kön-nen. Doch der überparteilich angelegte Plan scheiterte. Die Regierung richtete daraufhin teilintegrierte „Sekundarschulen" ein. Diese neue Schulform bot so-wohl den Hauptschul- als auch den mittleren Bildungsabschluss an. Zugunsten der Sekundarschulen wurden ein großer Teil der Hauptschulen und die Auf-

---

227 Vgl. Hans-Joachim Schmidt: Bildung im Saarland, in: Jörg Petersen/Gerd-Bodo Reinert (Hg.): Bildung in Deutschland. Bayern, Hessen, Nordrhein-Westfalen, Saarland, Sachsen-Anhalt, Schleswig-Holstein. Eine Entscheidungshilfe für Eltern, LehrerInnen und SchülerInnen, Reihe Bildung und Erziehung, Bd. 3, Donauwörth 1998, S. 229–249, hier S. S. 249 f.
228 Michael Fischer: 27. November 2019, in: https://deutsches-schulportal.de/bildungswesen/gesamtschule-kalenderblatt-27-november-1969/, (letzter Zugriff 11.02.2022).
229 Schmidt: Bildung im Saarland (wie Anm. 227), S. 242.

baurealschulen aufgegeben. Voll ausgebaute Realschulen konnten bestehen bleiben. Nach Gründung von 29 Sekundarschulen verschlechterte sich die Lage der Hauptschulen. Mitte der 90er Jahre wechselten nur noch knapp 8 Prozent der Schüler des 4. Schuljahres zu dieser Schulform.[230] 1995 gelang ein Kompromiss zwischen der regierenden SPD und der oppositionellen CDU. In der Schulrechtsnovelle vom 27. März 1996[231] schaffte die Regierung Haupt-, Real- und Sekundarschulen ab. Stattdessen nahm zu Beginn des Schuljahres 1997/98 die „Erweiterte Realschule" ihren Betrieb auf. Nachdem die abgeschafften Schulformen am Ende des Schuljahres 2002/03 ausgelaufen waren, gab es im Bereich der Sekundarstufe I nur noch Erweiterte Realschulen, Gesamtschulen und Gymnasien. Die beiden erstgenannten Schulformen waren in diesem Bereich Pflichtschulen, die – je nach Neigung und Fähigkeit – den Hauptschul- und den mittleren Bildungsabschluss anboten.[232] Gymnasien fungierten als Angebotsschulen.

Zum Schuljahr 2012/13 führte die saarländische Landesregierung für die Sekundarstufe I ein „Zwei-Säulen-Modell"[233] mit Gemeinschaftsschulen und Gymnasien ein. Die Erweiterten Realschulen und die Integrierten Gesamtschulen fusionierten zu Gemeinschaftsschulen. Diese neue Schulform bietet drei Bildungsgänge an, die zum Hauptschul-, zum mittleren Bildungsabschluss und zum Abitur führen. Die neue Struktur von Sekundarstufe I und II besitzt seit 15. Juni 2011 Verfassungsrang.[234] In Artikel 27 der saarländischen Verfassung werden Gemeinschaftsschulen und Gymnasien als „[...] Schulen, an denen die allgemeine Hochschulreife erworben werden kann [...]", bezeichnet.[235]

Im Januar 2022 kündigte der saarländische Ministerpräsidenten Tobias Hans an, ab dem Schuljahr 2023/24 werde das Saarland zum Abitur nach 9 Jahren Gymnasium (G 9) zurückkehren. Als Begründung führte er neue

---

230 Vgl. Verfassung des Saarlandes, Kommentar (wie Anm. 192), S. 225.
231 Amtsblatt des Saarlandes Nr. 20 (17. Mai 1996) S. 422–424.
232 Morgenthal: Evangelischer Religionsunterricht (wie Anm. 3), S. 270.
233 Karlo Meyer/Alexander Maier: Religion unterrichten im Saarland, in: Martin Rothgangel/ Bernd Schröder (Hg.): Religionsunterricht in den Ländern der Bundesrepublik Deutschland. Neue empirische Daten, Kontexte, Aktuelle Entwicklungen, Leipzig 2020, S. 317–341, hier S. 324.
234 http://www.valentin-merkelbach.de/saarland-zwei-wege-modell.html (letzter Zugriff 28.12.2021).
235 http://www.lexsoft.de/cgi-bin/lexsoft/justizportal_nrw.cgi?t=164078256728206055& session ID=543003550409627927&chosenIndex=Dummy_nv_68&templateID=document&source=context&source=context&highlighting=off&xid=186228,28, (letzter Zugriff 29.12.2021).

Herausforderungen durch Digitalisierung und Globalisierung an.[236] Die Verlängerung des gymnasialen Bildungsganges bis zum Abitur dürfte die Attraktivität der Gymnasien gegenüber den Gemeinschaftsschulen erhöhen.

Curriculare Lehrpläne und Kompetenzorientierte Lehrpläne

Seit Anfang der 70er Jahre setzten sich curriculare Lehrpläne durch. Der Begriff Curriculum bedeutet „die organisierte Anordnung inhaltlich bestimmter Lernvorgänge im Hinblick auf bestimmte Lernziele, die als ein Verhalten oder als Grad bestimmter Fähigkeiten, Fertigkeiten und Kenntnisse definiert sein können".[237] Curriculare Lehrpläne beschreiben im Unterschied zu den bisherigen Plänen auch zukünftiges Verhalten von Schülern. Als Qualifikationen werden die formulierten Lernziele von Schülern in gegenwärtigen und zukünftigen Situationen benötigt. Die neuen Lehrpläne ermöglichten den Einsatz einer Vielzahl von Unterrichtsmethoden. Da präcurriculare Lehrpläne das Unterrichtsgeschehen in erster Linie über Lerninhalte zu bestimmen suchten, waren curriculare Lehrpläne in dieser Hinsicht wesentlich flexibler. Eine rühmliche Ausnahme bildet der Bildungs- und Arbeitsplan von 1922, da er Pädagogen große Spielräume zur Gestaltung des Unterrichts einräumt und nicht unter dem Diktat des Unterrichtsstoffes steht.[238]

Am 16. Dezember 2004 hat sich die Kultusministerkonferenz auf bundesweit geltende Bildungsstandards zur Entwicklung und Vergleichbarkeit der Qualität schulischer Bildung im föderalen Wettbewerb der Länder geeinigt. Den Kern dieser Standards bilden „Kompetenzen". Aufgrund dieser Entscheidungen sollen zukünftige Lehrpläne kompetenzorientiert konzipiert werden. „Kompetenzen beschreiben Dispositionen zur Bewältigung bestimmter Anforderungen. Solche Kompetenzen sind fach- bzw. lernbereichsspezifisch ausformuliert, da sie an bestimmten Inhalten erworben werden müssen. [...] Deshalb werden die Kompetenzen möglichst korrekt beschrieben, so dass sie in Auf-

---

236 https://www.sueddeutsche.de/bildung/bildung-saarbruecken-cdu-will-zurueck-zum-neunjaehrigen-gymnasium-im-saarland-dpa.urn-newsml-dpa-com-20090101-220112-99-679 664, (letzter Zugriff 21.01.2022).

237 Vgl. Klaus Wegenast: Curriculumforschung und Religionsunterricht, in: ders.: Curriculumtheorie und Religionsunterricht, Gütersloh 1972, S. 53–63, hier S. 55.

238 Vgl. Morgenthal: Evangelischer Religionsunterricht (wie Anm. 3), S. 294 f., 326, 329.

gabenstellungen umgesetzt und prinzipiell mit Hilfe von Testverfahren erfasst werden können. Die Orientierung an Kompetenzen hat zur Folge, dass [...] das Lernen auf die Bewältigung von Anforderungen und nicht nur auf den Aufbau von zunächst ungenutztem Wissen ausgerichtet und das Lernen als kumulativer Prozess organisiert wird. [...]"[239]

Ausweitung des Netzes an weiterführenden Schulen

Der Ausbau des Netzes an weiterführenden Schulen von den 20er bis Anfang der 60er Jahre hielt sich noch in engen Grenzen. 1922 befanden sich im Saargebiet 26 Höhere Schulen sowie zwei Mittelschulen.[240] 1960 war die Anzahl der Mittelschulen auf acht und diejenige der Höheren Schulen auf 31 angewachsen.[241] Trotz dieses moderaten Wachstums unterblieb nach dem Zweiten Weltkrieg die Einrichtung von Sonderklassen, um begabten Schülern den Wechsel auf weiterführende Schulen zu erleichtern.

In der zweiten Hälfte der 1950er Jahre ergänzten Aufbauschulen, die einige Jahre später als Aufbaugymnasien bezeichnet wurden, die Palette der bisherigen Angebotsschulen (Gymnasien, Mittelschulen). Nach dem Zweiten Weltkrieg vollzog sich an der Saar der gleiche Wechsel wie nach dem Ersten Weltkrieg, als 1922 anstelle der auslaufenden Lehrerseminare Landesstudienanstalten, welche Schüler zum Abitur führten, eingerichtet wurden. Die saarländische Landesregierung verlegte 1957 die Ausbildung der Volksschullehrer an konfessionelle Pädagogische Hochschulen.[242] Deshalb bestimmte die Schulbehörde die Teilumwandlung der drei auslaufenden Lehrerseminare in Lebach, Ottweiler und Blieskastel in Staatliche Aufbauschulen, die als „Kurzform der Höheren Schule" anzusehen sind. Diese führten Schüler nach dem 7. Volks-

---

239 Bildungsstandards der Kultusministerkonferenz. Erläuterungen zur Konzeption und Entwicklung, München, hg. vom Sekretariat der Ständigen Konferenz der Kultusminister der Länder in der BRD, Neuwied 2005, S. 16.
240 Vgl. Albert Ruppersberg: Geschichte des Saargebietes, Saarbrücken 1923, S. 437; Statistik des Saarlandes, hg. vom Statistischen Amt des Saarlandes, Heft 3 (1937/38) S. 80.
241 Statistisches Handbuch für das Saarland 1963, hg. vom Statistischen Amt des Saarlandes, Saarbrücken 1963, S. 52.
242 Amtliches Schulblatt für das Saarland, Jg. 14, Nr. 2 (20.01.1958), S. 10.

schuljahr in 3 Schuljahren zum mittleren Bildungsabschluss und nach 3 weiteren Jahren zur Reifeprüfung.[243]

Im Schuljahr 1960/61 besuchten noch über drei Viertel der Schüler die Volksschule, 16 Prozent das Gymnasium und 6 Prozent die Realschule. Der Anteil der Hauptschüler war im Schuljahr 1980/81 auf 44 Prozent zurückgefallen. Die Realschule lag bei 23, das Gymnasium bei 25 und die Gesamtschule noch bei 3 Prozent.[244] Aus dem veränderten Schulwahlverhalten der Eltern zugunsten weiterführender Schulen zog die Politik u. a. die Konsequenz, das Netz dieser Bildungseinrichtungen seit Mitte der 60er Jahre erheblich auszubauen.[245] Nach Durchführung der Schulrechtsnovelle von 1996 und der Einführung des „Zwei-Säulen-Modells" zum Schuljahr 2012/13 präsentiert sich das saarländische Schulsystem der Sekundarstufe II in einem neuen Gewand. Von den Schülern an allgemeinbildenden Schulen besuchten im Schuljahr 2020/21 rund 31 Prozent Gemeinschaftsschulen und 27 Prozent Gymnasien.[246]

Fazit

Nach dem Ersten Weltkrieg haben sich die Akteure der saarländischen Bildungspolitik schulreformerische Maßnahmen in Deutschland und Preußen zum Vorbild genommen. Dazu gehören u. a. die Beibehaltung der Konfessionsschule, die Abschaffung der geistlichen Schulaufsicht und der Kompromiss mit den Traditionskirchen in Bezug auf die Aufsicht über den konfessionellen Religionsunterricht.

Aus der WRV und dem Reichsgrundschulgesetz übernahm der Bildungs- und Arbeitsplan von 1922 die Aufteilung der Volksschule in zwei Teile. Die neu geschaffene Grundschule umfasst die vier unteren Jahrgänge der Volksschule. Fakten für Lehrplan und Unterricht entlehnten die saarländischen Reformer von den preußischen „Richtlinien zur Aufstellung von Lehrplänen für

---

243 Ebda., Jg. 13, Nr. 19 (05.12.1957), S. 87; Morgenthal: Evangelischer Religionsunterricht (wie Anm. 3), S. 302.

244 Vgl. Schmidt: Bildung im Saarland (wie Anm. 227), S. 242 f.

245 Vgl. Morgenthal: Evangelischer Religionsunterricht (wie Anm. 3), S. 317.

246 https://www.saarland.de/stat/DE/_downloads/aktuelleGrafiken/BildungUndKultur/Grafik_Sch%C3%BCler_innen_allgemeine_Schulen.pdf?__blob=publicationFile&v=4, (letzter Zugriff 26.02.2022).

die Grundschule von 1921". Für die Oberstufe der saarländischen Volksschule waren meines Erachtens die „Richtlinien zur Aufstellung von Lehrplänen für die oberen Jahrgänge der Volksschule", die sich noch in einem Entstehungsprozess befanden, Vorbild. Die Vorbehalte gegenüber den Domanialschulen und dem Französischunterricht sind ein Zeichen dafür, dass die Bevölkerung an der Saar die kulturelle Einflussnahme des französischen Nachbarn mehrheitlich missbilligte und sich weiterhin als Teil der deutschen Nation fühlte.

Nach dem Zweiten Weltkrieg knüpften die Schulverwaltungen im Saarland und in den Ländern der Bundesrepublik an die Rechtstradition der Weimarer Reichsverfassung und der preußischen Schulreform Anfang der 20er Jahre an. Wegen der vergleichsweise engen Beziehungen der Saarländer zu den Traditionskirchen hielt sich die wieder eingerichtete Konfessionsschule bis 1969. Religion ist bis heute ordentliches Unterrichtsfach. Der Kompromiss zwischen Staat und Kirche in Bezug auf Religionsunterricht, der in Artikel 149 der WRV und in der „Verordnung betr. Aufhebung der geistlichen Ortsschulinspektionen" an der Saar von 1921 seinen Niederschlag gefunden hat, wurde sowohl in der saarländischen Verfassung als auch im Grundgesetz bestätigt!

Obwohl die Nachkriegslehrpläne zunächst Stoffpläne waren, gewährten diese trotzdem relativ viele Freiheiten, weil sie als Rahmenpläne fungierten. Parallelen zur Schulreform von 1922 sind augenscheinlich. Die Einführung curricularer Lehrpläne seit Anfang der 70er Jahre und die Kompetenzorientierung der meisten Lehrpläne nach der Jahrtausendwende gaben den Lehrkräften vor Ort weitere Möglichkeiten, den Unterricht noch flexibler zu gestalten. Man kann sie als Fortentwicklung des Bildungs- und Arbeitsplans von 1922 verstehen!

Nach dem Zweiten Weltkrieg blieb das gegliederte Schulwesen im Saarland in der Sekundarstufe I bestehen. Ende der 60er Jahre wurde die Grundschule eine organisatorisch selbständige Schulform und ist bis heute die Schule für alle, bevor sich das Schulsystem verzweigt. Die gestiegene Konkurrenz gegenüber Hauptschulen führte dazu, dass diese Schulform immer mehr ins Abseits geriet. Die Hauptschule als eigenständige Schulform wurde abgeschafft. Ihr Bildungsgang konnte parallel zu den Gymnasien an Erweiterten Realschulen und Gesamtschulen fortgeführt werden. Die saarländische Landesregierung verschlankte dieses „Drei-Säulen-Modell" 2011 zu einem „Zwei-Säulen-Modell", indem die Erweiterten Realschulen und die Integrierten Gesamtschulen zu einer neuen Schulform, der Gemeinschaftsschule, verschmolzen wurden. Seit dem Schuljahr 2012/13 besteht die Sekundarstufe I im Saarland nur noch aus Gemeinschaftsschulen und Gymnasien.

Die saarländische Landesregierung führte 1992 Französisch an Grundschulen als Pflichtfach ab dem 3. Schuljahr ein, nachdem die freundschaftlichen deutsch-französischen Beziehungen dem gemeinsamen Kulturaustausch einen neuen Schwung verliehen hatten.

Die Pläne, zum neunjährigen Gymnasium zurückzukehren, werten die Schulform Gymnasium auf und stellen die Gemeinschaftsschulen bzgl. ihrer Attraktivität vor neue Herausforderungen. Ob sich die beiden Säulen der Sekundarstufe I zu einer Schule für alle entwickeln werden, liegt in den Händen der politischen Akteure und wird zwischen Befürwortern und Gegnern eines gegliederten Schulsystems ausgetragen werden. Sollten sich die Gegner eines gegliederten Schulsystems durchsetzen, wird die Sekundarstufe I nur noch aus einer Schule für alle bestehen, was die Grundschule schon seit einhundert Jahren ist!

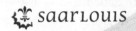

Das Fürstentum Birkenfeld in Henri Meilhacs Komödie Der Gesandtschaftsattaché (1861)

Zur geschichtlichen Einordnung der literarischen Vorlage für Franz Lehárs Operette Die lustige Witwe (1905). Ein Essay[*]

Von Otmar Seul

Einleitung

Die literarische Vorlage für das Libretto zu Franz Lehárs weltberühmter, 1905 in Wien uraufgeführter Operette Die lustige Witwe kommt aus Frankreich. Es handelt sich um Henri Meilhacs Boulevardkomödie Der Gesandtschaftsattaché (L'Attaché d'Ambassade), die am 12. Oktober 1861 im Pariser Théâtre du Vaudeville Premiere feierte: eine Satire über das Diplomatenmilieu zu Beginn der 1860er Jahre, zur Glanzzeit des Zweiten Kaiserreichs unter Napoleon III. (1852–1870). Sie spielt im ersten Akt in der Pariser Residenz des Gesandten des Fürstentums Birkenfeld, Baron Scarpa, sowie im zweiten und dritten Akt im Pariser Landhaus der Baronin Madeleine Palmer, einer von Franzosen umworbenen Birkenfelder Bankierswitwe. Hintergrund, ja Triebfeder der Handlung ist die desolate Finanzlage des Fürstentums. Eine Angelegenheit von „öffentlichem Interesse", die dazu nötigt, das Vermögen der Witwe Palmer für die Staatskasse zu sichern: „es macht einen beträchtlichen Teil der Finanzen des Fürstentums aus [...], darf auf keinen Fall unser Land verlassen" (1. Akt, Szene XX, S. 35). Wenn also Madeleine Palmer „einem Pariser Verführer in die Hand fiele, wäre das für das Fürstentum [...] äußerst unangenehm" (ebda.).

[*] Der Autor dankt dem Verwalter des Landesmuseums Birkenfeld, Herrn Hisso von Selle, und Herrn Dr. Sven Mahmens vom Niedersächsischen Landesarchiv (Abteilung Oldenburg) für nützliche Hinweise und die Bereitstellung von Materialien zum oldenburgischen Birkenfeld sowie Frau Julia Schöne, Oldenburg, für ihre Recherche zur Rezeption des Werkes von Henri Meilhac in Oldenburg.

Der Gesandte erteilt Graf Prax, dem Gesandtschaftsattaché, den Auftrag, zu verhindern, dass die Witwe einen Franzosen ehelicht. Die Rechnung geht auf: die Komödie endet mit der Aussicht auf eine Liebesheirat zwischen den beiden Birkenfeldern.

Der Zusammenhang zwischen Meilhacs Gesandtschaftsattaché und Lehárs Operette erschließt sich uns erst 2017 bei Archivarbeiten in Paris zur Autonomie-Bewegung in der oldenburgischen Provinz an der Oberen Nahe (Birkenfelder Republik 1919), also in einem nach der Niederlage Deutschlands im Ersten Weltkrieg von Frankreich besetzten linksrheinischen Territorium (1918–1930). Ein echter Überraschungsfund: denn bislang war nicht bekannt, dass einer der schöpferischsten Bühnendichter und Librettisten Frankreichs in einem Frühwerk auf das zum Großherzogtum Oldenburg gehörende Fürstentum Birkenfeld anspielt. Mit über 100 Theaterstücken und Librettos (viele in Kooperation mit Ludovic Halévy) – u. a. für Jacques Offenbachs Die schöne Helena (1864) und Pariser Leben (1866) oder für Georges Bizets Carmen (1875) – ist Henri Meilhac in der zweiten Hälfte des 19. Jahrhunderts eine feste Größe im Kulturleben Frankreichs. Mit der Aufnahme in die Académie française zählt er seit 1888 zu den „Unsterblichen".

Damit drängt sich die Frage auf, wieso es fast 160 Jahre dauert, bis wir von der Existenz eines französischen Theaterstückes mit Bezug auf das Fürstentum Birkenfeld erfahren. Immerhin ist die Komödie bis zum Ersten Weltkrieg fester Bestandteil nicht nur des Pariser Theaterprogramms, sondern auch deutscher und österreich-ungarischer Bühnen. Der damaligen Birkenfelder und Oldenburger Lokalpresse sind allerdings keinerlei Hinweise auf den Gesandtschaftsattaché zu entnehmen. Sie hätten von Paris-Besuchern von der Nahe oder gar von oldenburgischen Diplomaten in Paris stammen können. Oder sollte das Großherzogtum Gründe gehabt haben, die Satire totzuschweigen, etwa weil die ebenso schmeichelhafte wie ironische Anspielung auf seine linksrheinische Exklave für Irritationen sorgte?

Es macht mithin Sinn, die Motive zu hinterfragen, die einen dreißigjährigen französischen Lustspielautor veranlassen, die Pariser Gesandtschaft eines winzigen deutschen Fürstentums als Hintergrund- und Handlungsrahmen für seine Posse über das Diplomatenmilieu auszuerkiesen. Ein Ländchen, dem die Satire gleich zu Beginn eine Liebeserklärung widmet. Das happy end, nämlich die Rettung des Vermögens der umworbenen Bankierswitwe für die Staatskasse des Fürstentums, setzt eine emotionale Bindung der Protagonistin an Birkenfeld voraus. Wenn Madeleine Palmer nach dem Tode ihres Mannes die Rückkehr in ihr Geburtsland Frankreich mit einem Besuch des Birkenfelder Gesandten beginnt, so, „weil ich dies dem Land, das seit meiner Heirat mein Land geworden ist, schuldete. Gewiss, ich liebe Paris und freue mich über die Rückkehr, aber ich hätte mir etwas vorzuwerfen, wenn ich es versäumt hätte, meinen ersten Besuch Ihnen abzustatten, zur Erinnerung an Birkenfeld – zwar kleiner als Paris, aber wo ich mehrere Jahre glücklich gelebt habe" (1. Akt, Szene I, S. 3). So klein es auch sei, es fehlt dem Fürstentum offenbar nicht an Selbstbewusstsein und Ambitionen. Seinem Pariser Gesandten wird die größenwahnsinnig anmutende Behauptung in den Mund gelegt, „die Geschicke Europas zu lenken" (Szene II, S. 4).

Leider sind vom Autor – selbst im Nachlass – keinerlei Äußerungen zum historischen Birkenfeld überliefert. Ebenso wenig lassen sich seiner Korrespondenz mit Ludovic Halévy oder Jacques Offenbach, mit denen er jahrelang zusammenarbeitete, Hintergrundinformationen entnehmen. Muss dieser Mangel an Kenntnissen auf Meilhacs wenig ausgeprägte Kommunikationsneigung zurückgeführt werden? Schweigsamer Natur und kein Dauergast in literarischen Salons, hasst er Zeitzeugen zufolge „nichts mehr als die Ermüdung und Zersplitterung der geistigen Gaben in unrentabler Konversation, während ihre systematische Fruktifizierung am Schreibtische so brillante Erträgnisse sichert".

Eine Antwort auf die Frage nach den Gründen für die Fixierung auf Birkenfeld trauen wir uns in der Untersuchung erst in den Schlussfolgerungen zu (Teil 5). Aufschlüsse über Meilhacs Option für Birkenfeld versprechen wir uns zunächst von der Auswertung der Pariser Theaterkritik, äußern sich hier doch ausgewiesene Kenner des jungen Bühnenautors (Teil 1). Einschätzungen und Mutmaßungen, die aber allesamt im historischen Kontext zu verorten sind, also in Verbindung mit Überlegungen zur allgemeinen Entwicklung Frankreichs und Deutschlands im 19. Jahrhundert. Dabei gilt unser Interesse zunächst dem Großherzogtum Oldenburg und dem Fürstentum Birkenfeld, seiner linksrheinischen Exklave (Teil 2). Ein zwingender Exkurs, da er zur Grundlage für einen Vergleich der Verfasstheit des historisch belegten Fürstentums und Meilhacs Birkenfeld wird und somit die Trennlinien zwischen Realität und Fiktion sichtbar macht (Teil 3). Meilhacs Bezug auf das Diplomatenmilieu eines deutschen Fürstentums kann natürlich nur vordergründig sein: da er für ein französisches Publikum schreibt, dem Birkenfeld unbekannt ist, muss die Satire für es nachvollziehbar sein, unter Anspielung auf ihm vertraute Realitäten. Folglich gilt es, den Diskurs von Meilhacs Figuren im Gesandtschaftsattaché zu entschlüsseln, um den Zeitgeist im Frankreich Napoleons III. zu ergründen. Mithin kommen wir auf die eingangs bereits von der Theaterkritik andiskutierte Frage zurück, ob und inwieweit der Gesandtschaftsattaché ein Spiegelbild der gesellschaftspolitischen Entwicklung Frankreichs unter Napoleon III. ist (Teil 4). Da über 40 Jahre nach der Uraufführung des Gesandtschaftsattachés zur Entstehungszeit der Lustigen Witwe, ein anderer Zeitgeist vorherrscht, interessiert uns abschließend die Kontroverse um die inhaltliche Deutungshoheit des Librettos von Lehárs Welterfolg. Seine Verfasser betrachten Meilhacs Stück nur eingeschränkt als literarische Vorlage für den Originaltext der Operette (Teil 5).

Der Versuch, dominante Einstellungen, Gedanken und Gefühle von Bevölkerungsschichten, kurzum den Zeitgeist einer Epoche zu begreifen, wird heutzutage der Mentalitätsgeschichte zugerechnet.[1] Uns ist nur eine Arbeit mit Hintergrundinformationen zum Gesandtschaftsattaché bekannt: die österrei-

---

[1] Die Mentalitätsgeschichte entsteht im Zusammenhang mit der französischen Annales-Schule, auch wenn dem Niederländer Johan Huizinga (Herbst des Mittelalters) das Pionierwerk dieses neuen historischen Ansatzes zugeschrieben wird. Um die Wende vom 19. zum 20. Jahrhundert halten Vertreter benachbarter Disziplinen Geschichte für obsolet, weil sie immer nur exemplarische Einzelfälle beschreiben würde und nicht theoriefähig sei. Die Historiker Marc Bloch und Lucien Febvre – 1929 Begründer der Zeitschrift Annales d'histoire économique et sociale (nach dem Vorbild der seit 1903 bestehenden deutschen Vierteljahrschrift für Sozial- und Wirtschaftsgeschichte) – plädieren daraufhin dafür, Nachbardisziplinen wie Soziologie und Geographie für die Geschichtsforschung nutzbar zu machen. Geschichtsschreibung im Sinne der Annales bedeutet bis heute Methodenvielfalt und Offenheit für Neues. Die von der nouvelle histoire entwickelte Methodologie und Praxis bringt vor allem drei Neuerungen mit sich: die Hinwendung zu Wirtschaft und Gesellschaft, die Erschließung quantifizierbaren Materials (u. a. Briefe, Tagebucheinträge, Alltagsutensilien als neue Quellengattungen) und die Orientierung an langfristigen Entwicklungen. Schwerpunkt der Annales ist die Strukturgeschichte: Mehr als das Ereignis zählen „die unpersönlichen Kräfte, die zu den Ereignissen führen". Nach dem Zweiten Weltkrieg wird die -Schule, die seit 1975 in der Pariser École des Hautes Études en Sciences Sociales institutionell fortlebt, zur einflussreichsten Strömung in der französischen Geschichtswissenschaft und entwickelt mediale und wissenschaftliche Wirkung über Frankreich hinaus. Im Gegensatz zu Frankreich hat die Mentalitätsgeschichte in Deutschland keine große Tradition. Eine verstärkte Rezeption dieses Forschungsansatzes setzt erst in den 1980er Jahren ein. Immerhin gehört der deutsche Soziologe Norbert Elias zu den „Einzelgängern (deren) Gedankengänge und Einsichten von großer Wirkung" auf die „Idee der Mentalitäten" sind. Zuletzt rückten wieder Biographien einzelner Personen ins Blickfeld, womit das Typische der Annales – Abwendung vom individuellen Einzelfall – wieder rückgängig gemacht wurde.

chische Germanistin und Kulturpublizistin Barbara Denscher widmet Meilhac in ihrer 2017 erschienenen Werkbiografie ein gut recherchiertes Kapitel über Victor Léon, einen der beiden Librettisten der Lustigen Witwe. Darin hält sie der Operette zugute, „aus der Entwicklungsgeschichte des Attachés Prax die Emanzipations- und Beziehungsgeschichte" der Bankierswitwe Hanna Glawari gemacht zu haben. Die satirische Apostrophierung der Frauenrechtsbewegung in der Lustigen Witwe hat 1905 einen realen Hintergrund und gibt ihr eine Prägung, die Meilhacs Satire in der Tat fremd ist: im Gesandtschaftsattaché werden die traditionelle Form der Ehe und die geschlechtsspezifische Rollen-zuschreibung noch nicht in Frage gestellt.

Unter den französischen Theaterdichtern gilt Meilhac als der „spezifisch pariserische, eigentliche Sittenmaler der Boulevards". Ohne ein illustrer Ver-treter des mondänen Paris zu sein, steht er im Rufe eines Libertin und Kenners des Pariser Amüsierlebens. Trotz alledem bleibt er im starken Maße tradierten bürgerlichen Moralvorstellungen verhaftet. Ihre Infragestellung, weiß der Zeitzeuge Robert de Flers, würde in Meilhacs Augen das kulturelle Grundge-rüst der „gesellschaftlichen Ordnung" erschüttern. Auch wenn seine Sprache nicht moralisch eingefärbt sei, so rede er doch wie ein Moralist: „Sein Theater ist, wie er selbst, von moralischen Grundsätzen geprägt [...]. Sie werden keine junge Frau finden, die sich zweideutig verhält. Wenn (sie) auf ungebührliches Verhalten aus ist, empfiehlt ihr Meilhac, sich erst einmal zu verheiraten [...]. Er liebt es, gleichzeitig respektlos und respektvoll zu sein, Ironie kann mit Empfindsamkeit einhergehen". Damit deuten wir die Frage nach dem Selbst-verständnis des zeitgenössischen französischen Theaters an. Die Rezeption des Gesandtschaftsattachés durch die Pariser Bühnenkritik gibt erste Auf-schlüsse darüber, inwiefern Meilhacs Satire bereits den Zeitgeist trifft und nicht nur zu vordergründiger Unterhaltung, sondern auch zur geistigen Er-bauung des Publikums beiträgt.

Vom Vaudeville zum Boulevard-Theater: Zeitkritik und Zensur

Frankreichs Bühnenwelt befindet sich seit der Jahrhundertwende im Umbruch. In den größeren Städten vor allem zeichnet sich die allmähliche Verdrängung der hölzernen Schaubuden des traditionellen Jahrmarkttheaters durch kleine lokale Unterhaltungsbühnen für die bürgerlichen Schichten ab – mit festen Eintrittspreisen. Die beginnende Kommerzialisierung des Theaters beinhaltet aber noch keinen Bruch mit der traditionellen Bühnenkunst: Vaudevilles erweisen sich zunächst weiter als beliebteste Schauspielgattung. Sie beruhen auf der volkstümlichen Liedtradition, mit ihrer Vorliebe für Spottgesänge, bei denen bekannte Melodien mit ständig neuen Textvarianten unterlegt werden. Das Theater wird in der ersten Hälfte des 19. Jahrhunderts vor allem durch die Komödien von Augustin Eugène Scribe (1791–1861) geprägt. Witzig, satirisch und frivol, liegt ihre Originalität darin, dass sie nicht nur tradierte Formen wie Musik- und Tanzstücke bedienen, sondern auch den Blick auf die Gesellschaft schärfen – mit Anspielungen auf das Alltagsleben und lokale Geschehnisse.

Strukturelle Veränderungen großen Stils wie zwischen 1853 und 1870 die Urbanisierung von Paris durch den Präfekten Baron Haussmann aber wirken sich auch auf das Theaterleben aus. Mit der Entstehung von Boulevards bilden sich spezifisch bürgerliche Unterhaltungsformen heraus: neben geistreichen Konversationsstücken zeitigt das Boulevardtheater erste Ansätze zum aktuellen Zeittheater, mit sozialkritisch verfassten Sittenkomödien. Die Tage der comédie-vaudeville, des bisherigen zeitgenössischen Lustspiels ‚par excellence', sind bald gezählt: in den 1850er Jahren ist sie der Konkurrenz eines neuartigen Bühnengenres nicht gewachsen: dem mit den ersten Werken von Jacques Offenbach eingeleiteten kometenhaften Aufstiegs der Operette. Als einer der schöpferischsten Librettisten Frankreichs trägt Henri Meilhac diese Entwicklung voll mit – sie verläuft zeitgemäß, d. h. unter strenger Kontrolle der kaiserlichen Zensurbehörden.

Die liberalen Akzente, die nach dem Ende der napoleonischen Ära (1789–1815) und der Restauration der Monarchie (1814/1815–1830) Wirtschaft und Gesellschaft in Frankreich prägen, schlagen sich nämlich nicht in dauerhaften politischen Freiheiten nieder. Selbst unter der Julimonarchie (1830–1848) – verfassungsmäßig eine Mischform aus konstitutioneller und parlamentarischer Monarchie – wird, nach einem (missglückten) Attentat auf den Bürgerkönig Louis-Philippe, die Vorzensur wieder eingeführt, die Strafe für Pressevergehen erhöht, ja, sogar das Bekenntnis zur Republik verboten. Die republikanisch gesinnte oppositionelle Presse wird bezichtigt, das politische Klima für den Anschlag erzeugt zu haben.

Die Vorzensur wird durch die Februarrevolution von 1848 nur kurzzeitig beseitigt. Kaum zwei Jahre später, noch zur Zeit der Zweiten Republik (1848–1852), wird sie erneut eingeführt und fast während des gesamten Zweiten Kaiserreichs Napoleon III. (1852–1870) beibehalten. Erst am 11. Mai 1868, also kurz vor dem für ihn fatalen Krieg mit den deutschen Staaten (1870/71), sieht sich der Kaiser unter dem wachsenden Druck der republikanisch ge-sinnten Opposition dazu gezwungen, die Vorzensur wieder aufzuheben und gleichzeitig die Druckfreiheit zu gewähren. Die rechtlichen Grundlagen für eine umfassendere und dauerhaftere Pressefreiheit werden allerdings erst nach dem jähen Ende des Zweiten Kaiserreichs unter der Dritten Republik (1871–1940) gelegt. Das bis heute gültige Gesetz vom 29. Juli 1881 enthält zahlreiche Einzelregelungen nicht nur für die periodische Presse, sondern ebenfalls für Verlagswesen und Druckgewerbe. Sie garantiert somit nicht zu-letzt das allgemeine Recht auf freie Meinungsäußerung. Die Zensur gilt unter dem Zweiten Kaiserreich ebenfalls für Zeichnungen, Karikaturen, Bücher und Theater. Mithin muss auch Meilhacs Gesandtschaftsattaché sie 1861 passieren. Ob mit oder ohne Beanstandungen, ist nicht bekannt.

Mit der Hinwendung Napoleons III. zum Wirtschaftsliberalismus kommt es in den 1850er Jahren zur Gründung zahlreicher Presseunternehmen, so dass sich die Zeitungslandschaft stark entwickelt und die Presse als (beschränkt) meinungsbildendes Medium in Erscheinung tritt. Kunst und Kultur geraten somit zunehmend in den Blickpunkt des öffentlichen Interesses.

Der Gesandtschaftsattaché in der Pariser Theaterkritik

Bei den Theaterkritikern steht Henri Meilhac bereits in jungen Jahren im Rufe, die Zeichen seiner Zeit richtig zu deuten und den Trend zum Boulevardtheater mitzutragen. Gemessen an ihrer Erwartung, dass er mit der traditionellen Komödie Scribescher Prägung bricht, ist der als „literarisches Großereignis" angekündigte Gesandtschaftsattaché dann aber doch für die meisten Kritiker eine herbe Enttäuschung – aus unterschiedlichen, zum Teil der politischen Couleur der Tages- oder Wochenzeitung geschuldeten Gründen: die Auseinan-dersetzung um die öffentliche Meinungshoheit ist in Frankreich in vollem

315

Gange. So kritisiert der regime- und romtreue katholische Le Monde[2] die Satire als Ausfluss ausgeprägten „liberalen Denkens". Da diese Tendenz auch in der Kirche spürbar ist, wird sie umso entschiedener bekämpft. Meilhac gilt dem Blatt als Schützling der radikal-demokratischen Tageszeitung L'Opinion nationale, der unterstellt wird, in systemverändernder Absicht die tradierte gesellschaftliche Werteordnung zu untergaben: „An der Spitze des demokratischen und saint-simonien'schen Blattes[3] arbeitet man an der Desorganisation der katholischen Gesellschaft. Unten präsentiert man die schönsten Produkte der neuen Gesellschaft" (28. Oktober 1861, S. 1/2) – unter Anspielung auf die Ecole Normale supérieure, d. h. die neugeschaffene Ausbildungsstätte der Führungseliten in Staat, Militär, Wirtschaft, Wissenschaft und Kultur.

Meilhacs Stück wird gar jede Originalität abgesprochen. Man hält dem jungen Autor vor, eine „modeste" Satire nach Marivaux'scher Art[4] geschrieben und „die Literatur gefälligkeitshalber herabgewürdigt" zu haben: es handele sich um ein „maßgeschneidertes Stück" für Julienne Beau, eine Pariser Schönheit ohne Schauspielerfahrung, in der Rolle der Baronin Palmer. Ein, in der Tat, wunder Punkt, den auch andere Rezensenten ansprechen. Le Monde zitiert genüsslich ausgerechnet Francisque Sarcey de Sutières, den Starkritiker der republikanischen Konkurrenz: Julienne Beau „besitzt alles, was die Natur ihr mitgeben kann. Fehlen tut ihr das, was sich nur erarbeiten lässt: die Fähigkeit, sich auf der Bühne [...] richtig zu bewegen und nuancenreich zu sprechen. Aber warum sollte sie dies nicht noch lernen?" (L'Opinion nationale, 21. Oktober 1861, S. 2).

„Lernen" muss vor allem der Autor selbst. Im literarisch orientierten Figaro, dem pariserischsten Blatt der Zeit, vermisst Jean Rousseau bei einer „Abenteurernatur" wie Meilhac „nur eine Qualität, die man sich aber erarbei-

---

2 Diese von Eugène Taconet begründete Tageszeitung existiert von 1860 bis 1896. Der heutige Le Monde erscheint seit 1944, als Nachfolger des liberal-konservativen republikanischen Le Temps (1861–1942), dem offiziösen Organ der französischen Diplomatie unter der Dritten Republik.

3 Henri de Saint-Simon (1760–1825) ist ein philosophischer und sozialwissenschaftlicher Autor zur Zeit der Wiederherstellung der Monarchie in Frankreich (Restauration) nach dem Ende der napoleonischen Ära 1814/1815. Auf ihn beruft sich der frühsozialistische Saint-Simonismus.

4 Pierre Carlet de Marivaux (1688–1763), neben Molière der meistgespielte Komödiendichter Frankreichs, schreibt auch realistisch-psychologische Romane: als ‚Beobachter des Menschen' geht es ihm vor allem darum, die ‚psychischen Vorgänge' im menschlichen Sozialverhalten aufzudecken und bewusst zu machen.

ten kann, die Erfahrung": seine „Fauxpas werden ihn nicht an einer großen Zukunft hindern" (20. Oktober 1861, S. 1).[5] Tatsächlich fallen die Reaktionen der Presse nicht wirklich rufschädigend für den jungen Autor aus. „Meilhac hat Talent" – findet Paul de Saint Victor in der „konservativ-progressiven" Pensée, einem der ersten Massenblätter: er „gehört in die erste Reihe der neuen Theatergeneration. [...]. Diesmal ist er allerdings einem Absturz nur knapp entgangen [...]. Daher muss versucht werden, ihn vom eingeschlagenen falschen Weg abzubringen" (21. Oktober 1861, S. 1 f.). So sieht es auch Le Monde. Meilhac soll eine „Lektion" erteilt werden. Im Hinblick auf eine zeitgemäßere Orientierung seiner Stücke will man mithin korrigierend auf ihn einwirken.

Aus welchen Gründen also wird Meilhac vorgehalten, mit seiner Satire noch kein originelles Boulevardtheater inszeniert zu haben? Gemessen am neuen Selbstverständnis der Bühnenkultur ist der Vorwurf mangelnder Glaubwürdigkeit infolge fehlenden Realitätsbezuges am gravierendsten. Damit wird Meilhacs soziale Sensibilität angezweifelt: „Sein Geist verliert an Klarheit, seine Beobachtungsgabe an Schärfe; er lässt Sinn und Gespür für die Realität vermissen", kritisiert Paul de Saint Victor (La Presse a. a. O. S. 1). Typische Schwächen eines noch zu jungen Autors, die er im weiteren Verlauf seines Schaffens behebt oder zumindest einschränkt? Offenbar ja, denn bei Rückblicken auf sein Lebenswerk werden ihm später „feine Beobachtung und witzige Einfälle" nachgesagt – aber tatsächlich auch anhaltende Mängel: „Komposition und Handlung lassen oft zu wünschen übrig. Sein Bestes bot er daher in Verbindung mit Ludovic Halévy, der ihn hierin ergänzte, namentlich in der Operette".

1861 wird Meilhac also unisono noch kein „spürbarer Fortschritt" bei der Überwindung des traditionellen Theaters bescheinigt. Besetze er doch die Schlüsselrollen des Gesandtschaftsattachés mit „uralten Marionetten" aus der „Requisitenkammer" des verstaubten Vaudeville-Theaters Eugène Scribes. Der Baron von Scarpa wird abschätzig als „einer der Altmeister" des Théâtre du

---

5 Frankreichs 1826 gegründete und damit älteste französische Tageszeitung ist in den Jahren der Restauration stark atypisch satirisch ausgerichtet. Von royalistischer Tendenz zwar, aber ein erbitterter Gegner der Ultra-Royalisten, die die Rückkehr zu einer ständisch geprägten Monarchie anstreben, also die Errungenschaften der Französischen Revolution und Reformen der Napoleonischen Ära (1789–1815) rückgängig machen wollen. Nach Jahren des Niedergangs kommt es unter Hippolyte de Villemessant 1854 zu einer Neugründung der Zeitung, mit einem professionelleren Konzept, das sowohl im bürgerlichen Lager also auch in den Volksschichten breiten Anklang findet. Im Entstehungsjahr des Gesandtschaftsattachés erscheint Le Figaro noch nur zweimal wöchentlich, ab 1866 dann wieder als Tageszeitung.

Gymnase-Dramatique (dem berühmtesten der von Eugène Scribe mitbegründeten Vaudeville-Theater) apostrophiert. „Was für einen Sinn macht es, diesen Perückenkopf zusammenzuflicken?", fragt sich de Saint Victor angesichts der „mikroskopischen Diplomatie und umtriebigen Borniertheit" des Birkenfelder Gesandten. In ihm und seinem Attaché Graf Prax („ein Bohème") sieht er lediglich „blasse Kopien der extravaganten Diplomaten" in Alfred de Mussets Fantasio. Madeleine Palmer, die andere zentrale Figur der Satire kommt in der Kritik nicht besser weg: „eine Witwe des Gymnase, die beginnt Marivaux zu lesen" (La Pensée a. a. O. S. 2).

Ähnlich akzentuiert ist die Kritik in der übrigen republikanischen Presse. Für Louis Ulbach vom liberal-konservativen Le Temps, ist der Baron „ein Schwachkopf, der sich für den Talleyrand eines mikroskopischen Fürstentums hält".[6] Anstatt „psychologisch zu observieren", begebe sich Meilhac in „die Welt der konventionellen Diplomatie, des seichten Geplänkels und der Pseudo-Moral". Wie sehr es dem Gesandtschaftsattaché an Spannung und gedanklichem Tiefgang fehle, beweise die Inszenierung der Intrige, mit Graf Prax in der Rolle eines Don Juan: „Welchen Sinn macht es, sich für die Nachstellungen eines Lebemannes zu interessieren, der sich seiner Rivalen entledigt, der zum x-ten Male [...] den gekränkten Liebhaber spielt, und der im letzten Akt schließlich die Frau ehelicht, die ihm das Publikum bereits nach der ersten Szene zugesprochen hat, ohne dabei durch die geringste Idee, durch moralische, fundamentale Kritik, durch wirkliche Leidenschaft aufzufallen" (21. Oktober 1861, S. 1).

Anatol Claveau stellt in der Revue Contemporaine gar nicht erst die Frage nach dem Sinn der Komödie, sondern hält sie von vornherein für gänzlich überflüssig: „Es lohnt sich nicht, ein Stück mit Ein Gesandtschaftsattaché zu überschreiben [...]. Stellen Sie sich ein Stück vor, in dem der Liebhaber ein Ingenieur

---

6   Alfred de Musset (1810–1857) schreibt zwar schon 1834, mit 24 Jahren, sein Lesedrama
     Fantasio (literarische Vorlage für Jacques Offenbachs Komische Oper gleichen Namens, urauf-
     geführt 1872 in Wien), erstmals aufgeführt aber wird es erst 1866. Schon nicht mehr nach der
     damals vorherrschenden romantischen Theaterdoktrin, sondern nach eigenen, gemäßigt klas-
     sizistischen Vorstellungen verfasst, erweisen sich Mussets Bühnenwerke als zukunftsweisen-
     der als, zum Beispiel, die seines zunächst erfolgreicheren Konkurrenten Victor Hugo. Hinter-
     grund des herrschaftskritischen Stückes, mit seinen feingeistig-ironischen, mitunter absurd an-
     mutenden Dialogen, ist die Juli-Revolution von 1830, als das Bürgertum den reaktionären
     Bourbonen Karl X. stürzt und den Bürgerkönig Louis Philippe auf den Thron setzt. Die Hand-
     lung aber wird an den Bayerischen Königshof nach München verlegt, wo sich Monarch gegen-
     über dem Prinzen von Mantua betont bürgerlich gibt.

ist. Aus diesem Grunde werden Sie es doch nicht einfach mit Ein Ingenieur betiteln? Der Beruf wird hier eben gerade nicht in Betracht gezogen [...]. In dieser Komödie, die eine Studie der diplomatischen Sitten sein wollte, kommt die Diplomatie überhaupt nicht vor" (10. Jahrgang, Band 23, 1861, S. 742).

Wenn für die Kritiker der Realitätsbezug ein markanter Wesenszug des zeitgenössischen Theaters ist, muss eine Satire folglich eine Art Spiegelbild ihrer Zeit sein. Selbst wenn sie nur vordergründig im Diplomatenmilieu eines ausländischen Staates in Paris spielt, wird erwartet, dass sie für das französische Publikum nachvollziehbar ist, also auf Gegebenheiten und Geschehnisse anspielt, die ihm vertraut sind. Es gilt mithin festzustellen, ob sich bei aller Kritik an Meilhacs mangelnder „Beobachtung" und „Glaubwürdigkeit" im Gesandtschaftsattaché nicht doch die Umrisse eines Frankreich-, wenn nicht gar Deutschland-Bildes abzeichnen, wo sich der Autor doch auf ein existierendes deutsches Territorium bezieht. Halten die Theaterkritiker es indes für nötig, sich selbst auf geografische und historische Spurensuche zu begeben?

Das unauffindbare Fürstentum Birkenfeld: ein Relikt aus der „Trümmerlandschaft" des Heiligen Römischen Reiches Deutscher Nation?

Sagen wir es vorweg, Meilhacs Birkenfeld-Rezeption stimuliert die Theaterkritik nicht dazu, das Fürstentum allen Ernstes auf der Landkarte ausfindig zu machen, ja auch nur seinen Namen korrekt wiederzugeben.[7] Sie siedelt es eher in der Fiktion als in der Realität an. „Man sollte meinen, dass die menschliche Natur, sobald sie über den Rhein ist, in ihre Kindertage zurückfällt", wundert sich Paul de Saint-Victor: „Selbstverständlich weiß ich, dass Meilhac seine Komödie nicht in einem Fantasieland namens Deutschland verortet, aber sie spielt hart an der Grenze zum Imaginären". Um bei der Gestaltung der Handlung und der Prägung der Charaktere freie Hand zu haben? Meilhacs Konzept gilt dem Kritiker als „verhängnisvoll", da es das Stück „jeder Plausibilität" beraube: „In ein fiktives Land transportiert, glaubt diese Komödie jeder Ver-

---

7 ‚Borkenfeld' in Le Figaro (20. Oktober 1861); ‚Bittemberg' in Le Siècle (21. Oktober 1861); ‚Firzenberg' in L'Opinion nationale (21. Oktober 1861).

pflichtung zu Beobachtung und Glaubwürdigkeit enthoben zu sein" (La Pensée a. a. O. S. 1). Es gibt nur einige (vage) Ansätze, das Fürstentum geografisch und historisch zu erfassen. Paul de Saint-Victor assoziiert es mit einem Relikt aus der „Trümmerlandschaft des Heiligen Römischen Reiches", das mikroskopisch klein „zwischen zwei Kieselsteinen am Rhein oder an der Elbe" gelegen ist (ebda.). Eine skuril anmutende Anspielung, die aber, immerhin, mit der Geschichte Oldenburgs und seines Fürstentums an der oberen Nahe in Verbindung gebracht werden kann.

Das Herzogtum Oldenburg ist ein 1774 erhobenes Reichsfürstentum im Heiligen Römischen Reich Deutscher Nation. Das komplexe Gebilde aus Kaiser und Reichsständen mit nur wenigen gemeinsamen Institutionen zerbricht nach 844-jähriger Existenz am Expansionsdrang Napoleons I.: am 2. Juli 1806 sehen sich 16 süd- und westdeutsche Fürsten genötigt, in Paris die Rheinbund-Akte zu unterzeichnen und damit Frankreichs Oberherrschaft über ihre Territorien anzuerkennen. Oldenburg wird gar 1811 annektiert. Den endgültigen Zerfall der Reichseinheit symbolisiert die Niederlegung der Reichskrone durch Kaiser Franz II. am 6. August 1806. An die Stelle des Rheinbundes tritt 1815 – bei der territorialen Neuordnung Europas nach dem Ende der napoleonischen Herrschaft auf dem Wiener Kongress – der Deutsche Bund von „souveränen Fürsten und freien Städten Deutschlands", unter Einschluss des Kaisers von Österreich und Königs von Ungarn sowie der Könige Preußens, Dänemarks und der Niederlande.[8] Nach Wiedererlangung seiner Souveränität und Aufwertung zum Großherzogtum ist auch Oldenburg Gliedstaat des Bundes. Als auswärtige Landesteile werden ihm auf dem Wiener Kongress die Fürstentümer Lübeck und Birkenfeld zugeschlagen. Nach Preußens Sieg über Österreich im Deutschen Krieg von 1866 wird der Bund hinfällig. Mit dem anschließenden Triumph Preußens und der mit ihm verbündeten Staaten im Deutsch-Französischen Krieg von 1870/1871 setzt sich die kleindeutsche Lösung durch – auf Kosten Österreichs. Die Reichsgründung von 1871 entspringt dem politischen Kalkül von Otto von Bismarck, dem preußischen Minister-

---

8   Oberstes Anliegen dieser von 1815 bis 1866 (also zur Entstehungszeit des Gesandtschafts-attachés) existierenden Konföderation ist die Gewährleistung der inneren und äußeren Sicherheit ihrer Mitgliedstaaten. Auch wenn sie keine Staatsgewalt, sondern nur eine „völkerrechtsvertraglich vermittelte Vereinskompetenz" besitzt, so bildet die Konföderation bereits bundesstaatliche Züge aus: sie entwickelt Rechte mit bindender Wirkung für die Fürsten und Städte.

präsidenten und ersten Kanzler des neuen Deutschen Reiches. An der Seite Preußens trägt Oldenburg den Einigungsprozess mit, indem es nach der Auflösung des Deutschen Bundes 1867 dem Norddeutschen Bund und 1871 dem Reich beitritt.

Diese innerdeutschen Geschehnisse sind von europäischer Bedeutung, da sie dazu führen, dem Hegemonialstreben Frankreichs unter dem Zweiten Kaiserreich (1852–1870) ein Ende zu setzen. Sie prägen aber noch nicht die Zeit, in der Meilhac seinen Gesandtschaftsattaché schreibt. Zu den Zeitbezügen seiner Satire gehören Anspielungen auf die ruhmreiche Außenpolitik Napoleon III. und sein noch ungebrochenes Prestige in Europa. Was Wunder, wenn auch die Theaterkritiker in europäischen Dimensionen denken. Allerdings vor allem, um die politische Bedeutungslosigkeit des Fürstentums Birkenfeld hervorzuheben. „Leider, lieber Herr Meilhac, werden Sie mit Ihrem Birkenfeld Europa einen Tag lang desorientieren" spottet Anatole Claveau in der Revue Contemporaine: „In der Geografie von Henri Meilhac handelt es sich um ein Fürstentum, das weder Köln, Mainz noch Trier ist" (10. Jahrgang, Band 23, 1961, S. 742). Doch eben diese Kurfürstentümer sind seit 1803 nach ihrer Säkularisierung durch den Reichsdeputationshauptschluss[9] von der Landkarte verschwunden: bei der Neuordnung Europas nach dem Ende der napoleonischen Ära werden sie dem Königreich Preußen (Trier 1814; Köln 1815) sowie dem Großherzogtum Hessen (Mainz 1816) einverleibt.

Es liegt auf der Hand, dass die rechtliche Verfasstheit des Fürstentums Birkenfeld keinen Vergleich mit den großen geistlichen Kurfürstentümern des Reiches Heiligen Römischen Reiches aushält. Ist es doch 1861 noch nicht einmal ein selbständiger Kleinstaat, mit einem – wie die Komödie suggeriert – residierenden Souverän, sondern nur der linksrheinische Landesteil eines Großherzogtums, dessen Stammland im hohen Norden liegt. Oldenburg gehört zu den Nutznießern der territorialen Entschädigungen, die der Wiener Kongress 1815 den deutschen Herrschaftshäusern für während der französischen Herrschaft (1801–1814) erlittene Schäden zuteilwerden lässt – zu Zeiten also der Ersten Französischen Republik (1792–1804) und des Ersten Kaiserreiches

---

9   Unter dem Druck Napoleons wird 1803 die Auflösung der geistlichen Fürstentümer, die Enteignung des Kirchenguts sowie die schrittweise Entmachtung und Mediatisierung der kleineren Reichsstände verfügt: ihre Territorien und Güter teilen die größeren Reichsfürsten unter sich auf.

(1804–1814/15). Der oldenburgische Herzog Peter I. Friedrich Ludwig (1755–1829) geht zunächst fest von einer Gebietsarrondierung aus: durch territoriale Zugewinne in Ostfriesland oder Westfalen, die mit einem Bevölkerungszuwachs von 160 000 Einwohnern einhergeht. Zu seiner Enttäuschung wird er jedoch nur mit einem über 500 Kilometer von seinem Stammland entfernten Territorium aus der Erbmasse des früheren französischen Saar-Départements abgefunden: dem vormaligen Arrondissement Birkenfeld. Die im Gegensatz zum protestantischen Oldenburg gemischt-konfessionelle Exklave zählt lediglich 20 000 Einwohner. Der Herzog protestiert und verzichtet auf den ihm in Wien angetragenen Titel eines Großherzogs. Eine Würde, die erst 1829 der Nachfolger, sein Sohn Paul Friedrich August, akzeptiert.

Das Land an der oberen Nahe nimmt Herzog Peter I. Friedrich Ludwig am 16. April 1817 aber dann sehr wohl in Besitz. Wie die anderen Teile des ehemaligen Départements de la Sarre zunächst Preußen zugeschlagen, muss es – gleichzeitig mit der Bekanntgabe des Anschlusses an Oldenburg – offiziell vom Königreich abgetreten werden.[10] Der Herzog benennt die Exklave „Fürstentum Birkenfeld". Eine Ehrbezeugung, in Anerkennung der historischen Bedeutung von Burg Birkenfeld für die dynastischen Beziehungen der deutschen Einzelstaaten während des über achthundertjährigen mittelalterlichen und neuzeitlichen Heiligen Römischen Reiches.[11]

Schon im August 1817 bereist der Herzog erstmals sein Fürstentum und proklamiert anschließend die „Landesherrliche Verordnung über die Einrichtung der Regierung im Fürstentum Birkenfeld". Unter „absolutistischer Gerichtsbarkeit und Verwaltung" (Jörn Schultheiß) unterliegt das Fürstentum

---

10 Erst Anfang 1816 legt die Territorialkommission in Frankfurt am Main das an Oldenburg abzutretende Gebiet endgültig fest. Auf Drängen Preußens verbleibt Kirn, das ursprünglich ebenfalls oldenburgisch werden soll, bei Preußen. Im Oktober 1816 schickt der Herzoglich-Holsteinisch-Oldenburgische Gesandte am Deutschen Bundestag, von Berg, seinen Sekretär Carl Christian Ludwig Starklof (1789–1850) zu einer Erkundungsreise an die Nahe bevor er im Januar 1817 selbst das Gebiet bereist, „um die zur bestellende Regierung und den Verwaltungsapparat zu organisieren".

11 Bereits 1293 urkundlich erwähnt, wird Burg Birkenfeld – nach der Heirat des Grafen Johann III. von Sponheim mit Pfalzgräfin Mechthild aus dem Hause Wittelsbach (Nichte des regierenden deutschen Kaisers Ludwig dem Bayer, der Birkenfeld 1332 das Stadtrecht verleiht) – Sitz eines Amtmanns für das Amt Birkenfeld. 1584 wird die Stadt schließlich zum Regierungssitz eines pfälzisch-wittelsbachischen Herzogs, denn Karl von Birkenfeld, jüngster Sohn des Herzogs Wolfgang von Pfalz-Zweibrücken, begründet die Seitenlinie Pfalz-Zweibrücken-Birkenfeld. Später stammen aus dieser Linie alle ab 1806 regierenden bayerischen Könige. Zudem ist Karl von Birkenfeld auch der direkte Ahnherr der späteren Kaiserin Elisabeth von Österreich.

der strikten Kontrolle des Staatsministeriums, der oldenburgischen Regierungsinstanz mit vom Herzog ernannten Ministern.

Der junge Meilhac entspricht mit seinem Gesandtschaftsattaché also eher nicht den hochgesteckten Erwartungen der Pariser Kritik, die ihm vor allem fehlende „Beobachtung" und seinem Stück einen Mangel an „Glaubwürdigkeit" vorhalten. Müssen aber dann die Rezensionen der Theaterjournalisten nicht mit gleicher Elle gemessen werden? Allzu sehr darauf bedacht, Birkenfeld (aus Bequemlichkeit?) fiktiven Charakter zuzuschreiben, nehmen sie sich sozusagen von der Pflicht aus, selbst Realitätsbezüge herzustellen und sich näher für seine Geografie, Geschichte und Lebenswelt zu interessieren. Somit erfassen sie auch nicht die Trennlinien, die zwischen Meilhacs Birkenfeld-Bild und dem historisch belegten Fürstentum verlaufen. Folglich liegt es an uns, die Zeitbezüge des Gesandtschaftsattaché herauszufinden, das heißt Meilhacs Satire im Kontext der 1860er Jahre zu verorten. Unter Erhellung zunächst der weiteren Entwicklung Oldenburgs und Birkenfelds – zu einer Zeit, da der Deutsche Bund vor allem vom Ringen zwischen Preußen und Österreich um die Vormachtstellung in Deutschland geprägt ist und an diesem Konflikt scheitert.

Das Großherzogtum Oldenburg und das Fürstentum Birkenfeld zur Zeit des Deutschen Bundes (1815–1866): zum historischen Hintergrund des Gesandtschaftsattachés

Das vordergründige Schlüsselproblem der Satire, die ungewisse Finanzlage des Fürstentums, wird, zugegeben, auch von der Theaterkritik als Zeitbezug wahrgenommen. Es wird wiederum historisch in einer Vision des 1806 untergegangenen Heiligen Römischen Reiches Deutscher Nation verankert. Chronisch klamme Staatsfinanzen, weiß Anatole Claveau, sind für die kleineren deutschen Fürstenhöfe durchaus typisch: „Der Souverän dieses Fürstentums empfiehlt sich durch die traditionelle Armut der kleinen deutschen Prinzen und gleicht darin dem Kaiser Maximilian, der in seinem Reich ständig bemüht sein musste, rechts und links um Geld zu betteln" (Revue Contemporaine a. a. O. S. 742).

Paul de Saint Victor malt gar mit beißender Ironie aus, mit welchen Gefühlen der Birkenfelder Fürst wohl die Pariser Eskapaden der jungen Bankierswitwe verfolgt, über deren Millionen er „mit väterlicher Sorge wacht": „Sein Fürstentum fiele dem Ruin anheim, wenn die Millionen das Weite suchten. Keine Polizei mehr, keine Finanzen mehr, kein Kapellmeister mehr, kein Philosophieprofessor mehr. Der arme Fürst sähe sich sogar gezwungen, den sechs Operettensoldaten, die er an Galatagen Revue passieren lässt, die Kündigung auszusprechen" (La Presse a. a. O. S. 1). Es geht de Saint Victor einmal mehr darum, die unglaubwürdige realitätsfremde Konzeption des Gesandtschaftsattachés zu kritisieren: „Was halten Sie von Seiner Durchlaucht dem Fürsten, Herr und Meister eines Fürstentums, das immerhin groß genug ist, in Paris eine Gesandtschaft zu unterhalten, aber darauf angewiesen ist, auf Kosten der zwanzig Millionen der Witwe Palmer zu leben? Aber den Fürsten von Birkenfeld werden wie den Großherzögen von Gerolstein[12] Traumgebilde und Unglaubwürdigkeit jeder Art zugestanden" (ebda.).

Fakt ist, dass zur Entstehungszeit des Gesandtschaftsattachés in Frankreich die „Kleinstaaterei" weiterhin als Wesenszug der politischen Verfasstheit Deutschlands gilt. Tatsächlich lebt sie im Deutschen Bund (1815–1866) weiter, ja sogar im künftigen Kaiserreich bismarckscher Prägung (1871–1918), wenngleich dieses die Gesamtzahl der Gliedstaaten von 38 auf 25 reduziert – auf Kosten der kleineren Fürstentümer. Das Phänomen beschäftigt Henri Meilhac offensichtlich nachhaltig. Denn er wirkt zusammen mit Ludovic Halévy als Librettist an einem anderen Bühnenwerk über einen winzigen deutschen Fürstenhof mit: an Jacques Offenbachs 1867 uraufgeführter Operette Die Großherzogin von Gerolstein. Im Gegensatz zum real existierenden Fürstentum Birkenfeld handelt es sich hierbei allerdings nur um ein auf das Jahr 1840 datiertes fiktives Großherzogtum, ohne Bezug zur rheinland-pfälzischen Stadt Gerolstein in der Vulkaneifel. Die Operette gerät im Juni/Juli 1867 bei der von Napoleon III. prunkvoll inszenierten Pariser Weltausstellung zu einem internationalen Kulturereignis: lassen sich doch die gekrönten Häupter und die politische Elite Europas das Spektakel nicht entgehen. Besondere Heiterkeit erregt die Posse über die deutsche Kleinstaaterei bei Otto von Bismarck, dem neuen preußischen Ministerpräsidenten und Bundeskanzler des gerade begründeten Norddeutschen Bundes (1867–1871). Dabei setzt die Satire über

---

12 Ein Großherzogtum Gerolstein hat es nie gegeben. Inspirationsquelle für Meilhac und Halévy bei der Bearbeitung des Librettos für Offenbachs Operette ‚Die Großherzogin von Gerolstein' ist der verkleidete Großherzog Rudolph von Gerolstein: literarischer Held des 1842 erschienenen Erfolgsromans Die Geheimnisse von Paris (Les Mystères de Paris) von Eugene Sue.

die kleinen Fürstenhöfe starke antimilitaristische Akzente, wie der Offenbach-Spezialist und Komponist Wolfgang Böhmer trefflich formuliert: „Die unumschränkte Macht der Militärs, die Kriege erklären, nur um ihre Herrscherin zu unterhalten, die ihre Armee einsetzen, um einen Liebhaber in flagranti zu erwischen – aus purem Neid auf den Glücklicheren. Oder auch die unumschränkte Macht der Herzogin selbst, die ganz nach Laune Karrieren ermöglicht oder zerstört, die Botschafter oder potentielle Ehemänner willkürlich hinhält oder empfängt, die sich schließlich mit Verschwörern zusammentut [...]. Diese Mächtigen sind natürlich lächerlich – und gefährlich!".[13] Doch unter dem Zweiten Kaiserreich führt Frankreich bekanntlich selbst Kriege (Krimkrieg, Sardinischer Krieg), so dass es schlecht als Hort des Antimilitarismus gepriesen werden kann. Um der Vorzensur zu entgehen, verlagern die Librettisten der Operette die Rahmenhandlung deshalb ins Ausland.

Die spöttische Geißelung des Militarismus aber erlaubt natürlich eine unverhohlene Anspielung nicht zuletzt auf den preußischen Expansionismus, der Frankreich seit einem Jahr traumatisiert. Der Sieg Preußens über Österreich am 3. Juli 1866 bei Königgrätz im Kampf um die Vormachtstellung in Deutschland wirkt sich negativ auf Napoleons III. Reputation aus: Er wird als diplomatische Niederlage für ihn empfunden, da er Bündnispartner Österreichs war. Parlament und Öffentlichkeit werfen dem Kaiser vor, den von Bismarck betriebenen deutschen Einigungsprozess nicht aufzuhalten und somit Frankreichs Rolle als europäische Hegemonialmacht zu gefährden. Tatsächlich geht das strategische Kalkül Napoleon III. erstmals nicht auf. Im Gegensatz zu seinem illustren Vorfahren Napoleon Bonaparte darauf bedacht, Europa nicht auf kriegerischem, sondern auf diplomatischem Wege seiner Führung zu unterwerfen, strebt er bei internationalen Konflikten frühzeitig nach einer Vermittlerrolle, die ihm mit territorialen Zugewinnen honoriert wird. So gibt es auch im Vorfeld des Deutschen Krieges von 1866 eine rege Verhandlungstätigkeit. Demnach soll Österreich, wie in einem Geheimvertrag mit Napoleon III. vereinbart, im Falle eines Sieges Venetien an Frankreich abtreten. Doch Preußen führt seinerseits Geheimverhandlungen mit Italien. Dem erst jüngst begründeten Königreich (1861) wird der Gewinn eben dieser Region zugesagt, wenn es sich

---

13 Kommentar anlässlich der Aufführung der Operette vom 24. Oktober 2016 im Staatstheater Kassel, unter der Regie von Adriana Altaras, in einer von Böhmer verantworteten neuen Textfassung.

bei einem Konflikt auf seine Seite stellt. Dies geschieht und Venetien kommt nach Preußens Sieg folgerichtig zu Italien.

Zwecks Honorierung der Neutralität Frankreichs im Falle eines österreichischen Sieges verspricht Wien Napoleon III. mündlich die Errichtung eines unabhängigen rheinischen Staates auf dem Territorium der beiden preußischen Westprovinzen (Rheinprovinz und Westfalen). Von einem sicheren Sieg der Donaumonarchie ausgehend, unterlässt der Kaiser es, auch mit Preußen eine Gegenleistung für seine eventuelle Neutralität zu vereinbaren. Ein folgenschweres Versäumnis, besteht doch für Bismarck nach Königgrätz kein Anlass zu Kompensationsgeschäften. Er kann kompromisslos die territoriale Erweiterung Preußens betreiben: durch die Annexion von Frankfurt, Hannover, Nassau und Kurhessen, also Österreichs Verbündeten im Deutschen Krieg. Die aufgewühlte politische Gemengelage führt dazu, dass auch das oldenburgische Fürstentum Birkenfeld ins Visier Preußens und Frankreichs gerät.

Das Fürstentum Birkenfeld im Fokus von Annexionsplänen Preußens und Frankreichs

Oldenburgischen Quellen zufolge bietet Bismarck nach der Annektierung Hannovers dem mit ihm verbündeten Großherzog Nikolaus Friedrich Peter einen Tausch seines Fürstentums gegen das für Oldenburg grenznahe, bislang hannoversche Amt Harpstedt an. Er spielt mit dem Gedanken einer Gebietsarrondierung Preußens auf linksrheinischem Gebiet mittels Eingliederung der oldenburgischen Exklave Birkenfeld in die es umgebende preußische Rheinprovinz. Der Großherzog soll jedoch Bismarcks Angebot abschlägig beschieden haben, aus ethisch-moralischen Gründen: „Ich nehme kein Beutegut und beteilige mich nicht an Leichenfledderei".[14]

Aber auch eine Abtretung Birkenfelds an Frankreich beziehungsweise seine Einbindung in ein linksrheinisches Territorium französischer Dominanz könnte 1866 eine Option gewesen sein – erstaunlicherweise mit Bismarcks

---

14 Eine Erinnerung von Anton Günther Herzog von Oldenburg (1923–2014), zitiert nach *Nord-West-Zeitung* Oldenburg: NWZ-Online vom 1. Juli 2017 https://www.nwzonline.de/oldenburg-kreis/politik/harpstedt-zum-tausch-angeboten_a_31,3,1540743998.html (abgerufen am 16. März 2018).

ausdrücklicher Einwilligung. Eine Annahme, genährt durch Hintergrund-informationen zu den Verhandlungen Preußens über die Neutralität Italiens im bevorstehenden Deutschen Krieg. Demnach soll Bismarck gegenüber dem italienischen Unterhändler General Govone mehrfach angedeutet haben, unter bestimmten Umständen französische Annexionen zu billigen. So am 2. Juni 1866 in Berlin: „Ich bin für meine Person viel weniger Deutscher als Preuße und würde ohne Schwierigkeit der Abtretung des ganzen Gebietes zwischen Rhein und Mosel an Frankreich zustimmen: Pfalz, Oldenburg, ein Teil der preußischen Rheinprovinz".[15] Mit ‚Oldenburg', versteht sich, wäre dessen linksrheinische Exklave Birkenfeld gemeint. Diese sensationellen Enthüllungen sind 1873 den Erinnerungen des italienischen Generals und Staatsmannes Alfonso La Marmora über das Schicksalsjahr 1866 zu entnehmen.[16] Als damaliger Ministerpräsi-dent Italiens geht er darin nicht nur auf Bismarcks Beziehungen zu den italie-nischen Revolutionären um den Volkshelden Giuseppe Garibaldi, dem Symbol der Einigung Italiens (1861), ein, sondern macht auch seine Erkenntnisse über das ‚Deutschtum' des Reichskanzlers publik. Prompt kommt es nach Protesten der katholischen Zentrumspartei – Bismarcks Kulturkampf gegen die katholi-sche Kirche ist bereits im vollen Gange (1871–1887) – im Januar 1874 im Preußischen Abgeordnetenhaus zu einer Kontroverse über die patriotische Gesinnung des Reichskanzlers. Dieser weist die Anschuldigungen empört zu-

---

15 Govone notiert am 3. Juni auch die einleitende Diskussion: „Ich fragte, ob über dem Rhein kein Landestheil vorhanden sei, wo eine Abstimmung zu Gunsten der Annexion an Frankreich irgendwie glücken könne. Graf Bismarck erwiderte: Keiner, alle sind Deutsche und wollen Deutsche bleiben, so erübrigt mir, Frankreich zu entschädigen. Ich warf ein, dies sei äußerst schwierig; aber wenn man den Volkswillen nicht geltend machen könne, so ließe sich vielleicht doch ein anderes Princip in Anwendung bringen, zum Beispiel jenes der natürlichen Grenzen; ich fügte gleich bei, ich wolle nicht auf das ganze linke Rheinufer anspielen; aber gibt es denn gar keine andere geographische Linie, welche für Frankreich Werth haben könnte? Graf Bismarck sagte: Ja, es wäre die Mosel."

16 Durch eine missverstandene Äußerung im preußischen Generalstab über den Krieg von 1866 fühlt sich der damalige Ministerpräsident beleidigt. Daraufhin eröffnet er nach Niederlegung seiner Ämter im August 1866 einen erbitterten Feldzug gegen Bismarck. In seinen Erinne-rungen von 1873 (Un po' più di luce sugli eventi politici e militari dell'anno 1866) veröffentlicht er nach dem Tode seines Adjutanten und Freundes Govone dessen Depeschen über seine Berliner Mission von 1866. Darin wird Bismarck als ‚treulos' und ‚verräterisch' bezeichnet. Die Kontroverse beschäftigt im Januar 1874 das Preußische Abgeordnetenhaus. Bismarck wird von dem Zentrumsabgeordneten von Mallinckrodt zur Rede gestellt. Der Reichskanzler bestreitet die Vorwürfe und bezeichnet die angeblichen Beweisstücke als ‚apokryph'. Auch die italieni-sche Regierung tadelt das Vorgehen von La Marmora und setzt eine Änderung des Strafge-setzes durch, um fortan Verletzungen von Staatsgeheimnissen zu verhindern.

rück und führt die von der Zentrumspartei lancierten ‚Enthüllungen' auf das „in lügenhafter, gehässiger Absicht" erfundene Machwerk des geltungssüchtigen La Marmora zurück. Er beteuert, „niemals irgendjemand die Abtretung eines Dorfes oder eines Kleefeldes zugesichert oder in Aussicht gestellt" zu haben (8). In der Literatur wird nicht ausgeschlossen, dass Bismarcks mögliche Konzessionsbereitschaft in der Annexionsfrage nur vorgespielt und als diplomatischer Schachzug zu verstehen ist: um Frankreichs Stillhalten zu erzwingen.

Je nach Ausgang des Deutschen Krieges hätten sich für das Fürstentum Birkenfeld mithin unterschiedliche Aussichten eröffnet: Gemäß der von La Marmora Bismarck unterstellten Intention wäre es Teil des Frankreich überlassenen „linken Rheinufers". In der Diskussion über Bismarcks Äußerungen gegenüber Govone im Januar 1874 im Preußischen Abgeordnetenhaus versteht der Zentrumspolitiker Hermann von Mallinckrodt darunter aber nur noch „die bayerische Pfalz und die preußischen Regierungsbezirke Coblenz und Trier auf der rechten Moselseite", mithin nicht mehr die oldenburgische Exklave Birkenfeld. Im Sinne der österreichisch-französischen Geheimverhandlungen bliebe das Fürstentum bei einer Niederlage Preußens erhalten, da der anvisierte links- und rechtsrheinische Pufferstaat auf dem Gebiet der beiden westpreußischen Provinzen zu bilden wäre. Im Prinzip: Denn als Bündnispartner Preußens auf der Verliererseite stehend würde sich Oldenburg schwerlich einer Konfiszierung seiner Exklave zwecks territorialer Arrondierung des künftigen rheinischen Staatsgebildes widersetzen können. Solche Spekulationen aber werden mit Preußens Sieg und Aufstieg in Deutschland und Europa hinfällig.[17]

Bismarcks Nationalstaatspolitik im Widerstreit mit Napoleons III. europäischen Hegemoniebestrebungen

Spätestens seit 1866 läuft Bismarcks Politik der prestige- und gewinnträchtigen Vermittlerrolle Napoleons III. zuwider und macht weitere Annexionspläne

---

[17] Der unerwartet schnelle Sieg Preußens über das mit Napoleon III. verbündete Österreich hätte wohl kaum noch eine militärische Intervention Frankreichs zugelassen. Dessen Armee ist zu dieser Zeit nur bedingt einsatzbereit: 1866 sind 28 000 französische Soldaten in Mexiko, 63 000 in Algerien, 8000 in Rom und 2000 in Cochinchina. Somit bleiben Napoleon nur etwa 100 000 Mann gegen sofort einsatzfähige 300 000 Preußen.

zunichte: Pläne auf Landgewinne auf linksrheinischem Gebiet, sowie in Belgien und in Luxemburg zerschlagen sich.[18] Die Folge sind zunehmende antipreußische Ressentiments in Staat und Gesellschaft. Als Meilhac und Halévy am Libretto für die Operette der Großherzogin von Gerolstein schreiben, werden in Frankreich bereits starke Revanchegefühle geschürt: mit dem Ruf nach ‚Rache für Sadowa' (anstatt des Zungenbrechers Königgrätz benennt man die Entscheidungsschlacht im Deutschen Krieg nach dem tschechischen Dorf Sadowa am Rande der Kampfzone).

Angesichts zunehmender Kriegsstimmung im Nachbarland, stellt Bismarck mit Bedacht Weichen für den für unvermeidbar gehaltenen deutsch-französischen Waffengang. Dank einer günstigen Bündniskonstellation will er gleichzeitig mit der Vollendung der deutschen Einheit, als direkter Folge eines Sieges über Napoleon III., ein neues supranationales europäisches Gleichgewicht durchsetzen – mit dem Deutschen Kaiserreich in der Mittlerrolle. Durch die überaus schonende Behandlung Österreichs und seiner süddeutschen Verbündeten bei den Friedensverhandlungen nach Königgrätz gewinnt Bismarck das Vertrauen seiner einstigen Kriegsgegner – gegen den Willen der Konservativen, der Generalität, ja, zunächst selbst des preußischen Königs. Er sucht und findet in den süddeutschen Staaten Bündnispartner für den Krieg mit Frankreich: Es kommt zum Abschluss nicht nur von Friedensverträgen, sondern für den Fall eines französischen Angriffs auch von geheimen Schutz- und Trutzbündnissen zur gegenseitigen Verteidigung. Vor allem aber begründet Bismarck 1867 den von Preußen geführten Norddeutschen Bund von 22 Mitgliedstaaten (darunter Oldenburg); ein Provisorium, das als Zwischenlösung auf dem Weg zur deutschen Einheit gedacht ist. Um Napoleon III. zu beschwichtigen, lässt er ihn in dem Glauben, das norddeutsche Bündnis nicht über den Main hinaus ausdehnen zu wollen.

Wie 1870/1871 der Verlauf des Deutsch-Französischen Krieges zeigt, geht Bismarcks Kalkül auf. Ihm gelingt der Schachzug, den ‚Verteidigungsfall' zu provozieren, indem er den französischen Kaiser in die Rolle des Aggressors drängt und damit für seine deutschen Alliierten der Bündnisfall eintritt. Denn Napoleon III. gibt letztendlich dem Druck der öffentlichen Meinung nach:

---

18 In Geheimverhandlungen erweckt Bismarck den Eindruck, Frankreich als Gegenleistung für sein Stillhalten während des Deutschen Krieges auch Teile Belgiens und Luxemburg zu überlassen.

Darauf bedacht, sein infolge außenpolitischer Misserfolge und innenpolitischer Opposition der Republikaner stark ramponiertes Ansehen wiederherzustellen, hält er sich schließlich militärisch für stark genug, um Preußen in die Schranken zu weisen. Zu den kriegstreibenden Kräften gehört vor allem das antipreußisch gesinnte konservative katholische Lager. Schon der Sieg des protestantischen Preußen über das katholische Österreich im Krieg von 1866 wird als Schmach empfunden: Für die klerikalen Eliten kommt er einer Niederlage der „katholischen Sache" in ganz Europa gleich: „die Welt geht unter!" (Il mondo casca), soll Giacomo Antonelli, der Kardinalstaatssekretär des Vatikans, bei der Nachricht aus Königgrätz ausgerufen haben. Von daher macht Preußens schneller und großzügiger Frieden mit Österreich Sinn: um von vorneherein jede gegen sich gerichtete katholische Allianz zu verhindern. Bismarck unterbindet den von Napoleon III. angestrebten Dreibund mit Österreich und Italien und zerschlägt damit französische Hoffnung, im Kriegsfall auf den militärischen Beistand beider Länder rechnen zu können. Mit der Niederlage Frankreichs im Krieg von 1870/71 ist das Schicksal Napoleons III. und des Zweiten Kaiserreiches besiegelt.

Dieser Exkurs zur Erhellung der historischen Geschehnisse zur Entstehungszeit der Großherzogin von Gerolstein (1867) soll den Kontrast zum Beginn der 1860er Jahre, als der Gesandtschaftsattaché entstand, verdeutlichen. Die in der Literatur auftauchende Annahme, es müsse bereits bei der Erforschung des realen Hintergrunds von Meilhacs Satire von „einem angespannten Verhältnis zwischen Frankreich und den deutschen Staaten (vor allem Preußen)" ausgegangen werden, ist irrig. 1861 ist Napoleon III. noch nicht annährend innen- und außenpolitischen Zwängen wie denen von 1867 ausgesetzt. Sein künftiger Widersacher, Bismarck, ist politisch noch nicht in Erscheinung getreten. Folglich ist jetzt eine geschärfte Kenntnis der historischen Entwicklungen der frühen 1860er Jahre vonnöten, um auszumachen, wo in Meilhacs Birkenfeld-Rezeption die Trennlinien zwischen Realität und Fiktion verlaufen. Da im Gegensatz zu dem Fantasiegebilde Großherzogtum Gerolstein die Existenz des Fürstentums Birkenfeld historisch belegt ist, soll nun näher auf dessen politische und soziale Verfasstheit eingegangen werden.

Zur politischen und gesellschaftlichen Verfasstheit des Fürstentums Birkenfeld: die Trennlinien zwischen Fiktion und Realität in Meilhacs Gesandtschaftsattaché

Das Fürstentum Birkenfeld ist kein real existierender Staat, wie selbst in der Literatur irrtümlicherweise angenommen wird: Es ist lediglich der Landesteil eines deutschen Bundesstaates.[19] Es hat mithin nicht die Verfasstheit, die Meilhac suggeriert. Der ihm in der Satire zugedachte Fürst ist eine Fiktion. Der wahre Souverän – der Großherzog – residiert nicht in Birkenfeld, sondern im über 500 Kilometer entfernten Oldenburg, im hohen Norden Deutschlands. Im Gegensatz zu seinen Nachbarstaaten im Deutschen Bund, dem Kurfürstentum Hannover und dem Herzogtum Braunschweig, ist Oldenburg seit dem Wiener Kongress (1815) ohne Verfassung geblieben, obwohl sie durch Art. 13 der Bundesakte den Landesherren ausdrücklich vorgeschrieben wird. Bis zu den Revolutionen von 1848, die, da von kontinentaler Dimension, nicht nur die deutsche, sondern auch die Demokratiegeschichte anderer europäischer Staaten prägen, besteht im Großherzogtum keinerlei ständische Vertretung – weder auf gesamtstaatlicher Ebene noch in den Landesteilen. Einziges Zugeständnis: 1831 erhalten die Landgemeinden erweiterte kommunale Selbstverwaltungsrechte.

1861, als Meilhac seinen Gesandtschaftsattaché fertigstellt, regiert in Oldenburg Nikolaus Friedrich Peter (1853–1900). Wie seine Vorgänger lässt er die Exklave an der Nahe durch einen Regierungspräsidenten verwalten: Alexander von Finckh (1853–1881). Oldenburgs ‚Statthalter‘ vor Ort sind für die wesentlichen öffentlichen Belange, in erster Linie Besteuerung und Finanzen sowie

---

19 Nach Art. 1 Abs. 2 des oldenburgischen Staatsgrundgesetzes von 1852 bilden die „Bestandteile des Großherzogtums einen ... unteilbaren Staat". Für Walther Schücking legt die „räumliche und historische Trennung der Gebiete" es nahe, diese „am besten als ‚Länder‘ (zu) bezeichnen, die zwar erst in ihrer Zusammenfassung ein allen Kriterien des Staates genügendes Ganzes ausmachen, andererseits aber doch jeder für sich staatsrechtlich eine andere Rechtsstellung haben wie bloße ‚Provinzen‘, die räumlich getrennt sind". Joachim Lilla verweist darauf, dass der verfassungsmäßig garantierte Grundsatz der Staatseinheit seinen Ausdruck in der der Einrichtung eines für den Gesamtstaat zuständigen beschließenden Landtages für alle Gegenstände und alle Landesteile findet Die einzelnen Landesteile verfügten allerdings über eine gewisse ‚Finanzhoheit‘: Artikel 195 des Staatsgrundgesetzes bestimmt, dass „die Einkünfte des Herzogtums Oldenburg, des Fürstentums Lübeck und des Fürstentums Birkenfeld ... getrennt verwaltet und nur zu den Ausgaben der betreffenden Provinzen verwendet" werden.

Gesundheits-, Polizei-, Bau-, Forst- und Jagdwesen, Liegenschaftskataster und Post zuständig. Dem Fürstentum steht im Grunde genommen nur eine gesteuerte Selbstverwaltung zu: Angesichts strikter Vorgaben aus Oldenburg und knapp bemessener Mittel bleibt kein Handlungsspielraum für Eigenständigkeit. Dem Großherzog dürfen zwar Gesetzesvorschläge unterbreitet werden, über deren Umsetzung er aber selbstherrlich entscheidet. Der absolutistische Regierungsstil der Oldenburger zeigt sich nicht zuletzt darin, Errungenschaften aus der Franzosenzeit (1801–1814) rückgängig zu machen. Gewiss, der Code Civil bleibt zunächst noch bestehen. Aber einige von der Bevölkerung geschätzte Freiheiten werden eingeschränkt oder wie Schwurgerichte und öffentliche Gerichtsverfahren abgeschafft.

Von allen oldenburgischen Landesteilen „am stärksten von westlichen Ideen durchdrungen", wird das Fürstentum Birkenfeld zu einer Art Keimzelle des Widerstandes gegen die absolutistische Verwaltung und Gerichtsbarkeit. Der Protest zahlt sich aus. Die Revolution von 1848 setzt auch Oldenburg unter Druck und nötigt Großherzog August I. dazu, seinem Volk liberale Reformen, eine Verfassung sowie einen Landtag zuzugestehen.[20] Das Fürstentum Birkenfeld erhält mit dem Provinzialrat eine parlamentarische Vertretung mit beratender Funktion, mithin erstmals eine Form der Bürgerbeteiligung an der politischen Entscheidungsfindung. Zudem kann die Exklave vier Abgeordnete in den oldenburgischen Landtag entsenden. Dieser verfügt über die Budgethoheit sowie das Recht zu Gesetzgebung und Genehmigung völkerrechtlicher Verträge. Der politische Einfluss der Abgeordneten von der Nahe ist allerdings gering. Bei gesetzgeberischen Vorhaben vertreten sie zumeist Minderheitenpositionen und werden folglich im Landesparlament, das bis 1868 vorwiegend nach dem Dreiklassenwahlrecht zusammengesetzt ist, zumeist überstimmt. So, zum Beispiel, zwischen 1861 und 1866 in der Debatte über die Einführung der Klassensteuer und der klassifizierten Einkommenssteuer.[21]

---

20 Im März 1848 kommt es zu massiven Bürgerprotesten gegen die autoritäre Amtsführung des Regierungspräsidenten Hannibal Fischer (1831–1848). An einer Volksversammlung in Niederbrombach nehmen etwa 4000 Demonstranten teil.
21 Am 1. Januar 1868 tritt ein neues Landtagswahlgesetz in Kraft, das das Dreiklassenwahlrecht schafft. Die Wahlrechtsänderung sieht die Einrichtung von 9 Wahlkreisen vor: Je 500 Einwohner wird ein Wahlmann, je 10 000 Einwohner ein Abgeordneter gewählt. Bestimmungen, die dem Wachstum der Bevölkerung angepasst und die Zahl der Abgeordneten reduzieren sollen. Wie bisher wird der Landtag alle drei Jahre durch den Großherzog berufen, der ihn vertagen

Historische Entwicklungen wie Vormärz, Revolution 1848/49 oder die anschließende europaweite Reaktionsära sind aber keine Hintergrundthemen des Gesandtschaftsattachés. Die Satire entbehrt jeglicher politischer Sprengkraft, betreffe sie die Entwicklung im Deutschen Bund oder in Frankreich. Um nicht die napoleonischen Zensurbehörden auf den Plan zu rufen? Fakt ist, dass keine von Meilhacs Figuren zum Protagonisten einer vom Fortschrittsdenken des 19. Jahrhunderts geprägten neuen gesellschaftlichen Ordnung mutiert. Der mit Industrialisierung und Modernisierung einhergehende Wandel der sozialen Schichtung, die zunehmende Differenzierung zwischen Besitzbürgertum und Bildungsbürgertum sowie der sich abzeichnende bürgerliche Zuschnitt von Staat und Gesellschaft deuten sich in der Rollenverteilung nicht an. Allein die Figur von Madeleine Palmer ist interpretierfähig, rückt sie doch als Bankierswitwe vom Status her in die Nähe der gesellschaftlichen Triebkräfte der Zeit. Aber Meilhacs Rückgriff auf einen Banker, Madeleines verstorbenen Ehemann, erfolgt möglicherweise vor allem aus Gründen der Dramaturgie. Soll das Vermögen der Witwe zum Objekt der Begehrlichkeit und somit zum Handlungsimpuls werden, so bedarf es einer glaubhaften Begründung ihres Reichtums. Wozu sich der Berufsstand des Herrn Palmer vortrefflich eignet: Der bürgerlich-liberale Le Siècle, Frankreichs einflussreichste Tageszeitung, apostrophiert den Birkenfelder prompt als „einen der reichsten Kapitalisten Europas" (21. Oktober 1861, S. 1). Die Bedeutung des Finanzkapitals für die wirtschaftliche Restrukturierung Deutschlands und seine Anpassung an die Weltmärkte ist unbestritten. Denn Meilhacs Stück entsteht zu einer Zeit, da die mit dem Zollverein (1834) eingeleitete, staatsbürokratisch vorangetriebene Entwicklung zu einem integrierten deutschen Wirtschaftsraum mit dem politischen Einigungsprozess einhergeht: Das neue deutsche Kaiserreich (1871–1918) ist Ausdruck eines staatstragenden Kompromisses zwischen Wirtschaftsliberalismus, Verfassungsliberalismus und Obrigkeitsstaat (Preußisch-deutscher Konstitutionalismus).

Rigide kleinstaatliche Verfassungs- und Organisationsstrukturen erweisen sich ebenfalls im Fürstentum Birkenfeld als Hemmnisse für die wirtschaftliche und gesellschaftliche Entwicklung. Von allen oldenburgischen Landesteilen „am stärksten von Kleingewerbe und den Anfängen einer Industrie durchsetzt"

---

oder auflösen kann. Nach einer Auflösung muss der neue Landtag spätestens binnen 5 Monaten einberufen werden.

werden Strukturreformen hier früh durchaus bürgernah, aber zwangsläufig kontradiktorisch diskutiert: aufgrund der zunehmenden Polarisierung zwischen den ländlichen und den industrialisierten urbanen Gebieten des Fürstentums. Die Oldenburg-treue Ordnungspartei in und um die Residenzstadt Birkenfeld sieht sich mit einer regelrechten Gegenbewegung konfrontiert, die „los-von-Oldenburg" und lieber zu Preußen gehören will. Zentren der Opposition sind Idar und Oberstein, mit ihrer überregionalen und bald auch international ausgerichteten Schmuckindustrie, also mit „bei aller Provinzialität, doch bereits weltläufigen Edelsteinhändlern" (Rauscher, Redmer).[22] Zu den Trägern der anti-oldenburgischen Bewegung gehört aber auch die zahlenmäßig wachsende Industriearbeiterschaft. Tatsächlich sind ihre Interessen im oldenburgischen Staat mit seinen überwiegend ländlichen Besitz- und Sozialstrukturen schwerer durchsetzbar als im stärker industrialisierten Preußen. Vom liberalen Bürgertum – um mit Karl Marx zu sprechen – durchaus als „gesellschaftliche Produktivkraft" wahrgenommen und gefördert, werden die proletarischen Schichten jedoch durch konservativ-staatliche Koalitionsverbote lange an einer dauerhaften Selbstorganisation gehindert, um Forderungen nach Mindestlöhnen und Regelung der Arbeitszeiten sowie anderen Verbesserungen ihrer Arbeits- und Lebensbedingungen durchzusetzen. Auch wenn sich aus Arbeiterverbrüderungen und Arbeiterbildungsvereinen schon bald frühgewerkschaftliche Organisations- und Aktionsformen entwickeln, so wird ihnen das Koalitionsrecht erst 1869 durch die Gewerbeordnung des Norddeutschen Bundes zugestanden.

Doch selbst die geschmähte oldenburgische Herrschaft nimmt nach und nach soziale Züge an, die die Kritik aus dem Raum Oberstein und Idar verstummen lässt: Die Oldenburger verstehen es, sich „rasch bei der Bevölkerung beliebt zu machen, weil sie eine uneigennützige Verwaltung installierten, die un-

---

22 Nach dem Ende der napoleonischen Herrschaft fällt (s. o.) gemäß Artikel 25 der Schlussakte zum Wiener Kongress im Juni 1815 der Nordteil des früheren Département de la Sarre zunächst an Preußen (mit einem preußischen Landratsamt in Oberstein). Artikel 49 der Schlussakte aber sieht – nach ausdrücklicher Billigung Preußens im Pariser Frieden von 1815 – eine Weitergabe von Teilen der Region an den Herzog von Oldenburg und andere kleinere Fürsten vor. So werden u. a. Idar, Oberstein, Tiefenstein, Algenrodt, Enzweiler am 16. April 1817 Teil des neu geschaffenen oldenburgischen Fürstentums Birkenfeld. Eine seiner Verwaltungseinheiten ist das Amt Oberstein – mit den Bürgermeistereien Herrstein, Oberstein und Fischbach. Das vom Herzog erlassene Staatsgrundgesetz stößt vor allem dort auf den Unwillen der Bevölkerung, die „lieber bei Preußen geblieben wäre. Diese Fortsetzung der deutschen Kleinstaaterei wurde [...] sehr kritisch gesehen".

abhängige Rechtsprechung sicherstellten und vielfältige Aktivitäten zu Gunsten der Bauern und der Wirtschaft einleiteten".[23] Ein geordnetes Schulsystem – mit (bereits seit 1830) einer Bürgerschule in Oberstein – und dem zeitweisen Verzicht auf die Aushebung für den Militärdienst runden dieses positive Bild ab. Mit der Verleihung des Stadtrechts erfahren Oberstein und Idar 1865 eine nachhaltige Aufwertung durch das Großherzogtum. In Meilhacs Gesandtschaftsattaché fehlen Betrachtungen zur Zeit und Ansätze zu geistigen Höhenflügen. Im Diplomatenmilieu der Birkenfelder Gesandtschaft schimmert vor allem die alte Ständegesellschaft durch.

Der domestizierte Adel: die Birkenfelder Gesandtschaft als Spiegelbild der Restaurationszeit

Hauptträger der Handlung sind in Meilhac Gesandtschaftsattachés Aristokraten: der Birkenfelder Gesandte und sein Attaché, Graf Prax. Die weiteren Botschaftsangehörigen stehen – soweit dies erkennbar ist – in einfachen Dienstverhältnissen. Diesem Milieu kann eine gewisse „Glaubwürdigkeit" nicht abgesprochen werden. Denn bei der Restauration des monarchischen Absolutismus auf dem Wiener Kongress (1815), der in der Reaktionsära 1851–1858 gipfelt, bleibt der diplomatische Dienst eine Domäne des Adels: Er gewinnt seinen politischen Einfluss und seine Vorrechte steuerlicher und finanzieller Natur zurück. Beamten- und Militäradel genießen regelrechte Sonderrechte. Privilegien, die in den Mitgliedstaaten des Deutschen Bundes allerdings unterschiedlich ausgeprägt sind. Oldenburg erweist sich sogar als Sonderfall. In der Auseinandersetzung mit dem Landesherrn bereits im 17. Jahrhundert entmachtet, übt der Adel seitdem in keiner ständischen und repräsentativen Vertretung mehr Einfluss aus. Auch nicht nach der politischen Neuordnung Deutschlands von

---

23 Arbeitern und Kleinbürgertum werden nach der Revolution von 1848 durch die II. Republik immerhin das Wahlrecht zugestanden. Damit wird ihr Beitrag zum „Gemeinwohl" anerkannt. Bis dahin dominiert das Zensuswahlrecht: als Schutzmechanismus des Besitzbürgertums, der allerdings zu Investition und Leistungsbereitschaft verpflichtet. 1848 wird das Recht zur Teilnahme an der Leitung des Gemeinwesens endgültig an „einen allgemeinen – von der Voraussetzung des Eigentums abgekoppelten – Begriff der Leistung – gebunden. Die Ausweitung der Leistungsethik ist also der Motor der Transformation der bürgerlichen Honoratiorenrepublik in einen demokratischen Staat".

1815: Im Großherzogtum bestehen vor 1848/49 keine Landstände. Der Oldenburger Fürst kommt der Aufforderung zum Erlass einer ständischen Verfassung erst während der Revolutionsjahre nach.

Im Gesandtschaftsattaché bringt Henri Meilhac mithin ein Wesenselement der Herrschaftsform zum Ausdruck: die Domestizierung des Adels. Das übersteigerte Selbstbewusstsein des Birkenfelder Gesandten Scarpa, mit dem Adelstitel eines Barons, findet da seine Grenzen, wo er die Vorgaben seines Fürsten umsetzt und die Birkenfelder Staatsinteressen wahrnimmt, wie in der Vermögensangelegenheit der Bankierswitwe Palmer: „eine Frage des Allgemeinwohls für das Fürstentum, da die riesigen Domänen der jungen Witwe den größten Teil Birkenfelds ausmachen" (Le Siècle, 21. Oktober 1861, S. 1). Scarpa tut dies mit der gebührenden Unterwürfigkeit. So preist er seinen Souverän als weisen Staatslenker: als „den einzigen Menschen, der vielfältige Fähigkeiten in einem außergewöhnlichen Maße in sich vereint" (1. Akt, Szene 2, S. 7). Die Hymne auf den Fürsten nimmt im dritten und letzten Akt possenhafte Züge an, als der Baron zu den Begabungen seines Dienstherrn sein „staunenswertes Talent" zählt, „etwas Verborgenem auf die Spur zu kommen" (2. Akt, Szene XIV, S. 62). Ausdruck des Machtinstinkts des Fürsten, lässt Scarpa durchblicken, dass dieser Spürsinn bis zur Missachtung der Intimsphäre seiner Untertanen führen könne.

Welcher Realitätsbezug ist mithin im Kontext der 1860er Jahre einer zentralen Konstruktion des Gesandtschaftsattachés wie der Beziehung zwischen Fürst und Gesandtem abzugewinnen? Können einem deutschen Diplomaten in Paris glaubhaft die Worte in den Mund gelegt werden, dass er „die Geschicke Europas lenkt" (1. Akt, Szene II, S. 4) und „Europa (sich) im Allgemeinen ziemlich einig (ist), dass ich mich niemals täusche"? (2. Akt, Szene XVII, S. 67). Die Vermutung, es könne sich um Otto von Bismarck handeln, wäre irrig.[24] Hat er doch im Entstehungsjahr des Gesandtschaftsattachés die internationale Bühne noch nicht einmal betreten: Als preußischer Gesandter am russischen Zarenhof in St. Petersburg sieht er sich selbst politisch noch „kalt gestellt"

---

24 Barbara Denschers Hinweis auf das „angespannte Verhältnis zwischen Frankreich und den deutschen Staaten (vor allem Preußen)" wird zwangsläufig der Name Otto von Bismarck assoziiert. Ein historischer Bezug auf die Entstehungszeit des Gesandtschaftsattachés aber wäre abwegig: Bismarck tritt erst im September 1862 mit der Berufung zum Preußischen Ministerpräsidenten machtpolitisch in Erscheinung.

(1859–1862). Gewiss, anschließend ist er von März bis September 1862 kurzweilig Gesandter in Paris, mit dem Hôtel Beauharnais als Residenz – aber hier bereits in Wartestellung für die Berufung zum preußischen Ministerpräsidenten, die am 23. September desselben Jahres erfolgt. Kurzum, als Inspirationsquelle für den Autor des Gesandtschaftsattachés kommt Bismarck 1861 nicht in Betracht. Ganz im Gegensatz zu den folgenden Jahren, als Meilhac und Halévy am Libretto zur Großherzogin von Gerolstein schreiben. Denn 1867, zur Zeit ihrer Uraufführung, wird Bismarck bereits als treibende Kraft und Symbol des preußischen Expansionismus wahrgenommen: Er dient einer breiten Öffentlichkeit als Projektionsfläche für die Ängste vor einem Niedergang Frankreichs.

Der Versuch einer Sinngebung von Inhalt und Personenkonstellation des Gesandtschaftsattachés muss letztlich – wie es das Boulevardtheater will – auf den gesellschaftspolitischen Kontext abheben. Meilhac schreibt für ein französisches Publikum, das amüsiert und unterhalten werden möchte: zwangsläufig unter Bezug auf ihm bekannte Gegebenheiten und Geschehnisse. Insofern muss die Satire ein Spiegelbild ihrer Zeit sein – der frühen 1860er Jahre. Bliebe zu wissen, ob es sich entschlüsseln lässt und im Hinblick auf unsere Fragestellungen zum Fürstentum Birkenfeld weitergehende Erkenntnisse liefert.

Der Gesandtschaftsattaché: ein Prisma der gesellschaftspolitischen Entwicklung unter Napoleon III. (1852–1871)?

Die beißende Ironie, mit der Meilhac den Birkenfelder Gesandten karikiert, besteht nicht zuletzt darin, ihm bisweilen majestätische Züge zu verleihen. Baron Scarpa präsentiert sich als ein Mann, der „die Geschicke Europas lenkt". Starke Worte, die im Kontext der Zeit nur dem Kaiser selbst in den Mund gelegt werden können.[25] Denn Napoleon III. erfreut sich 1861, im Entstehungsjahr des Gesandtschaftsattachés, der Bewunderung des Auslandes und erheblicher Beliebtheit in breiten Schichten der französischen Bevölkerung. Nimmt doch sein bis dahin eher autoritäres Regime liberalere Züge an.[26] Gewiss,

---

25 Barbara Denschers Verweis auf Baron Scarpa, der „in überlegener, fast napoleonischer Weise die Geschicke Europas lenkt".
26 Die Gesetzgebung obliegt dem Corps législatif, einem nach dem allgemeinen Wahlrecht zustandegekommenen (regimetreue Kandidaten bevorteilenden) Gesetzgebungsorgan ohne Ini-

politische Zugeständnisse an das Parlament erfolgen unter dem zunehmenden Druck der republikanischen Opposition. Doch auch wenn Bonapartisten, orleanistisches Großbürgertum und Katholische Kirche die regimetreue Ordnungspartei im engeren Sinne bilden, so verfügt Napoleon III. weiterhin über ein breites Wählerpotential im städtischen und ländlichen Kleinbürgertum. Alle sozialen Schichten sind in den Anfangsjahren des Zweiten Kaiserreichs Nutznießer der prosperierenden Wirtschaft. Die staatsinterventionistische Umsetzung der liberal-ökonomischen Konzepte der Zeit macht sich bezahlt: Infrastrukturelle Maßnahmen großen Stils wie der Ausbau des Eisenbahnnetzes fördern die Entwicklung von Industrie und Handel sowie die Kapitalbildung auf dem Bankensektor. Maßnahmen, die mit einer umfassenden Erneuerung der urbanen Strukturen mittels Sanierung und Modernisierung der Städte einhergehen. Durch den Abriss der Elendsviertel sowie den Bau von Boulevards, Ringstraßen, Markthallen und Kaufhäusern unter dem Präfekten Georges-Eugène Haussmann verwandelt sich nicht zuletzt die französische Hauptstadt in eine Metropole mit weltläufigem Flair. Prachtbauten wie die Pariser Oper symbolisieren den Aufschwung des Kunst- und Kulturlebens unter Napoleon III.

Industrialisierung, Kommerzialisierung und Urbanisierung haben einen tiefgreifenden Wandel der Sozialstruktur zur Folge.[27] Sie bilden die Grundlage für die Dominanz des Finanz- und Industriebürgertums, das mit den übrigen besitzenden Schichten den Typus des rentier ausbildet: Er lebt von regelmäßigen Zahlungen aus in Aktien oder Anleihen angelegtem Kapital sowie von der Vermietung von Immobilien oder der Verpachtung von Land. Doch auch das ländliche Frankreich sieht sich nach der bittereren Erfahrung der Wirtschaftskrisen unter der Julimonarchie (1830) und der II. Republik (1848–1852) begünstigt: Die Belebung der Konjunktur stabilisiert die bescheidenen Einkommen der

---

tiativrecht und – bislang – ohne parlamentarische Kontrollrechte, sowie dem Senat, als zweiter Kammer, mit vom Kaiser ernannten Mitgliedern, zur Überprüfung der Verfassungsmäßigkeit und eventuellen Abänderung der Gesetze.

27 Arbeitern und Kleinbürgertum werden nach der Revolution von 1848 durch die II. Republik das Wahlrecht zugestanden. Damit wird anerkannt, dass sie ihrerseits einen Beitrag zum „Gemeinwohl" leisten. Das als Schutzmechanismus des Besitzbürgertums fungierende bisherige Zensuswahlrecht erlegt diesem aber auch staatsbürgerliche Pflichten wie die Bereitschaft zu Investition und Leistung auf. Im Revolutionsjahr 1848 wird das Recht zur Teilnahme an der Leitung des Gemeinwesens endgültig an „einen allgemeinen – von der Voraussetzung des Eigentums abgekoppelten – Begriff der Leistung gebunden. Die Ausweitung der Leistungsethik ist also der Motor der Transformation der bürgerlichen Honoratiorenrepublik in einen demokratischen Staat".

Kleinbauern. Spürbar besser geht es dem niederen städtischen Bürgertum: Handwerker und kleine Gewerbetreibende profitieren vom Luxus der Börsenspekulanten und anderen zu Reichtum gekommenen Mittelschichten. Kaufhäuser, Modegeschäfte, Restaurants und Theater kündigen die Ära des beginnenden Massenkonsums an – zunächst noch unter weitgehendem Ausschluss der Arbeiterschaft.

Im Proletariat aber besteht während der Februarrevolution von 1848, die die kurzlebige II. Republik (1848–1852) einleitet, durchaus Sympathie für den Präsidentschaftskandidaten Louis Napoleon. Verspricht er doch nach den leidvollen Jahren bürgerlicher Repression die Bekämpfung der Massenarmut durch umfassende Arbeitsbeschaffungsprogramme. Ein Versprechen, das er allerdings erst nach der Liquidierung der II. Republik einhält – nach seinem Staatsstreich vom 2. Dezember 1851 und der Proklamation als Kaiser Napoleon III. (1852–1870). An Versuchen einer Systemintegration der Arbeiterschaft über eine Öffnung des Regimes „nach links" fehlt es nicht. Doch erst ab 1860, als Henri Meilhac am Gesandtschaftsattaché schreibt, kommen ihr Verbesserungen des Lebensstandards zugute. Diese stehen allerdings in keinem Verhältnis zum Anstieg des bürgerlichen Lebensniveaus. Die paternalistischen Intentionen des Regimes scheitern am erwachenden Selbstbewusstsein der Arbeiter: Die zunehmende Kluft zwischen den sozialen Klassen wird als systemimmanente Fehlentwicklung empfunden. 1862 – also wenige Monate nach der Uraufführung des Gesandtschaftsattachés – werden in Beschwerdeschriften und Manifesten erste Forderungen nach sozialer Emanzipation, selbständiger Organisation und Koalitionsfreiheit laut. Erstmals werden revolutionäre Strategien entwickelt. Die bislang dominierende, auf wirtschaftliche und soziale Zielsetzungen fokussierte proudhonistische Tendenz tritt zugunsten eines militanten Internationalismus zurück: Ziel ist die Abschaffung der Monarchie und die Errichtung einer sozialen und demokratischen Republik. Auf der Parteienebene verfügen die revolutionären Republikaner schon bald über eine starke Basis in den Groß- und Industriestädten, ohne indes die Dominanz des reformorientierten bürgerlich-republikanischen Lagers zu gefährden. Unter Führung von Adolphe Thiers und Emile Ollivier trotzt die bürgerliche Opposition dem Regime 1867 eine Liberalisierungsphase mit erweiterten politischen Freiheiten (u. a. der Lockerung der Pressezensur) ab. 1869/70, kurz vor dem Zusammenbruch des Kaiserreichs als Folge der Niederlage im deutsch-französischen Krieg, erfolgt sogar noch die Umwandlung der autoritären in eine parlamentarische Monarchie. Erleichtert uns dieser historische Exkurs eine präzisere Einschätzung des sozialen Milieus, in dem der Gesandtschaftsattaché spielt?

Die soziale Spezies der französischen Botschaftsgäste im Gesandtschaftsattaché

Zweifelsohne geht es Meilhac in seiner Satire nicht darum, die Komplexität der französischen Gesellschaft und ihrer geistigen und ideologischen Tendenzen unter dem II. Kaiserreich wiederzugeben. Es sind offenbar Repräsentanten der gehobenen Pariser Gesellschaft, die zu den Empfängen des Gesandten Scarpa und der Bankierswitwe Palmer kommen. Das Stück lässt nur Vermutungen zu. Denn Meilhac verzichtet darauf, den Gästen ein scharfes Profil mit realem gesellschaftlichem Bezug zuzuschreiben. Mit seiner Realitätsferne setzt er sich bekanntlich der Kritik der Rezensenten aus. „Meilhacs Bühnenfiguren sind nicht zu entschlüsseln; die Situationen, in die sie geraten, schwer nachvollziehbar [...]", bringt Paul de Saint Victor in La Presse die Kritik auf den Punkt: „Man weiß nicht, welcher sozialen Spezies man diese künstlichen Wesen zuordnen soll, die die Situationen des wirklichen Lebens simulieren [...]. Dieser Wirrwarr nichtssagender Geschehnisse und konturloser Episoden lässt jeden Sinn für die Realität vermissen. Nicht ein Schimmer reiner, unverfälschter Wahrheit bringt Licht in diese Welt der Lügen: sie ist weder Poesie noch Prosa; weder Fantasie, noch Beobachtung ..., eher von allem etwas" (21. Oktober 1861, S. 2). In erster Linie darauf bedacht, „seinen Marionetten ein liebenswürdiges Äußeres" zu verleihen (Le Monde vom 28. Oktober 1861, S. 1), bleibt Meilhac für die Theaterkritiker definitiv noch vom traditionellen Theater geprägt: entnehme er ihm doch seine Schlüsselfiguren ohne einen Hauch von Originalität unter Beweis zu stellen: „Sie leben eine geborgte Existenz, die sie geniert und ihre Gefühle erkalten lässt. Der Baron von Scarpa, eine blasse Kopie der extravaganten Diplomaten in Alfred de Mussets Fantasio; Graf Prax, ein Bohème, der der gleichen Schule enstammt; Madame Palmer, eine Witwe des Gymnase, die beginnt Marivaux zu lesen" (Paul de Saint-Victor, a. a. O.). Die Kritiker sprechen den französischen Gästen in Meilhacs Diplomatenmilieu die Repräsentativität ab. Unter Verweis vor allem auf das – wie sich der bürgerlich-liberale Le Siècle entrüstet – „entstellende Bild, das der Autor von der Pariser Jugend zeichnet“: Die französischen Nebenbuhler des Birkenfelder Gesandtschaftsattachés Prax sind „lächerliche und verachtenswerte Kavaliere“ (21. Oktober 1861, S. 1). Der katholisch-konservative Le Monde übt konstruktive Kritik und macht sich Gedanken über die Charaktere, die der Handlung um die umworbene Bankierswitwe angemessen gewesen wären: „Hätte der Autor sein Stück im Vollbesitz seiner geistigen Freiheiten geschrieben, ließe er gewiss um die junge Frau Gentlemen oder Künstler agieren, oder einfache Söhne aus gut beleumdeten Familien, deren Rivalität zu pikanten und originellen Szenen führen würde [...]. Er hätte dem besonderen Charakter jeder seiner Personen Rechnung tragen, d. h. sie in ein ihnen entsprechendes Ambiente versetzen sollen [...]. So aber gibt es wenig einfühlsame Situationen mit zudem mitunter anstößigem Dialog“ (28. Oktober 1861, S. 2).

Ob es sich bei den Gästen, die dem Gesandten Scarpa und der Baronin Palmer die Ehre geben, um junge Vertreter des Besitzbürgertums und des in der Militär- und Staatsverwaltung tätigen städtischen Adels, also um Repräsentanten der regimetreuen Eliten handelt oder handeln soll, ist Meilhacs Stück beziehungsweise den Kommentaren der Kritiker nicht zu entnehmen. Man kann also nicht behaupten, dass sich im Gesandtschaftsattaché die sozialen Klassen der Zeit wiederspiegeln. Für eine solche Einordnung fehlt es den Dialogen an gedanklicher Schärfe und ideologischer Normierung. Denn – ob bonapartistischer oder orleanistischer Tendenz – an den Schaltstellen der Macht sitzen im napoleonischen Frankreich Männer, deren Denken und Handeln „von konservativen Wertvorstellungen, von der Apologie gesellschaftlicher Hierarchien und Institutionen wie Kirche und Familie, der Affirmation des Traditionsprinzips und der nationalen Großmachtorientierung“ sowie, grundlegend, vom „Autoritätsprinzip“ geprägt sind. Der wohl auffälligste Zeitbezug im Gesandtschaftsattaché besteht dann wohl darin, dass Scarpa in „europäischen“ Dimensionen denkt – unzweifelhaft eine Anspielung auf Napoleon III.: Der Kaiser steht im Zenit seines internationalen Ansehens.

Napoleon III. als Hintergrundfigur des Gesandtschaftsattachés

Napoleon III. besticht durch eine für die damalige Zeit außergewöhnliche europäische Vision. Im Gegensatz zu seinem illustren Vorfahren Napoleon Bonaparte versteht er sich nicht als Eroberer, sondern als Architekt einer neu austarierten, auf saturierten Nationalstaaten beruhenden europäischen Ordnung – mit Frankreich als zentralem Dreh- und Angelpunkt. Schon 1854 hält er „die Zeit für Eroberungen für unwiderruflich verstrichen [...]. Ehre und Größe einer Nation verlangen, dass sie sich an die Spitze großherziger Ideen stellt und sich überall für die Herrschaft von Recht und Gerechtigkeit einsetzt". 1863 denkt der Kaiser gar über ein supranationales europäisches Streitbeilegungsverfahren nach: „Ich sehne inständig den Augenblick herbei, in dem die großen Streitfragen zwischen Regierungen und Völkern auf friedlichem Wege durch einen europäischen Schiedsspruch gelöst werden können". Der historische Hintergrund des Gesandtschaftsattachés unterscheidet sich also grundlegend vom Kontext der Operette Die Großherzogin von Gerolstein sechs Jahre später (1867), als sich die Interessengegensätze zwischen dem Napoleonischen Frankreich und dem bismarckschen Preußen verschärfen und auf eine kriegerische Auseinandersetzung hinauslaufen.

Eine Entwicklung, die 1861, im Entstehungsjahr der Satire, nicht annähernd absehbar ist.[28] Bismarck hat die politische Bühne, wie gesagt, noch nicht einmal betreten. Napoleon III. ist demonstrativ auf Ausgleich mit den Staaten des Deutschen Bundes bedacht. Insbesondere mit Preußen: Die frühen 1860er Jahre stehen im Zeichen gegenseitiger Annäherungsbemühungen. Beider Gegnerschaft zu Österreich lässt sie geradezu zu potentiellen Bündnispartnern werden. Da es Preußens Nahziel ist, Österreich zu schwächen, um dessen Vorherrschaft im Deutschen Bund zu brechen, kommen ihm Napoleons Prestigesiege in Italien gegen den Konkurrenten aus Österreich (1859), die anschließende Annexion von Nizza und Savoyen (1860) sowie die Durchsetzung der Einigung Italiens (1861) nicht ungelegen. Erstmalige Begegnungen zwischen

---

28 Barbara Denschers historische Einschätzung ist irrig: Sie beruht auf der Annahme, „die ironisierende Gegenüberstellung des mächtigen Frankreichs und des deutschen Kleinstaates" in der Person des Baron Scarpa sei „aus der politischen Situation jener Zeit zu verstehen, die von dem angespannten Verhältnis zwischen Frankreich und den deutschen Staaten (vor allem Preußen) bestimmt war".

Napoleon III. und König Wilhelm I. in Baden-Baden (1860) und Compiègne (1861) zahlen sich aus: Die Handelsbeziehungen zwischen Frankreich und dem (seit 1833 von Preußen geführten) Deutschen Zollverein verbessern sich schlagartig.

Was Wunder, wenn die höchsten Repräsentanten des Deutschen Bundes dem Kaiser ihre Aufwartung machen. So wohnen 1860 dem Treffen zwischen Napoleon III. und dem preußischen König Wilhelm I. in Baden-Baden (16. – 18. Juni) auch die Könige von Sachsen, Bayern, Hannover sowie Fürsten anderer Bundesstaaten bei. Bei der Einschätzung von Bedeutung und Atmosphäre dieses deutsch-französischen Gipfeltreffens sehen Augenzeugen Napoleon III. in der Starrolle: „Die Zusammenkunft beschränkte sich auf eine freundschaftliche Begegnung der Monarchen untereinander. Aber der Franzosenkaiser war doch der am meisten fesselnde Anziehungspunkt [...], auch durch seine außerordentliche Laufbahn, auf welcher er bis dahin das Glück in so unverhohlener Weise an seine Fersen gehaftet zu haben schien. Alle Welt wollte den außerordentlichen Mann sehen, auf den ganz Europa nach wie vor die Augen richtete. Aber die Frauenwelt grollte ihm, weil er seine schöne Gemahlin nicht mitgebracht hatte. Noch war sein Stern nicht im Erbleichen".[29]

Für anti-deutsche Ressentiments besteht mithin zu Beginn der 1860er Jahre kein Anlass. Gewiss, das deutsch-französische Verhältnis ist nie gänzlich spannungsfrei gewesen. Nach dem Zusammenbruch des Ersten Kaiserreiches (1814/1815) bleibt Frankreich die demütigende Besetzung von Paris durch preußische Truppen nachhaltig in Erinnerung. Auf deutscher Seite wirkt die Rheinkrise von 1840 nach, ausgelöst von französischen Ansprüchen auf das linke Rheinufer. Doch der Versuch, auf der Bühne einen Erbfeind zu karikieren um beim Publikum zu punkten, wäre angesichts der Annäherungsversuche Napoleons III. an Preußen politisch alles andere als opportun und riefe die Zensurbehörden auf den Plan. Wenn eine wirklichkeitsnahe Satire über das eigene Diplomatenmilieu selbst 1861, also zu Beginn einer vorübergehenden Liberalisierungsphase des II. Kaiserreichs, undenkbar ist, so bietet es sich Meilhac in der Tat an, das Bühnengeschehen mit einem fiktiven ausländischen

---

29 Adolph Ebeling: Napoleon III. und sein Hof. Denkwürdigkeiten, Erlebnisse, Erinnerungen an die Zeit des Zweiten Französischen Kaiserreiches, 1851–1970, Neuauflage der Urfassung von 1895, Köln, Leipzig: Verlag Albert Uhu; Neudruck in der Reihe Dogma im Europäischen Hochschulverlag, Bremen 2013, S. 40.

Staat zu verknüpfen (wie 6 Jahre später mit der Operette der Großherzogin von Gerolstein. Doch wieso nimmt der Autor 1861 im Gesandtschaftsattaché Bezug auf ein namentlich existierendes, de facto aber unselbständiges Fürstentum, das lediglich Landesteil eines Großherzogtums ist? Wir können nun endlich eine Vermutung formulieren.

Das Fürstentum Birkenfeld als Projektionsfläche für eine Satire

Angesichts der regen diplomatischen Kontakte zwischen Frankreich und den Mitgliedern des Deutschen Bundes wäre es politisch riskant, die Komödie in der Pariser Gesandtschaft eines existierenden deutschen Staates spielen zu lassen. Einen politischen Affront kann sich Napoleon III. nicht leisten. Will er sich die Rivalität zwischen Österreich und Preußen zunutze machen, ist er angesichts möglicher Bündniskonstellationen jenseits des Rheines gut beraten, selbst auf die deutschen Mittel- und Kleinstaaten Rücksicht zu nehmen; müssen sie sich doch bei Konflikten (wie später im Deutschen Krieg 1866) für einen der beiden Rivalen um die Vorherrschaft in Deutschland entscheiden und stehen möglicherweise auf der gleichen Seite wie Frankreich! Auf europäischer Ebene laviert Napoleon III. noch zu Beginn der 1860er Jahre geschickt zwischen den Fronten. Selbst bei einer entschiedenen Option für eines der kriegsführenden Länder, versäumt er es nicht, sich der Gegenpartei frühzeitig für eine Vermittlerrolle bei der späteren Lösung des Konfliktes zu empfehlen, die ihm, nach Möglichkeit, mit territorialen Zugewinnen vergolten wird.

Folglich liegt die Annahme auf der Hand, dass die napoleonische Theaterzensur kein Bühnenstück zulassen wird, das es an diplomatischer Rücksichtnahme fehlen lässt, also Frankreichs Interessen zuwiderläuft. Ein treffliches Beispiel dafür, dass autokratische Regime auch Bühnenwerke daraufhin überprüfen, ob sie diplomatische Beziehungen – selbst mit Kleinstaaten – belasten oder nicht, liefert 44 Jahre nach der Uraufführung von Meilhacs Satire ausgerechnet die Kontroverse um das von ihr geprägte Libretto von Franz Lehárs Lustiger Witwe.

Inhaltlich am Gesandtschaftsattaché orientiert, sind die Parallelen zwischen Theaterstück und Operette offensichtlich: Sie spielt ebenfalls in der Pariser Botschaft eines ausländischen Fürstentums; auch hier beunruhigt eine wegen ihres Reichtums umworbene Bankierswitwe die Diplomaten des Kleinstaates; auch hier soll ein Angehöriger der Botschaft verhindern, dass das Vermögen der Witwe durch eine Heirat ins Ausland geht und die Sanierung der heimischen Staatsfinanzen gefährdet. Nur handelt es sich in der Lustigen Witwe nicht mehr um das oldenburgische Birkenfeld, sondern um ein imaginäres Fürstentum Pontevedro auf dem Balkan. Zunächst suchen und finden die Librettisten Victor Léon und Leo Stein den von der Literaturvorlage vorgegebenen Kleinstaat also im realen Umfeld der Donaumonarchie: in dem selbständigen Fürstentum Montenegro. Ein für das Publikum plausiblerer Handlungshintergrund als eine unbekannte, ferne Exklave des Großherzogtums Oldenburg – auch wenn dieses mittlerweile einer der 26 Bundesstaaten des neuen Deutschen Kaiserreiches (1871–1918) ist. Alles spricht dafür, dass den Wienern 1905 der Wirklichkeitsbezug leicht fällt. Im Gegensatz zum französischen Publikum von Meilhacs Gesandtschaftsattaché, das 1861 keinerlei Kenntnis von einem Fürstentum Birkenfeld hat. Doch das Kalkül der Librettisten geht nicht auf. Aufgrund der krisenhaften Aktualität der Österreichisch-Ungarischen Doppelmonarchie stellt sich die Wahl von Montenegro als politisch brisant heraus: Der Balkan beschäftigt bereits „vehement die Gemüter" (Barbara Denscher). Angesichts der ungelösten Nationalitätenfrage und unter dem Druck der panslawistischen Bewegung steht das Fürstentum in offener Gegnerschaft zur Donaumonarchie – wie im übrigen auch zum Osmanischen Reich, von dessen fast vierhundertjähriger Oberhoheit es sich erst 1878 befreit. Montenegro wird sich nach der Annexion Bosniens durch Österreich-Ungarn 1908 gar dem Balkanbund zwischen Serbien und Bulgarien unter russischer Patronage anschließen. Diese verhängnisvolle Gemengelage führt bekanntlich im Juli 1914 zum Ausbruch des Ersten Weltkrieges.

Um das Risiko eines diplomatischen Zwischenfalles mit politischen Folgen zu vermeiden, bestehen die österreichisch-ungarischen Zensurbehörden darauf, dass im Libretto der Lustigen Witwe der Name Montenegro sowie alle Bezüge auf Gegenwart, Geschichte und Kultur des Fürstentums getilgt und durch unbedenkliche Namen und Themen ersetzt werden. Folgerichtig erteilen sie die Genehmigung für die Uraufführung der Operette erst, nachdem Léon und Stein den Handlungsbeginn in die diplomatische Vertretung eines Fantasiestaates mit dem (scheinbar) unverfänglichen Namen Pontevedro verlegt und den Text entsprechend umgeschrieben haben. Doch das Wiener Publikum lässt sich nicht täuschen und erkennt in dem Scheinstaat das ihm zumindest aus der

Presse und Reiseberichten her vertraute Montenegro. Das Nachbarland gilt gemeinhin als arm und „rückständig" (Moritz Csáky): Nicht nur weil es nicht wirtschaftlich unterentwickelt ist, sondern auch weil es autoritär geführt wird – ohne das geringste Zugeständnis von Bürgerrechten.[30] Ironische Anspielungen in der Operette auf gesellschaftliche Gegebenheiten und kulturelle Eigenarten wie Sprache, Kostüme oder Musik sorgen für Heiterkeit im Publikum: Pontevedro wird mühelos als Montenegro ausgemacht. Prompt mutiert die der Lustige Witwe zum Politikum und löst in den Spannungsgebieten des südslawischen Raums – wie am 27. Februar 1907 in Triest – Proteste gegen die Verspottung und Beleidigung des Fürstentums aus.

Die Wiener Geschehnisse von 1905 erhellen uns bei dem Versuch einer Antwort auf die Frage, warum Meilhac seinen Gesandtschaftsattaché dem Fürstentum Birkenfeld andichtet. Denn wenn Meilhacs Satire über das Diplomatenmilieu die napoleonische Zensur möglicherweise unbeanstandet passiert, so, nehmen wir an, weil er es im Gegensatz zu den Librettisten der Lustigen Witwe vermeidet, sein Stück expressis verbis einem real existierenden Staat zuzuschreiben. Fühlt sich kein Mitglied des Deutschen Bundes betroffen, sind auch keine diplomatischen Verwicklungen zu erwarten. Wir vermuten, dass Meilhac um den rechtlichen Status von Birkenfeld gewusst hat: Das in seinem Stück zum souveränen Kleinstaat erhobene Fürstentum ist ja in Wirklichkeit nur ein Landesteil, nicht mehr als eine Verwaltungseinheit eines Großherzogtums.

Kann der Autor mithin seiner Fantasie freien Lauf lassen, ohne Sensibilität für historische Gegebenheiten? Das Bekenntnis zur künstlerischen Freiheit macht die Frage nach den Trennlinien zwischen Realität und Fiktion nicht überflüssig. Meilhac hat ein historisches Detail ignoriert: Die im Diskurs seiner Diplomaten omnipräsente Hintergrundfigur des Stückes, den Fürsten von Birkenfeld, gibt es tatsächlich. Den Titel führt traditionsgemäß der Großherzog von Oldenburg: als (u. a.) „Fürst von Lübeck und Birkenfeld".[31] Die Frage sei erlaubt, ob der Autor seinen Gesandtschaftsattaché noch Birkenfeld zugeschrieben hätte, wenn er – und nicht zuletzt die französischen Zensurbehörden – um

---

30 1910 befördert Fürst Nikola Petrović Njegoš Montenegro zum Königreich: De jure zwar konstitutionell verfasst, ist es de facto aber eine absolutistische Monarchie.
31 In voller Länge nennt er sich „Großherzog von Oldenburg, Erbe zu Norwegen, Herzog von Schleswig, Holstein, Stormarn, Dithmarschen und Oldenburg, Fürst von Lübeck und Birkenfeld, Herr von Jever und Kniphausen".

diese Würde des Landesherren gewusst hätten? Immerhin ist Oldenburg ein treuer Verbündeter des von Napoleon III. heftig umworbenen Preußens. Ob Großherzog Nikolaus Friedrich Peter II. (1852–1900) von Meilhacs Diplomatensatire Kenntnis erhalten und möglicherweise darauf reagiert hat, ist nicht bekannt. In Oldenburg herrscht Schweigen vor. Weder in der Presse noch in den Journalen und Spielverzeichnissen des Großherzoglichen Theaters finden sich Hinweise auf das Stück.[32] Als Bühnenautor tritt Meilhac im Oldenburger Theaterleben erst 1874, mit Der Copist, in Erscheinung. Sein Gesandtschaftsattaché wird hier nie gespielt – sehr wohl aber in namhaften Theatern des deutschsprachigen Raumes.

Trotz der Pariser Kritik an der konzeptuellen Schwäche des Gesandtschaftsattachés fühlt sich das französische Publikum offenbar bestens von Meilhac unterhalten – und sei es noch im Stil des traditionellen Vaudeville-Theaters. Ebenfalls im Ausland, vor allem am Burgtheater in Wien, das nach einer Aussage seines Intendanten Heinrich Laube von 1868 ein attraktiveres, weil vielfältigeres Repertoire anbietet als sein einziger europäischer Rivale, die Pariser Comédie française: „Das Théâtre français [...] kommt wegen seines formell abgeschlossenen Wesens nirgends über romanische Grenzen hinaus und kann sich nichts aus der Fremde aneignen, wie wir es vermögen. Und ein anderer Rival ist nicht vorhanden. Die deutschen Theater sind darin sämtlich zurückgeblieben, die englische Bühne ist verfallen und die spanische wie die italienische sind französiert". Tatsächlich steht der schon vor der Jahrhundertmitte einsetzende Export französischer Bühnenwerke an die Donau in den 1860er Jahren in voller Blüte. Ein Trend, der nicht zuletzt auf den sich etablierenden „Markt des Theateraustauschs" (Jeanne Benay) zurückzuführen ist. In Wien, wie in Berlin, haben „die Theaterdirektoren ihre Agenten in Paris [...], die ihnen die beliebtesten französischen Stücke zukommen ließen, welche dann schnell übersetzt und bearbeitet wurden und in deutschen oder österreichischen Verlagen im Druck erschienen". Es handelt sich sowohl um modische comédies-vaudevilles Scribe'scher Prägung als auch um neuartige Boulevard-

---

32 Entsprechende Recherchen für die Jahre 1861–1875 sind erfolglos geblieben, Laut Journalen und Spielverzeichnissen des Großherzoglichen Theaters kommen vor dem Ersten Weltkrieg immerhin einige Stücke von Meilhac oder seinen in Kooperation mit Halévy entstandenen Werken (Librettos) zur Aufführung: Der Copist (erstmals am 22.10.1874), Mariensommer (20.11.1890), Mamzelle Nitouche (20.10.1901), Carmen (10.03.1903) und Die schöne Helena (16.12.1906).

Komödien. Wenn sich das französische Repertoire zunehmend der Gunst des Publikums erfreut, rechtfertigt der Direktor des Burgtheater seine Gallomanie, so weil die Lustspiele von der Seine „so unbefangen europäisch lustig (sind), wie man nur wünschen kann". Eine Qualität, die dem deutsch- oder auch englischsprachigen Theater abgehe: „der französische (Formgeschmack) ist prompt, sauber, verlockend, und mußte deshalb in dem leichten Spiel der Täuschung, im Lustspiele, die Oberhand gewinnen. Selbst daß er leichtsinnig genannt werden darf und daß er dem Vorwurfe der Oberflächlichkeit sich nicht entziehen kann, selbst das hinderte nicht seine bei uns eindringende Übermacht. Er hat sich des Repertoires und des Publikums bemächtigt trotz der Kritik, besonders auch, weil England und wir selbst im heiteren Schauspiele mit Unfruchtbarkeit geschlagen zu sein scheinen. Eine so fein gebildete Form, wie die des französischen Lustspiels, kann nicht mehr durch bloße Verneinung seitens der Kritik abgetan werden. Der tägliche Erfolg zeigt dies spöttisch genug". Zu den beliebtesten, weil erfolgreichsten von Laube zitierten französischen Lustspielautoren gehört Henri Meilhac! Damit bezieht der Direktor des Burgtheaters im Prinzip eine Gegenposition zu den Pariser Kritikern des Gesandtschaftsattachés. Im Gegensatz zu ihnen schätzt er die Bühnenwerke von Scribescher Prägung: Sie gelten ihm als zeitgenössisch, da sie für ihn „die Gestaltung und Ausdeutung der gesellschaftlichen Probleme seiner Zeit" wiederspiegeln. Damit vollzieht Laube einen Bruch mit dem klassischen französischen Repertoire des Burgtheaters. Er zieht die von Scribe, Meilhac und anderen geprägten Sitten- und Konversationsstücke Klassikern wie Molière vor, dessen Gesellschaftsbild er für überholt hält und der folglich nicht mehr ins Bild des modernen Lustspiels passe.

Zu diesen Sittenkomödien, in denen „die Kunst der gesellschaftlichen Konversation" im Fokus stehen soll, gehört zweifellos auch der Gesandtschaftsattaché. Nach der zügigen Übersetzung der Satire ins Deutsche durch Alexander Bergen sorgen die Bankierswitwe und die Diplomaten aus dem Fürstentum Birkenfeld schon 1862 in Wien für Erheiterung – und zwar nachhaltig. Unter dem Titel „Der Gesandtschafts-Attaché" wird das Stück erstmals am 14. Oktober, im Carl-Theater, aufgeführt. Danach – ab dem 18. April 1863 – bereits im Burgtheater. Unter dem Namen Ein Attaché, avanciert es in den nächsten Jahrzehnten zu einer der erfolgreichsten Produktionen des Hauses. Allein bis zum 5. Juni 1905, dem Tag der Uraufführung der Lustigen Witwe, steht es bereits

111 mal auf dem Programm. Seine spektakulärste Beachtung findet die Satire des jungen Meilhacs zweifellos als literarische Vorlage für das Libretto von Lehárs weltberühmter Operette. Auch wenn hier der namentliche Bezug auf das Fürstentum Birkenfeld fehlt, so ist die Frage legitim, ob und inwiefern die Figuren des Gesandtschaftsattachés dennoch die Operette prägen und folglich Anteil am Welterfolg der Lustigen Witwe haben. Deren Librettisten aber ist daran gelegen, die Originalität der Operette ihrem Eigenbeitrag und nicht Meilhacs Stück zuzuschreiben.

Das Ringen um die Deutungshoheit der Lustigen Witwe: der Beitrag von Meilhacs Gesandtschaftsattaché für die Textvorlage der Operette – Ausblick

Bei der Bearbeitung von Meilhacs Vorlage für den Originaltext der Operette steht für Barbara Denscher der Eigenbeitrag der beiden renommierten Librettisten außer Frage: Leo Stein brilliert bekannterweise als Bühnenschriftsteller, Victor Léon als Textdichter. Demnach haben sie den Gesandtschaftsattaché „in satirisch verfremdeter Form der Lebenswelt der Donau-Monarchie angepasst". Auch wenn sie sich von Handlungsdetails der Meilhac'schen Satire inspirieren lassen und manches fast wortwörtlich übernehmen, so haben sie dem Geschehen doch, „vor allem durch die Zeichnung und Gewichtung der Charaktere, eine andere Ausrichtung gegeben und aus der Entwicklungsgeschichte des Attachés Prax die Emanzipations- und Beziehungsgeschichte von Hanna Glawari gemacht". Für die österreichische Germanistin und Kulturpublizistin ist die Interpretation von Léon und Stein plausibel. Herrsche doch 1905 ein anderer „Zeitgeist" vor als über vier Jahrzehnte vorher bei der Konzeption des Gesandtschaftsattachés. So fasziniere die Lustige Witwe allein schon durch ihre attraktive Hauptfigur, die Bankierswitwe Hanna Glawari: eine unkonventionelle, selbstbewusste Frau, die es verstehe, sich in der Männerwelt durchzusetzen. Ganz im Gegensatz zu Madeleine Palmer in Meilhacs Satire: Im Frankreich Napoleons III. werden die traditionelle Form der Ehe und geschlechtsspezifische Rollenzuschreibung noch nicht hinterfragt. So wirkt die Birkenfelderin auf Barbara Denscher ausgesprochen „passiv [...], als alleinstehende Frau der Männerwelt gleichsam ausgeliefert": Ihr „Charakter (erhält) im Laufe der Handlung nur wenig Komtur; ebenso bleiben andere Figuren, die in der Lustigen Witwe ausgeprägte Züge tragen, im Attaché eher undifferenziert". Tatsächlich wird in der Operette die Frauenrechtsbewegung bereits als politisches und soziales Phänomen wahrgenommen. Allerdings ohne dass ihr deswegen bereits Kultcharakter zugeschrieben werden muss: Ein „hochaktueller Realitätsrahmen", gibt Barbara Denscher zu bedenken, macht aus der Operette noch kein „unmittelbar zeitkritisches Stück". Dazu werde die Lebenswelt des frühen 20. Jahrhunderts vielfach noch in allzu „komödienhaft verharmloster Form" wiedergegeben.

Gestehen die Librettisten Meilhacs Gesandtschaftsattaché wenigstens ansatzweise einen prägenden Einfluss auf den Originaltext der Lustigen Witwe zu? Sie tun sich schwer damit. Gehen sie doch soweit, vor der Premiere der Operette die literarische Vorlage für ihr Manuskript geradezu totzuschweigen. Sie räumen zwar ein, ihren Text auf der Grundlage eines bereits existierenden Theaterstückes verfasst zu haben, lassen bezeichnenderweise jedoch offen, von wem dieses Stück stammt: „Teilweise nach einer fremden Grundidee", steht auf dem Manuskript, das sie am 9. November 1905 bei den Zensurbehörden der österreichisch-ungarischen Doppelmonarchie einreichen. Ein Vermerk, der prompt im Programmheft der Operette, ja sogar späterer Aufführungen der Lustigen Witwe erscheint.[33] Léons und Steins Unterlassung überrascht umso mehr, als die beiden bereits 1900 für die Uraufführung von Richard Heubergers Operette Der Sechs-Uhr-Zug ein Libretto verfasst haben, das ebenfalls von Henri Meilhac inspiriert ist: von seiner Komödie Décoré aus dem Jahre 1888.

Für die naheliegende Frage, aus welchen Gründen die Librettisten es unterlassen, auf Meilhac zu verweisen, gibt es keine gesicherten Erkenntnisse. Barbara Denscher schließt nicht aus, dass sie auf die Ressentiments einflussreicher Kreise Rücksicht nehmen wollen, denen der französische Einfluss auf das heimische Bühnenprogramm ein Dorn im Auge ist. „An der Wien und an der Donau beherrschen augenblicklich die Franzosen das Repertoire [...], die leichtfertigen Franzosen mit ihren Stücken, in denen sie auch mit der Wahrscheinlichkeit höchst leichtfertig umspringen", heißt es bereits am 22. November 1890 nach der Uraufführung der Operette Des Teufels Weib in den Wiener

---

33 Diese Formulierung taucht bisweilen auch heute noch auf, wie z. B. am 19. Oktober 2017 bei der Aufführung im Münchener Gärtnerplatztheater: „Die Lustige Witwe – Operette in drei Akten (teilweise nach einer fremden Grundidee) Libretto von Victor Léon und Leo Stein".

pikanten Blättern. Stein des Anstoßes ist vor allem Meilhac: Sein Libretto von 1882 für das französische Original der Operette – Arnold Mortiers Madame le Diable –, gerät nachträglich, ganze acht Jahre nach der Pariser Premiere, als Textvorlage für die Wiener Uraufführung in die Kritik. Es löst eine öffentliche Kontroverse über die Problematik der Anpassung von importierten Bühnenwerken an den „deutschen Geschmack" aus und macht eine „tactvolle Bearbeitung (eines) gewagten Stoffes" aus Frankreich unumgänglich. „Das französische Original", urteilt die Neue Freie Presse am 23. November 1890, „enthält Stellen und Situationen, die sich im Deutschen kaum wiedergeben lassen: Der Bearbeiter hat in der Beseitigung von Nuditäten und Verschleierung alles Anstößigen das Möglichste gethan, ohne den munteren Grundgedanken Meilhac's in seiner Wirkungsfähigkeit irgendwie zu beeinträchtigen". Der gefeierte Bearbeiter ist der Wiener Librettist Theodor Herzl, der sechs Jahre später Geschichte schreibt: Mit seiner Schrift Der Judenstaat wird er 1896 zum Begründer des politischen Zionismus. Die damals verbreitete Ansicht, dass „deutsche Operetten ernsthafter und weniger frivol" als die französischen seien, berechtigt für Barbara Denscher nicht zu der Folgerung, Komponisten und Librettisten müsse in diesen Jahren grundsätzlich deutsch-nationales Denken unterstellt werden. Mithin auch nicht Léon und Stein, deren Textbücher gemeinhin als deutsch empfunden würden.

Im Libretto der Lustigen Witwe, so Denschers abschließendes Fazit, werden die Grundzüge von Handlungsablauf und Personenkonstellation der französischen Theatervorlage übernommen. Ein Zugeständnis, zu dem sich die Léon und Stein definitiv nicht durchringen können. Da sie das Originalmanuskript zur Operette im Wesentlichen als Eigenleistung betrachten, glauben sie keinen Anlass zu haben, bei den Rechtsnachfolgern des 1897 verstorbenen Henri Meilhac um urheberrechtliche Genehmigungen nachzusuchen. Ein Versäumnis, das vier Jahr nach der Wiener Uraufführung der Lustigen Witwe juristische Folgen zeitigt. Vor der französischen Uraufführung der Operette unter dem Titel La Veuve Joyeuse, am 28. April 1909 im Pariser Apollo-Theater, sehen sich zwar nicht die Librettisten Léon und Stein sehr wohl aber die französischen Übersetzer Robert de Flers und Gaston Arman de Caillavet sowie der Verleger Max Eschig, der für Frankreich die Verwertungsrechte an der Lustigen Witwe innehat, Plagiatsvorwürfen ausgesetzt. Der Prozess vor dem Pariser Zivilgericht erregt öffentliches Aufsehen, weil Frankreichs Staranwalt Raymond Poincaré zu den (diskreten) Unterstützern der Klage zählen soll. Poincaré steht vor einer politischen Karriere ersten Ranges, die ihn bis ins Präsidentenamt (1913–1920) führen wird: Zusammen mit Georges Clémenceau wird er die französische Politik vor, während und nach dem 1. Weltkrieg prägen.[34] Tatsächlich eignet sich Poincaré schon früh umfassende Kenntnisse im entstehenden Urheberrecht an. Er setzt die „allgemeine Ansicht" durch, dass „die uneingeschränkte Freiheit zur Reproduktion von Werken anderer die Urheber in vielerlei Hinsicht schädigt und es folglich Plagiat und Produktpiraterie zu ahnden und zu verhindern" gilt.

Im Pariser Zivilprozess aber kommen Übersetzer und Verleger der Lustigen Witwe letztlich mit Entschädigungszahlungen von nur einigen tausend Francs glimpflich davon: In Ermangelung einer gesicherten Rechtsgrundlage wird von einer Klage abgesehen. Tatsächlich hat die Donaumonarchie – im Gegensatz zu Frankreich – die Berner „Übereinkunft zum Schutz von Werken der Literatur und Kunst" von 1886 nie unterzeichnet. Erst die Republik Österreich (1919–1934) wird sich 1920 zur Respektierung des Urheberrechts verpflichten. Wenn die weltweit beliebteste Operette dank der rechtlichen Anerkennung des Gesandtschaftsattachés als Vorlage für das Libretto der Lustigen Witwe von nun an auf immer und ewig mit Meilhacs Diplomatensatire verbunden bleibt, so können nach Abschaffung der Monarchie und dem Übergang zur parlamentarischen Demokratie in Deutschland nach dem Ersten Weltkrieg auch nicht die Erinnerungen an das gleichsam fiktive wie real existierende Fürstentum Birkenfeld verblassen.[35] Meilhacs Schlüsselfiguren leben unter anderem Namen und in zeitgemäß definierter Rolle weiter.

---

34 Wie wir am 16. September 2017 im Birkenfelder Schloss bei unserem Vortrag über die Birkenfelder Republik von 1919 ausführten, besteht Poincaré als Staatspräsident und Ministerpräsident auf einer unnachgiebigen Haltung gegenüber Deutschland und sieht Frankreichs Sicherheitsinteressen nur bei einer dauerhaften Besetzung des linken Rheinufers gewahrt. 1923/24 wird er zur treibenden Kraft für die Besetzung des Ruhrgebietes durch französische und belgische Truppen.

35 Birkenfeld bleibt unter der Weimarer Republik (1919–1933) zunächst Landesteil des Freistaates Oldenburg, bevor es 1937 als Landkreis des Regierungsbezirks Koblenz in die preußische Rheinprovinz integriert wird. Nach dem 2. Weltkrieg (1939–1945) kommt der nördliche Teil des ehemaligen Fürstentums (Ämter Birkenfeld und Oberstein) 1946 als Kreis Birkenfeld zum Land Rheinland-Pfalz sowie der südliche Teil (mit fast allen Gemeinden des früheren Amtes Nohfelden) 1957 zum Saarland, nach dessen Aufhebung als französische Besatzungszone und Eingliederung in die Bundesrepublik.

Weiterführende Literaturhinweise

- Barbara Denscher: Der Operettenlibrettist Victor Léon. Eine Werkbiografie, Bielefeld 2017.
- Birgit Pollmann: Niedersachsen in Geschichte und Gegenwart, Hannover 1979.
- Gerhard Köbler: Historisches Lexikon der deutschen Länder. Die deutschen Territorien vom Mittelalter bis zur Gegenwart, München 2007.
- Heinrich Baldes: Die hundertjährige Geschichte des Fürstentums Birkenfeld. Zur Jahrhundertfeier 1917, in: Birkenfelder Jahrbuch 1921, Birkenfeld 1921
- Henri Meilhac: L'Attaché d'Ambassade, Comédie en trois actes, Ed. Michel Lévy Frères, Paris 1861.
- Jörn Schultheiß: Fürstentum Birkenfeld, Großherzogtum Oldenburg, Universität Koblenz-Landau, 2016, in: KuLaDig, Kultur. Landschaft. Digital https://www.kuladig.de/Objektansicht/KLD-250744 (zuletzt abgerufen am 13.11.2023)
- Michael Kotulla: Deutsche Verfassungsgeschichte. Vom Alten Reich bis Weimar (1495–1934). Berlin 2008.
- Moritz Csáky: Ideologie der Operette und Wiener Moderne. Ein kulturhistorischer Essay zur österreichischen Identität, Wien 1996.

Miszellen

Die Deutschkatholische Gemeinde in Saarbrücken

Von Joachim Conrad

1. Die Entstehung der deutschkatholischen Bewegung

Zwei Ereignisse förderten im Rheinland die Entstehung des Deutschkatholizismus. In Köln tobte seit 1837 der Mischehenstreit.[1] Erzbischof Clemens August von Droste zu Vischering beharrte darauf, dass in gemischten Ehen die Eltern die katholische Kindertaufe zu versprechen hatten, wollten sie katholisch getraut werden. Auch lehnte er eine Sitte ab, die in den Regionen verbreitet war, dass nämlich die Hebamme das Kind zur Taufe brachte – und in den evangelischen Territorien war die Amme in der Regel evangelisch.[2]

Daneben provozierte der Trierer Bischof Wilhelm Arnoldi mit der Heilig-Rock-Wallfahrt 1844 einen offenen Brief des schlesischen Kaplans Johannes Ronge,[3] der sich zur Speerspitze des aufgeklärten Widerstandes ernannte und im Januar 1845 die Gründung einer „rom-freien" Kirche propagierte. Sein Ansinnen verband sich mit den Gedanken von Johann Czerski, Vikar in Schneidemühl. Am 23. März 1845 fand in Leipzig ein „Konzil" statt, bei dem fünfzehn Gemeinden die Deutschkatholische Kirche gründeten. Hauptredner auf dem Konzil war Robert Blum, Vorsitzender der Leipziger Gemeinde und zugleich Führer der Linken in der Frankfurter Nationalversammlung.[4] Die neue Kirche verwarf nicht nur den Primat des Papstes, sondern zugleich die Hierarchie. Es wurde eine Presbyterialverfassung etabliert; immer zu Pfingsten sollten Wahlen stattfinden. Verworfen wurden allmählich alle römischen Bräuche: die Ohrenbeichte,

---

1   Vgl. Friedrich Keinemann: Das Kölner Ereignis. Sein Widerhall in der Rheinprovinz und in Westfalen, Münster 1974 [Habilitationsschrift, Universität Dortmund 1974].
2   Vgl. Alexander Stollenwerk: Der Deutschkatholizismus in den Preußischen Rheinlanden, Mainz 1971, S. 16.
3   Ebda.
4   Ebda.

der Zölibat, die Anrufung der Heiligen, die Verehrung der Bilder und Reliquien, die Ablässe, das Fasten und alle Wallfahrten.

Die deutschkatholische Bewegung erreichte 1847 ihre größte Ausdehnung mit 88 Geistlichen in 259 Gemeinden: Die Zahl der Mitglieder wird auf 70 000 Personen geschätzt. Der Deutschkatholizismus trat „mit dem Anspruch [auf], zur Einheit und inneren Freiheit Deutschlands zu führen; er wollte Elemente des Protestantismus und des Katholizismus in einer neuen rationalistischen Religion verschmelzen".[5] Als der Deutschkatholizismus im Rheinland Fuß fasste, war er besonders erfolgreich in den Gebieten, in denen die Katholiken in vorherrschend evangelischen Gebieten in der Diaspora lebten.

> „Darum begegnet uns der Deutschkatholizismus in überwiegend protest[antischen] Städten [...]. Die Anhänger kamen hier fast nur aus dem Katholizismus, und die Verheirateten unter ihnen lebten [fast alle] in gemischter Ehe. Während der evang[elische] Teil und die evang[elischen] Kinder in der Regel bei ihrer Religion blieben, schlossen sich der katholische Teil und die katholischen Kinder der neuen Gemeinde an."[6]

Nach der bürgerlichen Revolution begann der Verfall. Die Theologie der deutschkatholischen Gemeinden bewegte sich hin zu Rationalismus und Pantheismus, verschmolz mit den „Protestantischen Lichtfreunden",[7] fühlte sich 1859 als freie protestantische Gemeinde – es blieben nur neunzig Gemeinden am Leben – und nannte sich später den atheistischen „Bund freier religiöser Gemeinden Deutschlands", seit 1921 der Freidenkerbund.

2. Die deutschkatholische Gemeinde Saarbrücken

2.1 Die Gründung

Mitte April 1845 wandten sich drei Männer namens Eickhoff, J. Ch. Mayer und E. K. Dörr an den Glasfabrikanten und Kaufmann Johann Ludwig Wagner (1789–1871), seit September 1844 kommissarischer Bürgermeister von Saarbrücken, um

> „ganz ergebenst anzuzeigen, daß in Gefolge einer gestern in einem Privathause abgehaltenen Versammlung von Katholiken, sich Eine Deutsch-katholische Gemeinde

---

5   Ebda., S. 15.
6   Ebda., S. 17.
7   Vgl. Christian Uhlig: Art. Lichtfreunde, in: Theologische Realenzyklopädie 21 (1991), S. 119–121.

dahier gebildet, indem wir Ihnen diese Anzeige ergebenst machen, beehren wir uns Ihres Wohlgewogenseins für diese junge Gemeinde zu erbitten und noch die Bemerkung hinzuzufügen, daß, indem wir uns von der römisch-katholischen Kirche, welche wir nach der ächten Christuslehre leben, für katholisch halten, gänzlich lossagen, wir jedoch als bleibende wahre Katholiken uns alle Rechte ausdrücklich vorbehalten, welche uns an dem hiesigen katholischen Kirchenvermögen zustehen."[8]

Der Brief hat kein Datum, Eingangsdatum ist der 21. April 1845.

Der Gründungsgottesdienst[9] wurde auf den 8. Juni 1845 festgesetzt. Die Teilnehmerzahl wurde auf fünftausend Menschen geschätzt, besonders aus den Landkreisen Saarlouis und Ottweiler seien Besucher gekommen.[10] Die evangelische Bevölkerung der Stadt Saarbrücken war stark vertreten; es seien aber auch zahlreiche Katholiken gekommen, die sich „ruhig und besonnen" verhalten hätten. Gerade die evangelische Bevölkerung sah sich verpflichtet, die Dissidenten zu fördern. Daher kam eine Sammlung von 2 300 Thalern zusammen, sicherlich nicht aus dem Geldbeutel der 88 Deutschkatholiken und – wenn überhaupt – eher sparsam aus dem der römischen Katholiken.

Im Kontext der Gemeindegründung besuchte eine Führungsgestalt der deutschkatholischen Bewegung, Pfarrer Karl Kerbler, vom 5. bis 12. Juni 1845 Saarbrücken.[11] Der Besuch scheint einem Triumphzug gleich gewesen zu sein, denn der Oberpräsident erwartete aufgrund einer Pressemeldung Rapport von der Trierer Regierung.[12] Der Saarbrücker Landrat Friedrich Hesse meldete am 19. Juli, es habe am Abend des 10. Juni einen Fackelzug der Gymnasiasten gegeben, der Primaner Horn habe sogar eine Rede gehalten. Auf dem Schanzenberg in Saarbrücken hätten sich achtzig Personen – darunter Geistliche, Gymnasiallehrer und Beamte – eingefunden. Mit Musik und Fackeln sei der deutschkatholische Pfarrer in seine Unterkunft bei dem Vorsitzenden der Saarbrücker deutschkatholischen Vereinigung, dem Forstmeister Eickhoff, geleitet worden. Der Landrat betonte, dass trotz einer aufgewühlten Stimmung

---

8 Stadtarchiv Saarbrücken, Best. Bürgermeisterei Alt-Saarbrücken 723.
9 Landeshauptarchiv (LHA) Koblenz, Best. 442 Bezirksregierung Trier, Nr. 5202 Behandlung der Angelegenheiten der Dissidenten 1845–1857. Bericht des Saarbrücker Landrates Friedrich Hesse vom 13. Juni 1845.
10 Ebda.
11 Vgl. Stollenwerk: Der Deutschkatholizismus (wie Anm. 2), S. 92.
12 LHA Koblenz, Best. 442 Bezirksregierung Trier, Nr. 5202 Behandlung der Angelegenheiten der Dissidenten 1845–1857. Schreiben des Oberpräsidenten an die Trierer Regierung vom 7. Juli 1845.

alles ruhig verlaufen sei, dass es keines Eingreifens der Polizei bedurfte. Diese Zusammenkunft sei weder angemeldet noch genehmigt worden, also habe man sie auch nicht gemäß Erlass des Provinzialschulkollegiums vom 27. November 1840 verbieten können. Hesse beschrieb die Stimmung in Saarbrücken ambivalent: Einerseits sei die evangelische Bevölkerung unvorbereitet in diese Situation geraten, stünde aber solidarisch zu den Dissidenten. Andererseits habe diese und andere Kundgebungen die katholische Bevölkerung berührt, so dass eine Gegendemonstration nicht auszuschließen sei – und damit verbunden mögliche Ausschreitungen. Aber der Zustand sei noch stabil.

Nach der formalen Gründung der deutschkatholischen Gemeinde in Saarbrücken bemühte sich der Gemeindevorsteher, Forstmeister Eickhoff, um einen Pfarrer. Er wandte sich am 21. April 1845 an den aus Beuren nahe Saarburg stammenden Priester Nikolaus Driesch,[13] der als Deutschlehrer an der Militärschule Collège Henri-IV de La Flèche arbeitete. Aber der erteilte Eickhoff eine Absage, vielmehr habe er seine Irrtümer erkannt und sei von ihnen abgerückt. Nun wandte sich Eickhoff an den Lockweiler Pfarrer Johann Faß.[14] In einem Bericht informierte der Trierer Regierungspräsident Rudolf von Auerswald am 23. August 1845 Friedrich Eichhorn, den Minister für geistliche etc. Angelegenheiten, der Priester Johann Faß sei aus der römisch-katholischen Kirche ausgetreten.

> „Der Pfarrer Faß ist im besten Mannesalter und ein fähiger Mann, dagegen sein Lebenswandel nicht ohne erhebliche Ausstellungen. Er lebte mit seiner Gemeinde in großem Unfrieden und in verwickelten Geldverhältnissen, die selbst zu gerichtlichen Klagen Anlaß gegeben."[15]

---

13 Nikolaus Driesch, geb. am 11. März 1803 in Beuren bei Saarburg, 1827 Priesterweihe, gest. am 29. März 1883 in Beuren. Er hatte nach der Weihe Philologie in Bonn studiert, dann nach dem Staatsexamen am Trierer Gymnasium unterrichtet, sich aber deutlich rein deistischen Überlegungen angeschlossen und sich um 1837 von der Kirche getrennt. Anfangs in Paris als freier Schriftsteller und Dolmetscher tätig, nahm er bald die Stelle an der Militärschule an. Vgl. Nikolaus Fox: Aus dem Leben von Nikolaus Driesch, Saarlouis 1933, S. 73 f. Driesch versöhnte sich mit der katholischen Kirche und starb in seinem Geburtsort.

14 Johann Faß, geb. am 25. Oktober 1802 in Trier, empfing am 17. September 1825 die Priesterweihe. Nach dem Kaplanat in Merzig wurde er 26jährig Pfarrer in Krettnach, bereits 1831 in Bleiderdingen und 1834 in Lockweiler. Vgl. Stollenwerk: Der Deutschkatholizismus (wie Anm. 2), S. 163–169.

15 LHA Koblenz, Best. 403 Oberpräsidium der Rheinprovinz, Nr. 10755 Bildung von sogenannten deutsch-katholischen oder katholisch-christlichen Gemeinden bzw. Dissidentengesellschaften, Bd. 1 (1845–1859). Bericht des Trierer Regierungspräsidenten Rudolf von Auerswald an das Oberpräsidium vom 23. August 1845.

Schon als Pfarrer von Krettnach war Faß in den Trierischen Reformkreisen aktiv.[16]

Bischof Wilhelm Arnoldi von Trier gab am 20. August 1845 dem Regierungspräsidenten Nachricht, dass er Faß vier Tage zuvor suspendiert habe, auch solle man ihm das Gehalt nur bis zu diesem 16. August zahlen.[17] Faß verhandle zudem mit den Deutschkatholiken in Saarbrücken. Und schon mit Datum vom 22. August 1845 teilte der Gemeindevorsteher Eickhoff mit, man habe Johann Faß zum deutschkatholischen Pfarrer der Gemeinde gewählt.

Hatte der Trierer Regierungspräsident von Auerswald noch am 28. Juni des Jahres dem Oberpräsidenten Franz Eichmann erklärt, „einen eigenen stehenden Geistlichen hat der Verein bis jetzt noch nicht",[18] und hatte der Oberpräsident durch die Regierung in Trier der deutschkatholischen Gemeinde Saarbrücken mitteilen lassen, an eine formale Anerkennung als Religionsgemeinschaft sei nicht zu denken, so beantragte die Gemeinde nach den Verhandlungen mit Faß am 5. September in einem Brief an König Friedrich Wilhelm IV. erneut die Anerkennung durch den Staat.[19] Die Saarbrücker gaben an, die Gemeinde habe bereits zweihundert Mitglieder gewonnen. Minister Eichhorn wies aber noch einmal das Ansinnen zurück.[20]

---

16 Vgl. Alois Thomas: Wilhelm Arnold Günther. 1763–1843. Staatsarchivar in Koblenz. Generalvikar und Weihbischof in Trier, Trier 1957, S. 58.
17 Bistumsarchiv Trier, Abt. 70 Pfarrakten des Bischöflichen Generalvikariates Trier 1821ff. Best. 3507, Nr. 102; LHA Koblenz, Best. 403 Oberpräsidium der Rheinprovinz, Nr. 10755 Bildung von sogenannten deutsch-katholischen oder katholisch-christlichen Gemeinden bzw. Dissidentengesellschaften, Bd. 1 (1845–1859). Brief von Bischof Wilhelm Arnoldi an Regierungspräsidenten Rudolf von Auerswald vom 20. August 1845.
18 LHA Koblenz, Best. 403 Oberpräsidium der Rheinprovinz, Nr. 10755 Bildung von sogenannten deutsch-katholischen oder katholisch-christlichen Gemeinden bzw. Dissidentengesellschaften, Bd. 1 (1845–1859). Brief des Regierungspräsidenten Rudolf von Auerswald an den Oberpräsidenten Franz Eichmann vom 28. Juni 1845.
19 Ebda. Am 12. Oktober 1845 schickte Oberpräsident Franz Eichmann die unmittelbar an den König gerichteten Gesuche zurück.
20 LHA Koblenz, Best. 441 Deutsch-katholische Dissidentenvereine im Regierungsbezirk Koblenz 1845–1893, Nr. 15506 Brief des Oberpräsidenten Franz Eichmann an die Regierung in Koblenz vom 1. September 1845 wegen der deutschkatholischen Gemeinde in Kreuznach.

2.2 Das Leben der Gemeinde

Der Saarbrücker Landrat Friedrich Hesse schrieb in einem Bericht an die Regierung, es seien anfangs 54 erwachsene Personen zum Deutschkatholizismus konvertiert, also mit den Kindern etwa einhundert.[21] Schon für Juni 1846 wurde die Zahl mit 150 angegeben, im September mit 182.[22] Das einzige Kirchenbuch der deutschkatholischen Kirchengemeinde Saarbrücken ist ein Sammelkirchenbuch und befindet sich im Stadtarchiv Saarbrücken.[23] Es gibt Eintragungen von 1845 bis 1851, und zwar 75 Taufen (pag. 3–12), dreißig Konfirmationen (pag. 100–101), 23 Trauungen (pag. 170–172) und 37 Bestattungen (pag. 270–272).

Fünfzehn Familien ließen zwei,[24] und drei Familien sogar vier[25] Kinder in der kurzen Lebenszeit dieser Pfarrei taufen; insgesamt sind es nur 51 namentlich erfasste Familien. Die exemplarische Auswertung der 75 Taufen[26] nach den Berufen der Väter ergibt ein interessantes Bild: Elf Bergknappen und vier Bergleute sowie zwei Bergbeamte und ein Steiger werden genannt, das ist wenig für die Saargegend. Ein Leutnant des 9. Husaren-Regimentes, ein Arresthausverwalter, ein Maurermeister, ein Schichtmeister und ein Gutsbesitzer gehörten einer „gehobeneren" Klasse an. Ansonsten sind Handwerker und Tagelöhner die Gemeindeglieder.[27] Bei den Konfirmationen werden sechs Berg-

---

21 LHA Koblenz, Best. 442 Bezirksregierung Trier, Nr. 5202 Behandlung der Angelegenheiten der Dissidenten 1845–1857. Bericht des Saarbrücker Landrats Friedrich Hesse vom 30. Mai 1845.

22 Und zwar 56 verheiratete Männer, 30 verheiratete Frauen, 21 unverheiratete Männer, 2 unverheiratete Frauen, der Rest Kinder.

23 Stadtarchiv Saarbrücken, KB 38 Deutschkatholisches Kirchenbuch 1845–1851.

24 Namentlich (1) Christian Didié, Tagelöhner aus St. Johann, (2) Martin Goergen, Bergbeamter aus St. Johann, (3) Joseph Gollhofen, Gärtner aus Saarbrücken, (4) Karl Heß, Dachdecker aus Saarbrücken, (5) Anton Jung, Sandgießer aus Fischbach, (6) Johann Lang, Bergknappe aus Jägersfreude, (7) Ferdinand Lux, Bergknappe aus Dudweiler, (8) Mathias Michler, Tagelöhner aus Saarbrücken, (9) Nikolaus Orth, Bergknappe aus Rußhütte, (10) Joseph Paul, Schäfer aus Malstatt, (11) Joseph Sauer, Bergknappe aus Jägersfreude, (12) Johann Schäfer, Gerichtsbote aus St. Johann, (13) Ludwig Scheffner, Steingutarbeiter aus Saarbrücken, (14) Friedrich Vögelein, Schmied aus Saarbrücken, (15) Johann Wagner, Bergknappe aus Jägersfreude.

25 Namentlich (1) Friedrich Fey, Wollspinner aus St. Johann, (2) Joseph Linz, Sekretär aus Saarbrücken, (3) Friedrich Nagelbrecher, Schneider aus Saarbrücken, (4) Karl Schultz, Schneider aus Saarbrücken.

26 Und zwar im Jahre 1845: 6; – 1846: 16; – 1847: 16; – 1848: 10; – 1849: 15; – 1850: 11; – 1851: 1; die Gemeinde hatte also 1849 den Zenit bereits überschritten.

27 Es sind neun Tagelöhner, sieben Schneider, je vier Schäfer und Schuhmacher, je drei Schmiede, Steingutarbeiter und Wollspinner, je zwei Dachdecker, Federreiniger, Gärtner, Sandgießer und Schreiber sowie je ein Bierbrauer, Förster, Gerber, Gerichtsbote, Häfner, Schieferdecker, Schlosser, Schreiner, Seiler, Sekretär und Tapezierer. Bei drei Täuflingen wird kein Beruf genannt.

knappen, drei Wirte sowie je zwei Kaufmänner und zwei Schlosser genannt, ansonsten der erwähnte Arresthausverwalter, der Gemeindevorsteher Forstmeister Eickhoff, ein Steiger und ein Tierarzt. Auch hier sind die meisten Handwerker.[28] Im Bericht des Landrates werden neben dem Forstmeister und dem Tierarzt zwei Bergbeflissene, fünf Offiziere – davon vier unverheiratet –, eine Offiziersfrau und eine adlige Förstersfrau genannt.[29] Tatsächlich scheint die Mischehenfrage in Saarbrücken von Relevanz, denn die evangelischen Kinder verblieben in ihrer Konfession.

Auch die Verteilung auf die Ortschaften ist auffällig: 32 der 75 Täuflinge stammen aus Alt-Saarbrücken, nur 16 aus St. Johann und acht – das Gros der Bergleute – aus Jägersfreude. Der Rest verteilt sich auf die Dörfer, die rund um die beiden Städte liegen.[30] Freilich meldet der Landrat an die Regierung, es seien auch Einwohner von Saarlouis und der benachbarten französischen Stadt Saargemünd Gemeindeglieder geworden.[31] Offenbar ist die Zahl derer, die sich zu der neuen Gemeinde hielten, größer als die Zahl derer, die sich durch ihre Anliegen in den Kirchenbüchern dokumentieren lassen.

Eine exemplarische Auswertung der anderen Amtshandlungen wurde nicht durchgeführt. Andere Familiennamen, etwa bei den Verstorbenen, ergeben sich durch Gemeindeglieder, die vor ihrem Tod maximal fünf Jahre zur deutschkatholischen Gemeinde gehörten und davor – überwiegend – römisch-katholisch waren, gelegentlich auch evangelisch.

Die zeitgenössische Überlieferung berichtet davon, Pfarrer Johann Faß habe am 18. Juni 1848 eine deutschkatholische Gemeinde in Neunkirchen gegründet. Die von Faß geleitete Veranstaltung – angeblich in der überfüllten evangelischen Kirche – sei „eine sehr erhebende Feier"[32] gewesen. Die Zeitung hob die Rede hervor, „worin er die große Liebe des Heilandes darstellend, zu Versöhnung und Einigung aufforderte. Alle, die ich darüber sprechen hörte, waren

---

28 Es sind je ein Bäcker, Gefangenenwärter, Maler, Maurer, Schreiner, Steingutarbeiter, Tagelöhner und Tapezierer.
29 LHA Koblenz, Best. 442 Bezirksregierung Trier, Nr. 5202 Behandlung der Angelegenheiten der Dissidenten 1845–1857. Bericht des Saarbrücker Landrats vom 30. Mai 1845.
30 Fünf Familien wohnen in Dudweiler, vier in Malstatt, drei in Gersweiler, zwei in Rußhütte und je eine Familie in Bildstock, Burbach, Fischbach, Neuhaus und auf dem Sensenwerk.
31 LHA Koblenz, Best. 442 Bezirksregierung Trier, Nr. 5202 Behandlung der Angelegenheiten der Dissidenten 1845–1857. Bericht des Saarbrücker Landrats vom 30. Mai 1845.
32 Vgl. Bote an der Saar, Nr. 74 vom 21. Juni 1848.

von dieser Rede ergriffen."[33] Das Generalvikariat in Trier konnte die Nachricht nicht glauben und bat Pfarrer Peter Ziegler in Neunkirchen zum Bericht.[34] Der Pfarrer meldete, es habe zu Pfingsten bereits das Gerücht gegeben, es werde ein deutschkatholischer Gottesdienst in Neunkirchen gefeiert. Durch vier angesehene Katholiken ließ er den Bürgermeister wissen, es könne zu Unruhen kommen, doch sah sich derselbe nicht in der Lage einzugreifen. Am Trinitatisfest habe die Feier stattgefunden; Katholiken aus Neunkirchen seien nicht dabei gewesen, nur vier Zugezogene. Pfarrer Ziegler sammelte seine Schafe zum Gottesdienst in seiner Kirche; danach habe eine „prachtvolle" Prozession stattgefunden. Eine Gefahr durch die Deutschkatholiken sah der Pfarrer nicht. Andreas Schüller vermutet, Johann Faß sei selbst der Herausgeber des „Boten an der Saar" und habe die Gerüchte persönlich gestreut.[35]

2.3 Der Glaube der Gemeinde

In der deutschkatholischen Gemeinde wurde weder das Große Glaubensbekenntnis von Nizäa 325/381 noch das Apostolische verwendet, und zwar aus fundamentaler Kritik der Deutschkatholiken an den alten Formen und Formeln, die niemand mehr – so die Meinung – verstehe. Schon am 19. Oktober 1844 hatte Johann Czerski eine erste Fassung für ein Glaubensbekenntnis erarbeitet.[36] Dieses verlangte das Abendmahl in beiderlei Gestalt und verwarf die katholischen Sitten.[37] Czerski legte es am 27. Oktober 1844 der Regierung in Bromberg vor und beantragte die staatliche Anerkennung der Gemeinde. Drei Tage später wurden er und seine Leute exkommuniziert. In Saarbrücken verwendete man dagegen das auf dem sog. Leipziger Konzil aufgestellte Glaubensbekenntnis. Das lautet ganz knapp:

---

33 Ebda.
34 Bistumsarchiv Trier, Abt. 70 Pfarrakten des Bischöflichen Generalvikariates Trier 1821ff. Best. 4227.
35 Vgl. Andreas Schüller: Der Deutschkatholizismus in der Diözese Trier. Eine Übersicht, in: Pastor bonus 1934, S. 52.
36 Vgl. Carl Gottlieb Bretschneider: Für die Deutschkatholiken. Ein Votum, Jena 1845, S. 4 f.
37 Besonders Fegefeuer, Heiligsprechung, die Heiligenverehrung, die Sündenvergebung durch den geweihten Geistlichen, das Fasten, die Kirchensprache, den Zölibat, die Mischehenbestimmungen und den Primat des Papstes.

„Ich glaube an Gott den Vater, der durch sein allmächtiges Wort die Welt geschaffen und sie in Weisheit, Gerechtigkeit und Liebe regiert. Ich glaube an Jesum Christum, den Sohn Gottes, unsern Heiland. Ich glaube an den heiligen Geist, eine heilige, allgemeine, christliche Kirche, Vergebung der Sünden und ein ewiges Leben."[38]

Im Breslauer Credo, das in Leipzig ebenfalls zur Beschlussfassung vorlag, hieß der 2. Artikel noch ausführlicher: „Ich glaube an Jesum Christum, unseren Heiland, der uns durch seine Lehre, sein Leben und seinen Tod von der Knechtschaft der Sünde erlöst hat."[39] Es fällt auf, dass der zweite Artikel der Leipziger Fassung, der ja eigentlich durch die Passionsgeschichten biblisch gut fundamentiert ist, auf einen einzigen schlichten Satz zusammengeschrumpft ist. Dadurch entfielen alle dogmatisch anstößigen Elemente: die Jungfrauengeburt, die Höllenfahrt, die Auferstehung, die Himmelfahrt und die Wiederkunft einschließlich des Jüngsten Gerichtes. Es blieben das Wort „Heiland" und die Schlussformel „ein ewiges Leben" – was schon genug verwundert.

2.4 Der Gottesdienst der Saarbrücker Gemeinde[40]

Im Besitz des Stiftes St. Arnual befindet sich ein Gesangbuch, das der deutschkatholische Pfarrer Johann Faß für seine Saarbrücker Gemeinde zusammengestellt hatte und drucken ließ. Da die deutschkatholische Gemeinde in Saarbrücken 1845 gegründet wurde, ist es erstaunlich, dass ihr gerade gewählter Pfarrer Johann Faß 1846 bereits ein Gesangbuch vorlegen konnte. Der vollständige Titel lautet: „Deutschkatholisches Gebet- und Gesangbuch. Herausgegeben von Johann Fass, deutschkatholischem Pfarrer und genehmigt von dem Gemeinde-Vorstande und den Ältesten zu Saarbrücken. Saarbrücken 1846."[41] Drucker war Heinrich Arnold († nach 1853). Die Lieder stehen ohne Noten und verweisen auf Melodien mit Nummern. Es gibt weder ein Vorwort noch ein Nachwort.

---

38 Vgl. Landesarchiv (LA) Saarbrücken, Best. St. Arnual Stiftsbibliothek, Nr. 279-01 Deutschkatholisches Gebet- und Gesangbuch, S. 10.
39 Vgl. Stollenwerk: Der Deutschkatholizismus (wie Anm. 2), S. 93.
40 Vgl. Joachim Conrad: Das gottesdienstliche Leben der Deutschkatholischen Gemeinde in Saarbrücken, in: Jahrbuch für Liturgie und Hymnologie 62 (2023), S. 48–62.
41 Vgl. Deutschkatholisches Gebet- und Gesangbuch (wie Anm. 38). Im „Saarboten" erschien eine „Literarische Anzeige", in der der deutschkatholische Pfarrer Johann Faß ein deutschkatholisches „Gebet und Gesangbuch für 6 Sgr. anbot, mit besserem Papier und gebunden bis zu 25 Sgr." Zitiert nach: Stollenwerk: Der Deutschkatholizismus (wie Anm. 2), S. 167.

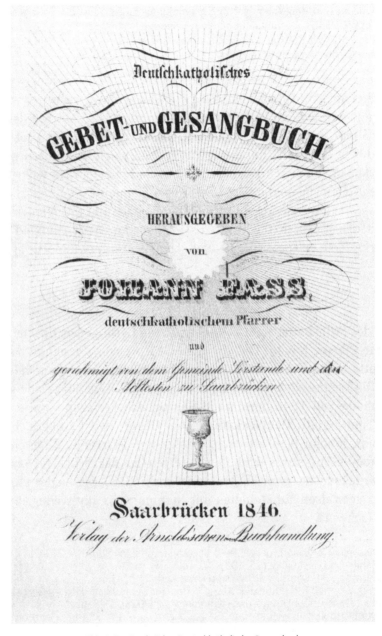

Abb. 1: Das Saarbrücker Deutschkatholische Gesangbuch
[LA Saarbrücken, Best. St. Arnual Stiftsbibliothek. Nr. 279-01]

Das Saarbrücker Gesangbuch besteht aus zwei Abteilungen und orientiert sich damit an zeitgenössischen Gesangbüchern, die ebenfalls in Abteilungen gegliedert sind. Unter den abgedruckten Gottesdienstordnungen finden sich neben dem Sonntagsgottesdienst Formen der Morgen- und Hausandachten sowie Ordnungen nach dem Kirchenjahr und eine Vesperordnung. Die Nähe der deutschkatholischen Gemeinde zu den evangelischen Gemeinden lässt zuerst vermuten, dass das Nassau-Saarbrückische Gesangbuch[42] die Lieder für das neue Gesangbuch der Deutschkatholiken lieferte. Der Abgleich der Lieder zwischen dem Nassau-Saarbrückischen Gesangbuch von 1831 und dem Saarbrücker deutschkatholischen Gesangbuch von 1846 ergibt aber ein eindeutiges Bild. Genau vier Lieder sind in beiden Gesangbüchern identisch. Aber alle diese Lieder kommen auch in zeitgenössischen katholischen Gesangbüchern vor. Johann Faß, der vor seiner Saarbrücker Zeit römisch-katholischer Pfarrer in Lockweiler war, kannte vermutlich das Nassau-Saarbrückische Gesangbuch nicht oder lernte es zu spät kennen, als dass es ihn beeinflusst haben könnte. Er bediente sich der Unterstützung der evangelischen Gemeinden, baute aber die deutschkatholische Kirche nicht auf den evangelischen Fundamenten auf. Bei einem Abgleich mit zeitgenössischen römisch-katholischen Gesangbüchern[43] zeigt sich, dass mehr als drei Viertel der rund einhundert Lieder des deutschkatholischen Gesangbuches aus Saarbrücken der katholischen Tradition verpflichtet sind.

---

42 Evangelisches Zentralarchiv Saar (EZAS), Best. 08,1 Alte Sammlung Nr. 2 Fürstl. Nassauisches neues verbessertes Gesangbuch zur Beförderung der öffentlichen und häuslichen Erbauung. St. Johann-Saarbrück. In Verlag bey Georg Pfeiffer, Buchhändler. 1831.
43 Vgl. u. a. Der heilige Gesang. Ein Gebet- und Gesangbuch für römisch-katholische Christen, zum Gebrauch beim öffentlichen Gottesdienste in der Diözese Trier; mit Genehmigung des hochwürdigen Bischöflichen Ordinariats; vermehrt mit einer Andacht vom heiligen Rocke, und Anweisung, wie die Betstunden bei der ewigen Anbetung des allerh. Sakraments des Altars gehalten werden sollen, herausgegeben von Joseph von Hommer, Trier. Druck und Verlag der Fr. Lintz'schen Buchhandlung, 1845; Gesang- und Gebetbuch für die Diözese Trier, herausgegeben vom Bischöflichen General-Vicariat, Trier. Druck und Verlag der Fr. Lintz'schen Buchhandlung, 1846; Katholisches Gesangbuch zur Feier des öffentlichen Gottesdienstes im Bisthum Rottenburg, Stuttgart 1857.

3. Auseinandersetzungen mit der römisch-katholischen Kirche

Landrat Friedrich Hesse hatte die Regierung in Trier am 10. September 1845 informiert, dass es in Saarbrücken bei einer Bestattung am 31. Mai 1845 auf dem Saarbrücker Friedhof einen Zwischenfall gegeben habe, was die Trierer Regierung dem Oberpräsidenten der Rheinprovinz, Franz August Eichmann, meldete. Es wurde so dargestellt, dass es eine „durch den dortigen katholischen Pfarrer [Jakob Johann Franz] Feilen[44] dem Dissidenten-Geistlichen [Johann Faß] der dortigen Deutsch-Katholiken gegenüber hervorgerufene Störung bei der kirchlichen Beerdigung der Leiche des Grenz Aufsehers Linz"[45] gegeben habe. Der Trierer Bischof Wilhelm Arnoldi führte am 22. September in der Sache Beschwerde, worauf die Regierung antwortete, „daß wir dem Herrn Bischof unter dem heutigen Tage, auf seinen Antrag, [...] zu verfügen, daß er [scil. Johann Faß] sich von den gottesdienstlichen Handlungen der Katholiken in oder außer der Kirche fernzuhalten habe, nicht entsprechen zu können [...], weil wir uns dazu nicht für befugt gehalten haben."[46] Der Staat versuchte, seine Neutralität zu wahren.

Tatsächlich war der Grenzaufseher Linz deutschkatholisch, stammte aber aus einer römisch-katholischen Familie, die den Pfarrer Feilen mit der Bestattung beauftragt hatte. Auf dem Friedhof erschien Johann Faß, den Feilen bat wegzugehen, weil er in Anwesenheit eines Exkommunizierten nicht amtieren konnte. Faß weigerte sich, weil er sich für zuständig hielt, worauf Feilen die Beerdigung abbrach. Angeblich baten die Anwesenden nun Faß, die Trauerfeier fortzusetzen, was dieser aber nicht tat.[47] Pastor Feilen holte die Einsegnung zu einem späteren Zeitpunkt nach. Die Frage, wer an der unerfreulichen

---

44 Jakob Johann Feilen, geb. am 1. Juli 1800 in Trier, geweiht am 22. September 1827, 1. Oktober 1827 Kaplan in Saarbrücken, 1837 Pfarrer in Saarbrücken, emeritiert am 21. Juli 1853, gest. am 21. Januar 1864. Vgl. Stollenwerk: Der Deutschkatholizismus (wie Anm. 2), S. 165.

45 LA Saarbrücken. Best. LRA Saarbrücken Nr. 343, 1–835, pag. 44.

46 LA Saarbrücken. Best. LRA Saarbrücken Nr. 343, 1–835, pag. 42–43. Schreiben an Eichmann vom 7. Oktober 1846, „Störung bei einer kirchlichen Beerdigung auf dem katholischen Kirchhofe zu Saarbrücken betreffend".

47 Vgl. Ferdinand Kampe: Geschichte der religiösen Bewegung der neuen Zeit, Bd. 3, Leipzig 1856, S. 239 f.

Diskussion schuld war, beantwortete Alexander Stollenwerk in seiner Darstellung – weitgehend ohne Belege – parteiisch.[48]

Noch parteiischer ist die Darstellung des zweiten Falls aus dem Jahr 1858: Johann Faß hatte den Auftrag, das Kind einer deutschkatholischen Familie in Perl zu bestatten. Der Friedhof lag um die Kirche, wo das Hochamt zum Dreikönigstag stattfinden sollte. Faß habe den Beerdigungstermin eine Viertelstunde vor dem Hochamt angesetzt, um in einer lautstark gehaltenen Predigt, die die Gottesdienstbesucher hörten, gegen die katholische Kirche und besonders gegen die Beichte zu polemisieren. Der Perler Pfarrer Johann Baptist Schneider[49] hatte sich auf Weisung des Bischofs mit dem Perler Bürgermeister Fleckser ins Benehmen gesetzt, um die Terminkollision – und den zu erwartenden Konflikt – zu verhindern. Auch habe er vergeblich mit Faß Kontakt aufgenommen. Die Bischöfliche Behörde wies darauf hin, dass der Friedhof der Kirche gehöre, aber der Bürgermeister lenkte nicht ein. Stollenwerk berichtet, dass nach erster Einschätzung der Zeitgenossen Schneider falsch gehandelt habe,[50] auch kam der Fall in die Presse,[51] aber für Stollenwerk war Faß der Aggressor.[52]

---

48 Stollenwerk kann nicht neutral berichten: „Der Bischof hatte eingehend auf die kirchlichen Vorschriften hingewiesen, wonach es dem kath. Geistlichen nicht erlaubt ist, in Gegenwart eines öffentlich aus der Kirche Ausgeschlossenen kirchliche Handlungen vorzunehmen, wenn er nicht sogar selbst der Strafe des Exkommunikation verfallen will. Aber Regierung wie Oberpräsidium standen auf dem Standpunkt, daß es nicht statthaft sein könne, jemanden, der an einer Beerdigung teilnehmen wolle, deshalb auszuschließen, weil die kath. Kirche ihn exkommuniziert habe. Beide übersahen im vorliegenden Falle auch, daß Faß sich durch seinen Austritt aus der Kirche selbst ausgeschlossen hatte, ferner daß ihm als früherem kath. Priester die kirchlichen Vorschriften genau bekannt sein mußten." Vgl. Stollenwerk: Der Deutschkatholizismus (wie Anm. 2), S. 166.

49 Johann Baptist Schneider, geb. am 6. Oktober 1806 in Trier, geweiht am 26. März 1831, 15. Juni 1831 Kaplan in Ehrenbreitstein, 19. September 1831 Kaplan in Kreuznach, März 1836 Pfarrer in Stromberg, 1. Mai 1838 Domvikar und Direktor der Dommusikschule, 16. Juli 1844 Pfarrer in Perl, 27. Mai 1854 Pfarrer in Merl, gest. 9. Februar 1864. Vgl. Stollenwerk: Der Deutschkatholizismus (wie Anm. 2), S. 166.

50 LHA Koblenz, Best. 442 Bezirksregierung Trier, Nr. 5202 Behandlung der Angelegenheiten der Dissidenten 1845–1857.

51 Rhein u. Mosel Zeitung vom 16. Januar 1848, Beilage Nr. 13.

52 Wieder berichtet Stollenwerk parteiisch: „Wohl mußte sich der Bürgermeister Fleckser von Perl verantworten, der Tag und Stunde der Beerdigung erlaubt hatte, der seine Zustimmung zu einer Rede des Predigers Faß auf dem Friedhof gegeben hatte, der aber als einziger nichts von den Kränkungen gehört hatte, die Faß auf dem Friedhof gegen die kath. Kirche ausgestoßen hatte. Dabei war die Leichenpredigt von langer Dauer gewesen und in überlautem Tone gehalten worden. Obschon Faß verwarnt wurde und ihm bedeutet werden mußte, daß bei ähnlichen Vorkommnissen ihm die ‚Verrichtungen eines Geistlichen' nicht ferner gestattet

4. Der Niedergang der Saarbrücker Gemeinde

Die deutschkatholische Gemeinde in Saarbrücken hatte ihren Zenit bereits überschritten, als sich Pfarrer Johann Faß entschied, in die USA auszuwandern. Nach der letzten Bestattung, die im Saarbrücker deutschkatholischen Kirchenbuch dokumentiert ist, ist mit Bleistift eingetragen „[Pfarrer] Faß ist am 9/4 1851 nach Amerika ausgewandert und war dieses also seine letzte Amtshandl[ung]."[53] Andreas Stollenwerk glaubt schreiben zu können, dass auch politische Gründe für die Auswanderung relevant waren.[54] Landrat Friedrich Hesse informierte am 18. September 1851 die Regierung in Trier, dass sich die Deutschkatholiken in Saarbrücken mehr politisch als religiös betätigt hätten.[55] Weil Johann Faß 1848/49 so sehr politisch aktiv war, traten seine religiös eingestellten Mitglieder aus der Gemeinschaft aus. Auch habe die evangelische Gemeinde Saarbrücken die Deutschkatholiken als „Verächter des Christentums" erkannt und die Nutzung der evangelischen Schlosskirche untersagt.

Jedenfalls zog Johann Faß nach Buffalo und übernahm die Schriftleitung einer rationalistischen Zeitung mit dem Namen „Lügenfeind. Wochenblatt der freien christlichen Gemeinde zu Buffalo und ihrer Gesinnungsgenossen in den Vereinigten Staaten".[56] Diese Zeitung war im November 1850 durch Johann de Marle gegründet worden, dessen Nachfolger Faß wurde.[57] Faß starb aber schon im August 1852 in Buffalo.

---

werden könnten, verstand er es, die Angelegenheit so auszuschlachten, daß die Trierer Zeitung in seinem Sinne berichtete." Vgl. Stollenwerk: Der Deutschkatholizismus (wie Anm. 2), S. 166 f.

53 Stadtarchiv Saarbrücken, KB 38 Deutschkatholisches Kirchenbuch 1845–1851, pag. 272.

54 Vgl. Stollenwerk: Der Deutschkatholizismus (wie Anm. 2), S. 168.

55 LHA Koblenz, Best. 442 Bezirksregierung Trier, Nr. 5202 Behandlung der Angelegenheiten der Dissidenten 1845–1857. Brief von Landrat Friedrich Hesse an die Regierung in Trier vom 18. September 1851.

56 Vgl. Ferdinand Kampe: Geschichte der religiösen Bewegung der neueren Zeit, Bd. 4, Leipzig 1860, S. 24 und S. 45.

57 Johann de Marle war vor seinem Wechsel in die USA seit 1847 der Herausgeber der Zeitschrift „Lesehalle. Monatsschrift für Deutschkatholiken u. ihre Freunde". In Buffalo gründete er zum 1. November 1850 den „Lügenfeind"; dort hatte er auch eine freie christliche Gemeinde gegründet. Die Abgabe der Zeitschrift an Faß 1850 war der Anfang seines Rückzugs. Am 1. November 1851 berichtete er aus Portsmouths/Ohio in „Die Fackel", die einen meldeten, er sei ins Wasser gegangen, die anderen, er habe sich erhängt. Tatsächlich nehme er wieder eine Pfarrstelle an; vgl. Die Fackel. Literaturblatt zur Förderung geistiger Freiheit, hg. von Samuel Ludvigh, 5 (1851), S. 33.

Nach dem Weggang von Faß bemühte sich der Mannheimer Heribert Rau[58] um die Sammlung der Saarbrücker Gemeinde, bekam aber als Nicht-Preuße keine Erlaubnis der Trierer Regierung. Alexander Stollenwerk vermutet, dies sei seitens der Regierung deswegen geschehen, weil man die permanente Polemik gegen die römisch-katholische Kirche als destruktiv ablehnte.[59] Im April 1852 bemerkte der neue Saarbrücker Landrat Franz Karl Rennen, schon 1850 sei das Interesse am Deutschkatholizismus erloschen. Einige Handwerker leiteten die Gemeinde weiter. Jedenfalls wurde der evangelischen Kreissynode Saarbrücken am 28. Juli 1852 berichtet: „In St. Johann haben 4, in Dudweiler 3 Deutschkatholiken und außerdem ein Römisch-katholischer ihren Beitritt zur evangelischen Kirche erklärt."[60] Das Saarbrücker deutschkatholische Gesangbuch aber fand keine Verwendung mehr und geriet vollkommen in Vergessenheit.

Als sich 1874 die bis heute bestehende altkatholische Gemeinde in Saarbrücken gründete,[61] kam die Legende auf, die letzten Deutschkatholiken seien in der altkatholischen Gemeinde aufgegangen. Das ist mit fast 25 Jahren Abstand und der Entwicklung des Deutschkatholizismus hin zum Freidenkertum nicht sehr wahrscheinlich.

---

58 Schüller berichtet, Rau habe nur ein halbes Jahr Theologie studiert; vgl. Andreas Schüller: Der Deutschkatholizismus in der Diözese Trier. Eine Übersicht, in: Pastor bonus 1933, S. 392.

59 Vgl. Stollenwerk: Der Deutschkatholizismus (wie Anm. 2), S. 168.

60 Verhandlungen der sechzehnten Versammlung der Kreissynode Saarbrücken vom 28. Juli 1852. § 2 Bericht des Superintendenten, Saarbrücken 1852, in: Die Protokolle der alten Kreissynode Saarbrücken 1835–1897, hg. von Joachim Conrad, Bd. 1, Bonn 2002, S. 352.

61 Vgl. Joachim Conrad: „Wir haben jeden Sonntag ein gefülltes Gotteshaus." Die altkatholische Gemeinde im Saarland, in: ZGS 70 (2022), S. 249–294.

Neues aus saarländischen Archiven und Bibliotheken

Der Bestand Ottweiler I im Evangelischen Zentralarchiv Saar

Von Joachim Conrad

1. Vorbemerkung

Im Evangelischen Zentralarchiv Saar (EZAS) befindet sich seit einiger Zeit der Bestand I der Evangelischen Kirchengemeinde Ottweiler. Kirchenoberarchivrat Walter Schmidt hatte den Bestand 1957 grob erfasst und ein erstes Findbuch vorgelegt. Allein schon Titel wie „Publicanda" führen einen aber auch nicht weiter, und so wurde der Bestand lange Zeit nur durch in Ottweiler forschende Personen genutzt, u. a. von Dieter Robert Bettinger, dem wir verdanken, dass das Archiv nicht der Aufräumwut der Nachkriegsgeneration zum Opfer gefallen ist.

Inzwischen ist der Bestand durch den Verfasser dieses Beitrages tief erschlossen worden. Es ist der bisher wertvollste Bestand des evangelischen Archives – und das nicht nur, weil das erste Kirchenbuch 1617 (!) einsetzt. Es befinden sich in diesem Archiv nämlich nicht nur die Akten der evangelischen Kirchengemeinde, sondern auch die Akten der Nassau-Saarbrückischen Inspektion (Kirchenkreis) Ottweiler, der Nassau-Saarbrückischen Pfarrwitwen- und Waisenkasse (gegr. 1728), der Lateinschule Ottweiler, der Schmalwasser-Stiftung und des Hessen-Homburgisches Legates. Das älteste Dokument ist aus dem Jahr 1581.

2. Dokumente zur theologie- und geistesgeschichtlichen Entwicklung

Ein Faszikel enthält Dokumente zu Verfassungsangelegenheiten[1] der Kirchengemeinden der Inspektion Ottweiler, etwa die Regelungen zwischen Graf Walrad

---

1   Alle die Dokumente in: EZAS Best. 02,49 Ottweiler I Nr. 13.

von Usingen und Graf Friedrich Ludwig von Nassau-Ottweiler vom 3. September 1680, verschiedene Verordnungen des Grafen Friedrich Ludwig von Nassau-Ottweiler betreffend die sogenannten Religionsgravamina der Katholiken (1714 und 1732) und die Urkunde über den Religionsstand in der Grafschaft Saarbrücken (1779).[2] Theologisch relevant ist das Zirkularschreiben des Saarbrücker Superintendenten und Oberpfarrers Thomas Balthasar Rollé[3] über die Einführung des Seilerschen Katechismus[4] am 21. September 1782.

Noch 1975 hielt Hans-Walter Herrmann[5] fest, dass wir über die theologischen Positionen der Nassau-Saarbrückischen Pfarrer wenig sagen könnten. Im Ottweiler Archiv liegt aber aus der Zeit des Inspektors Georg Christian Woytt[6] ein sehr großer Bestand von Predigten, die auf eine theologische Analyse warten. Eine ganze Gruppe von Predigten[7] stammt aus dem Jahr 1737 und sind wohl von Inspektor Woytt selbst verfasst; die Anmerkungen lassen jedoch vermuten, dass Woytts Sohn Friedrich Ludwig etliche dieser Predigten 1755 wiederholt hat. Auch das bedarf einer Untersuchung.

Dann gibt es Predigten, die mit „Acta luædam [?] ad Synodos Ottovillenses ab anno 1723 ad 1725 Spectantias"[8] überschrieben sind, die keinen Verfasser benennen. Am Ende hatte wohl der Inspektor als Dienstvorgesetzter die Pfarrerschaft seines Sprengel verpflichtet, zu 1. Tim. 1,1–10 (21. Juni 1725),[9] zu

---

2 Vgl. Joachim Conrad: Nassau-Saarbrücken, in: Hermann-Peter Eberlein (Hg.): Evangelische Kirchengeschichte im Rheinland. Bd. 2: Territorialkirchen und protestantische Kultur: 1648–1800, Bonn 2015, S. 197–226.

3 Vgl. Joachim Conrad: Art. Thomas Balthasar Rollé (1695–1780), in: Biographisch-Bibliographisches Kirchenlexikon [BBKL] 28 (2007), Sp. 1336–1343.

4 Georg Friedrich Seiler (1733–1807) war Professor in Erlangen; sein Katechismus heißt: Kleiner und historischer Katechismus oder erste Grundlage zum Unterricht in der biblischen Geschichte und der evangelischen Glaubens und Sittenlehre, Bayreuth 1776.

5 Vgl. Hans Walter Herrmann: Die Reformation in Nassau-Saarbrücken und die nassau-saarbrückische Landeskirche bis 1635, in: Die evangelische Kirche an der Saar gestern und heute, hg. von den Kirchenkreisen Ottweiler, Saarbrücken und Völklingen, Saarbrücken 1975, S. 42–111, hier S. 75.

6 Vgl. Joachim Conrad: Art. Georg Christian Woytt (1694-1764), in: BBKL 23 (2004), Sp. 1581–1585.

7 Alle die Dokumente in: EZAS Best. 02,49 Ottweiler I Nr. 34.

8 Alle die Dokumente in: EZAS Best. 02,49 Ottweiler I Nr. 35.

9 Die Predigten 1725 in EZAS Best. 02,49 Ottweiler I Nr. 36. Die Pfarrer sind diese: Johann Daniel Engel (Wiebelskirchen), Johann Friedrich Justus Westermann (Neunkirchen), Johann Georg Bager (Niederlinxweiler), Johann Nikolaus Andrea (Dörrenbach), Inspektor Johann Tobias Lex, Johann Ludwig Morch (Dirmingen) und Johann Eberhard Lauckhard (Jugenheim).

1. Tim. 1,12–14 (11. Oktober 1725)[10] und zu 1. Tim. 2,1–7 (20. Mai 1728)[11] eine Exegese oder Predigtmeditation[12] vorzulegen – für unsere Region ein ungewöhnlicher Vorgang. So haben wir die Handschriften, die Unterschriften und theologischen Einsichten aller Pfarrer des Ottweiler Landes.

Der überaus fleißige Inspektor Woytt führte auch Visitationen durch. Aus dieser Periode haben sich die Fragebögen zur Visitation,[13] aber auch zum Teil seine Berichte[14] erhalten. Beide Quellengattungen geben Einsicht in das Leben der Gemeinde, machen Aussagen über den Zustand der Kirchen, Schul- und Pfarrhäuser. Häufig finden sich Lebensbeschreibungen von Pfarrern[15] und Lehrern,[16] die diese selbst verfassten. Woytt korrespondierte umfänglich mit seinen Pfarrern; ein gewaltiges Briefkorpus von 1727 bis 1734 wurde aufbewahrt – teilweise mit gut erhaltenen Siegeln.[17] Dazu gehört auch ein Brief von

---

10 Die Predigten 1725 in EZAS Best. 02,49 Ottweiler I Nr. 37. Es fehlt Johann Daniel Engel (Wiebelskirchen), dafür ist der 2. Pfarrer von Ottweiler, Georg Christian Woytt, dabei.

11 Die Predigten 1728 in EZAS Best. 02,49 Ottweiler I Nr. 38. Hier der neue Pfarrer von Wiebelskirchen, Johann Christoph Haun, ansonsten die bekannten Namen: Lauckhard, Westermann, Andreae, Bager und Morch.

12 Unter der Überschrift „Dominorum pastorum in Synodo Ministeriali Ottovillani den 20ten May 1728 exhibita" wurden sie gesammelt. Da es zuvor heißt: Reihe F, Reihe G, Reihe H, ist davon auszugehen, dass es ein richtiges Predigtkorpus gegeben hat. Dann ist das Gros allerdings verloren. EZAS Best. 02,49 Ottweiler I Nr. 36–38.

13 EZAS Best. 02,49 Ottweiler I Nr. 21. Berichte von Johann Ludwig Morch zur Visitation in Dirmingen und Uchtelfangen (1725), von Johann Nikolaus Andreae zur Visitation in Neunkirchen (1731), von Johann Daniel Engel zur Visitation in Dörrenbach (1731), von Johann Christian Schwendler zur Visitation in Neunkirchen (1744), dazu kommt der Bericht zur Visitation in Ottweiler des Rektors und 3. Pfarrers Johann Heinrich Karcher an Superintendent Thomas Balthasar Rollé (1753). Vgl. auch Fragebogen für die Visitationen von Inspektor Georg Christian Woytt zur Visitation in der Diözese Ottweiler vom 21. Juli 1731.

14 EZAS Best. 02,49 Ottweiler I Nr. 21. Bericht zur Visitation in Neunkirchen bei Pfarrer Johann Christian Schwendler durch Inspektor Georg Christian Woytt vom 10. Mai 1744.

15 Vgl. auch EZAS Best. 02,49 Ottweiler I Nr. 59 Pfarrakten Wiebelskirchen mit dem handschriftlichen Lebenslauf von Pfarrer Johann Christoph Haun vom 11. April 1717.

16 EZAS Best. 02,49 Ottweiler I Nr. 21. Bericht des Lehrers Johann Balthasar Groß an Inspektor Georg Christian Woytt zur Visitation in Wiebelskirchen vom 5. August 1731 sowie Best. 59 Pfarrakten Wiebelskirchen mit einem Brief von Johann Balthasar Groß vom 1. September 1728. Siehe auch EZAS Best. 02,49 Ottweiler I Nr. 48 Lebenslauf des Dörrenbacher Lehrers Georg Friedrich Albrecht vom 12. August 1731.

17 EZAS Best. 02,49 Ottweiler I Nr. 42–46 Korrespondenz mit Johann Ludwig Morch für die Pfarrei Dirmingen, Uchtelfangen und Berschweiler (24 Briefe), mit Johann Nikolaus Andreae bzw. Johann Daniel Engel für die Pfarrei Dörrenbach, Fürth, Werschweiler, Lauterbach und Mainzweiler (20 Briefe), mit Johann Eberhard Lauckhard für die Pfarrei Jugenheim (21 Briefe), mit Johann Friedrich Justus Westermann bzw. Johann Nikolaus Andreae für die Pfarrei Neunkirchen, Spiesen, Wellesweiler und Schiffweiler (57 Briefe, u. a. zur Frage, „was auf die neue

Johann Jakob Brand, Organist an der Saarbrücker Schlosskirche. Brand war ein Zeitgenosse Bachs und publizierte Kompositionen in Sammelbänden mit Telemann und Händel. 1726 fand eine erste große Generalvisitation durch den Usinger Generalsuperintendenten Johann Christian Lange statt; auch dazu hat sich der Bericht erhalten.[18] Ein umfangreicher Faszikel sind die Akten der späteren Generalkirchenvisitationen von 1741, 1747, 1753 und 1786.[19]

In einem Band finden sich die Protokolle der frühen Synoden,[20] aber auch Abschriften von Notizen[21] zu den Visitationen von Superintendent Laurentius Stephani im Ottweilerschen 1576, wiederum mit Nachrichten zu den Pfarreien.

3. Die Kirchbauten der Inspektion Ottweiler

In den Pfarrstellenakten sind weitere Visitationsberichte und Fragebögen abgelegt, dazu aber auch Bau- und Personalakten, die unzählige Informationen liefern, die wenig bis gar nicht bekannt sind, etwa eine Notiz über die Baufälligkeit der Dirminger Kirche vom 8. Juni 1744, weswegen Friedrich Joachim Stengel eine neue Kirche baute.[22] Es liegen daneben die Akten der Pfarreien Dörrenbach[23] (Best. Nr. 48), Glanmünchweiler (Best. Nr. 49), Homburg (Best. Nr. 50), Mittelbexbach (Best. Nr. 51), Niederlinxweiler[24] (Best. Nr. 52), Neunkir-

---

Glocke zu Neunkirchen könnte gegossen werden"), mit Johann Daniel Engel bzw. Johann Christoph Haun für die Pfarrei Wiebelskirchen (57 Briefe).

18 EZAS Best. 02,49 Ottweiler I Nr. 33. Bericht der Generalvisitation durch Generalsuperintendent Johann Christian Lange 1726.

19 EZAS Best. 02,49 Ottweiler I Nr. 22. Acta, die vorzunehmender generale Kirchenvisitation in hiesiger Herrschaft Ottweiler, darin: Rundschreiben und Protokolle zu den Kirchengemeinden. Unter Nr. 23 die General-Kirchen- und Schulvisitation in der Synode Saarbrücken 1855.

20 EZAS Best. 02,49 Ottweiler I Nr. 33. Protocollum synodale id est Historia Synodorum seu conventum fraternorum ministerii ecclesiastici in Dioecesi Ottovillana, zusammengestellt von Inspektor Johann Tobias Lex, 1723–1725, pag. 1–39.

21 EZAS Best. 02,49 Ottweiler I Nr. 33. Notizen zur den Visitationen von Superintendent Laurentius Stephani im Ottweilerschen, darinnen Nachrichten zu den Pfarreien, pag. 26–28; Constitutio ecclesiarum in territorio Ottweiler, darin Nachrichten zu den Gemeinden und zu den Pfarren bis Ende 17. Jh., pag. 29–39.

22 EZAS Best. 02,49 Ottweiler I Nr. 47. Dirmingen. Baurechnung zur Dirminger Kirche, begonnen 18. Februar 1746, vollendet 20. März 1747.

23 In EZAS Best. 02,49 Ottweiler I Nr. 15 gibt es Dokumente zur Finanzierung des Kirchenbaus in Dörrenbach aus dem Ottweiler Kirchbaufonds von 1718/ 1722.

24 Darin ein Verzeichnis der Kirchen- und Hausgeräte, aufgestellt von Pfarrer Johann Georg Bager vom 14. Juli 1728 und Berichte über den Zustand a) der Schule von Niederlinxweiler durch

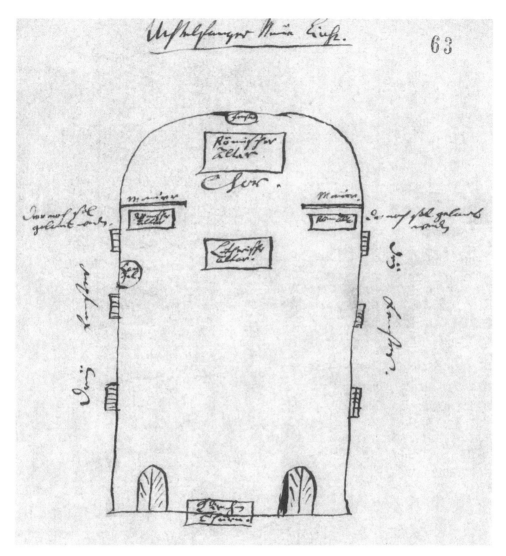

Abb. 1: Die mittelalterliche Kirche in Uchtelfangen als Simultankirche 1736 mit katholischem und evangelischem Altar.
[EZAS 02,49-1 Nr. 55]

Schulmeister Johann Martin Conradi, b) der Schule von Oberlinxweiler und Remmesweiler durch Schulmeister Johann Georg Wagner vom 30. Oktober 1728 von Inspektor Georg Christian Woytt, vom 24. August 1742.

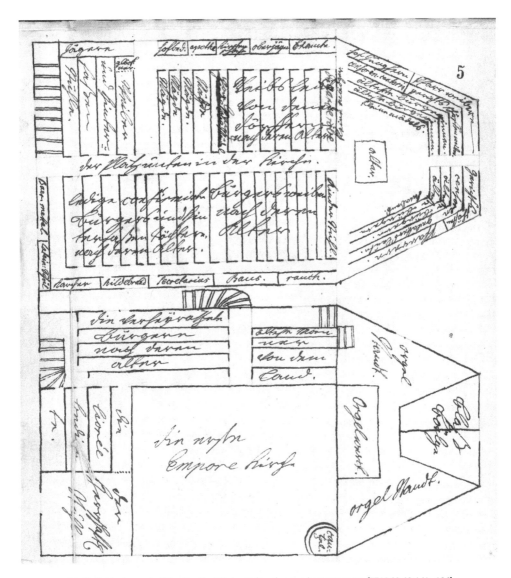

Abb. 2: Stuhlordnung der Ottweiler Stadtkirche, Erdgeschoss und erste Empore. [EZAS 02,49-1 Nr. 184]

chen[25] (Best. Nr. 53), Uchtelfangen[26] (Best. Nr. 55), Wellesweiler[27] (Best. Nr. 57), Werschweiler[28] (Best. Nr. 58) und Wiebelskirchen[29] (Best. Nr. 59) vor sowie die Akten der untergegangenen Gemeinden Spiesen[30], Schiffweiler[31] und (Ur)Exweiler (Best. Nr. 54).

Zu den Kirchen gehören die Glockenakten.[32] Dort findet sich die Aufzeichnung von Glockensprüchen einer Glocke[33] einschließlich der Gießer von 1711 – Glocken, die es nicht mehr gibt. Erhalten hat sich auch die Stuhlordnung[34] der Ottweiler Stadtkirche mit drei Zeichnungen vom 9. Dezember 1760, aber auch die Beschwerde des Landrates Carl von Rohr über den Zustand des ihm zugewiesenen Bürgerstuhls vom 30. Dezember 1820. In der Gruft der Ottweiler Stadtkirche fanden immer wieder Bestattungen statt; Dokumente bezeugen das Be-

---

25 Darin Beschwerden über den Pfarrer Philipp Conrad Lind vor Graf Friedrich Ludwig vom 14. Dezember 1722 und vom 13. Dezember 1722, sowie der Neubau der Kirche in Neunkirchen [Kirchenstuhlordnung] vom 20. März 1728 und die von Woytt entworfene Disposition der Orgel von 1731/32.

26 Darin der Bericht über die Einweihung der neu erbauten Kirche in Uchtelfangen, 15. März 1772, dazu auch die vollständige Predigt über Ex. 20,24 von Oberpfarrer und Inspektor Johann Christian Barthels, außerdem die Darstellung von Johann Magnus Stephani über die Pfarrer von Stephan Saarburg 1577, Johannes Funstenius (oder Knippelius) 1578 bis Conrad Burckhardt 1594. Besonders ist der zeitgenössische Brief des zweiten evangelischen Pfarrers, Conrad Burckhardt, vom 14. März 1614.

27 Hier sind die Baurechnungen der sog. Stengelkirche, aber auch Akten zur Schulgeschichte wie die Bestellung der Lehrer Johann Wilhelm Tobae 1743 und Martin Cußler [?] 1763.

28 Es findet sich der Abschrift eines Weistums vom 5. Dezember 1592 betr. Pflichten und Rechte des Pfarrers von Niederkirchen an der Kapelle Werschweiler, 17. Februar 1735, dann die Klage vom 17. April 1730 betr. die Rechte und Pflichten von Dörrenbach und Werschweiler mit einem Zitat aus einem nassauischen Vertrag von 1603 und schließlich Dokumente betr. die Kapellengüter von Werschweiler, überwiegend von Inspektor Johann Friedrich Röchling, 1809–1811 (gebunden und paginiert).

29 Hier finden sich Abschriften von Schriftstücken des Grafen Friedrich Ludwig von Nassau-Ottweiler zur Ernennung von Johann Daniel Engel zum Pfarrer von Wiebelskirchen (1724) und Dörrenbach (1728), aber auch Akten zur Reparatur der Kirche von Wiebelskirchen einschließlich Aufstellung der Baukosten vom 8. Oktober 1731 und etliche Briefe von Pfarrer Johann Christoph Haun 1735 bis 1742.

30 Darin der Bericht von Gallus Biehl, Niederlinxweiler, über die alte Kirche, März/Mai 1764.

31 Darin das älteste Dokument des Bestandes, ein Brief von Wilhelm Kranz von Dreiholz [?] und Johann Ludwig II. von Hagen (ca. 1540–1589) an Graf Albrecht von Nassau-Saarbrücken vom 2. Juni 1581 sowie eine Notiz von Pfarrer Philipp Landsiedel vom 27. April 1630.

32 EZAS Best. 02,49 Ottweiler I Nr. 183 Uhr, Glocken, Läutewerk.

33 Die Glocke ist für Niederlinxweiler gegossen worden; vgl. Bernhard H. Bonkhoff: Die Glocken des Saarlandes, Saarbrücken 1997, S. 1239.

34 EZAS Best. 02,49 Ottweiler I Nr. 184 Gestühl. Hier liegt auch Korrespondenz mit dem Ottweiler Stadtgericht vor betr. die Sitzordnung für die „ledigen Bürgerssöhne" einschl. Namensliste und Platzzuweisung vom 16. Januar 1765.

gräbnis der Elisabeth von Kellenbach, Ehefrau des Oberforstmeisters von Kellenbach, 1732 in der Gruft der Kirche und das der Anna Katharina Arnoldi 1735.[35]

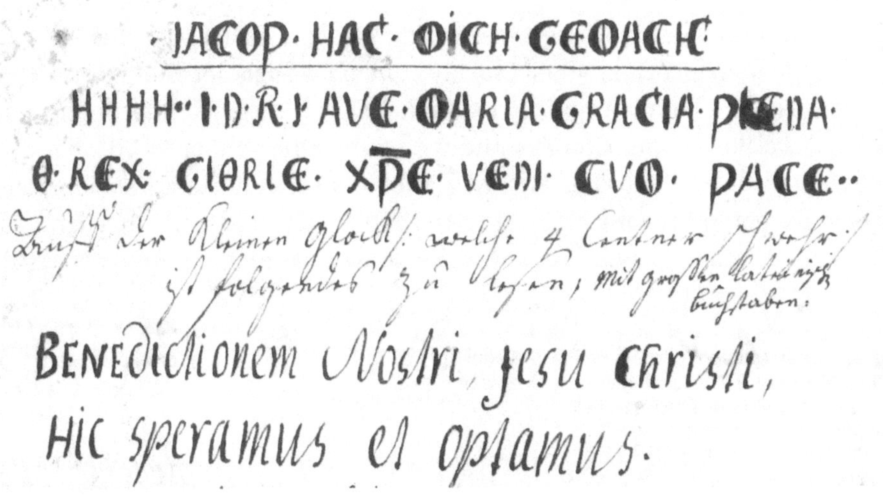

· JACOP· HAC· OICH· GEOACH·

HHHH·· I·D·R·Y·AVE·OARIA·GRACIA·PLENA·

O·REX· CIORLE· XPE· VENI· CVO· PACE··

*Druck die kleinen Glocke, welche 4 Centner schwer,
ist folgendes zu lesen, mit großen lateinischen
Buchstaben:*

BENEDictionem Nostri, jesu Christi,
Hic speramus et optamus.

Abb. 3: Abschriften der Glockeninschrift von 1711. [EZAS 02,49-1 Nr. 183, S. 1]

Ein besonderes Dokument ist das Inventarium über die „Kirchen-, Pfarr- und
Schul-Güther der Herrschaft Ottweiler",[36] das Oberpfarrer Johann Caspar
Streccius um 1770 anlegte. Darin befinden sich nicht nur Beschreibungen aller
Grundstücke sämtlicher Gemeinden der Inspektion Ottweiler, sondern Umzeich-
nungen der Grundstücke mit angegebenen Winkelgraden. Hier gibt es sorgfäl-
tige Grundriss-Skizzen der Kirchen auf ihren jeweiligen Kirchhöfen, und zwar
Ottweiler (S. 1), Wiebelskirchen (S. 28), Neunkirchen (S. 43), Werschweiler
(S. 55, ist aber Dörrenbach), Fürth (S. 55), Niederlinxweiler (S. 77), Dirmingen
(S. 92) und Schiffweiler (S. 104). Die Besonderheit ist, dass es das Gros dieser
Kirchen nicht mehr gibt. Schiffweiler wird schon im Dokument als Ruine bezeichnet, von Fürth steht heute nur noch der romanische Turm, Wiebels-
kirchen ist grundlegend umgebaut, Neunkirchen einem Neubau gewichen (den

---

35 EZAS Best. 02,49 Ottweiler I Nr. 187 Bestattungen.
36 EZAS Best. 02,49 Ottweiler I Nr. 444 Inventarium über die Kirchen-, Pfarr- und Schul-Güther
    Bestattungen.

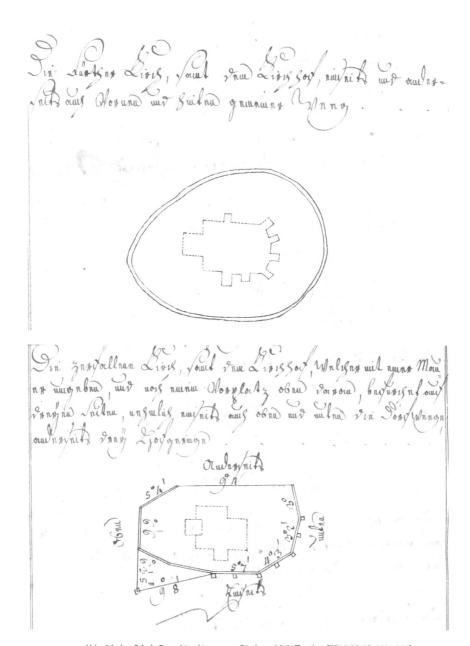

Abb. 4 (o.) u. 5 (u.): Grundrissskizzen von Fürth und Schiffweiler. [EZAS 02,49-1 Nr. 444]

der letzte Krieg zerstört hat), Niederlinxweiler erhielt aus dem Büro Stengel seinen Neubau. Das macht die Skizzen so wertvoll.

4. Die Union, der rheinische Agendenstreit und das gottesdienstliche Leben

Bevor König Friedrich Wilhelm III. für Preußen die Union der beiden evangelischen Bekenntnisse forderte, kamen die Evangelischen in den ehemaligen Oberämtern Saarbrücken und Ottweiler zur Einsicht, die Saarbrücker Union zu schließen.[37] Im Ottweiler Bestand sind dazu zwei entscheidende Dokumente[38] verwahrt, und zwar die Vereinigungsurkunde und dazu eine „Ermunterung" zur Union. Besonders ist auch die Verfügung über die Einberufung der ersten Saarbrücker Kreissynode für den 18. Januar 1818.[39] Da die neu gegründete Synode Saarbrücken[40] aus den drei lutherischen Lokalkonsistorien Saarbrücken, Ottweiler und St. Johann sowie aus dem reformierten Lokalkonsistorium Saarbrücken entstanden ist – alles ehemals französische Einrichtungen – hielt es die Regierung für angezeigt, die ehemals französischen Präsidenten zu Königlichen Superintendenten zu machen, die sich jährlich in der Amtsführung abwechselten – und durch den Tod abgingen. Da einer zuvor verstorben war, waren es mit Philipp Ludwig Hildebrand, Karl Ludwig Alexander Zimmermann

---

37 Vgl. Joachim Conrad: Die liturgischen Konsequenzen der Saarbrücker Union von 1817, in: Jahrbuch für Liturgie und Hymnologie 55 (2016), S. 11–30
38 EZAS Best. 02,49 Ottweiler I Nr. 32. Synodal-Protocoll. Vereinigungs Urkunde der beiden evangelischen Confessionen zu einer evangelischen Kirche, festgesetzt mit dem Synodal-Convent zu Saarbrücken vom 24ten Okt. 1817, hs., pag. 1 und 6–15, und der Druck: Aufruf und Ermunterung an die evangelisch-lutherischen und evangelisch-reformierten Gemeinden in den Bezirken Saarbrücken und Ottweiler zur Wiedervereinigung beider Confessionen unter dem Namen: Evangelische Kirche, 27. August 1817.
39 EZAS Best. 02,49 Ottweiler I Nr. 32. Consistorial-Verfügung vom 19. Dez. 1817, welche die Zusammenberufung der Kreis-Synode betrifft und gemeinsame Berufungs-Schreiben der Synode auf den 29ten Januar 1818.
40 Vgl. Joachim Conrad: Die Situation der evangelischen Konfessionen nach dem Übergang des landesherrlichen Kirchenregimentes an Preußen bzw. Bayern, in: Eva Kell/Sabine Penth (Hg.): Vom Empire zur Restauration. Die Saarregion im Umbruch 1814–1820. Beiträge zur wissenschaftlichen Tagung zum 175jährigen Jubiläum des Historischen Vereins für die Saargegend e. V., Saarbrücken 2016, S. 145–160

und Philipp Ludwig Gottlieb deren drei. Ihre Ernennung liegt singulär im Ottweiler Bestand.[41]

König Friedrich Wilhelm III. entwarf für den Gottesdienst seiner preußischen Landeskirche höchstselbst die Gottesdienstordnung. Dadurch beschwor er den rheinischen Agendenstreit[42] herauf. Wiewohl die Saargegend gemäßigt reagierte, zeigen die Ottweiler Dokumente,[43] dass es auch deutlichen Widerspruch zum König gab. Oberpfarrer Ludwig Christian Chelius lehnte die Agende bereits am 3. Juni 1824 ab. In einer Special vom 1. Oktober 1825 präzisierte er seine Ablehnung der „katholischen liturgischen Stücke", des Kruzifix und der Altarleuchter bzw. des Exorzismus bei der Taufe. Ottweiler beharrte bei der Agende nach der Saarbrücker Kirchenordnung von 1617. Vier greise Pfarrer, die noch zur Zeit des Fürstentums, also vor der Revolution, bereits im Dienst waren, wurden als Zeugen für die „alte" Ordnung in Saarbrücken gehört: Ludwig Heinrich Schneider aus Heusweiler, Johann Daniel Ludwig Wagner aus Bischmisheim, Friedrich Köllner aus Malstatt – Historiker und Oberbürgermeister von Saarbrücken – und Johann Adam Messerer aus St. Johann. Sie meinten, schon Fürst Ludwig habe die Kurpfälzische Agende (also eine reformierte!) in Gebrauch genommen. Die hochinteressanten Dokumente bedürfen einer liturgiegeschichtlichen Aufarbeitung.

Zum gottesdienstlichen Leben[44] gibt es aus der Fürstenzeit auch weitere bemerkenswerte Schriftstücke, etwa ein Schreiben des Konsistorialkonventes Ottweiler über die Feierlichkeiten zum 200-jährigen Jubiläum des Augsburger Religionsfriedens samt den zu verwendenden Texten (1755),[45] oder das „Reglement. Oder Verordnung Wie es mit Begehung des auff den 25. Juni a[nnis] c[urrandis] bevorstehenden zweyten Jubilaei Confessionis Augustanae in Hoch-

---

41 EZAS Best. 02,49 Ottweiler I Nr. 40. Konsistorialverfügung vom 19. Dezember 1817 die Bestätigung der Herren Philipp Ludwig Hildebrand, Karl Ludwig Alexander Zimmermann und Philipp Ludwig Gottlieb als Superintendenten betr.

42 Vgl. Joachim Conrad: Der Streit um den Gottesdienst in Preußen und die Verhältnisse an der Saar, in: Gabriele B. Clemens/Eva Kell (Hg.): Preußen an der Saar. Eine konfliktreiche Beziehung (1815–1914), Saarbrücken 2018, S. 261–283; ders.: Die Entwicklung des gottesdienstlichen Lebens und der Agendenstreit in der Rheinprovinz, in: Andreas Metzing (Hg.): Evangelische Kirchengeschichte im Rheinland. Bd. 3, Bonn 2023, S. 89–118.

43 EZAS Best. 02,49 Ottweiler I Nr. 130. Dokumente zum preußischen Agendenstreit.

44 EZAS Best. 02,49 Ottweiler I Nr. 40. Konsistorialverfügung vom 19. Dezember 1817 die Bestätigung der Herren Philipp Ludwig Hildebrand, Karl Ludwig Alexander Zimmermann und Philipp Ludwig Gottlieb als Superintendenten betr., hs., pag. 1–5.

45 EZAS Best. 02,49 Ottweiler I Nr. 124 Gottesdienste und Abendmahlsfeiern.

Fürstlich-Nassau-Saarbrück-Usingischen Landen solle gehalten werden [...], 31. Mai 1730".[46] Bemerkenswert ist auch ein Dekret des Grafen Friedrich Ludwig von Nassau-Ottweiler betreffend das Singen des Liedes „Wir glauben all an einen Gott" vor der Predigt an allen Sonn- und Feiertagen vom 6. März 1724 oder die Verordnung des Oberkonsistoriums Usingen zur Einführung eines Erntedankfestes in den Nassau-Saarbrückischen Landen vom 2. Oktober 1732. Das heute so selbstverständliche Fest wurde erstmals am 17. November 1732 begangen.[47]

In der Rubrik „Publicanda"[48] finden sich Texte, die in einem Kirchenarchiv erwartet werden können, etwa die Verordnung Wilhelm Heinrichs über die Trauerriten (1752/53) oder die Verordnung Ludwigs u. a. betreffend Nutznießung von Immobilien abgelebter Ehegatten (1774/87). Und in der Abteilung „Bekämpfung öffentlicher Unsitten"[49] finden sich das „Tanzverbot auf Kirchweihfesten" der Fürstin Charlotte Amalie von Nassau-Usingen (13. Januar 1730), das „Tanzverbot in der Betwoche" der Fürstlichen Regierung (25. September 1749), die Verordnungen des Fürsten Wilhelm Heinrich gegen Trunkenheit (2. November 1752), zur „Abstellung der Missbräuche bei Kindtaufen" (19. November 1759) und gegen die „übermäßigen Gastmahle bei Hochzeiten, Taufen und Begräbnisse" (3. August 1759). Aber die fleißigen Ottweiler Pfarrer haben alles verwahrt, was die fürstliche Regierung in Druckform oder handschriftlich zu regeln wünschte, etwa die Land-Zoll-Ordnung (1745), die Medicinal-Ordnung (1748), die Verordnung betreffend Tabakhandel (1752/53) und dazu der Tarif der Tabakpreise (1778), das Zollreglement Ludwigs für Eisen in den von Frankreich durch Gebietstausch übernommenen Orten (1773), das Polizei-Reglement Wilhelm-Heinrichs (1752), die Verordnung Ludwigs betreffend die Trunkenheit und deren Bestrafung (1777) oder die Verordnungen zur Bekämpfung der Cholera (1831/32). Das meiste liegt in kommunalen und staatlichen Archiven.

---

46 EZAS Best. 02,49 Ottweiler I Nr. 127 Besondere Gottesdienst. Jubelfest der Confessio Augustana. 31. Mai 1730, Druck einschl. den Texten für das Fest (Deut. 4,9-10), 24. S. Es existiert auch eine Konsistorialverordnung zur Feier des 300. Wiederkehr der Confessio Augustana einschl. Texte vom 4. Juni 1830 sowie der Bericht aus Ottweiler über die Durchführung.
47 EZAS Best. 02,49 Ottweiler I Nr. 124 Gottesdienste und Abendmahlsfeiern.
48 Alle die genannten Ordnungen in: EZAS Best. 02,49 Ottweiler I Nr. 1–5.
49 Alle die Dokumente in: EZAS Best. 02,49 Ottweiler I Nr. 139 Bekämpfung öffentlicher Unsitten.

5. Wohlfahrt und soziale Einrichtungen

Bereits am 26. Februar 1651 widmete sich Graf Johann Ludwig von Nassau-Saarbrücken der Versorgung der Pfarrwitwen,[50] aber erst Inspektor Georg Christian Woytt sorgte durch die Gründung der Pfarrwitwen- und Waisenkasse 1728 für eine durchgreifende Lösung.[51] Die Akten zweier weiterer wohltätiger Einrichtungen liegen ebenfalls im Ottweiler Bestand: Zum einen das Legat des Wiener Hof-Juweliers Johann Christian Heinrich Schmalwasser († 20. November 1808) in Höhe von 12.000 Gulden zugunsten der Armenpflege in seiner Heimatstadt Ottweiler vom Januar 1808.[52] Dazu gehören auch die Abrechnungen. Das zweite Institut ist das Hessen-Homburgische Legat,[53] bestehend aus den Abrechnungen von 1723 bis 1765 und der Korrespondenz 1828 bis 1859, sowie einem Donationsschreibens[54] der namengebenden Landgräfin Christiane Charlotte von Hessen-Homburg, einer geborenen Gräfin von Nassau-Ottweiler.

Neben diesen sozialen Einrichtungen unterhielt die Kirchengemeinde auch ein Spital zur Armen- und Krankenfürsorge in Ottweiler, das durch die Gräfin Dorothea Catharina von Nassau-Saarbrücken am 10. November 1714 gestiftet und durch Graf Friedrich Ludwig von Nassau-Saarbrücken am 16. Oktober 1723 ausgestattet worden war.[55] Dazu kam 1903 die Kleinkinderschule[56] – also in diesem Jahr 120 Jahre Evangelischer Kindergarten Ottweiler – und das 1909 erworbene Waisenhaus.[57]

---

50 EZAS Best. 02,49 Ottweiler I Nr. 108 Donationsurkunden. Schreiben von Graf Johann Ludwig von Nassau-Saarbrücken vom 26. Februar 1651.
51 EZAS Best. 02,49 Ottweiler I Nr. 107 Satzungen 1728–1909. Dazu Nr. 108–122 und 405–432 Geschäftsakten, Rechnungslegung, Belege. Best. Nr. 441 Protokollbuch 1840–1891.
52 EZAS Best. 02,49 Ottweiler I Nr. 162 Die Schmalwasserstiftung. Dazu: Best. Nr. 222 Schmalwasserstiftung. Auszug aus dem Testament des Johann Christian Heinrich Schmalwasser vom 26. November 1808. Dazu Nr. 442 Protokollbuch für die Verhandlungen über die Schmalwasserische Stiftung 1842 bis 1873, und Nr. 505 Ausgabenjournal des Schmalwasserschen Legates, der Kirchenschaffnei und des Großen Almosens 1833 bis 1836.
53 EZAS Best. 02,49 Ottweiler I Nr. 163 Das Hessen-Homburgische Legat.
54 EZAS Best. 02,49 Ottweiler I Nr. 213 Donationsschreibens der Landgräfin Christiane Charlotte von Hessen-Homburg er vom 11. März 1751.
55 EZAS Best. 02,49 Ottweiler I Nr. 210 Spital zur Armen und Krankenfürsorge in Ottweiler.
56 EZAS Best. 02,49 Ottweiler I Nr. 199 Kleinkinderschule.
57 EZAS Best. 02,49 Ottweiler I Nr. 200 Waisenhaus.

6. Und eine Vermisstenanzeige ...

Wie oben erwähnt, wurden in Napoleonischer Zeit infolge der Organischen Artikel Lokalkonsistorien gegründet. Ihre so zentralen Protokollbücher sind verschollen. Das Protokollbuch des Lutherischen Konsistoriums Saarbrücken fand sich im Besitz des Stiftes St. Arnual[58] und wurde von Alexander Hilpert vollständig abgeschrieben; die Veröffentlichung ist geplant. Das Buch des reformierte Saarbrücker Konsistoriums wurde im Evangelischen Zentralarchiv Speyer vermutet, ist aber nicht auffindbar. Das Buch des lutherischen Konsistoriums St. Johann könnte sich im Alt-Bestand der Kirchengemeinde St. Johann befinden. Leider hat sich aber nun gezeigt, dass das Protokollbuch des lutherischen Konsistorium Ottweiler nicht im Bestand Ottweiler I ist, wo so viele Akten der Inspektion Ottweiler dort überwintert haben, dazu viele Akten auch aus der Revolutionszeit und der Epoche Napoleons. Die Hoffnung auf eine Wiederauffindung schwindet demgemäß.

---

58 LA Saarbrücken, Best. D VI Bestand St. Arnual. Stiftsarchiv Nr. 96 Protokollbuch des Lokal Konsistoriums zu Saarbrücken. 1805–1818; 1828–1863.

Bericht des Vorsitzenden über die Tätigkeit des Vereins[*]

Meine sehr geehrten Damen und Herren,

zur diesjährigen Mitgliederversammlung darf ich Sie alle herzlich hier im Theater am Ring willkommen heißen. Wieder ist es gelungen, der Mitgliederversammlung eine Führung vorzuschalten, dieses Mal im Stadtmuseum Saarlouis. Ich danke dem Hausherrn, Herrn Benedikt Löw M.A., für die inspirierende Führung. Auch werden wir wieder zum traditionellen Empfang laden, dieses Mal im evangelischen Gemeindehaus Saarlouis.

Mitglieder

Unsere Geschäftsführerin, Frau Dr. Sabine Penth, berichtet, dass im Vereinsjahr 2022 vier Mitglieder aus dem Verein ausgetreten sind, acht sind verstorben und zwölf Mitglieder sind dem Verein neu beigetreten, darunter zwei fördernde Mitglieder. Also kein Rückgang. Seit Beginn des Jahres 2023 sind weitere fünf Mitglieder verstorben, vier Mitglieder sind ausgetreten, darunter der Deutsche Gewerkschaftsbund – Landesvertretung Saar und die Zivilgemeinde Mettlach. Der Abgang der Institutionen hat mit den neuen Führungskräften zu tun, die nicht mehr mit dem Land verbunden sind und kein Bewusstsein für ihre Verantwortung haben. Sechs neue Mitglieder, zwei mit Partner, sind dem Verein neu beigetreten. Mit Stand 1. Juli 2023 haben wir insgesamt 458 Mitglieder (2022: 465), davon 22 Auszubildende (2022: 28), fünf Ehepaare, also zehn Mitglieder, dazu zehn Fördermitglieder und fördernde Mitglieder (2022: neun) sowie 347 Ordentliche Mitglieder (2022: 346). Daneben haben wir zwei Ehrenmitglieder, 59 Tauschpartner und zehn korrespondierende Mitglieder, die keine Beiträge bezahlen.

Vereinsaktivitäten, Vorträge, Fahrten

Um unsere Sammlungen zu würdigen und für den Historischen Verein zu werben, hat der Verein einen Bildkalender für 2023 erstellt. Die Hälfte der Kalenderblätter gestaltete der Saarländische Archivverband, der sich auch an den Kosten beteiligte. Das Saarlandmuseum, namentlich Dr. Ines Maria Kelly und Dr. Roland Wiermann, hat sich bei der Erstellung der Texte für unsere Exponate sehr engagiert. Die Redaktion lag bei unseren Vorstandsmitgliedern Dr. Frank Hirsch, Rieke Eulenstein M.A. und dem Vorsitzenden. Bei allem Einsatz war der Kalender kein Erfolg, er kam wohl auch zu spät in den Handel. Dennoch ist der Historische Verein finanziell mit einem „blauen Auge" davongekommen.

Frau Christine van Hoof berichtet, dass die Rezensionen regionalhistorischer Publikationen seit Dezember 2022 zeitnah auf der Website des Historischen Vereins veröffentlicht werden: https://www.hvsaargegend.org/buchrezensionen

Die für Juni geplante Tagung mit der französischen Partnerorganisation SHAL Metz mit dem Thema „Auf der Grenze / Sur la frontière" musste auf Grund krankheitsbedingten Absagen von Referenten auf den Winter verschoben werden.

---

[*] Das gesamte Protokoll der Mitgliederversammlung 2023 kann in der Geschäftsstelle eingesehen werden.

Dr. Frank Hirsch berichtet, dass im vergangenen Jahr der Bereich der Vorträge seit der letzten Mitgliederversammlung im Zeichen der dreitägigen wissenschaftlichen Konferenz „Eine Welt der Kohle. Historische Perspektiven auf den Bergbau im Saarrevier im überregionalen Vergleich" im September 2022 stand. Es handelte sich um eine Kooperationsveranstaltung des Historischen Vereins mit der Universität des Saarlandes und der Arbeitskammer des Saarlandes. Die Tagung fand im Rechtsschutzsaal Bildstock statt und präsentierte neue Forschungen zum Bergbau aus den Perspektiven Deindustrialisierung, Kultur, Krisen, Gender und Alltag. Beteiligt waren 16 Wissenschaftlerinnen und Wissenschaftler aus dem Saarland, Ruhrgebiet und Berlin. Die Publikation in einem Sammelband ist geplant.

Den Auftakt in diesem Jahr machte der Vorsitzende zum Thema „Hexenverfolgung in der Saargegend" im Schlösschen Püttlingen. Er gab zunächst eine allgemeine Einführung in die Entstehung von Hexenglauben und die Verfolgung und ging dann auf die spezifischen Umstände in der Saarregion ein. Am 16. Mai kamen über einhundert Zuhörer, etwa vierzig Personen mussten aus Platzmangel leider weggeschickt werden. Aufgrund der großen Nachfrage wurde für den 27. Juni ein Wiederholungstermin vereinbart, der auch wieder ausgebucht war – vielleicht folgt wegen des großen Erfolgs ein dritter Termin?

Am 30. Mai 2022 trug Dr. Hans-Joachim Kühn zum Alltagsleben auf der Burg Kirkel in Kirkel selbst vor. Die Veranstaltung fand am örtlichen Bildungszentrum statt und war mit dreißig Personen gut besucht. Herr Dr. Kühn hat zu den Kellerbüchern und Abrechnungen der Burg geforscht und ein buntes Panorama des Burglebens im Mittelalter gezeichnet.

Frau Rieke Eulenstein, die die Fahrten organisiert, plante eine Tagesfahrt nach Trier zur Ausstellung „Der Untergang des Römischen Reiches" für Samstag, den 20. August 2022. Leider stieß die Fahrt auf wenig Interesse und musste abgesagt werden.

Für aktuelle Informationen zur Vereinsarbeit empfehlen wir auch unseren Facebook-Auftritt: https://www.facebook.com/HVSaargegend

Publikationen

Frau Dr. Penth berichtet als Herausgeberin der „Zeitschrift für die Geschichte der Saargegend", dass die Partnerschaft mit der Wissenschaftlichen Buchgesellschaft Darmstadt (wbg) seit Februar 2023 aktiv ist. Alle Mitglieder des Historischen Vereins, die dem nicht widersprochen haben, sind seither gleichzeitig auch Premium-Mitglieder der wbg. In der Zwischenzeit haben alle ein Begrüßungsschreiben der wbg mit ihrem Mitgliedsausweis und weiteren Informationen erhalten.

Unsere Zeitschrift für die Geschichte der Saargegend (ZGS) erscheint nun bei der wbg als Verlag; die dafür erforderlichen Umstellungen und Anpassungen sind der Grund dafür, dass Sie den Jahresband 2022 erst im Mai 2023 erhalten haben. Der hochwertig aufgemachte Band mit Hardcover versammelt unter dem Motto „Kriegserinnerungen und Kriegsfolgen" Editionen und Auswertungen von Feldpostbriefen, Tagebüchern und Lebenserinnerungen aus der Saarregion von der Zeit der Türkenkriege über den deutsch-französischen Krieg bis zum Ersten und Zweiten Weltkrieg sowie die überraschende Interpretation eines eher ungewöhnlichen Denkmals in Saarbrücken. Das Schwerpunktthema ergänzen ein Beitrag zur altkatholischen Gemeinde im Saarland, eine Dokumentation des Landesrates des Saargebietes in der Völkerbundzeit, eine Untersuchung zu Euthanasie und Zwangssterilisation im Saarland von 1935–1945 sowie ein Blick auf die saarländische Identität im Wandel anlässlich des 65. Geburtstages des Bundeslandes 2022.

Der Jahresband 2023 ist bereits in Vorbereitung. Das Schwerpunktthema sind diesmal Persönlichkeiten aus der Saarregion. Hier werden Ihnen etwa die Grafen von Erbach in ihren Beziehungen zu den Fürsten von Nassau vorgestellt, der Autor der literarischen Vorlage für Léhars Operette „Die lustige Witwe" in seiner Beziehung zum Fürstentum Birkenfeld, Saarbrücker Juristen im Kontext der 1848er-Revolution, der Scheidter Pfarrer Eduard Ulrich, saarländische Missionarinnen und Missionare in ihrem Wirken für die Afroamerikaner, der Reiseschriftsteller Heinz Helfgen und der Mitbegründer der saarländischen und deutschen Pax-Christi-Sektion Manfred Hörhammer. Dazu kommen Beiträge über die Grenzziehung in der Saargegend nach dem Pariser Frieden 1814, die Auswirkungen der 1848er-Revolution in Saarbrücken und Trier, die Schulreform an der Saar vor 100 Jahren sowie Einblicke in spannende Bestände saarländischer Archive.

Frau Ruth Bauer berichtet, dass – wie in der Vergangenheit – auch 2022 alle vier Ausgaben der saargeschichte|n pünktlich erschienen und den Mitgliedern des Historischen Vereins für die Saargegend und dem Landesverband Historisch-Kultureller Vereine im Saarland e. V. (LHV) zugegangen sind. Schwerpunkte bildeten in diesem Jahr Beiträge über Jüdisches Leben (Alice Bloch), unterschiedliche Formen der Gedenkkultur (Von Opfern und Orten), die große Bedeutung der Fotografie als Quelle für die saarländische Geschichte (Das Erbe des Augenblicks) oder der drohende Verlust historischer Baukultur (Verwaltungsgebäude der Halberger Hütte in Brebach), um nur wenige herauszugreifen. Besonders war das Heft 2 (2022), das sich ganz dem Jahr 1972 widmete unter dem Motto „1972 — Ein Jahr wird fünfzig" und dessen Besonderheiten für die Landesgeschichte, eingebunden in die großen und schrecklichen Ereignisse dieses ereignisreichen Jahres.

Besonders schwierig gestaltet sich derzeit leider die finanzielle Situation der saargeschichte|n. Die aktuellen politischen Ereignisse haben die Kosten für den Druck massiv in die Höhe getrieben. Der Herausgeber sowie HV als auch LHV bemühen sich hier intensiv um eine nachhaltige Lösung.

Zu unseren Beständen

Dr. Gregor Scherf konnte seit der letzten Mitgliederversammlung nur wenig an der Datenbank weiterarbeiten, da mit dem Wechsel des Leiters des Landesdenkmalamtes, Herrn Dr. Georg Breitner, ins Amt für kirchliche Denkmalpflege im Bischöflichen Generalvikariat in Trier im Landesdenkmalamt große personelle Engpässe sind, die seine Zeit sehr binden. Mittelfristig muss man sehen, wie man die Museumsleitung dafür gewinnt, von deren Seite die Bestände auszuweisen.

Kassenlage

Der Schatzmeister, Herr Andreas Storb, hat seinen Kassenbericht für das Geschäftsjahr 2022 vorgelegt. Den Einnahmen in Höhe von rund 25 400,00 Euro stehen Ausgaben in Höhe von rund 20 000,00 Euro gegenüber. Die Liquidität zum 31. Dezember 2022 beträgt rund 18 500,00 Euro. Weiterhin sind unsere Einnahmen und Ausgaben vorwiegend durch die Mitgliedsbeiträge und die Publikationen bestimmt. Die hauptsächlichen Ausgabeposten stellen unsere Publikationen dar.

Herzlichen Dank für Ihre Aufmerksamkeit.

Prof. Dr. Joachim Conrad, Vorsitzender,
Juli 2023